Linda Thomas

Putzen lieben?!

Linda Thomas

Putzen lieben?!

Verlag am Goetheanum

www.vamg.ch
Lektorat: Ute E. Fischer
Einbandgestaltung von Wolfram Schildt, Berlin, und
Anna S. Fischer, Dornach, unter Verwendung eines
Fotos von © Lise Gagne / Getty-Images / iStockphoto.com
4., komplett überarbeitete Neufassung 2015

Satz: Wolfram Schildt, Berlin
Druck und Bindung: Druckhaus Nomos, Sinzheim
ISBN: 978-3-7235-1550-1

Inhalt

Vorwort zur 4. Auflage

Mit Freude und tiefer Dankbarkeit kann ich heute diese Zeilen zur vierten Auflage meines Buches über das Putzen schreiben. Für die einfühlsame Überarbeitung des ganzen Textes möchte ich Ute E. Fischer von Herzen danken. Wer hätte jemals gedacht, dass ein mir vorschwebendes Ideal eine Entscheidung herbeiführen würde, die auf mein ganzes Leben dann einen so nachhaltigen Einfluss nahm?

Noch oft staune ich selbst über den Weg, der mich von einem kleinen Dorf im ländlichen Südafrika in die Schweiz führte. Dabei spielten vor allem Menschenbegegnungen immer wieder eine entscheidende Rolle: Durch den Vater meiner Kinder kam ich in die Schweiz; eine liebe Freundin nahm mich mit zu einem Bazar der Rudolf Steiner Schule in Basel, woraus sich die Entscheidung ergab, meine Kinder nur in eine solche Schule zu schicken, was schlussendlich zur Gründung meiner Reinigungsfirma führte. Weitere Begegnungen wiesen mir den Weg zum Goetheanum, von dort in viele Städte und Orte in ganz Europa und auch in den englischsprachigen Raum, nach Großbritannien, in die USA und nach Kanada.

Durch den Vorgang des Reinigens lernte ich fast alles, was sich überhaupt in meinem Leben als wesentlich erwiesen hat. Und so war es vor allem die Einsicht, dass der Alltag ein Schulungsweg sein kann, weil das Putzen keine Notwendigkeit, sondern ein Stück Lebensqualität ist, das sich jedes Mal als ein Geschenk erweist, und zwar an alle diejenigen, welche die Räume benutzen, die von uns gepflegt werden. Und das ist immer ein Geschenk: an die Umwelt, die Erde, die Menschheit und auch an die geistige Welt.

Wenn wir einmal beginnen, unser Tun genau zu beobachten, können wir voll Staunen wahrnehmen, wie viele kleine Gesten wir täglich ausführen, ohne auch nur einmal darüber nachzudenken, weil sie doch eigentlich ganz banal sind. Und dennoch bilden sie die unbedingte Grundlage, ohne welche sich alles in Chaos verwandeln würde.

Wagen Sie noch heute den Versuch, und Sie werden selbst erfahren, wie bewusstes Handeln, auch in den allerkleinsten Dingen, Ihr ganzes Leben und all Ihre Beziehungen bereichern wird.

Linda Thomas
Dornach, im August 2015

Vorwort

Das Putzen ist ein allgemein menschliches Thema, das auf gewisse Weise jeden von uns angeht. Zähneputzen, Haare kämmen (Haarputz), Schuheputzen, Hausputz: all das sind Tätigkeiten, die notwendig zu sein scheinen, um uns und unsere Umgebung zu pflegen. Wir sprechen dann von einem gepflegten Äußeren oder von einem gepflegten Garten, seltener von *gepflegten Räumen*. Linda Thomas wendet sich auf besondere Weise in ihrem Buch dem Thema des Putzens, der Reinigung und der Pflege zu und geht dabei weit über das Putzen hinaus.

Etwas zu pflegen und zu erhalten, das hat heute im Zuge unserer *Wegwerfgesellschaft* an Wert verloren. Die Schnelllebigkeit unserer Zeit hat zur Folge, dass man sich immer weniger mit Dingen und Menschen verbindet. Die Wahrnehmungsfähigkeit leidet zunehmend darunter, was nicht zuletzt zu sozialen Problemen führt. Gleichzeitig gibt es Phänomene, die konträr dazu zu stehen scheinen: Menschen können nichts wegschmeißen, sich nicht trennen, chaotisieren in ihrem häuslichen Umfeld, in dem ihnen der Überblick und eine Ordnungskraft verloren gehen. Wir sprechen dann von dem so genannten *Messie-Phänomen*.

Linda Thomas nimmt das häusliche Umfeld, unsere Lebensräume – ob zu Hause, in der Schule oder auf der Arbeit – ebenso ernst wie den Menschen selbst. Lebensräume sind Räume, in denen man Energie schöpfen oder verlieren kann. Sie haben eine ebensolche Grundlage wie der Mensch: einen physischen Körper, Lebens- und Seelenkräfte und einen Bewohner, der alles durchdringt. *Das Haus hat einen guten Geist*, sagt man, wenn ein gutes Wohnen darin lebt. Linda Thomas entschlüsselt diesen *guten Geist* auf vier Ebenen und kommt dadurch zu dem Schluss, dass Pflegen nicht dasselbe ist wie Putzen, sondern mehr beinhaltet: Wie wende ich mich einem Raum und den Gegenständen darin zu? Welche Reinigungsmittel verwende ich dabei? Was denke ich beim Reinigen? Vollziehe ich es lieblos oder bewusst und entdecke vielleicht sogar, dass ich es mit Wesenheiten in einem Haushalt zu tun habe, die ich einladen oder befreien kann? Letztendlich will der Raum, in dem wir leben, genauso viel Aufmerksamkeit und Ernährung wie unser Körper. Wir können uns als Menschen von Fastfood und Dosennahrung ernähren oder hochwertige Nahrungsmittel verwenden, uns im Umgang mit anderen Menschen rücksichtslos und oberflächlich verhalten oder liebevoll wahrnehmend und achtsam sein. Im Umgang mit Räumen und dem Leben darin verhält es sich nicht anders, das wirkt dann bis in die Erziehung hinein. Um mit Linda Thomas' Worten zu sprechen: *Raum schaffen, damit Menschen, Tiere und Pflanzen gedeihen.*

Diesem Buch ist eine lange, inzwischen weltweite Vortragstätigkeit vorausgegangen, in der Linda Thomas viele Menschen erreichen konnte. Ihre Vorträge sind geprägt von praktischem Erleben und vielen Mut machenden Beispielen. In ihrem Buch darf der Leser nun in die Früchte ihrer langjährigen Arbeit eintauchen und selbst zum Praktiker in Haus, Familie und Garten werden.

Monika Kiel-Hinrichsen
Neujahr 2011

1

DER BEGINN –
VOM PUTZEN UND PFLEGEN

Von Südafrika in die Schweiz

Wenn man sich über zwanzig Jahre lang intensiv mit einer Sache beschäftigt hat, dann wird man sicher irgendwann eine kleine Entdeckung machen. So geschah es für mich mit dem Putzen! Eigentlich bin ich eine dieser Frauen, die als Herzenswunsch nur einen „Beruf" ausüben möchten: Hausfrau und Mutter zu sein – also ein Fulltime-Job. Wie es aber oft im Leben geschieht, machte mir das Schicksal einen Strich durch die Rechnung.

1953 kam ich in einem kleinen Dorf namens Jan Kempdorp in Südafrika zur Welt, und zwar als viertes Kind von sieben Geschwistern. Wir wohnten an vielen Orten, jedoch erinnere ich mich vor allem an einen kleinen Hof in einer Gegend mit sehr armen Bauern. Hier lebten wir, mit einigen Unterbrechungen, von meinem vierten bis zum vierzehnten Lebensjahr. Oft hörte ich andere Leute sagen, dass Familien mit sehr vielen Kindern die Primitivsten seien. Als ich meinen Vater mit dieser Aussage konfrontierte, gab er mir zur Antwort: *Primitiv sind nur diejenigen, die sich gehen lassen, die im Dreck leben und sich selbst und ihr Umfeld nicht mehr pflegen; Leute, die den Sinn für menschliche Werte verloren haben.* Diese Antwort hat mich stark beeinflusst. Weil wir arm waren, brachte mein Vater uns bei, dass unser einziges Kapital unsere Intelligenz und unsere Bereitschaft zu arbeiten sei. Er machte uns schon früh deutlich, dass in der Familie niemals genug Geld für ein Studium vorhanden sein würde und diejenigen von uns, die studieren wollten, sich durch Fleiß ein Stipendium erwerben müssten. Wir lebten von dem, was die Erde hergab, und mussten bereits in jungen Jahren lernen, Gemüse anzupflanzen, Obst zu ernten und es auch zu verarbeiten. Wir lernten Kochen und Backen, Kleidernähen und auch Flicken – nur: Putzen mussten wir nie! Nicht einmal die Betten mussten wir machen, ja auch die Schuhe brauchten wir nicht selbst zu putzen.

Als ich vierzehn Jahre alt war, zogen wir nach Johannesburg – ein großer Schock. Es war eine völlig andere Welt, ohne die üppige Natur. In der kleinen Gemeinschaft auf dem Lande hatte ich viel individuelle Aufmerksamkeit erhalten, hier aber waren wir – plötzlich unter vielen anderen Menschen – sehr anonym. Meine Geschwister wussten alle, was sie beruflich einmal werden bzw. was sie studieren wollten. Wie schon gesagt: Für mich war eigentlich immer klar, dass ich später Hausfrau und Mutter vieler Kinder sein würde, am liebsten in einem landwirtschaftlichen Betrieb. Dafür brauchte ich kein Diplom, und daher verspürte ich auch nicht den Wunsch zu studieren.

Weil ich aber nach Beendigung der Schulzeit selbstverständlich nicht sofort heiratete, war ich genötigt, mir eine Arbeit zu suchen. Zum Glück bekam ich eine Stelle in einer Bank in Johannesburg. In dieser Zeit lernte ich einen Schweizer kennen, den ich dann im Alter von dreiundzwanzig Jahren heiratete. Zwei Tage nach der Hochzeit, am 2. Februar 1977, reisten wir in die Schweiz. Ursprünglich hatten wir vor, nur ein Jahr dort zu bleiben. Währenddessen wollte mein Mann alles für seine Emigration nach Südafrika vorbereiten. Am Tag der Ankunft in der Schweiz fielen mir einige Bücher des Pädagogen und Philosophen Omraam Mikhaël Aïvanhov (1900 – 1986) in die Hand, was einen großen Einfluss auf mein Leben haben sollte. Die Begegnung mit einer spirituellen Lehre war für mich wie eine Befreiung aus der strengen niederdeutsch-reformierten kirchlichen Erziehung, durch die ich als Kind in Südafrika hindurchgegangen war. Mir wurde unmittelbar deutlich, dass die Gelegenheit, von diesem Menschen, der damals bereits siebenundsiebzig Jahre alt war, lernen zu dürfen, viel wichtiger war, als nach Südafrika zurückzukehren. – Und das ist der Grund, weshalb ich nach über dreißig Jahren immer noch in der Schweiz lebe.

Es war bald nach meiner Ankunft in Basel, dass ich eine Ärztin kennenlernte, die für mich eine Art Ersatzmutter wurde. Ich war sehr angetan von der anscheinend besonderen Begabung ihrer Kinder. In ihrem Haus bewunderte ich schöne Gemälde, Tonskulpturen und Kupfergegenstände. Sehr erstaunt war ich dann, zu erfahren, dass alle diese Kunstwerke von den damals vierzehn- und sechzehnjährigen Kindern stammten. Auch spielten sie verschiedene Musikinstrumente, und in Gesprächen beeindruckte mich ihre umfassende Allgemeinbildung. Als ich der Ärztin gegenüber einmal äußerte, dass ich sie für eine sehr gute Mutter hielte und ihre Kinder so vielseitig begabt seien, war ihre Antwort: *Ich bemühe mich schon, aber auch ihrer Schule habe ich sehr viel zu verdanken.* Es waren wunderbare junge Menschen, und ich erkannte, dass mit ihrer Erziehung etwas Tiefes und Stimmiges verbunden sein musste.

Auf diese Weise erfuhr ich zum ersten Mal, dass es Waldorf- oder Rudolf-Steiner-Schulen gibt. Und nach dem Besuch eines von einer Rudolf-Steiner-Schule veranstalteten Bazars wusste ich, dass ich die Schule für meine (damals noch ungeborenen) Kinder gefunden hatte.

Dann musste ich aber noch recht lange auf die Geburt meiner Kinder warten. Die Tochter wurde 1982 und der Sohn 1987 geboren.

Putzfirma und Krise

Fast zehn Jahre später, meine Tochter war gerade vier Jahre alt und sollte in den Kindergarten kommen, teilte ich ihrem Vater mit, dass für mich nur eine Rudolf-Steiner-Schule in Frage käme. Er aber fand, dass eine Staatsschule für unsere Kinder gut genug sei: *Wenn du unbedingt eine Privatschule für die Kinder willst, ist es deine Sache; dann musst du es aber auch selbst finanzieren.*

Ich hatte jedoch gerade ein neugeborenes Kind und wusste gar nicht, wie ich das ermöglichen sollte. Vor meiner ersten Schwangerschaft arbeitete ich als Direktionssekretärin in einer amerikanischen Firma, wollte aber eine solche Tätigkeit nicht wieder aufnehmen. Also fragte ich eine Freundin, deren Kinder bereits in eine Steiner-Schule gingen, was ich wohl tun könnte, um das notwendige Schulgeld aufzubringen, ohne meine Kinder ständig allein lassen zu müssen. Da machte sie mir folgenden Vorschlag: *Versuche es mit einer selbständigen Arbeit. Gründe eine Putzfirma, die sich ehrlich darum bemüht, umweltfreundlich zu arbeiten. So etwas gibt es bis jetzt noch nicht!* – Diese Idee überzeugte mich sofort: Ich überlegte keinen Augenblick, denn ich wusste unmittelbar: *Das werde ich tun.*

Für die Freundin war das ebenfalls eine gute Sache, da sie im selben Dorf eine Fabrik für ökologische Reinigungsmittel leitete. Und ich wurde ihre beste Kundin!

Beruflich zu putzen, ist allerdings keine Selbstverständlichkeit. Ich war ja eine Südafrikanerin, die in der Apartheid-Ära aufgewachsen war und nie selbst geputzt hatte. Tatsächlich hatten damals sogar die ärmsten weißen Südafrikaner Bedienstete, weil die Einheimischen meistens noch ärmer waren. Die Männer arbeiteten in der Landwirtschaft und ihre Ehefrauen halfen im Haus und bekamen dafür Essen und Bekleidung. Die Familien bekamen ein Stück Land für den Eigenbedarf, bauten sich eine Hütte und hielten – wenn möglich – ein paar Hühner und eine Ziege für die Milch.

Mit meinem Vorhaben, eine Putzfirma zu gründen, betrat ich völliges Neuland, was bedeutete, dass ich mich in allen möglichen Bereichen kundig machen musste. Wie gründe ich überhaupt eine Firma? Welches wären die Putzmittel, wenn ich zum Beispiel eine Schule als Kunde bekäme? Wie verhielte es sich mit Personalbeschaffung und -führung, aber auch der

Personalfürsorge? Dann wären da natürlich auch noch die Versicherungen! Und in der Schweiz sind das nicht wenige. Wie schreibt man eine Offerte, und was darf das Putzen überhaupt kosten? Nach sechs Monaten intensiver Vorbereitung bekam ich im März 1988 meinen ersten festen Auftrag – und zwar von einer Rudolf-Steiner-Schule.

Natürlich war alles nicht so einfach, wie ich es mir vorgestellt hatte. Das Putzen war weder meine Berufung, noch hatte ich besonderes Talent dazu. Ich musste sehr viel lernen, nicht nur über das Fach *Putzen,* sondern auch und vor allem über Menschenführung.

Zwei Dinge musste ich beim Putzen immer wieder erfahren: Gleichgültigkeit und Unverbindlichkeit, manchmal auch Respektlosigkeit. Da wird man plötzlich einfach mit *Du* angesprochen, Männer versuchen sich Freiheiten herauszunehmen. Hinzu kommt noch, dass Putzen eine Arbeit ist, bei der man sich ganz selbst überlassen bleibt. Es ist dieselbe Einsamkeit, die viele Mütter kennen, während sie ihre häuslichen Arbeiten verrichten.

Ganz zu Beginn meiner Firmengründung arbeitete ich hauptsächlich mit Müttern, die in einer ähnlichen Situation wie ich waren und Kinder im selben Alter hatten. Und jede hatte einen anderen Antriebsgrund: Die eine Mutter wollte gerne die Führerscheinprüfung ablegen, die sie selbst finanzieren musste, eine andere wollte ein Klavier für die Familie anschaffen, jedoch fehlten die notwendigen finanziellen Mittel.

Immer wenn ein größerer Auftrag anstand, arbeiteten vier, fünf Mütter in diesem Zusammenhang, eine Mutter blieb daheim, hütete alle Kinder und kochte für sie. Diese eine Mutter bekam denselben Lohn wie die putzenden Mütter. Das war für uns alle eine sehr schöne Zeit. Wir hatten alle dieselbe Lebenshaltung und waren sehr zielstrebig. – Aber irgendwann war das Klavier gekauft, die Fahrprüfung bestanden, die Kinder waren in der Schule, und der Bedarf nach einem

Babysitter hatte sich gelegt. Das führte dazu, dass ich später begann, mit jungen, studierenden Menschen zu arbeiten.

Ungefähr ein halbes Jahr nachdem ich meine Firma gegründet hatte, erlebte ich eine tiefe Identitätskrise. Es wurde mir immer schwerer, die erwähnte Respektlosigkeit zu ertragen. Ebenso fühlte ich mich durch eine gewisse Gleichgültigkeit gekränkt: Obwohl man wusste, dass ich an diesem Tag zum Putzen komme, war nicht aufgeräumt, manchmal erlebte ich sogar das Gegenteil. Und so trat mit der Zeit die Frage auf: Bist du dir sicher, dass du bereit bist, diese Arbeit noch jahrelang durchzuführen? Willst du wirklich ständig hinter anderen Menschen her räumen, ihren Dreck beseitigen und dazu die permanente Gleichgültigkeit, ja sogar Verachtung dieser Menschen ertragen? Denn sobald man beruflich putzt, denken die anderen, dass dieser Mensch entweder zu nichts anderem in der Lage ist oder aber in Geldnot.

Anfangs geschah es daher oft, dass die Menschen nicht recht wussten, wie sie mir begegnen sollten. Draußen auf dem Parkplatz wurde ich noch herzlich begrüßt, aber sobald sie mir im Schulhaus mit meinem Putzwagen und Kittel begegneten, reagierten sie völlig anders. Oft ergab sich eine Verlegenheit. Aber nicht bei mir, sondern bei ihnen! Manchmal wurde ich auch glatt übersehen und einfach nicht gegrüßt. – Jeder wird gegrüßt, nur wer putzt, ist keinen Gruß wert. – Für mich war es so, als würde man als Putzfrau aus dem Bewusstsein verdrängt und ganz einfach nicht beachtet, weil unsere Tätigkeit die Menschen daran erinnert, dass wir eine Arbeit tun, mit der sie sich eigentlich selbst beschäftigen müssten.

Um jedoch kein Missverständnis aufkommen zu lassen: Ich habe überhaupt nichts dagegen, andere für sich putzen zu lassen, ganz im Gegenteil, ich finde es sogar wichtig. Und ohne die Erfahrung, wie es sich anfühlt, für andere Menschen zu putzen, hätte ich nie lernen können, was ich heute weiß. Doch erscheint es mir bemerkenswert, dass oftmals die uns Beauftragenden mehr Vorbehalte vor dem Putzen haben als wir, die wir diese Arbeit für sie leisten.

Zwei Beispiele für Gleichgültigkeit und Unverbindlichkeit

Einmal beauftragte mich eine Dame damit, regelmäßig ihr Haus zu reinigen. Ihr Mann war berufstätig, und außer ihr lebten noch drei Kinder – und viele Tiere – in dem Haus. Zunächst erklärte sie mir, dass sie es schon mit vielen Menschen versucht habe, jedoch sei keiner länger als einen Monat geblieben. Und nun hoffe sie sehr, dass ich, als professionelle Putzfrau, die Sache endlich in den Griff bekommen würde. Wir vereinbarten einen wöchentlichen Einsatz von vier Stunden für die Reinigung, es war ein recht großes Haus. Ich staunte nicht schlecht, als ich am vereinbarten ersten Tag ein völliges Chaos antraf! Gebrauchtes Geschirr von etwa drei Tagen stand überall herum, die Böden waren übersät mit allen möglichen Dingen. In fast allen Räumen fand ich gebrauchtes Geschirr und sogar noch Essensreste – ich traute meinen Augen nicht. Selbstverständlich war die Hausfrau nicht anwesend. So fing ich an aufzuräumen, spülte das Geschirr und tat, was ich konnte. Kurz vor Ablauf meiner Arbeitszeit kam die Hausfrau zurück und war höchst empört darüber, dass ich nicht alles sauber gemacht hätte, wie es vereinbart gewesen sei. Ich entgegnete ihr, dass die Vereinbarung gelautet hätte, im Haus zu putzen, nicht aber aufzuräumen und endlos Geschirr zu spülen! Sie versuchte, sich irgendwie herauszureden, ich bestand jedoch auf unserer Vereinbarung. Als ich das nächste Mal kam, war alles genau wie zuvor – und damit war es auch mein letzter Einsatz in diesem Haus.

Eine bestimmte Form von Unverbindlichkeit macht mich besonders betroffen. Heute ist doch eigentlich jeder Erwachsene mit den Regeln zum Umweltschutz vertraut – dennoch wird häufig wenig oder gar nichts dafür getan. Noch heute staune ich immer wieder über gewisse Putz- und Körperpflegemittel, die ich an meinen Putzstellen vorfinde, wenn ich in anderen

Häusern sauber mache. In vielen Schulen und Privathaushalten finden sich sehr aggressive chemische Reinigungsmittel in den Putzschränken. Dafür gibt es natürlich immer eine Ausrede: Ökoputzmittel seien doch so teuer und man brauche sehr viel mehr davon, weil sie nicht so effektiv seien wie die konventionellen Mittel. – Wer so etwas sagt, weiß nicht, wovon er spricht: Denn ich habe mehr als zwanzig Jahre eine Reinigungsfirma geleitet, und nur in ganz seltenen Fällen, wenn gar nichts anderes mehr wirken wollte, musste ich zu Mitteln greifen, die nicht umweltfreundlich waren.

Eine Zeitlang musste ich nachts arbeiten, weil ich mir keinen Babysitter leisten konnte. Sobald meine Kinder eingeschlafen waren, legte ich mich selbst hin, um gegen Mitternacht, Mann und Kinder schliefen fest, wieder aufzustehen und bis etwa fünf Uhr morgens eine Schule zu reinigen. Dies war zwar eine besondere, aber auch sehr harte Zeit. Obwohl viele Hunderttausend Menschen täglich dazu gezwungen sind, war das kein Trost, und ich musste mich zu dieser völlig neuen Erfahrung doch sehr überwinden.

Das Schulhaus lag etwas abseits, daher war es in der Nacht dort sehr, sehr einsam. Zuerst ging ich immer schnell durch alle Räume, um mich zu vergewissern, dass tatsächlich alle Fenster geschlossen waren, und auch, um sicher zu sein, dass sich nicht irgendwo jemand versteckte. In dieser Zeit entwickelte sich mein Gehörsinn aufs Feinste! Ich lernte die verschiedensten Geräusche unterscheiden. War etwas bedrohlich – oder konnte ich beruhigt sein? Wenn sich im Winter um vier Uhr morgens die Heizung mit lautem Gedröhne einschaltete, da wusste ich: *Bald habe ich Feierabend!*

Drei Fragen

Während dieser Nachtarbeit, wenn ich rhythmisch putzend die Gänge auf und ab lief, hatte ich viel Zeit zum Nachdenken. Jedoch nicht nur über meine Arbeit, sondern auch über den Sinn dieser Tätigkeit überhaupt. Immer wieder tauchten drei Fragen in mir auf. Die erste lautete: Kann ich das noch weitere achtzehn Jahre aushalten? Die zweite Frage war: Wie wirken eigentlich ganz unterschiedliche Räume auf den Menschen? Ich erlebte sie als sehr verschieden. Und so fragte ich mich, welchen Einfluss wohl das eine oder das andere Klassenzimmer auf die jeweiligen

Schüler haben mochte. Oder wie wirkt sein Kinderzimmer auf das schlafende Kind – oder wie ein Büro oder ein Therapieraum auf die dort arbeitenden Menschen? Und meine dritte Frage war: Habe ich einen Einfluss auf die jeweilige Raumstimmung? Was geht von einem Raum aus, nachdem ich darin gewirkt habe? Kann ich etwas dafür tun, dass es dem Zimmer und damit auch dem, was darin stattfinden soll, nach dem Putzen besser geht?

Das waren meine zentralen Fragen. Und indem ich diesen Fragen einen inneren Raum gab, kamen mir auch nach und nach die Antworten zu.

Die Frage meines Aushaltens beantwortete ich mir mit einem Satz, der mir irgendwann einmal begegnet war: *Wenn du nicht tun kannst, was du liebst, so lerne zu lieben, was du tust.* Das ist jedoch viel einfacher gesagt als getan. Ich kann keiner Studentin den Putzwagen in die Hand drücken und ihr sechzig Toiletten zeigen mit der Aufforderung: *Reinige das alles und sieh zu, dass du deine Arbeit auch liebst!* So etwas ist unmöglich. Es muss schon tief im eigenen Inneren der Wunsch entstehen, eine andere Einstellung zu seiner Tätigkeit zu entwickeln.

Sehr bald erfolgte dann die Antwort auf meine nächste Frage: Wie lerne ich das Putzen lieben? Dabei erinnerte ich mich an eine Legende, die ich vor langer Zeit gehört hatte:

Es lebte ein Mönch in einem Kloster. Er war ein einfacher Mann und verrichtete alle Arbeiten, die von den anderen Mönchen wenig geschätzt wurden: vom Putzen übers Geschirrspülen bis hin zum Bodenwischen. Er hatte aber eine bestimmte Eigenart. Zu einem jeden Tun sprach er einen Spruch: *Lieber*

Gott, sobald ich diesen Teller wasche, schicke mir die Engel, damit sie mein Herz so rein machen, wie ich diesen Teller rein mache. Oder ein anderes Mal: *Lieber Gott, sobald ich diesen Boden putze, schicke mir die Engel zu Hilfe, damit jeder, der diesen Boden betritt, von ihrer Gegenwart berührt werden darf.* Zu allem fand er einen besonderen Spruch. Die anderen Mönche bemerkten es mit der Zeit. Zwar schienen sie berührt, waren aber letztlich doch nicht wirklich beeindruckt. Er aber arbeitete viele, viele Jahre auf diese Weise. Die Legende berichtet, dass er eines Morgens erleuchtet erwachte und Menschen von weither kamen, um von seiner Weisheit zu lernen.

Dazu fiel mir noch eine Begebenheit aus meiner Kindheit ein: Meine Mutter brauchte manchmal etwas Ruhe, und jedes Jahr in den Schulferien wurden wir Kinder für zwei Wochen zur Großmutter gebracht. Wenn dann die Großmutter auch einmal etwas Ruhe brauchte, gab sie uns einige Tüchlein, dazu etwas Silberputzmittel, und wir durften die vielen Silberpokale auf Hochglanz bringen. Meine Mutter hatte sechs Brüder, die alle sehr gute Sportler waren. Daher gab es bei meiner Großmutter eine riesengroße Vitrine, voll mit Silberpokalen.

Einmal wählte ich einen ganz kleinen Pokal, der mich faszinierte, weil er dunkelviolett, ja fast schwarz war. Ich fing an, ihn mit Tuch und Putzmittel zu bearbeiten. Als endlich ein kleiner Silberglanz aufleuchtete, rieb ich eifrig weiter, bis der kleine Pokal schließlich wieder in seinem vollen Glanz erstrahlte.

Wenn eine Fensterscheibe schmutzig ist, dann können wir nicht gut hindurchsehen, selbst wenn die Sonne scheint. Früher, als man noch Öllampen hatte, musste die Hausfrau diese täglich putzen, weil sonst das Licht der Flamme nicht genügend hindurchgeschienen hätte. Ich dachte: So erging es auch dem Mönch. Weil so viele Engel ständig an ihm herumgewischt und -gerieben hatten, konnte er schlussendlich im Glanze der Weisheit erstrahlen. Damals wurde mir klar, dass alles, was wir im Äußeren vollbringen, auch im Inneren wirkt.

Noch weitere Erinnerungen an meine Kindheit kamen hinzu. Ich hatte ja viele Geschwister, und einer meiner Brüder kam oft sehr schlecht gelaunt zum Frühstückstisch. Mein Vater fragte dann meistens: *Bist du schon wieder mit dem linken Fuß aufgestanden?* Jahre später wurde mir aus dieser Bemerkung eine Übung: Sobald ich morgens aufwache, richte ich mich sofort auf. Ich sitze dann auf der Bettkante und versuche nachzuspüren, ob ich mich an irgendetwas aus der Nacht erinnern kann. Danach bemühe ich mich, ganz bewusst mit dem rechten Fuß aufzustehen, damit ich meinen Tag auf positive Weise beginnen kann.

Eine andere Erinnerung stellte sich mir beim Putzen ein: Weil unser Großvater mit dem Auto tödlich verunglückt war, zog unsere Großmutter bei uns ein. Meine Mutter rief ihre vier Mädchen zu sich und eröffnete ihnen: Abwechselnd bekäme jetzt täglich jedes die Gelegenheit, der Oma das Bett zu machen. Dann zeigte sie uns ganz genau, wie es zu tun war. Damals gab es bei uns keine Federbetten, und wir mussten genau überlegen, wie man beginnen muss, damit nach dem exakten Falten und Umschlagen der Leinentücher die gestickten Blümchen auch in der Mitte und auf der richtigen Seite erscheinen würden. Sie erklärte uns, dass die Oma häufig traurig sei und sehr viel weine, und dass wir immer das Kopfkissen am offenen Fenster ganz fest ausschütteln und klopfen müssten, damit all ihre Schmerzen, die Tränen und die Traurigkeit davonfliegen könnten. Nachher sollten wir das Kissen fein glattstreichen und ein Sprüchlein dazu sagen, damit die Oma am Abend ihren Kopf getrost darauflegen könne.

Damals war ich knapp fünf Jahre alt. Fast dreißig Jahre lang war diese Erfahrung in mir wie verschüttet. Erst als ich mit der Frage zu leben begann, wie ich meine Arbeit lieben lernen könne, kam mir die Erinnerung wieder. Jedoch war es nicht nur die Erinnerung an die Aufgabe, sondern vor allem war es das Gefühl der Hingabe, das ich damals beim

Bettenmachen empfand, das sehr deutlich zurückkehrte. Für ein kleines Kind wird eine solche Sache zu einer heiligen Aufgabe, und ich versuchte, sie mit voller Hingabe auszuführen. – Jetzt, als die sich erinnernde Putzfrau, wusste ich plötzlich genau: Könnte ich es einmal schaffen, dieses Gefühl der liebevollen Hingabe bei meiner derzeitigen Arbeit zu erleben, so würde ich das Putzen wirklich lieben lernen.

Und so fing ich an: Zunächst waren es ständig wiederholte Übungen, die ich ganz bewusst durchführte. Ich versuchte ganz konkret, etwas aus den Dingen wie herauszuschütteln, wegzuwischen oder glattzustreichen. Es wurde für mich eine Art Überlebensstrategie, die mir Halt gab. Mit der Zeit erwuchs in mir ein richtiges Bedürfnis. Ich entdeckte einen Sinn in meiner Arbeit, was mich mit großer Freude erfüllte. Je länger ich mit dieser Einstellung arbeitete, desto stärker konnte ich mich bewusst mit meiner Arbeit verbinden.

Viele Monate später hatte ich an einem Samstagmorgen den Kindergarten meiner Tochter zu putzen. Nie zuvor waren mir diese kleinen Toiletten begegnet, wie sie im Kindergarten zu finden sind. Irgendwie fand ich sie rührend und fragte mich, wie ich diese kleinen Toiletten würdevoll reinigen könnte. Ich kniete mich hin, und während ich sie so auf den Knien reinigte, tauchte das Bild meiner kleinen Tochter vor mir auf. Ich denke, es war das erste Mal, dass mir wirklich bewusst wurde, dass wir Putzende eigentlich immer für andere Menschen saubermachen. In diesem Moment erlebte ich erneut das Gefühl der Hingabe in all seiner Kraft.

Dadurch wurde mir auch deutlich, dass sich eine Reinigung immer auf drei Ebenen abspielt: Zunächst wird physisch etwas weggenommen, Schichten werden abgetragen. Zugleich wird aber auch in mir etwas *geputzt*. Und ganz zum Schluss hinterlasse ich den Menschen, die anschließend die Räume benutzen, immer dieses Geschenk.

Heute, nach mehr als zwanzig Jahren intensiven Putzens und um viele, viele Erfahrungen reicher, kann ich aufrichtig bekennen, dass ich meine Arbeit immer noch liebe.

Putzen und Pflegen

Mit der Zeit machte ich eine wichtige Entdeckung: Es besteht ein großer Unterschied zwischen Putzen und Pflegen. Putzen wir, so nehmen wir den Schmutz weg, und das Resultat dieses Tuns hält sich oft nicht mal fünf Minuten: Die Flure sind noch nicht fertig geputzt, und schon läuft jemand über die frisch geputzten Böden ...; kaum glänzt daheim der Boden wieder, kommt eines der Kinder aus dem Sandkasten, um einen wichtigen Fund zu zeigen. Für viele Menschen ist das frustrierend. Und so wird ihnen das Putzen zu einem notwendigen Übel.

Wenn wir aber versuchen, mit unserem vollen Bewusstsein und mit Liebe diese Arbeit zu verrichten, wenn wir mit Hingabe jedes Eckchen mit unseren Fingerspitzen durchdringen, dann verwandeln wir das Putzen ins Pflegen. Wir berühren nicht mehr nur das Physische, sondern die ganze Atmosphäre ändert sich. Es wird heller im Raum. Und das Wunderbare daran ist: Das Resultat des Pflegens hält sich wesentlich länger als das Ergebnis des bloßen Schmutz-Wegnehmens.

Erstaunlich war, sobald ich meine Arbeit zu lieben begann, bemerkten auch die Kunden eine Änderung. Ein Architekt, dem ich nur einmal bei der Vertragsunterzeichnung begegnet war, tauchte unerwartet an einem Donnerstagabend auf. Er wolle mich einfach einmal begrüßen und mich fragen, wie es mir gehe, und sich für die schöne Arbeit bedanken, die ich in seinen Räumen leisten würde.

Als einmal eine ältere Dame von meiner Arbeitsweise hörte, bat sie mich, in ihrer Wohnung einen Frühjahrsputz durchzuführen. Sie hätte gehört, dass es länger sauber bleibe, wenn die Putzarbeit mir anvertraut würde. Ich gab mir alle Mühe, ihre Wohnung so gut und so gründlich wie möglich zu pflegen. Zehn Tage später rief sie mich an und sagte: *Es stimmt also doch! Wissen Sie, Frau Thomas, ich habe ja bereits eine Hilfe, die wöchentlich kommt, um mir die Wohnung zu putzen, aber nach kaum drei Tagen liegt schon wieder* Staub *auf den Dingen. Ich habe jetzt jeden Tag kontrolliert, und heute konnte ich den Staub zum ersten Mal wieder sehen!*

Allerdings wurde mir mein neuer *Ruf* auch zu einem gewissen Nachteil. So kam es immer wieder vor, dass ich vor lauter neuen Aufträgen das Putzen an Kollegen oder Kolleginnen weiterreichen musste. Dabei kam es zu Beschwerden, weil einige Kunden meinten, es würde nicht mehr so sauber geputzt! Das stimmte jedoch nicht (oder nur manchmal), denn sicher ist mein Putzergebnis in den meisten Fällen nicht besser als das meiner Kollegen. Was aber die Menschen wohl unbewusst bemerkt hatten, war, dass meine Art und Weise zu arbeiten mittlerweile ein ganz tief gehender Teil meines Lebens geworden war.

In dem Augenblick, als ich meine Aufgabe mit Liebe und Hingabe auszuführen lernte, konnte ich auch einen Raum ohne Vorurteil betreten. Ich nahm ihn einfach als meine Aufgabe an, und je schlimmer er sich zeigte, desto interessanter wurde meine Aufgabe. Ich empfand auch nie einen Ekel, selbst bei den schlimmsten Toiletten nicht. Niemals dachte ich: *Du meine Güte, welch eine Schweinerei!,* sondern einfach: *Das ist jetzt deine Aufgabe.*

Beim Pflegen eines Raumes nehmen wir nicht nur den Schmutz weg, sondern schaffen auch Raum für etwas Neues. Aber was ist dieses Neue? Womit wird der entstandene Raum erfüllt? Das ist natürlich die entscheidende Frage! Ich versuchte, diesbezüglich mit meinen eigenen Vorstellungen sehr zurückhaltend zu sein. Die Antwort auf diese Frage kam dann drei Jahre später.

Goetheanum

1992 bekam ich das Angebot, die Reinigung des Goetheanum in Dornach bei Basel zu übernehmen. Das Goetheanum ist ein internationales Kulturzentrum, mit Sitz der Allgemeinen Anthroposophischen Gesellschaft und der Freien Hochschule für Geisteswissenschaft. Dieses Angebot war für mich eine große Ehre und ich empfand es als die Krönung meiner Aufgaben.

Bereits 1989 hatte eine Mitarbeiterin meiner Firma die Reinigung der Sanitärbereiche im Goetheanum übernommen. Dabei musste ich sie häufig vertreten. Es waren damals vierundsechzig Toiletten. Ich begann immer damit, vor einer Toilette niederzuknien. Denn beim unentwegten Bücken, wieder Aufrichten, im Halbkreis rückwärts Laufen, um mich erneut zu bücken, wurde mir einfach schwindelig. Auch war ich damals noch nicht so geschult und bemerkte bald, wie anstrengend das Bücken für meinen Rücken war. Also wurde das Knien vor der Toilette eine bewährte Arbeitsmethode. Am Ende der Arbeit versuchte ich mich ganz bewusst wieder aufzurichten. All das wurde mir zu einer besonderen Erfahrung. Eine sehr starke Wahrnehmung der eigenen Aufrichte fand statt, und zugleich änderte sich auch in der Atmosphäre der Toilette etwas. Diesen Vorgang wiederholte ich immer wieder, auch um festzustellen, ob ich mir das alles nur einbildete. Aber dieses Gefühl der Aufrichte und auch der Veränderung im Raum blieb bestehen, und so ist es noch heute.

Ich sprach mit einer Freundin, die als Heilpädagogin bei Karl König in einer Camphill-Einrichtung[1] gelernt hatte, und sie bestätigte mir meine Erfahrung. Aus okkulter Sicht wirkt eine bewusst durchgeführte Übung immer auch auf die Atmosphäre des Raumes, bis dahin, dass auch andere Menschen davon positiv berührt werden können. Vielleicht kann man diese Wirkung mit einer therapeutischen Arbeit vergleichen: Allein schon, wenn der Patient die später von ihm selbst auszuführenden Übungen beim Therapeuten anschaut, kann er deren heilende Wirkung erleben.

Während solch einer Vertretungsarbeit im Goetheanum hatte ich ein prägendes Erlebnis. Ich träumte, ich würde von meinem inzwischen verstorbenen Lehrer gerufen. Er sagte mir das Folgende: *Jetzt ist es an der Zeit, dir zu zeigen, wie wichtig diese Arbeit ist, die du tust.* Er nahm mich mit, öffnete eine schwere Holztür und führte mich in ein Zimmer, das mir völlig fremd war. Es war ein sehr hoher Raum mit großen Möbeln und eindrucksvollen Bildern an farbigen Wänden. Wir blieben an der Schwelle stehen, und sein Blick ging durch den ganzen Raum. Er machte eine Geste der Begrüßung und fing dann mit sehr harmonischen, fließenden, aber auch sehr genauen Gesten an, einen Schreibtisch abzustauben. Gegenstände wurden vorsichtig in die Hand genommen und liebevoll mit einem sauberen Lappen abgewischt. *Wenn du reinigst,* sagte er, *nimmst du nicht nur den* Staub *weg, sondern du schaffst ganz bewusst Raum für etwas Neues. Es gibt unsichtbare Wesen, die mit jedem Raum, jedem Ding, mit den Menschen und auch den Aktivitäten, die dort stattfinden sollen, verbunden sind. Aber es gibt helfende und hemmende Wesen. Du selbst weißt nicht, was der Raum braucht, aber es ist wichtig, dass du den Raum, den du geschaffen hast, den helfenden Wesen übergibst, ihn ihnen zur Verfügung stellst. Sie wissen genau, was der Raum, die Menschen oder die Aktivitäten als Unterstützung benötigen. Übergib es nicht einfach bloß den unsichtbaren Wesen, sondern übergib es nur den helfenden Wesen!* Beim Verlassen des Raumes stellte er sich nochmals auf die Schwelle und schaute, ob alles gut gemacht und an seinem richtigen Platz sei, geradeso, wie wir es vorgefunden hatten.

Am nächsten Morgen, während ich noch die Toiletten putzte, kam die damals für die Reinigung am Goetheanum zuständige Person zu mir. Sie bat mich um meine weitere Unterstützung, weil gerade viele Studenten, die im Putzteam arbeiteten, fehlten. Als ich die Arbeit an den Toiletten beendet hatte, meldete ich mich bei ihr, um zu erfahren, was als Nächstes zu tun sei. Wie groß war meine Überraschung, als ich in denselben Raum geführt wurde, wo ich in der vorherigen Nacht meine Unterweisung zum Raumschaffen und -pflegen erhalten hatte!

Seither betrete ich nie mehr einen Raum mit der Absicht, etwas darin zu ändern. Diese Art zu pflegen verlangt große Aufmerksamkeit für die Umgebung, in der die Menschen leben, lernen, arbeiten, schlafen. Es hat keinen Sinn, mit aller Putzgewalt sich selbst und seine Eigenheiten darüber stülpen zu wollen.

Durch die Hingabe lernt man, dasjenige sanft zu verwandeln, an dem man arbeitet. Statt etwas verändern zu wollen, versuche ich Raum zu schaffen. Hierbei ist höchste Zurückhaltung gefordert, weil ich ja selbst nicht wissen kann, was der Raum benötigt. Braucht ein Klassenzimmer etwas Weiches, Harmonisches oder eher Struktur, eine starke Formkraft? Die geistigen Wesen aber, die dem Raum, der Tätigkeit oder dem Anlass gut gesonnen sind und ihn unterstützend begleiten, sie wissen, was nötig ist. Was ich jedoch versuchen kann, ist, den wohlwollenden Wesen einen Freiraum zur Verfügung zu stellen. So arbeite ich immer mit dem Grundsatz: *Dein Wille geschehe.*

Hinterm Mond?

Im tiefsten Innern bin ich davon überzeugt, dass es eine Möglichkeit gibt, sich mit der Tätigkeit des Putzens und Reinigens noch völlig anders zu verbinden, als das gemeinhin geschieht. Hausfrau und Mutter zu sein bedeutet heute eigentlich immer, dass man von anderen Menschen als arbeitender Mensch nicht wirklich ernst genommen wird. Sehr oft hört man: *Wie schön, immer zu Hause sein zu können und nicht arbeiten zu müssen!* Ich verstehe aber auch die Frauen, die sagen: *Ich habe studiert und somit ein Recht auf meinen Beruf, ich möchte auch eine Karriere, genau wie mein Mann.* Einmal, auf der Heimfahrt von einem Kindergarten-Seminar in Hannover, saß mir eine Frau im Zug gegenüber. Nach einer Weile kamen wir ins Gespräch. Es stellte sich heraus, dass sie eine Frau Doktor der Theologie und auf der Rückfahrt von einem Seminar für Religionsunterricht für Kinder im Vorschulalter war. Sie war die dritte Theologin, die ich innerhalb von drei Monaten kennenlernte, und ich fand es erstaunlich, dass alle drei Feministinnen waren.

Ich sprach dann auch über meine Arbeit und wie bedauerlich ich es fände, dass der Staat immer mehr Geld für Tagesstätten bereitstelle anstatt für Mutterschaftsurlaub oder überhaupt für Frauen, die gerne vollberuflich Mutter sein wollten.
Ihre Reaktion war ziemlich vehement: Was ich da äußerte, hätte ja überhaupt nichts mit der Realität zu tun. Ich solle doch nicht Zuständen nachhängen, die für immer vorbei seien. Frauen wollten nicht zu Hause bleiben; sie hätten ein Recht auf einen Beruf, eine Karriere. Es gäbe Studien, die ganz klar belegen würden, dass Kinder, die in Tagesstätten aufwachsen (vor allem diejenigen, die ganztags dort sind), eine viel bessere Sozialkompetenz hätten, intelligenter seien und auch weniger rassistisch eingestellt. Junge Frauen, die so aufgewachsen seien, wären auf jeden Fall davon überzeugt, dass *es gut so sei* und sie es genauso weitermachen wollten.

Ich war ziemlich erschüttert und fragte mich, ob ich wohl irgendwo hinter dem Mond lebe. Aber gleichzeitig musste ich mich auch fragen, weshalb ich denn überhaupt eingeladen werde, um über ein Thema zu sprechen, das so intensiv mit dem Zuhause verbunden ist? Und weshalb kommen denn immer so viele Mütter?

Ich bin ja selbst berufstätig und war es auch, als *meine* Kinder noch klein waren; ich hatte mir ja die Selbständigkeit gewählt, um meine Zeit selbst einteilen zu können und unabhängig zu bleiben. Doch kann ich aus meiner Erfahrung wirklich sagen, dass ich in den vielen Jahren durch die ganz einfache, basale Tätigkeit des Putzens sehr viel gelernt habe. Ich bin sogar überzeugt, dass darin mein persönlicher Schulungsweg lag und noch liegt. Die Aussage von Jørgen Smit: *Wir sind unserer Aufgabe nicht gewachsen, aber wir wachsen mit der Aufgabe*[2], habe ich täglich neu erleben dürfen. Wenn mehr Menschen den tiefen Sinn und die Wichtigkeit ihrer Aufgabe entdecken könnten, würden wohl die Frauen, die mit den Kindern zu Hause bleiben und keinem äußeren Beruf nachgehen, vielleicht auch mehr Anerkennung erfahren und größere Zufriedenheit und Erfüllung bei ihrer Hausarbeit erleben.

Bei meinen Vorträgen und Seminaren zum Thema Putzen versuche ich immer, genau das zu vermitteln, was ich in meinem Beruf tue und erlebe. Viele Menschen finden sich in meinen Erfahrungen wieder, können dadurch den eigenen Standort besser erkennen und verstehen. Das erleichtert es ihnen dann, ihren Alltag neu zu gestalten, und macht sie für neue Ideen zugänglich. Oder ihnen erwächst zumindest das Gefühl: *Oh, das könnte ich doch wenigstens einmal probieren!*

Ich bemühe mich, meine Tätigkeit sehr bewusst durchzuführen, und gehe der Frage nach: Was ist wirklich der Sinn einer Handlung? Erledige ich nur eine Arbeit, oder versuche ich, sie heilbringend auszuführen? Wenn ich putze, aufräume, pflege – was bedeutet das für die geistige Welt? Was bewirkt es?

Alles, was sich im Leben immer wiederholt, kann leicht zur Routine werden, einen abstumpfen, einschläfern, oder – wird das eigene Tun bewusst ergriffen – zu einem Schulungsweg werden. Wenn es mir wirklich gelingt, mit innerer Freude Chaos in Ordnung zu verwandeln, wenn ich ständig daran arbeite, was alt und schmutzig ist, wieder frisch zu machen, Dekadenz und Verfall aufzuhalten, und dazu noch danach strebe, alles schön zu gestalten und neu zu beleben, ist dies sicher eine nicht weniger sinnvolle oder wesentliche Arbeit, als wenn ein Arzt oder ein Therapeut einem kranken Menschen wieder zu Gesundheit verhilft.

Daher ist Putzen ein so bedeutender Teil des häuslichen Lebens. So viele Menschen sagen immer wieder zu mir: *In meinem Beruf habe ich keine Probleme. Da kann ich stundenlang arbeiten und mich völlig hingeben. Aber zu Hause ist es so schwer, es scheint mir auch gar nicht so wichtig zu sein.* An einem anderen Ort ist es einfacher, objektiv zu sein. Daheim werden wir immer wieder gespiegelt. Aber unser Zuhause ist und bleibt der Ort, an dem wir ausruhen, uns erholen können (oder sollten!), wo wir ganz wir selbst sein können. Hier lässt sich die große Volkswahrheit üben: *Charity begins at home* oder: *Man muss zuerst an die eigene Familie denken.* Was wir zu Hause liebevoll ausführen, das können wir glaubwürdig in der Welt vertreten.

Eine weitere wichtige soziale Aufgabe der Reinigung ist die Werteerhaltung und das Schaffen einer angenehmen Atmosphäre. Wir erholen uns physisch und seelisch besser in einer angenehmen Atmosphäre. Meine Mutter sagte immer: *Ein Kind wird schneller in einem sauberen Zimmer und einem frischen Bett gesund.* Somit ist Reinigung auch eine ganz existenzielle Leistung für die Gesellschaft – und nicht zuletzt ist eine bewusste, umweltgerechte Reinigung ebenso bedeutsam für die Natur. Das Zuhause bietet uns nicht nur Schutz, es stellt den Raum dar, in dem wir uns erholen, ernähren und seelisch-geistig regenerieren können. Eine der Hauptleistungen der Hausarbeit ist es, die Grundlage dafür zu schaffen, dass unsere Kinder dort nicht nur physisch heranwachsen, sondern auch seelisch gedeihen können, sodass sie die Möglichkeit bekommen, Sozialkompetenz zu erlernen, ihre Fähigkeiten zu entfalten und sich in Gesundheit zu entwickeln. Was ist soziale Kompetenz? Was bildet die soziale Grundlage? Wie verhält es sich mit der Verantwortung, wenn man sich dazu entscheidet, Kinder zu bekommen, eine Familie zu gründen?

Sechs Jahre lang habe ich verzweifelt versucht, schwanger zu werden, und jedes Mal, wenn es wieder nicht geklappt hatte, sagte ich mir: *Anscheinend bist du noch nicht gut genug vorbereitet.* Nach einer zweijährigen Ausbildung bot ich eine Zeitlang auch Kurse in Geburtsvorbereitung und Schwangerschaftsbegleitung an. Es war erschütternd, mit wie viel Leid ich dabei konfrontiert war, obwohl dies doch eigentlich ein freudevolles

Ereignis im Leben einer Frau sein sollte! Daraufhin hegte ich lange den Wunsch, ein großes Haus für junge Menschen zu leiten, in dem sie sich auf die Zeugung des Kindes, die Schwangerschaft und das Elternsein vorbereiten könnten. Es wurde mir damals sehr deutlich, dass dieser ganze Prozess mit der Erziehung der zukünftigen Eltern beginnen müsse. Wenn sie, aber vor allem jedoch die Mütter, ihre Aufgabe richtig verstünden, dann könnte sich die ganze Welt verändern. Aber heute ist es nicht modern, nur Hausfrau und Mutter zu sein. Die Pflege des Haushalts und der familiären Beziehungen ist selten spektakulär oder glamourös. Wir stehen nicht im Rampenlicht, indem wir Windeln wechseln oder Toiletten putzen. Pflege konfrontiert uns mit dem Leben. In dieser Spanne zwischen den Notwendigkeiten des physischen Lebens und unserem Streben nach Harmonie, Ordnung und Schönheit – gerade dort findet sich die Pflege. Sowohl beim Elternsein als auch bei der Pflege handelt es sich darum, die Atmosphäre sowohl für eine Verwandlung des Innen- als auch des Außenraums zu gestalten.

Echte Pflege ist für mich ein alchemistischer, fast magischer Vorgang. Magische Kräfte sind nicht nur in gewissen Formeln oder komplizierten Ritualen zu suchen! Das Geheimnis der Magie liegt in der eigenen Haltung, in der entsprechenden Gesinnung. Finden wir die richtige Haltung, so besitzen wir das magische Wort, dank dessen wir nicht nur mit den Menschen kommunizieren können, sondern auch mit Tieren, Pflanzen, Gegenständen und Räumen. Diese Gesinnung muss jeder in sich selbst entwickeln. Dazu ist es aber notwendig, den Respekt allem Existierenden gegenüber zu kultivieren. Wenn jeder Mensch versuchen würde, die rechte Haltung zu seinem Gegenüber zu finden, könnte das der Beginn zur Lösung vieler Probleme sein.

Die Fragen von Selbstentwicklung, Selbstverwirklichung und Schulungsweg sind eindeutig sehr wichtig. Aber muss oder kann das alles nur außerhalb der eigenen vier Wände stattfinden? Es wäre doch auch möglich, in allem, was wir tun, die eigene Entwicklung und vor allem Selbsterziehung zu fördern? In einer Tagung zum Thema Hausmütterarbeit sprach der damalige Vorsitzende der Anthroposophischen Gesellschaft, Manfred Schmidt-Brabant, von einer Hausmutter als Priesterin. Hinter mir saß eine junge Frau, die vehement zischte: *Ich will aber keine Priesterin sein, nur eine ganz normale Mutter und Ehefrau, und das ist schon schwierig genug!* Aber auch hier kommt es eben auf die innere Haltung an, ob man Priesterin sein kann oder nicht. Die Priesterin unterscheidet sich von der Magd durch die Art und Weise, wie sie dieselbe Aufgabe erledigen würde. Es kommt auf das Streben an, mit der Aufgabe zu wachsen. Und wenn man das Tun, die vor einem liegende Aufgabe zu seiner Herzensangelegenheit macht, dann wird auch Durchhaltekraft entstehen.

Immer wieder muss ich an einen weiteren Ausspruch von Manfred Schmidt-Brabant denken: *Einweihungsstätten gab es früher. Heute findet die Einweihung im Alltag statt.*[3] Er war davon überzeugt, dass die neue Mysterien-Gesellschaft vom Haushalt ausgehen müsse; denn die neuen menschlichen Gesellschaften entstünden dort, wo Eltern, und vor allem Mütter, aus spirituellem Verständnis heraus tätig seien. Es braucht Mut und Einsatzbereitschaft; jedoch ist alles Wissen über das Geistige nur echt, wenn es auch im täglichen Leben seine Anwendung findet.

Was wir aus dem Geist heraus tun, wird zu einem Besitz, den uns niemand nehmen kann – hier sind alle Menschen gleich und haben dieselbe Chance.

Der Traum, durch den mir die Wichtigkeit der Pflege eines Raumes erklärt wurde, wies auch auf einen Bereich hin, der für mich damals noch völliges Neuland war: auf die helfenden oder hemmenden Wesen, die jegliches Tun begleiten.

2

DER MENSCH, SEIN HAUS UND SEINE HELFER

Die Natur ist lebendig und wir müssen ihr mit Respekt begegnen. Ihr sagt vielleicht, dass ihr nicht seht, durch was euer Respekt etwas für sie ändern könnte. Angenommen, dass dies nichts für sie ändert, dann tut es wenigstens für euch. Wenn ihr aufmerksam gegenüber den Steinen seid, den Pflanzen, den Tieren, den Menschen und selbst gegenüber den Objekten, die euch umgeben, entwickelt sich euer Bewusstsein, erweitert sich, und ihr bereichert euch mit all diesem Leben, das um euch atmet und vibriert. Solange ihr das nicht verstanden habt, seid nicht erstaunt, wenn ihr euch unruhig, desorientiert, in der Leere fühlt.

Sie wollen jeden Tag Ihrem Leben einen Sinn geben? Dann denken Sie daran, dass Sie mit den Kräften und lichtvollen Wesen der Natur verbunden sind und dass Sie mit ihnen kommunizieren können. In dieser ununterbrochenen Kommunion mit einer Vielzahl von Geschöpfen werden Sie das wahre Leben kosten. „Aber“, sagen Sie vielleicht, „wie erreiche ich das?“ Durch den Respekt und durch die Liebe; es gibt kein anderes Mittel. Wenn Sie die Natur respektieren, sie lieben, wird sie zu Ihnen sprechen; denn auch Sie sind ein Teil der Natur.[4]

Geduld, Weisheit, Frömmigkeit, Lebenssicherheit

Der Mensch wird immer wieder als die Krönung der Schöpfung betrachtet. Ihm wurde die Pflege des Gartens Eden anvertraut.

In vielen Schöpfungsgeschichten und Traditionen bekam er die Aufgabe, die Erde und die Kreaturen zu pflegen.

Das hat sich nie geändert, aber der Mensch scheint eine Zeitlang diese Aufgabe vergessen zu haben. Anstatt auf die Pflege und den Erhalt der Erde und ihrer Kreaturen hat er sich über Jahrzehnte und länger nur auf deren Ausnutzung konzentriert. – Der Mensch braucht die Natur, um zu überleben, sich zu ernähren, ein Dach über dem Kopf zu haben und so weiter. Allerdings wurde diese Ausnutzung der Natur zu weit getrieben. Irgendwann kam sie aus dem Gleichgewicht. Arten sterben aus, Wälder erkranken, immer häufiger stellen sich Naturkatastrophen ein und mehr und mehr Landstriche verfallen in Verwahrlosung. Zum Glück gibt es heute zunehmend Menschen und Organisationen, die sich bemühen, uns an diese ursprüngliche Aufgabe zu erinnern, und versuchen, Wege zur Abhilfe aufzuzeigen.

Und dennoch: Die Natur ist für den Menschen da, aber der Mensch eben auch für die Natur. Es ist und soll ein gegenseitiges Geben und Nehmen sein.

Vor einigen Jahren, ich organisierte an einem Donnerstagnachmittag im Müllsammelraum im Goetheanum gerade den Abfall – die Müllabfuhr findet immer am Freitagmorgen statt; dafür wird das Altpapier im ganzen Hause in großen Papiersäcken gesammelt, die später im Müllsammelraum in Kartons umgefüllt werden müssen, damit sie anschließend bei der Entsorgungsstelle in der Papierpresse komprimiert werden können –, als aus einem der Säcke eine Broschüre herausfiel und auf den Boden flatterte. Sofort nahm ich wahr, dass es sich um eine englische Broschüre handelte, und sagte mir: *Das nimmst du mit nach Hause.* Kaum hatte ich diesen Gedanken formuliert, kam innerlich ein Gegenargument: *Wenn du das jetzt mitnimmst, legst du es doch nur zu den vielen anderen Broschüren – schau doch unmittelbar nach, ob dich etwas aus dem Inhalt dieser Broschüre interessiert!* Also öffnete ich sie und entdeckte darin einen Beitrag mit dem Titel *Spirituality in daily Life* von Rudolf Steiner. *Gut!*, dachte ich, *da spricht er sicher auch übers Putzen.* Ich riss die Seiten heraus und steckte sie in meine Hosentasche. Am selben Tag noch las ich den Text – und seither immer wieder. Der Vortrag beginnt mit folgenden Sätzen: *Die Geisteswissenschaft gibt Lebenssicherheit und Kraft, wenn sie richtig erkannt wird. Wie kann sie sich fördernd ins Leben hineinstellen?* Ich erwartete ganz praktische Übungen, jedoch keine Spur davon und auch übers Putzen fiel kein einziges Wort, sondern darüber, was wir in uns selbst heranbilden müssen, um zur Entwicklung der Erde beitragen zu können.

> *So befestigen wir im Astralleib, im Ätherleib und im physischen Leib durch Weisheit, Frömmigkeit und Lebenssicherheit dasjenige, was wir als Mensch als unser Bestes erarbeiten können für die ganze Evolution unserer Erde. So arbeiten wir an unserem Erdenplaneten. So erwerben wir uns aber auch ein Gefühl dafür, dass der Mensch nicht einzeln, isoliert dasteht, dass das, was er erarbeitet in seiner Seele, Wert und Bedeutung hat für das Ganze. Und wie kein Sonnenstäubchen ist, das die Gesetze des Weltalls nicht in sich trägt, so ist kein Mensch, der nicht durch das, was er tut und lässt, das Weltall aufbaut und zerstört. Wir können ebenso viel geben dem fortschreitenden Weltprozess, wie wir ihm nehmen, wie wir von ihm herausbröckeln können dadurch, dass wir uns um ihn nicht kümmern, uns nicht Lebenssicherheit erwerben. Durch diese Unterlassungen wirken wir ebenso an der Zerstörung des Planeten mit, wie wir durch die Aneignung von Weisheit, Frömmigkeit und Lebenssicherheit ihn aufbauen. So ahnen wir allmählich, was die Geisteswissenschaft gefühlsmäßig uns werden kann, wenn sie den ganzen Menschen ergreift.*

Aus Rudolf Steiner: Geduld, Weisheit, Frömmigkeit, Lebenssicherheit.[5]

Durch diesen im *Abfall* gefundenen Vortrag wurde mir klar, dass man die eigene Entwicklung und die der Erde nicht voneinander trennen kann. Und das liegt ja völlig im Trend der heutigen Zeit: Noch nie gab es so viele Angebote zur Entfaltung und Selbstentwicklung. Man hört und liest immer wieder über *Wellness, Selbstentfaltung, Selbstverwirklichung, die Notwendigkeit, etwas für Körper, Geist und Seele zu tun*. Das erstreckt sich sogar auf die Werbung für Joghurt! Eine kulturelle oder auch seminaristische Veranstaltung wird meist nur noch dann als sinnvoll empfunden, wenn sie etwas für Kopf, Herz und Hand anbietet.

Der Bau des Menschen

Viele Glaubensrichtungen und okkulte Lehren schildern, dass der Mensch aus verschiedenen Wesensgliedern besteht. Die anthroposophische Geisteswissenschaft beschreibt vier Wesensglieder:

Da ist zunächst der *physische Leib*. Zu ihm gehört zweifellos auch seine Vergänglichkeit. Indem wir uns zu intensiv auf den Erhalt des physischen Leibes durch Wellness (oder Ähnliches) konzentrieren, kommt uns das mit der Zeit teuer zu stehen. Etwas nur physisch zu pflegen, ist nicht nachhaltig. Das kann man daran erkennen, dass man in dieser Beziehung ständig zu etwas Neuem greifen, immer wieder etwas noch Besseres nachkaufen muss. Auch wenn wir fit, braun gebrannt und gesund aussehen, heißt das noch lange nicht, dass unsere Nerven gesund sind oder dass wir unsere Gefühlswelt (geschweige denn deren Ausbrüche) unter Kontrolle haben.

Der physische Körper kann sich nicht aus sich heraus am Leben erhalten. Sich selbst überlassen, fängt er an zu verfaulen, zu vergehen, in Staub zu zerfallen – so wie es im Todesfall ja auch geschieht. Was den physischen Leib am Leben erhält, das ist eine unsichtbare Energie: unser *Lebens- oder Ätherleib*. Er ist nicht aus stofflicher Substanz gebildet, sondern unterhält die Lebensprozesse, Rhythmen, Dynamiken (also als in der Zeit verlaufende Vorgänge). Jedes Lebewesen zeigt uns in seinem Wachsen, Blühen und Vergehen solche Prozesse. Der Lebensleib wird durch rhythmische Vorgänge wie regelmäßiges Essen, Schlafen und Wachen, Spazierengehen und so weiter gestärkt.

Jedoch bestehen wir nicht nur aus Lebensvorgängen. Wir könnten die Rhythmen noch so wunderbar pflegen, uns sehr gesund ernähren, die Freizeit sinnvoll gestalten – und doch würde das für eine echte Nachhaltigkeit noch immer nicht ausreichen. Wenn wir unglücklich, ja vielleicht sogar voller Sorgen oder wütend zu Bett gehen, können wir uns nicht erholen. Wir haben eben auch Gefühle, Wünsche, Träume – und auch den Tatendrang, diese zu verwirklichen. Für unsere Gesundheit spielt ebenso eine Rolle, wie wir denken, wie wir unsere Meinungen bilden oder eine Aufgabe erledigen. Bin ich fröhlich oder frustriert, entscheide ich alles nur nach meinen eigenen Vorstellungen, ohne Rücksicht auf meine Umgebung?

Die Art, wie wir mit unseren Gedanken, Gefühlen und Willensimpulsen umgehen, hat Einfluss auf unser Wohlbefinden. Dies ist die seelische Ebene unseres Menschseins, und diese Vorgänge haben ihren Sitz im Empfindungs- oder Seelenleib, der auch als *Astralleib* bezeichnet wird. Die Gesundheitswissenschaft (Salutogenese[6]) hat herausgefunden, dass der Mensch gesünder ist, wenn seine Seele in einer sogenannten Kohärenz lebt. Ein Mensch, der seinen Gefühlen völlig ausgeliefert ist, wird oft durch das Leben überwältigt. Ziehen zur selben Zeit die Gedanken des Menschen in die Luft wie ein Adler, die Gefühle rückwärts in Richtung Wasser wie ein Krebs und das Wollen wie ein Maulwurf unter die Erde, so ist unvermeidlich eine Zerreißprobe angesagt. Man kommt nicht zu Entscheidungen. Die Folge ist Tatenlosigkeit. Für die Gesundheit ist eben auch ein Sinn für Zusammenhänge wesentlich.

Das vierte Wesensglied, unser *Ich*, sollte der Herrscher über die übrigen Wesensglieder sein. Es ist der Träger unserer Individualität. In unserem Ich fassen wir unsere Erlebnisse, unser Schicksal, alles, was wir gelernt haben, in unserer Persönlichkeit, unserer Identität zusammen. Das Ich setzt sich durch die drei übrigen Wesensglieder mit der Welt in Beziehung oder distanziert sich von ihr. In unserem Ich liegt unsere unerschöpfliche Lebensquelle. Wir bleiben mit ihr in Verbindung, wenn wir mit der Frage leben: Was will ich als Mensch, als diese Individualität mit meinem Leben anfangen, was ist mein Ziel, mein Ideal?

Tatsächlich bietet unser Haushaltsalltag die Möglichkeit, unsere höchsten Ziele an ganz einfachen, kleinen Aufgaben zu üben, zu kultivieren. Wenn wir uns bemühen, unser Handeln durch unser Ich selbst und frei zu bestimmen, entwickeln wir Eigenschaften, mit denen wir würdige Lebensqualität um uns verbreiten können.

> *Baut eine Laube nach euren Vorstellungen in der Wildnis,*
> *ehe ihr ein Haus innerhalb der Stadtmauern baut.*
> *Denn so wie ihr Heimkehrer in der Dämmerung seid, so seid ihr auch Wanderer, ewig Ferne und Einsame.*
> *Euer Haus ist euer größerer Körper.*
> *Es wächst in der Sonne und schläft in der Stille der Nacht;*
> *und es ist nicht ohne Träume. Träumt euer Haus etwa nicht,*
> *und verlässt es nicht träumend die Stadt für Hain oder Hügel?*[7]

Das Haus als Organismus

> *Die Stätte, die ein guter Mensch betrat, ist eingeweiht.*[8]

Als ich ganz neu am Goetheanum war, besuchte ich 1993 die damals jährlich veranstaltete Tagung zur Aufgabe und zum Berufsbild der Hausmutter, mit Manfred Schmidt-Brabant[9]. Der Gedanke, dass unser Zuhause, ebenso wie der Mensch selbst, aus physischem Leib, Lebensleib und Seelenleib (Astralleib) sowie einem Ich (Geistwesen) bestehen könne, war mir völlig neu.

Selbstverständlich hat unser Heim eine physische Seite, die sich den Augen oft überwältigend präsentiert – und uns manchmal wie ein Berg vorkommen kann. Dazu gehört die ganze Einrichtung (Möbel und vieles andere). Auch Garten, Keller, Speicher und Garage gehören dazu.

Hier erleben wir stark das Erdelement, das sich unter anderem durch seinen Widerstand auszeichnet. Werden die Widerstände im Haushalt durch bewusstes Arbeiten, harmonische, fließende und durchdringende Bewegungen unserer Gesten verwandelt, so befinden wir uns bereits im Lebensleib unseres Zuhauses. Das Haus hat eine eigene Lebensströmung, die sich in der Ordnung, Aufteilung, den Gewohnheiten und Rhythmen der Bewohner zeigt – kurz: in der Art, wie sich eine Lebensgemeinschaft gestaltet.

Weil wir es im Haushalt mit so vielen stofflichen Prozessen zu tun haben, ist dies auch der Ort, an dem wir mit der elementarischen Welt[10] in Kontakt treten und versuchen können, eine Beziehung zu deren Wesen aufzubauen. Wir begegnen nicht nur der Welt der Dinge, sondern dem Wesenhaften an und in den Dingen. Wir erkennen die Würde der Dinge. Im Haushalt beantwortet sich auch die Frage, ob ich mich heilend zur Welt, zu den Lebensräumen verhalte – oder nicht. Das Leben strömt: Wir essen, verdauen, scheiden aus. Wir atmen ein und aus. Das Strömen im Haushalt funktioniert oft nicht so gut wie im Körper. Es wird meist viel aufgenommen, jedoch zu selten nur wieder ausgeschieden. Ein erster Schritt wäre, voller Interesse in den Räumen und bei den Dingen zu sein und sich zu fragen, welche Dinge das Haus beleben und welche es eher belasten.

Im Seelenleib (Astralischen) des Hauses lebt das Denken, Fühlen und Wollen. In ihm leben die Qualitäten, die durch die einzelnen Menschen in die Gemeinschaft getragen werden. Das Astrale wird in der Atmosphäre eines Hauses erlebbar. Sie wird durch unser Tätigsein geprägt, vor allem durch unser künstlerisches Tun – sei es die Kochkunst oder die Kunst des Ordnung-Schaffens! Wichtig dabei sind der Humor und die Andacht zum Kleinen sowie die Hingabe, durch welche die Arbeit „fromm“ werden kann.

In diesem Bereich des Hauses erleben wir *Hestia,* die Schutzpatronin von Haus und Herd, sowie die *Penaten,* die zu den privaten Schutzgöttern eines Haushalts gehören. In der alten römischen Kultur waren die Penaten auch für den Herd und die Vorratskammer zuständig. Zudem sorgten sie dafür, dass die kostbare Glut nicht erkaltete, nachts die Ratten nicht an die Speisevorräte gingen, und sie regten den Koch an, etwas Schmackhaftes zuzubereiten. Zusammen mit anderen Göttern schützten sie die Familie und den gesamten Haushalt.

Schließlich kann man noch vom Geistigen eines Hauses sprechen. Wie entsteht dieses Geistige? Da gäbe es eine Reihe von Gesichtspunkten: Es entwickelt sich durch den Bezug, den die Bewohner zu den Aspekten des jeweiligen Kulturlebens haben. Wie wird die Kunst im Haus gepflegt? Was lebt im sozialen Bereich der Familie (nehmen wir Rücksicht aufeinander)? Reden wir über spirituelle Themen, wird am Tisch ein Gebet gesprochen? Ein weiteres wichtiges Element des Geistigen ist das Wissen um den Schutzengel, der jeden Menschen durch sein Leben führt. Auch die Verstorbenen, die mit uns verbunden sind, begleiten uns weiter.

Ihr arbeitet, um mit der Erde und der
Seele der Erde Schritt zu halten.
Das Leben ist Dunkelheit, wenn der Trieb fehlt,
und aller Trieb ist blind, wenn das Wissen fehlt.
Und alles Wissen ist vergeblich, wenn die Arbeit fehlt,
und alle Arbeit ist leer, wenn die Liebe fehlt;
und wenn ihr mit Liebe arbeitet, bindet ihr euch an
euch selber und an einander und an Gott.
Und was heißt, mit Liebe arbeiten?

Es heißt, allen Dingen, die ihr macht,
einen Hauch eures Geistes einflößen
und zu wissen, dass die selig Verstorbenen
um euch stehen und zusehen.
Arbeit ist sichtbar gemachte Liebe.[11]

Jeder Mensch, der einen Haushalt führt, wird täglich mit ganz unterschiedlichen Aufgaben konfrontiert. Wer bereit ist, sich offen darauf einzulassen, kann vieles neu entdecken. Es gibt verschiedene Ebenen, auf die wir mit der Pflege Einfluss nehmen können. Immer ist für alles Physische auch eine geistige Seite vorhanden. Wir nehmen also nicht nur physisch den Schmutz weg, sondern wir arbeiten auch mit unseren Lebens- und Seelenkräften, mit unserem Ich. Durch unser Bestreben, die Aktivitäten im Haushalt wach und ganz bewusst zu begleiten, entwickeln wir die Aufmerksamkeit dafür, was das Wesen des Hauses braucht, um seine Aufgabe erfüllen zu können. Dieses Bestreben verbindet die unmittelbare Vergangenheit mit der unmittelbaren Zukunft und bewahrt das Daheim in der Sicherheit des gegenwärtigen Seins.

Unser Zuhause ist kein Selbstzweck, auch seine Reinheit, seine Pflege ist kein Selbstzweck. In unserem Zuhause schaffen wir Raum – sozialen Raum, Entwicklungsraum, für den Einzelnen, die Gemeinschaft und die geistige Welt. In Räumen treffen Schicksale von Menschen, ja von ganzen Generationen aufeinander. Wer sein Zuhause als Organismus erlebt, geht anders damit um. Jeder lebendige Organismus gedeiht durch Pflege. Einer Pflanze kann man Wasser geben, und sie wird wachsen. Man kann sie aber auch liebevoll pflegen, und sie wird gedeihen. Von Raum zu Raum, von Klassenzimmer zu Klassenzimmer kann man den Unterschied zwischen überlebenden, wachsenden und gedeihenden Pflanzen beobachten. Dasselbe gilt für unsere Kinder, für Tiere und – sehr wichtig

– für unsere Beziehungen zu anderen Menschen. Über unsere Beziehung zu den Dingen denken wir fast nie nach.

Einige häufig gestellte Fragen

Wie finde ich heraus, weshalb ich mich in einem Zimmer unwohl fühle?

Fragen Sie doch das Zimmer selbst! Stellen Sie sich an die Türschwelle, schließen Sie die Augen und *hören* Sie ganz genau hin. Versuchen Sie, sich innerlich ein Bild von den Dingen im Raum zu erzeugen. Haben Sie jedoch etwas Geduld. Oder schauen Sie den Raum ganz genau an – ich bin ziemlich sicher, dass Sie den Grund finden werden. Vielleicht entdecken Sie sogar etwas zwischen den Dingen, was gerade jetzt in Ihrem Leben wesentlich ist. Dann diente das ganze Unwohlsein allein dazu, dieses Ding ausfindig zu machen!

Einige Tage nach einem Interview verriet mir eine Journalistin: *Ich musste innerlich schmunzeln, als Sie das mit dem „Hinhören" im Raum erzählten. Seit Monaten fühle ich mich nicht wohl in unserem Wohnzimmer, wusste aber nicht weshalb. Nach dem Interview ging ich nach Hause – und sieh da! Kaum hatte ich mit der Übung begonnen, wurde es mir klar, dass alle diese Bücher, die in doppelten Reihen in dem großen Wandregal über- und hintereinander standen, mich furchtbar störten. Wir lesen alle sehr gerne und besitzen viel zu viele Bücher. Sofort fing ich an, die Bücher auszusortieren. Und das Resultat fiel allen Mitgliedern der Familie auf, ohne dass ich nur ein Wort gesagt hatte.* – Ein Raum kann seine Bedürfnisse, seine Ansprüche kommunizieren.

In unserem Wohnhaus gibt es einen ganz merkwürdigen Raum. Ich muss ihn durchqueren, um von der Diele in die Küche zu gelangen. Irgendwie wirkt das jedes Mal sehr anstrengend auf mich. Was könnte ich unternehmen?

Ich habe mir diesen Raum angeschaut; was ich vorfand, war eine Art *Niemandsland*. Der Raum wirkte wie ein Schlauch. Er war kaum zwei Meter breit, jedoch sechs Meter lang. Die Tür war in der Mitte, sodass er sich über drei Meter in beide Richtungen erstreckte. Beim Betreten dieses Raumes fiel auf, dass er baulich etwas merkwürdig gestaltet war, weil es sich bei der Diele um einen Anbau handelte. Am unangenehmsten war, dass dieser Durchgang keinem klar definierten Zweck diente. Er war teilweise Fahrradraum, teilweise Abstellkammer, teilweise Computerraum. Beim Hindurchgehen wurde die Aufmerksamkeit sofort von dieser Unordnung angezogen – und zwar in beide Richtungen. Man hatte den Eindruck, die Seele müsse einen Spagat vollziehen. Als Erstes stellten wir Regale hinein, sodass etwas wie ein Korridor zwischen Diele und Küche entstand. Die Regale wurden versetzt hingestellt, damit nicht zugleich beide Richtungen eingesehen werden konnten. Anschließend ordneten wir die beiden entstandenen Raumteile so, dass eindeutig war, was wohin gehörte.

Was mache ich mit den Spinnen?

Ich nehme alle Spinnen, die ich in meinem Hause finde, weg, denn sie sind ungeladene Gäste. Anfangs dachte ich noch, sie seien nützlich wegen der Fliegen, Mücken und so weiter. Aber irgendwann überlegte ich es mir anders. Wenn wir Haustiere haben wollen, müssen wir sie pflegen und ernähren – das heißt, wir müssten uns ganz aktiv um Mücken, Fliegen und Spinnen kümmern. Aber Spaß beiseite. In den vielen Jahren meiner Tätigkeit fiel mir immer auf, dass Spinnen genau dort erscheinen, wo ich mit meinem Bewusstsein nicht hinreiche. Also meistens auf Speichern, in Kellern, in leerstehenden Räumen. Auch wenn keine einzige Spinne bei mir im Haus ist, bevor ich in die Ferien verreise ..., nach den Ferien, wenn ich zurückkomme, sind immer welche da. Es ist auch sehr erstaunlich, wie schnell die Spinnen herbeikommen, sobald Menschen umziehen. Innert drei Tagen sind fast in allen Ecken Spinnen zu sehen.

Früher habe ich sie einfach aufgesaugt, bis eines Tages eine verstaubte Spinne mit gebrochenen Beinen aus dem

Staubsauger-Sack kroch, als ich ihn ersetzen wollte. Das fand ich doch sehr bedauernswert. Seitdem, wenn ich eine Spinne sehe, sobald ich putzen will, sage ich zu ihr: Ich fange jetzt in der entgegengesetzten Ecke an und arbeite mich hier entlang vor. Wenn ich zu der Ecke komme, in der du jetzt bist, und ich finde dich immer noch vor, dann hast du ein Problem. Bis jetzt war auch tatsächlich keine Spinne mehr da, wenn ich *ihre* Ecke erreichte!

Die vier Elemente

Erde, Wasser, Luft und Feuer – das ist die Grundlage für alles Leben auf unserem Planeten. Die Lehre von den vier Elementen als Grundsubstanz der Erde geht auf Empedokles zurück, der im 5. Jahrhundert v. Chr. in Griechenland lebte.

Wir kommen täglich in Berührung mit diesen Elementen, und sie spielen im Leben eines jeden Menschen eine sehr wichtige Rolle. Beim Putzen und Aufräumen, beim Haarewaschen, beim Zimmerlüften, beim Kerze-Anzünden oder beim Kochen. Betrachten wir die Flamme einer brennenden Kerze, erleben wir alle vier Elemente gleichzeitig (das Feste in Wachs und Docht; das Flüssige im weichen Wachs; die Luft im notwendigen Luftelement, ohne das die Flamme ersticken würde; Licht und Hitze dann in der Flamme selbst). Die Elemente dienen uns Menschen, sind aber darauf angewiesen, dass wir lernen, uns ihrer immer *bewusster* zu bedienen.

Gerade von Kindern können wir lernen, in ein Verhältnis zu den Elementen zu kommen. Sie lieben das Wasser und erleben unmittelbar die Lebensfreude, die das Wasser ihnen vermittelt. Beim Schaukeln erleben sie beglückt, wie sie durch die Luft fliegen und der Wind durch ihre Haare streicht. Auch beim Fahrradfahren oder beim offenen Autofenster spüren sie gerne den Fahrtwind. Kinder spielen stundenlang phantasievoll im Sandkasten. Und sie lieben das Feuer! Jedes Kind will gerne immer wieder die Kerze anzünden und freut sich am schlängelnden Rauch, wenn es sie wieder auspusten darf.

Kinder sind aber auch gierig und verschwenderisch in ihrem Umgang mit den Elementen. Das ganze kindliche Verhalten hat mit ihrem unmittelbaren Erleben zu tun. Kinder machen sich keine Gedanken über das viele Wasser, das benötigt wird, um eine richtig schöne Pfütze zu bilden. Das hat

überhaupt nichts mit Ausbeuten oder Verschwenden eines der Elemente zu tun. Vielmehr ist es ein freudiges Wahrnehmen, das eher an ein gegenseitiges Geben und Empfangen erinnert. Denn so, wie Kinder noch dem Natürlichen der Elemente näher sind, so sind die Elemente auch den Kindern näher und geben sich ihnen ebenso gerne hin.

Wie schön wäre es, wenn wir Erwachsenen dieses unmittelbare Erleben der Elemente im Alltag neu entdecken könnten, wenn wir lernen könnten, mit den Elementen Freundschaft zu schließen. Die Elemente sind überall – um uns und in uns. Sie ermöglichen das Leben, können es aber auch in wenigen Sekunden auslöschen.

In der Umgebung, in der ich aufgewachsen bin, gab es sehr oft lange Trockenperioden. Es war manchmal so trocken, dass uns die Hühner verdursteten. Wir lernten schon als Kinder, mit dem Wasser sehr sparsam umzugehen. Zum Zähneputzen bekam jedes Kind ein kleines Schnapsgläschen mit Wasser; und in die Badewanne mussten wir immer zu zweit – denn das war ein Luxus, der nur einmal pro Woche, am Sonntag, möglich war. Innerhalb der Woche gab es jeden Tag nur eine flache Schale mit Wasser zum Waschen.

Ich erinnere mich an ein sehr merkwürdiges Phänomen aus dieser Zeit, das ich seither nie wieder erlebt habe. Das waren die sogenannten elektrischen Stürme. Es blitzte und donnerte, aber es gab keinen einzigen Regentropfen. Manchmal war die Luft elektrisch so aufgeladen, dass unsere Haare in alle Richtungen vom Kopf abstanden und wir sehr vorsichtig sein mussten, keinesfalls die kupfernen Fensterknäufe zu berühren. Aber dann: Welch seliger Moment, wenn endlich der Duft von nahendem Regen die lang ersehnte Nässe ankündigte! Die Tiere wurden völlig verrückt, die Kühe hüpften wie junge Kälber über die Wiesen. Sobald die ersten Tropfen fielen, stand die ganze Familie draußen auf dem Hof, der Vater mit dem Hut vor der Brust und alle dankten dem Herrn.

Oft wurden Bäume vom Blitz getroffen und zerklüftet, Brände entstanden – aber wir erlebten dadurch die Elemente in vollem Ausmaß. Ich kam im Winter nach Europa und musste Monate warten, bis ich das erste Mal wieder ein richtiges Gewitter erleben durfte. So intensiv, wie ich die Elemente in Afrika erlebt hatte, so erlebte ich sie in Europa nur einmal in einem Gewitter hoch in den Bergen.

Was wissen wir über die Elemente?

Erde, Wasser, Luft und Feuer – in all unseren Aktivitäten sind diese vier Elemente gegenwärtig, manchmal einzeln und getrennt voneinander oder alle gemeinsam: im Essen, Trinken, Atmen, Denken, Lieben oder einfach nur Leben. Wir existieren als Erdenmensch nur, weil die Elemente und ihre Wesen da sind. Uns Menschen wurden Erde, Wasser, Luft und Feuer anvertraut, und wir müssen lernen, sie zu achten und mit Respekt zu nutzen. Sie sind nicht nur von materieller Substanz! Die Engel der Elemente sind mächtige, großartige Wesenheiten, und die Elemente selbst werden bewohnt von unzähligen lebendigen Elementarwesen. Wir sind eigentlich nie vom Elementarischen getrennt, aber wir sind uns dieses Elementaren einfach nicht genug bewusst.

Eigenschaften der Elemente

Das Erdelement · Was fällt einem spontan zu den Eigenschaften des Erdelements ein? Die Erde trägt uns und gibt uns die Gestalt, ist uns Stütze in unserem Dasein. Die Festigkeit der Erde bedingt auch, dass wir aufrecht gehen können: In früheren Zeiten war der Mensch viel unmittelbarer mit seiner Umgebung und mit sich selbst verbunden, er erlebte das Erdenhafte bis in seine Knochen hinein. Die Erde ist hart, schwer, sie ist tragend, sie ist beständig, sie ist der Grund, auf dem wir stehen. Sie hat eine feste Form, die den Raum ausfüllt, den sie braucht. In ihrer Beständigkeit lässt sie sich nur langsam bearbeiten und verändern. Das vermittelt Stabilität, Sicherheit. Die festen Gesetzmäßigkeiten sind unabänderlich: Wenn ich einen Stein in die Luft werfe, fällt er wieder herunter; wenn ich Bohnen pflanze, wachsen keine Möhren.

In ihrem Inneren birgt die Erde Schätze: Metalle, Edelsteine, Erdöl, Kohle.

Doch kann die Strenge des Festen, das allzu Formende, überhandnehmen. So wirkt das Feste abgrenzend und abgeschlossen. Das Lebendige kann zum Systemhaften werden. Im Haushalt schleicht sich die perfekte Ordnung, die Sterilität ein.

Man kann besitzergreifend oder geizig werden. Auch bei Menschen mit einem Messie-Syndrom finden wir eine starke Verhärtung, eine Schwere, die es dem Menschen unmöglich macht, in Bewegung zu kommen, sobald es darum geht, das eigene Umfeld zu ordnen. Menschen, die nicht loslassen können und der Vergangenheit nachtrauern, werden letztlich zur Salzsäule, wie damals Lots Frau bei Sodom und Gomorrha.

In Zeiten der Erschöpfung kann man sich so schwer fühlen, dass man sich kaum bewegen kann. Wenn der Mensch sich zu stark mit dem Erdelement verbindet, treten Krankheiten auf, wie zum Beispiel Sklerose, Ablagerungen und Steinbildungen. Wenn das Feste das Geistig-Seelische ergreift, wenn die Schwere, die Dichte, die Einsamkeit überhandnehmen, dann kommt es zur Melancholie, Schwarzgalligkeit. Das Ich verfinstert sich und zieht sich zurück wie in eine Höhle.

Dennoch nimmt die Erde auf und verwandelt. Durch Lehmpackungen, Fango- und Schlammbäder wirkt sie heilend. Heilerde als Umschlag ist vielen Menschen bekannt. Meine

Großmutter war die Älteste von 16 Kindern. Nach dem zwölften Kind wurde ihre Mutter bettlägerig, und meine Großmutter übernahm die Rolle der Hausfrau und Mutter im zarten Alter von vierzehn Jahren. Als ihr kleiner Bruder einmal sehr hohes Fieber bekam und sie die Temperatur nicht zum Sinken bringen konnte, grub sie im Lehmboden eine flache Grube aus und packte das Kind mit der Erde zu, sodass nur noch Nase und Mund hervorschauten. Dem kleinen Bruder immer etwas Wasser einflößend, wachte sie neben der Grube, bis einen Tag später der Arzt eintraf. Es stellte sich heraus, dass das Brüderchen an einer Hirnhautentzündung erkrankt war. Das Kind überlebte dank dieser instinktiven Handlung meiner Großmutter.

Als einmal alle vier Kinder meiner Freundin an Masern erkrankt waren, machte sie sich große Sorgen um den Ältesten. Während die anderen drei Kinder bereits gesund waren, war er immer noch schwach und klagte über Kopfschmerzen. Da erinnerte ich mich an die Geschichte meiner Großmutter. Die Freundin machte eine Lehmpackung um den ganzen Kopf und im Nacken – und nach einer erholsamen Nacht war das Kind wieder gesund.

In der Erde arbeiten die Wurzeln, die unsere Pflanzen am Leben erhalten, indem sie den Kreislauf der Elemente in der Pflanze unterstützen.

Das Wasserelement · Das Wässrige erlebt der Mensch in den kreisenden, strömenden Flüssigkeitsprozessen in sich selbst. Das Wasser formt und bildet uns, erfrischt und durchfließt uns. Es nimmt alle Formen an, die ihm geboten werden. Und alle Seen und Meere der Erde haben nur eine Niveaufläche: die Horizontale. Das Wasser bildet eine abschließende, begrenzende Oberfläche wie eine Haut – eine überaus reizbare, empfindliche Haut, denn Wasser lässt sich leicht in Bewegung versetzen. Wasser bewegt sich immer wieder anders. Es fließt und zieht, strömt und verdunstet. Mal ist es Bach, Fluss,

Strom oder Meer, dann Wolke. Wenn es murmelnd, gurgelnd, rauschend oder tosend in verschiedenen Tönen und Stimmen seinen Naturstimmungen Ausdruck verleiht, können wir in unserer Gefühlswelt Ähnliches erleben.

Obwohl die Quelle oft verborgen ist, wird Leben in ihrer Nähe sichtbar. Pflanzen wachsen, Tiere kommen zur Tränke, Menschen lassen sich nieder. In der Wüste Namib erlebte ich

eine kleine, leuchtend grüne Siedlung zwischen den Dünen, die um eine Quelle herum entstanden war, wie ein Wunder.

Am Wasser spüren wir oft etwas Beruhigendes, Entspannung bis hin zum Träumen. Wasser regt die Phantasie an. Im Wasser zeigen sich aber auch Gegensätze: Es trennt Länder voneinander und verbindet sie wiederum durch Flüsse; es ermöglicht und zerstört das Leben; es zieht aufwärts, wenn es verdampft und in die Luft aufsteigt, und es strebt nach unten, zur Erde hin, wo es sie durchdringt. Obwohl sich das Wasser jeder Form anschmiegt, formt es auch. Es bestimmt seinen Weg im Flussbett und formt den härtesten Stein.

So findet auch ein ständiges Strömen im Blut, in den Arterien und Venen des Menschen statt. Das Wasser ist, im Gegensatz zur Vielfalt im Festen und Erdigen, fast das einzige Flüssige, das auf der Erde in der Natur vorkommt, neben Quecksilber, Ölen und Petroleum. Vier Fünftel der Erdoberfläche bestehen aus Wasser.

In Zeiten der Überforderung kann man das Wasserelement im Gefühl einer Art des Zerfließens erleben; wenn man sagt: *Ich bin vollkommen am Schwimmen,* oder *Ich fühle mich wie völlig ausgeblutet, meine Lebenskräfte schwinden dahin.* Bei einer Realitätsflucht entgleitet einem die Realität, man fängt an zu fabulieren, man träumt, um nur noch in einer Phantasiewelt zu leben. Seemannsgarn nennt man die vielen phantasievollen Geschichten, die von Seeleuten so gern erzählt wurden. Bei Krankheiten zeigt sich das Wasser in Form von Ödemen oder im zu *dicken* oder zu *dünnen* Blut.

Doch ist Wasser Leben, das Lebendige – in den Märchen ist ja immer wieder vom Wasser des Lebens die Rede. Wasser reinigt und spiegelt. Wasser absorbiert und heilt: Die Heilquelle von Bethesda ist ein bekanntes Beispiel aus dem Neuen Testament; überall auf der Welt gibt es Heilbäder, oder man denke an die Wasseranwendungen von Pfarrer Kneipp.

In den Pflanzen wirkt das Wasser im Kreislauf, von den Wurzeln durch die Stängel und Blätter bis hin zur Blüte.

Das Luftelement · Die Luft umgibt und belebt uns, vom ersten bis zum letzten Atemzug.

Früher erlebte der Mensch die Luft noch wesenhaft, er gestaltet sie durch Atmung und Sprache. Luft ist weder sichtbar noch zu greifen. Erst durch Bewegung erleben wir sie, spüren ihren Widerstand. Die Luft ist ein Element der Bewegung, das wir in seiner ganzen Gewalt erfahren, wenn eine leichte Brise sich bis zu einem Orkan verstärkt. In verschiedenen Erdteilen wird von diesen Luftgewalten wie von Wesen gesprochen, man gibt ihnen sogar Namen: Der *Suidooster* in der Kapprovinz in Südafrika, der *Mistral* in Südfrankreich, der *Scirocco* in Nordafrika, der *Monsun* in Asien.

Die Luft hält nichts fest, weder Lebewesen noch Schätze. Alle Lebewesen atmen sie ein. Niemand kann sich ihr entziehen oder verschließen. Das Wasser wird zur Wolke durch die Luft, die sie trägt, jedoch nicht festhält. Sie trägt auch Vögel, Schmetterlinge, Blütenstaub und entfacht Flammen. Luft dehnt sich aus, sucht den Umkreis. Sobald sie eine Gestalt annimmt oder ein Zentrum ausbildet, wie etwa das Auge bei einem Orkan, dann wird sie zerstörerisch.

Die Luft ist unendlich dehnbar, lässt sich aber auch bis zum Flüssigen komprimieren. Die einzelnen Gase sind miteinander mischbar, es gibt keinen Sättigungsgrad.

Je nachdem, wie der Wind tönt, entsteht eine völlig andere Stimmung: Ob er heult, faucht oder zärtlich säuselt.

In der Luft kann man Nervosität, Unkonzentriertheit erleben. Auch kann sich die Luft verschieden in der Menschenseele ausdrücken, zum Beispiel durch eine starke Sehnsucht, woanders sein zu wollen. Man kann wechselhaft sein und sein *Mäntelchen nach dem Wind* hängen, ein *Luftikus* oder ein *Hans Dampf in allen Gassen*.

Ich erinnere mich noch, dass ich von einem über dreitausend Meter hohen Berg mit meinen Skiern auf den Schultern hinunter flüchtete, weil ich die Beklemmung, den Alpdruck, nicht mehr aushielt. Später musste ich sogar ärztlich behandelt werden, weil sich diese beklemmende Angst bis in die Organe spürbar gemacht hatte.

Doch lebt in der Luft ebenso eine starke Heilkraft. Bei Erschöpfung und Krankheit wird daher vielfach ein *Luftwechsel* empfohlen; deshalb gibt es so viele Luft-Kurorte.

Luft ist auch Tonträger und ihre Qualität kann auch den Ton beeinflussen. Anlässlich eines Seminars in einer großen Schule in Deutschland wählten wir den Festsaal als Reinigungsobjekt für den praktischen Teil. Der Saal war sehr, sehr verschmutzt. Dabei stellte sich heraus, dass die Schule gedacht hatte, die Reinigungsfirma sei für das Putzen des Saales zuständig, und die Reinigungsfirma meinte, die Schule selbst sei dafür zuständig. So war der Saal seit längerem gar nicht mehr gereinigt worden.

Wir sammelten viele Säcke voll Abfall ein, jedes Eckchen wurde gesaugt und feucht gewischt und der Boden wurde sogar frisch mit Öl eingelassen. Es war eine große Gruppe von Schülern, Schülerinnen, Eltern und einigen Lehrern daran beteiligt. Wir mussten uns etwas beeilen, weil der Saal jeden Samstag ab 15 Uhr an einen Chor für seine Proben vermietet war. Kurz vor 15 Uhr verließen wir den Saal. Kaum hatten die Menschen begonnen zu singen, als der Chorleiter zu uns kam und fragte: *Was haben Sie bloß mit dem Saal angestellt, er tönt völlig anders heute!*

Bei einer Pflanze öffnet sich die Blüte in die Luft und verbreitet so ihren Duft, auch wird sie manchmal über die Luft befruchtet.

Feuer, das Wärmeelement · Das vierte Element finden wir natürlicherweise als Wärme – in der Umwelt und in uns selbst. Die Wärme (das Feuer) erhält uns am Leben und ermöglicht es uns, tätig zu sein und unsere Willenskraft zu entwickeln. In der Wärme hat der Mensch das Erleben seines Willens.

Das Feuer durchdringt alles; es erfüllt die Luft und macht sie warm, auch erwärmt sie das Wasser und die Erde.

Als Feuer ist das vierte Element nicht ein natürlicher Teil der Schöpfung, sondern eine zusätzliche Göttergabe. Prometheus brachte es gegen den Willen des Göttervaters auf die Erde. Die Tiere fliehen vor dem Feuer, sie spüren darin noch etwas Besonderes, Übernatürliches, wie im Blitz, der vom Himmel kommt und erhaben und erschreckend ist wie das Feuer, das Menschen anzünden. Auch erlebte man in Vorzeiten eine Götteroffenbarung im Feuer. Moses erkannte seinen Gott im Dornbusch, der in Flammen stand und doch nicht verbrannte. Durch Feuerproben suchte man den Willen der Götter zu erforschen. In Brandopfern brachte man dann Sühne dar und warb um die Gunst höherer Mächte. Feuer als Göttergabe verleiht Macht. Macht ist weder gut noch böse, sie kann für beides benutzt werden. Im Märchen gibt es positive Träger dieser Macht: Schmiede und Köhler, Zwerge und Hexen, aber auch negative Wesen wie Teufel und feuerspeiende Drachen.

Die Wärme versucht, sich die Substanzen immer ähnlicher zu machen, sie immer mehr an sich heranzuziehen, sodass sie selbst zu Wärme werden. Sie strebt ständig zur Peripherie, in die Höhe.

Sehr deutlich kann man diese Eigenschaft im Fieber erkennen: Der Körper will überwinden, was als Fremdes in ihn eingedrungen ist. Kleine Kinder haben grundsätzlich eine etwas höhere Körpertemperatur als ältere Menschen. Wir fühlen uns wohl mit Menschen, die innere Freude ausstrahlen, weil wir deren Wärme spüren, ganz im Gegensatz zu Resignation, Interesselosigkeit und Gleichgültigkeit, die Kälte ausdrücken und für Distanz sorgen.

Die Herzenswärme verbindet und kommuniziert sich dem ganzen Raum. Wenn wir einen neuen Wohnraum beziehen, laden wir gern Freunde und Familienangehörige zu einer *Housewarming-Party* ein. Durch die miteinander geteilte Freude und die guten Wünsche wird das Haus mit wohlwollender Wärme erfüllt.

Im Hochsommer ergreifen die Feuerkräfte die ganze Natur, und auch der Mensch wird davon erfasst. Im Sommer sind wir viel begeisterungsfähiger als im Winter. Sobald uns im Frühling die ersten Sonnenstrahlen warm berühren, fallen die Hüllen – wir wenden uns der Wärme zu und öffnen uns ihr. Instinktiv wollen wir uns mit der Geistigkeit, die wir in der Wärme erleben, verbinden. Die Wärme durchdringt alles grenzenlos.

Im Menschen kann sich das Feuer auch als Zorn, Jähzorn und Gewalttätigkeit zum Ausdruck bringen. Bei starker Überforderung kann ein verzweifelter Wutausbruch dazu führen, dass jemand einen Staubsauger zerschlägt, weil er oder sie sich im Kabel verwickelt hatte und gestürzt war.

Auch in jeglicher Ungeduld drückt sich das Feuer negativ aus.

Wenn die Sehnsucht nach Wärme zu groß wird, kann dies zu Alkoholismus führen. Mit dem Alkohol empfindet man zunächst Wärme, jedoch tritt an die Stelle des Geistes der *Weingeist*. Wir lesen immer wieder, dass alkoholisierte Menschen erfrieren, weil sie im Rausch die Kälte nicht spüren.

Im Wärmeorganismus des Menschen lebt das Ich, sein Geisteskern. Im Feuer verbrennen aber auch menschliche Illusionen.

Pflanzen brauchen in ihrem Wachstum im Jahreslauf zunächst Wärmekräfte, um das Samenkorn keimen zu lassen. Es gehört zwar auch die Feuchtigkeit dazu, jedoch ist die Wärme diejenige Kraft, die vom Zentrum her die Pflanze sich entwickeln lässt. Im Sommer reifen die Früchte durch die Wärme.

Die Helfer – Von Wesen umgeben

In meiner Kindheit wurden mir nie Gute-Nacht-Geschichten erzählt und Märchen lernte ich erst kennen, als ich selbst lesen konnte. Aber zu einer Großfamilie mit vielen Onkeln, Tanten, Nichten und Neffen gehörten auch unsere Familienzusammenkünfte – und sehr viele Geschichten, die am Feuer erzählt wurden (nach dem Grillen, was eine Art Nationalspeise in Südafrika ist). Diese Geschichten waren immer aus dem Leben gegriffen und hatten oft mit dem Übersinnlichen zu tun. Da gab es merkwürdige Erscheinungen, Spukgestalten und immer wieder auch Vorahnungen auf bevorstehende Ereignisse.

Eine Geschichte, die mich immer sehr beeindruckt hatte, handelte von einem Mann, der sehr böse und aus Neid auf die guten Ernten der Nachbarn einen Pakt mit dem Teufel eingegangen war. Eines Nachts, als er sich gerade in seinen dunklen Künsten übte, fing sein Haus Feuer – und auch der Mann stand in züngelnden Flammen. Er rannte brennend über die Wiese zum Teich, um sich zu retten – doch vergebens. Auf den Fußspuren, die er vom Haus bis zum Teich hinterlassen hatte, sollte nie wieder Gras wachsen.

In fast jeder Familie gab es jemanden, der *mit dem Helm* geboren worden war. Das bedeutete, dass diese Person besondere Fähigkeiten hatte, meistens hellseherischer Art. Mein Vater war Wünschelrutengänger. Oft wurde er gebeten, Orte ausfindig zu machen, an denen es sich lohnen könnte, nach Wasser zu bohren. Das war natürlich in einer Gegend, die an chronischem Wassermangel litt, eine gefragte Fähigkeit. Er habe ein kleines Äffchen auf seiner Schulter, erklärte er uns einmal, das ihm sage, was er wissen müsse. Ihm war meistens auch im Voraus bekannt, wann ein Kind geboren würde, ja sogar, ob es ein Junge oder ein Mädchen wäre. – Aber auch schlimme Geschehnisse ahnte er oft schon im Vorhinein.

Wunderbare Geschichten hörten wir auch von Einheimischen. Da gab es Riesen, die alles auffressen wollten, und es

brauchte dabei immer großes Geschick, das Vieh zu schützen. Sie erzählten vom *Tokolossie,* der Kinder schnappte, die nicht brav waren, und der vor allem auch verheiratete Frauen plagte, die in der Stadt wohnten. Auf dem Land schlafen alle Einheimischen auf ihren Matten, aber sobald eine verheiratete Frau in der Stadt wohnte, sollte sie ganz hoch über dem Boden schlafen, damit der Tokolossie nicht zu ihr hinaufsteigen könnte. Das Bett stand so hoch, dass die Frau selbst kaum hinaufklettern konnte. Das war natürlich eine wackelige Angelegenheit, denn die meisten Betten wurden mit Stapeln von Backsteinen in die Höhe gebracht.

Schon damals also hörte ich von den merkwürdigsten Wesen – die meisten waren hilfreich; es gab aber auch andere, die sehr böse sein konnten.

In allen Kulturen, Religionen, Bräuchen, Sagen und Legenden finden wir ganze Hierarchien von Wesenheiten, von den Schlimmsten, Dunkelsten, die uns verführen wollen, bis hin zu den Hellsten und Lichtvollsten, die uns schützen und helfen – von denen aber einige uns möglicherweise auch verführen wollen. Hier ist es nötig, ein Unterscheidungsvermögen zu entwickeln, wie es aufgrund der Anthroposophie Rudolf Steiners möglich ist. Und wie gehen wir heute damit um? Was kann mir in unserer Zeit ein Wissen um diese Wesen bedeuten?

Sowohl in der modernen als auch in der klassischen Literatur finden wir sehr viele Hinweise zu den verschiedensten unsichtbaren Wesen: Nebst den Naturgeistern oder Elementarwesen gibt es Engel, Dämonen und noch viele andere.

Nicht nur in Märchen und Sagen, sondern auch in allen heiligen Schriften und bei großen Dichtern wie Goethe und Shakespeare begegnen uns zahlreiche Naturwesen – zum Beispiel im zweiten Teil von Goethes „Faust“ oder auch im „Sommernachtstraum“ von William Shakespeare. Und bei dem alchemistischen Gelehrten und Arzt Paracelsus[12] findet man sogar eine sehr genaue und detaillierte Beschreibung dieser Wesenswelt. Er spricht von Elementarwesen, von Berg- und anderen Leuten. Er nennt sie Pygmäen, Nymphen, Sylphen und Salamander. Die Undinen sind die Wasserleute, die Luftleute heißen Sylvestres, die Bergleute nennt er Gnomi und die Feuerleute sind neben Salamandern auch Vulcani. Paracelsus schildert die Wohnorte dieser „Leute“ sehr präzise und objektiv, dabei zugleich aber auch sehr poetisch.

Märchengestalten tauchen auch in der Werbung auf, wo von *Heinzelmännchen, Fleckenzwergen* und *weißen Riesen* gesprochen wird. Und die griechische Mythologie ist präsent, wenn wir *Ajax* gegen den Schmutz in Küche und Bad zu Hilfe holen. Filme und Bücher über diese unsichtbaren Wesen gewinnen immer mehr an Beliebtheit. Denken wir an *Herr der Ringe, Harry Potter,* die *Twilight-Sagen, Matrix* und viele andere Filme von Superhelden und Mutanten. Der Mensch sehnt sich nach einer Welt, in welcher er Kräfte entwickeln kann, die das Böse bekämpfen können, in der er unsichtbare und andere wundersame Wesen zu Hilfe holen kann.

In dem Film *Avatar* handelt es sich darum, dass im Jahr 2154 die Rohstoffvorkommen der Erde erschöpft seien. Die Menschen beginnen, in den Weiten des Alls nach Alternativen zu suchen. Die Menschheit, die nichts aus ihren Fehlern gelernt hat, breitet ihren Ausbeutungsfeldzug auf den umliegenden Weltraum aus, da sie ihren Heimatplaneten Erde gänzlich seiner Ressourcen beraubt hat. Eine kleine Gruppe von Menschen versucht im benachbarten Sonnensystem Alpha Centauri, auf dem Mond Pandora des fiktiven blauschimmernden Gasplaneten Polyphemus, wertvolle Rohstoffe zu finden. Ein junger Erdenmensch übernimmt die Aufgabe eines Avatar: Bei seiner Entdeckungsreise auf dem Mond Pandora lernt er die Kultur der eingeborenen Na'vi kennen, die in perfekter Harmonie mit ihrer Umwelt leben. Daraus erkennt er schließlich, dass diese Welt gegen alle Widerstände zu erhalten ist – auch wenn er sich damit gegen die Menschen stellt, die nach Pandora gekommen sind, um den Planeten rücksichtslos auszubeuten. Mit der Unbeschwertheit und Naivität eines Kindes tritt er in diese neue Welt ein, die sich für ihn als Wunderland entpuppt. Unweigerlich steuert die Handlung auf die *Vertreibung aus dem Paradies* zu und manifestiert sich in der Zerstörung des gewaltigen Lebensbaums der Na'vi.

Nun kann man sich fragen, weshalb in Hollywood andere Wesen auf einem anderen Planeten angesiedelt werden. Es geschieht, um dasjenige zu erklären, was in fast allen spirituellen Lehren und Naturreligionen dargestellt ist: Der Glaube an eine höhere Kraft, die alle Wesen verbindet. Der Glaube daran, dass Naturwesen den Menschen dienen, wenn er sich mit ihnen verbindet und für sie offen ist – im positiven wie im negativen Sinne. Der Film zeigt, wie der Mensch mit verschiedenartigsten Wesen umgehen lernen muss, damit sie ihm nicht schaden. Was dort dargestellt und letztlich auch von uns ersehnt wird, wäre im Grunde genommen auch hier bei uns auf der Erde gut möglich, wenn wir anfangen würden, uns bewusst mit der Natur und den Menschen zu verbinden. Wenn wir offen wären für Neues, Unbekanntes und auch lernen wollten, Verantwortung für unsere Taten zu übernehmen. Es ist aber oft viel einfacher, sich diese Fähigkeiten durch Filmbilder zu erträumen, als das Leben selbst in die Hand zu nehmen. Wenn wir uns dieser Verantwortung nicht bewusst werden, kann es zur Zerstörung *unseres Lebensbaumes* kommen.

Persönlicher Zugang

Vermehrt werden Berichte von Menschen publiziert, die Begegnungen mit Engeln oder Naturwesen haben. Es werden Kurse angeboten, in denen man lernen kann, mit den Engeln zu sprechen und die Spiritualität der Natur zu erleben. Vielen Menschen sind Gedanken über solche Wesen befremdlich, sogar beängstigend. Zumeist liegt das jedoch daran, dass man nur vom Hörensagen, durch Bücher, Fernsehen oder Filme davon etwas erfahren hat. Wie schaffen wir es aber, uns selbst eine eigene Vorstellung dieser unsichtbaren Helfer zu machen – ohne dabei abergläubisch zu sein und als *abgehoben* bezeichnet zu werden oder einfach nur an Heinzelmännchen oder gartenzwergartige Geschöpfe zu glauben?

In dem Buch *Theosophie* von Rudolf Steiner findet sich eine zutreffende Bemerkung über die notwendige Haltung zur Welt der Elementarwesen: *Aberglaube ist es ja nicht, wenn man mit der Wirksamkeit von Elementarwesen rechnet. Aberglaube ist, wenn man meint, man könne sie physisch sehen.*[13] Hilfreich ist es, bekannte Erlebnisse einmal neu anzuschauen. Jeder kennt das Gefühl, zu spüren, dass ein anderer Mensch uns anschaut, ja man spürt sogar die Richtung, aus der der Blick kommt. Und oft wird dieses Gefühl, wenn wir uns schnell genug dorthin wenden, auch bestätigt. Oder: Wir empfinden beim Betreten eines Hotelzimmers oder in einer Ferienwohnung ein starkes Gefühl von Unbehagen und Unwohlsein. Halten wir bei einer solchen Wahrnehmung inne und versuchen, diesem Gefühl nachzuspüren, so tasten wir uns vorsichtig an das Unbekannte heran und versuchen zu entdecken, was um uns herum lebt.

Je mehr wir in einer solchen Art üben, desto besser entwickelt sich ein Organ, mit dem wir beginnen können, die Umgebung (die der Natur und die anderer Menschen) anders, bewusster zu erleben. Im Volksmund heißt es: Nicht Neues erleben, jedoch das Erlebte neu erfahren können. Alles kann neu aufgefasst, kann völlig neu werden.

Kommunikation

Für viele Menschen ist es nicht leicht, nachzuvollziehen, dass man etwas einer Menschenbegegnung Vergleichbares mit einer Pflanze erfährt (die ihm vielleicht sogar etwas zu sagen hat) oder dass man erleben kann, wie ein Raum regelrecht *um Hilfe* ruft! Mit den Räumen zu kommunizieren, ist ein grundlegender Teil meiner Arbeit. Diese Kommunikation ist für mich von zentraler Bedeutung. Wenn man einen Raum längere Zeit pflegt, entsteht eine Beziehung. Und wenn diese Beziehung gut ist, entsteht auch Kommunikation. Ich bin in keiner Weise hellsichtig begabt, glaube jedoch, dass ein Raum mir gegenüber seine Bedürfnisse äußern kann; auch wenn sich das vielleicht zunächst etwas befremdlich anhören mag.

Oft schon habe ich das Gefühl gehabt, dass die Beziehung zu einem Gebäude oder einem Raum so stark wurde, dass ich dessen Bedürfnisse spüren konnte. Über eine aufmerksame Sinneswahrnehmung wird diese Beziehung so intensiviert, dass man anfängt, auch Übersinnliches wahrzunehmen. – Diese Einsicht allein könnte schon eine Initialzündung für die Selbsterziehung sein. Durch Erziehung und Selbsterziehung lernen wir erkennen, wie wir an uns selbst arbeiten können und müssen, um einen weiteren Schritt vollziehen zu können.

Ungepflegte Dinge, auch ungepflegte Gebäude verfallen erstaunlich rasch. Ein leerstehendes Haus zerfällt schneller als ein bewohntes. Auch ein Auto, das selten gefahren wird, läuft Gefahr einzurosten. Kleider, Wolle, Stoffe, die regelmäßig in Benutzung sind, werden weniger oft von Motten befallen. Sogar der Stein zerfällt langsamer, wenn der Mensch sich seiner (etwa fürs Bauen) bedient.

Im Großen Saal des Goetheanum (mit fast tausend Sitzplätzen) wurde täglich der Boden gereinigt. Wenn auch manchmal nur ein paar Reihen am Tag, war es mir wichtig, dass täglich jemand in diesem Saal anwesend war, damit dort menschliche Präsenz wirken konnte. Aufgrund von Sparmaßnahmen konnte der Saal dann nur noch vor, während und nach den Veranstaltungen gereinigt werden. Innert weniger Wochen kam es im Wollstoff der Stuhlpolster zu Mottenbefall. Die Kosten, die es verursachte, diese Schädlinge zu beseitigen und anschließend den Boden neu einzulassen, wären einer regelmäßigen Unterhaltsreinigung über drei Jahre gleichgekommen.

Wenn wir lernen, unser Haus, einen Kindergarten oder eine Schule, das Heim überhaupt, als einen Organismus zu erleben und mit Hingabe zu pflegen, dann nimmt unsere Tätigkeit etwas wie einen religiösen Charakter an; dadurch verändert sich die Atmosphäre, es wird heller im Raum. Weil Pflege immer ein bewusstes Handeln ist, geschieht sie nicht nur aus der unmittelbaren Gegenwart heraus, sondern trägt viel Zukünftiges in sich. Sie birgt wahre Ökologie (nicht nur als Lehre, sondern auch als Pflege des Haushalts) in sich, die Lebensräume für die Zukunft schafft.

Ich habe oft das Gefühl, durch das Putzen ein Gleichgewicht herzustellen, wieder einen Raum zu schaffen, in welchem sich Denken, Fühlen und Wollen auf eine gesunde, konstruktive Weise entwickeln können. Es ist eine Tätigkeit, mit der wir uns ständig auf der Schwelle zur elementarischen, geistigen Welt befinden. Unser inneres Leben wird genährt und kann bereichert werden, indem wir immer wieder versuchen, Bewusstsein für die Elemente und das Wesenhafte in den Elementen um uns herum zu entwickeln. Was wir auch tun, wir sind immer umgeben und in Kontakt mit den Elementen, ihren Wesen und auch mit den Engeln. Wir können sie einladen, an unserer Arbeit teilzunehmen, und können ihnen für ihr Mitwirken danken und sie preisen, weil sie uns helfen.

Und so sind wir auch beim Putzen, Pflegen und Ordnung-Schaffen ständig in Kontakt mit den Elementen.

- Wir betreten einen Raum und werden mit dem sich darin befindenden Chaos konfrontiert. Wird jetzt das Handeln angeregt, so geschieht ein Feuerprozess – also ein Salamander wird tätig.

- Womöglich entsteht jetzt ein Bild der archetypischen Reinheit oder ersehnten Ordnung – in der Sehnsucht nach Schönheit wirkt ein Luftprozess, also eine Sylphe greift ein.
- Nehme ich zuerst den Zustand eines Raumes wahr und analysiere, was ich sehe: Schmutz oder Sauberkeit, Unordnung oder Ordnung – dann helfen uns in diesem analytischen Wahrnehmen die Gnome.
- Ist der Raum schmutzig, erscheint imaginativ das Bild des anschließend sauberen und geordneten Raumes. Dazu wähle ich das geeignete Werkzeug aus und entscheide mich, an welcher Stelle ich beginnen werde – in der Bildfähigkeit und im Verbindung-Schaffen liegen die Eigenschaften des Wassers – also die Welt der Undinen.
- Jetzt kann die Arbeit beginnen: Ich schaffe Ordnung (Ich-Tätigkeit: Feuer). Dann kommt das Gröbste: Schaben, Kratzen, Fegen, der Schmutz wird an einen anderen Ort gebracht: Erde – die Gnomen helfen. Staub wird weggewischt, das Zimmer gelüftet. Der Boden wird in rhythmischen, harmonischen Bewegungen gewischt, Teilchen werden in Wasser aufgelöst, Wasser verdunstet, wohlriechende Reinigungsmittel duften im Raum: Wasser und Luft – Undinen und Sylphen. Das alles folgt einer Intention, wie sie am Anfang erwähnt wurde, und in dieser wirkt die Wärme.

Der putzende Mensch wirkt in allen vier Elementen und verwandelt so die Erde. Im Erdelement putzen und pflegen, verwandeln wir. Aus einem schmutzigen Badezimmer wird ein Kunstwerk und aus Chaos entsteht eine lebendige Ordnung.

Das Wasser wäscht und befreit. Und so heißt es in amerikanischen Spirituals, den Gospel-Songs, oft: *Wasche mich von meinen Sünden frei!* Meine Mutter pflegte mir bei Prüfungsangst oder bei Liebeskummer zu sagen: *Geh und wasch dir das aus deinen Haaren heraus!*

Die Luft reinigt. Kommt man in einen Raum, in dem sehr viel Spannung spürbar ist, öffnet man oft spontan alle Fenster, und nach einer Weile heißt es: *Die Luft ist rein!* Nach dem Putzen und Waschen wird in besonderen Fällen auch geräuchert.

Das Feuerelement wirkt verwandelnd, es ändert ständig seinen Zustand. In vielen Kulturen werden durch Feuerrituale Läuterung, Reinigung, Heilung gebracht. Wenn man sich von alten, unangenehmen Erinnerungen befreien will, wird oftmals dasjenige verbrannt, was damit in Verbindung gebracht wird. Es gibt auch den Brauch, dass ein auf ein Papier geschriebenes Gebet verbrannt wird, um das Gebet mit Opferkraft zu unterstützen.

Gefühle der Angst, Unsicherheit, Selbstzweifel erstarren in ihrer Kälte und lähmen den Willen. Eine Kraft, die uns immer dabei helfen kann, zu unserer Wärme zurückzufinden, ist die Dankbarkeit. Spüren wir echte Dankbarkeit, kann sie in uns Liebekräfte wachrufen. Dankbarkeit gegenüber der geistigen Welt erwärmt uns und weckt die Willenskräfte. Begeisterung und Liebe führen uns zu Taten. Arbeit wird dadurch zu sichtbar gemachter Liebe.

Einmal begleitete ich eine Frau in die Damentoiletten des Goetheanum, um ihr ein Stück Seife zu geben. Als wir den Raum betraten, waren alle Türen der vierzehn Kabinen geschlossen. Aber ich spürte sofort, dass in irgendeiner etwas nicht stimmte, und sagte mir: *Oh, oh! Da drin ist etwas nicht in Ordnung.* Ich öffnete die Tür einer bestimmten Kabine und sah, dass es dort schmutzig und nicht abgespült worden war. Ich brachte alles in Ordnung, und die Sache war für mich erledigt. Die Frau fragte jedoch: *Woher wusstest du denn, dass etwas nicht in Ordnung war – und woher wusstest du, dass es genau in dieser Kabine war, wo doch alle Türen verschlossen waren?* Ich kann nicht intellektuell erklären, woher ich das wusste – das ist für mich einfach ein Beispiel einer Art von Kommunikation mit den Wesen, die mich täglich bei meiner Arbeit begleiten.

Eine für mich neue Erfahrung machte ich kürzlich, als ich mich in einem sehr schwierigen Entscheidungsprozess befand. Es ging um etwas Berufliches, und ich war unsicher, ja sogar etwas ängstlich davor, an wen ich mich wenden sollte.

Ich ging im Wald spazieren und erblickte in der Entfernung etwas, das wie ein Männlein aussah, mit Kopf und rundem Bauch. Als ich näher kam, waren es zwei weiße Margariten, eine große etwas höhere und eine kleine. Ich setzte mich neben die Blumen auf die Wiese und sagte ganz spontan: *Margaretchen, ich habe ja solche Angst! Mit wem soll ich denn bloß reden? Zu* meinem großen Erstaunen erfuhr ich ganz klar eine Antwort in mir: *Sprich mit Herrn X darüber.* Ich war völlig verdutzt, da ich diesen Herrn von mir aus nie in Betracht gezogen hätte, verspürte aber zugleich eine große Erleichterung. Zwei Tage später bat ich um einen Termin bei besagtem Herrn. Innerhalb von zehn Minuten hatte ich mein Anliegen dargestellt, es wurde sofort begrüßt und jede mögliche Unterstützung zugesagt.

Bei solchen Erfahrungen geht es mir nicht darum, ob mir jetzt die Blume tatsächlich geantwortet haben könnte; ich will auch keine anderen Menschen von etwas überzeugen. Wichtig ist dabei nur, was dieses Erlebnis für mich in diesem Augenblick bedeutete und ob es das eigene Vertrauen in die helfenden Kräfte stärkt oder nicht.

Oft werden ähnliche Situationen in Märchen geschildert. In einem Moment der Verzweiflung erscheint plötzlich ein Wesen als Antwort auf eine Frage oder auf einen Hilferuf – oder auch, wenn jemand angesichts einer scheinbar ausweglosen Situation gelassen zu reagieren vermag. Wer dann die erhaltenen Ratschläge befolgt oder bereit ist zu helfen, der wird im Märchen meist reichlich belohnt.

Wichtig ist, immer wieder über seine Wahrnehmungen nachzudenken, mit Fragen zu leben und darauf zu achten, wann sich etwas verändert, und dann herauszufinden versuchen, was die Veränderung ausgelöst hat. Bei der Hausarbeit kann es vorkommen, dass wir plötzlich das Gefühl haben, alles werde einfacher oder gehe rascher von der Hand. Dabei kommt Freude oder Fröhlichkeit auf. Sind zufällig auch die Kinder in der Nähe, so wollen sie auf einmal mithelfen. Oft habe ich erlebt, dass gerade in dem Moment, wenn ich echte Hingabe bei der Arbeit erlebe, jemand unerwartet seine Hilfe anbietet, so, als wolle er an meiner Freude teilhaben.

Nehmen wir das Erlebnis einer Freundin beim Fensterputzen: Eine Zeitlang hütete ich jeden Mittwochvormittag ihre beiden kleinen Kinder. Es war ein wunderschöner Frühlingstag, als wir auf dem Weg nach Hause waren. Jedes Blümchen, jede kleine Schnecke wurde bewundert und bestaunt. Da kein Zeitdruck bestand, machte ich mir keine Sorgen darüber, dass die Kinder gerade an diesem Tage besonders viel Freude an allen großen und kleinen Dingen auf dem Weg hatten. Obwohl wir kaum fünfhundert Meter voneinander entfernt wohnten, brauchten die Kinder (und ich) für diese kurze Strecke mehr als eine halbe Stunde. Bei unserer Ankunft strahlte die Mutter über das ganze Gesicht und erzählte: *Ich dachte mir schon, dass ihr es schön miteinander hattet, und daher entschloss ich mich – anstatt zu warten –, das Küchenfenster zu putzen. Tja, und dann folgten noch die Fenster im Wohnzimmer, Esszimmer ... und jetzt habe ich sogar schon alle Fenster geputzt!* Die Fenster waren blitzblank, und als Fachfrau blieb mir nichts übrig, als zu denken, dass ihr wohl zusätzliche Zeit geschenkt worden sein musste. In einer *echten* halben Stunde hätte nicht einmal ich alle diese Fenster so sauber bekommen!

In Märchen lesen wir häufig von Wesen, die gerne zu helfen bereit sind, wenn die Menschen bestimmte Bedingungen erfüllen. Auffallend ist beispielsweise, dass der Prinz sich oft ein wunderschönes Mädchen zur Frau nimmt, das dazu noch *fromm und gut* ist. Die Prinzessin hingegen wird oft von einem Jüngling gerettet oder erworben, der entweder der Dümmste oder Jüngste von drei Brüdern oder von ganz einfacher Herkunft ist, jedoch besonders tapfer und zumeist auch offen gegenüber der Natur und ihren Wesen.

Elementarwesen

In den unterschiedlichen Kulturen gibt es viele Beschreibungen und auch Typen dieser Wesen. So gibt es unter den Elementarwesen der Luftgeister zum Beispiel *Elfen, Feen, Samodiven* und *Schwanenjungfrauen.* Bei den Wasserwesen kann man *Nixen, Sirenen, Mehrjungfrauen* und noch viele mehr unterscheiden. Bei den Erdmännchen gibt es neben den *Zwergen* auch *Kobolde, Heinzelmännchen, Hauszwerge, Wurzelmännchen, Brownies, Leprachaun* und *Trolle.*

Natürlich las ich immer wieder in Kinderbüchern davon, jedoch begegnete mir das Wort *Elementarwesen* zum ersten Mal, als ich vor vielen Jahren begann, das Haus einer bekannten Malerin zu pflegen. Es ist ein wunderschönes Haus, das ich zwölf Jahre lang pflegen durfte. Diese Dame machte mich als Erste auf Elementarwesen aufmerksam, als sie für zwei Monate verreisen musste. Wir besprachen meine Aufgaben während ihrer Abwesenheit, und ich schlug vor, nach ihrer Abreise und vor ihrer Ankunft gut sauber zu machen. Ich würde am Tag vor ihrer Ankunft kommen, sauber machen, lüften, frische Blumen besorgen, damit alles frisch und schön sei. Ich war doch sehr erstaunt, als sie erwiderte: *Du kommst bitte jede Woche, zu deiner festen Zeit und in deinem bestimmten Rhythmus. Wenn du es anders machst, werden meine Hausgeister, die Elementarwesen, wild sein, wenn ich nach Hause komme.*

Die Dame bat mich auch öfters, außerhalb des gewohnten Wochen-Rhythmus zu kommen, wenn sie viel Besuch gehabt hatte; ihr Eindruck war, sie könne nicht malen, solange ihre Elementarwesen durch meine Arbeit nicht beruhigt wären. – Daraufhin begann ich, über Elementarwesen nachzulesen. Es war mir wichtig, zu verstehen, dass die Elementarwesen Beziehungswesen sind, dass sie in der Beziehung des Menschen zur Welt leben und wirken.

Almut Bockemühl schreibt: *Elementarwesen repräsentieren die Beziehung zwischen außen und innen. Für uns hat sich vor das Erleben geistiger Wesen nach außen hin die Sinneserscheinung geschoben, nach innen hin das Seelenerlebnis. Dadurch wurden zwei Bereiche, die früher eins waren, aufgespalten in zwei. Nach zwei Richtungen können wir an Grenzen stoßen und Wesenhaftes berühren.*[14]

Je mehr wir damit beginnen, unsere Wahrnehmungen zu schulen, desto mehr werden wir uns dieser Beziehung bewusst. Durch die bewusste Wahrnehmung steigert sich auch unser Verantwortungssinn. Ein ganz einfaches Beispiel: Ich nehme etwas wahr, das irgendwie fehl am Platz ist. Gehe ich jetzt weiter, weil es mit mir nichts zu tun hat, oder ist durch die Wahrnehmung eine Beziehung entstanden? Führt meine Wahrnehmung dann auch meine Geste? Regt mich die Wahrnehmung zu einer Tat, zur Verantwortungsübernahme an?

Elementarwesen sind Geister, die sich nicht verkörpern. Sie wirken unsichtbar in das Sichtbare hinein, sie beleben wesenhaft die Erde, das Wasser, die Luft und das Feuer. Sie schaffen als Schwellenwesen immer einen Bezug von der geistigen, unsichtbaren Welt in die irdische, sichtbare Welt hinein. Sie (insbesondere die Gnome) verfestigen alles, damit es für den Menschen wahrnehmbar und somit erlebt werden kann.

Ein wichtiges Erlebnis, und für mich auch die Bestätigung meines Traumes bezüglich der helfenden und hemmenden Wesen, war, als ich die Vortragsreihe *Das Karma des Berufes* von Rudolf Steiner las. In diesem Zusammenhang spricht er darüber, wie Elementarwesen zum Beispiel beim Arbeiten an einem Schraubstock entstehen – egal wer am Schraubstock steht; gleichgültig sogar, ob er gar keine Ahnung davon hat, dass Elementarwesen entstehen.

Rudolf Steiner betont: *Aber darauf kommt es an, dass sie recht entstehen, dass sie richtig entstehen, nicht dass sie überhaupt entstehen. Denn es können also den Weltenprozess störende und dem Weltenprozess dienende Elementargeister entstehen.*[15]

Dadurch wurde mir zum ersten Mal bewusst, mit welch großer Verantwortung wir unsere Arbeit, eigentlich jede unserer Tätigkeiten auszuführen haben. Sobald der Mensch tätig wird, finden Prozesse statt, wird ein Stück Erde verwandelt, ein Stück Umwelt geändert. Durch unser Bewusstsein und durch die Art, wie wir unsere Arbeit ausführen, beeinflussen wir die Qualität derjenigen Wesen, die durch unsere Tätigkeit entstehen.

Das war für mich eine sehr wichtige Aussage, und es wurde mir bewusst, dass alles, was mit diesen Wesen zu tun hat, auch Selbsterziehung ist. Auch wenn wir diese Welt noch gar nicht so richtig verstehen, auch wenn wir diese Wesen nicht sehen oder wahrnehmen – sie sind da. Tragen wir dies in jedem Augenblick in unserem Bewusstsein, dann stellen wir uns ganz anders unseren alltäglichen Aufgaben.

Märchen

In vielen Märchen lesen wir von Hausgeistern, von Elementarwesen, die unter der Treppe oder auf der Schwelle der Haustür wohnen. Man stellt abends ein Schälchen mit Milch oder Brei dorthin – als Dank für gute Dienste. So entsteht eine Verbindung, eine Beziehung zwischen dem Innenraum des Hauses und der äußeren Natur, zwischen Bewusstem und Unbewusstem. Als Boten der geistigen Welt sind die Elementarwesen kleine Schwellenhüter, die Unsichtbares in Sichtbares übergehen lassen.

Aus solchen Märchen lernen wir auch, dass eine positive Einstellung in einer schwierigen Situation positive, helfende Wesen herbeiruft und eine Opferhaltung oft eher die weniger hilfreichen (weniger selbstlosen, wie zum Beispiel das Rumpelstilzchen). Bei *Schneewittchen* sehen wir, dass die Zwerge gerne mit uns arbeiten. Sie bitten Schneewittchen, ihren Haushalt zu besorgen – sie sehnen sich nach der Zuwendung der Menschen.

Deshalb ist es so lehrreich, Märchen zu lesen, weil wir aus ihnen erfahren können, *dass* und *wie* innere Bilder uns zeigen können, was wir mit Worten oft nicht auszudrücken imstande sind. Ebenso wie die Märchenhelden können wir lernen, inneren Anweisungen zu folgen. Der Junge, der den Rat des Zwerges am Wegrand befolgt, findet den Weg zum Königsschloss. Oft gibt es zum Rat auch eine Mahnung, und diese erfordert dann unsere gesamte Aufmerksamkeit. In einem Märchen von der Schlüsselblume wird von einem Schafhirten erzählt, der bei einem Fels eine schöne, große Schlüsselblume findet, die er dann an seinen Hut steckt. Die Blume verwandelt sich in einen goldenen Schlüssel, und sogleich steht eine Fee vor ihm. Diese rät ihm, er solle den Schlüssel auf den Fels legen, das werde ihm alle Schätze der Erde erschließen. Der Hirt gehorcht, und eine Grotte öffnet sich; er darf nehmen, was er will. Er rafft zusammen, was er nur tragen kann, aber er überhört die Mahnung der Fee, er solle das Wichtigste ja nicht vergessen. In seiner Gier lässt er den Schlüssel, der ihm die Grotte erschlossen hatte, einfach liegen. Das Märchen endet mit den Worten: *Seither erschließt die Schlüsselblume die Schätze der Erde nicht mehr, und auch die Feen, die sich den Menschen zeigten, wurden nicht mehr gesehen.*[15a]

Ein interessantes Beispiel findet sich auch in der Geschichte *Der Bauer mit seinem Kobold*[16]. Hier wird deutlich, dass die *Geister, die wir rufen,* uns auch treu bleiben!

> *Ein Bauer war seines Koboldes ganz überdrüssig geworden, weil er allerlei Unfug anrichtete, doch mochte er es anfangen, wie er wollte, so konnte er ihn nicht wieder loswerden. Zuletzt*

ward er Rats, die Scheune anzuzünden, wo der Kobold seinen Sitz hatte, und ihn zu verbrennen. Deswegen führte er erst all sein Stroh heraus und bei dem letzten Karren zündete er die Scheune an, nachdem er den Geist wohl versperrt hatte. Wie sie nun schon in voller Glut stand, sah sich der Bauer von ungefähr um, siehe, da saß der Kobold hinten auf dem Karren und sprach: „Es war Zeit, dass wir herauskamen!" Er musste also wieder umkehren und den Kobold behalten.

Es gibt Menschen, die vieles allzu wörtlich nehmen und die Tendenz haben, manchmal die Dinge etwas zu schwarz zu malen. Sie meinen beispielsweise, dass es in den Städten, in den verschmutzten Flüssen oder in den Wirtschaftswäldern keine Elementarwesen mehr gäbe. Aber: Was wir auch sehen, hören, ertasten, riechen – all das ist wesenhaft, sogar unsere Gedanken sind lebendige Wesen. Keine Frage: Es gibt genügend Orte in der Natur, an denen wir erkennen, dass sie völlig ausgelaugt sind. Anstatt dass man selbst von der Natur belebt wird, entwickelt man das spontane Bedürfnis, etwas dazu beitragen zu müssen, dieser Natur wieder zu neuen Kräften zu verhelfen. Zwar gibt es vielleicht noch Bäume dort, aber irgendwie ist das Leben wie gelähmt. Fast ist es, als würde man den Leichnam eines Menschen anschauen und wissen: Hier fehlt das Leben. Aber solange die Bäume noch grün sind, gibt es noch Leben und wir können dazu beitragen, es neu zu ergreifen.

Ähnliche Erfahrungen haben wir vielleicht alle auch schon mit Menschen gemacht. Ein Mensch, den wir als kraftvolles, strahlendes Wesen kennen, ist auf einmal matt und wie *ausgelöscht*. Das heißt aber nicht, dass ihn alle guten Geister für immer verlassen hätten.

Es kann nämlich sein, dass wir in einer Großstadt doch einen winzigen Garten entdecken, der sehr lebendig erscheint, weil er mit Liebe und Hingabe gepflegt wird. Und das hilft bekanntermaßen auch beim Menschen.

Immer wieder wird behauptet, die Elementarwesen zögen sich zurück und wollten sich von den Menschen abwenden. Doch gäbe es ohne ihr dienendes Schaffen weder das Feste noch das Flüssige, weder die Luft noch die Wärme. Alles müsste vergehen. Erstaunlich ist immer wieder, dass sich die Natur auch nach den schlimmsten Katastrophen oft außerordentlich schnell wieder erholt, vor allem dort, wo sich viele Menschen zusammentun, um selbstlos eine Rettungsaktion durchzuführen. Die Natur ist nicht aufzuhalten. Sobald ein Haus oder ein Hof leersteht, beginnt sie zu wuchern, und bald kann man kaum mehr erkennen, dass es dort einmal Gemüse- oder Blumenbeete gab.

Ich möchte damit keinesfalls einem unachtsamen Umgang mit der Natur das Wort reden. Es ist immer sehr schmerzhaft, wenn schon wieder über eine Katastrophe berichtet wird, sei es ein riesiger Ölteppich im Meer, sei es das Sterben der Wälder, ein Waldbrand, eine Überschwemmung, ein Erdrutsch, ein Vulkanausbruch oder ein Erdbeben. Mir geht es aber vor allem darum, diese Katastrophen innerlich mit guten, helfenden Gedanken zu begleiten und das Rechte zu tun, um weitere Katastrophen zu vermeiden. Dazu gehört es eben auch, sich eine richtige Vorstellung von der Welt der Elementarwesen zu machen.

Die Achtsamkeit schulen

Es gibt viele Meinungen und Ansichten über die Elementarwesen. Wir können ihnen entweder Glauben schenken oder auch nicht. Eine Möglichkeit jedoch, sie auch wahrnehmen zu können, ist der innere Schulungsweg. Dieser Weg beinhaltet neben der damit verbundenen durchaus strengen inneren Arbeit, auch mit Fragen zu leben und auf diese Weise ein Gefäß zu bilden, um dadurch selbst zu Antworten zu kommen. Hierzu bedarf es innerer Regsamkeit, eigener Aktivität. Das ist der Unterschied zwischen Information und Erfahrung, zwischen Verstehen und tatsächlichem Begreifen. Es geht darum, etwas als Ganzes zu erfassen, den Zusammenhang zwischen der sichtbaren und unsichtbaren Welt zu erkennen.

Als meine Tochter vier Jahre alt war, pflanzten wir einmal gemeinsam vierundzwanzig Krautstiel-Setzlinge in unserem Gemüsegarten. Am nächsten Morgen war von den Pflänzchen keine Spur mehr zu sehen. Die Schnecken hatten sich daran

gütlich getan. Sofort kaufte ich neue Pflanzen und kam auch gleich mit Schneckenkörnern bewaffnet zurück. Nachdem wir alles wieder eingepflanzt hatten, holte ich die Schneckenkörner. Meine Tochter wollte natürlich wissen, was ich vorhatte – völlig entsetzt rief sie aus: *Aber Mami, du darfst kein Gift in die Nähe vom Rhabarber tun. Dort wohnen sehr viele Zwerglein und sie haben die Schnecken gern!* – Die Schneckenkörner blieben in der Packung.

Sicher haben andere Menschen ähnliche Erfahrungen gemacht oder hatten vergleichbare Aha-Erlebnisse. Auf so etwas bewusster zu achten, die Achtsamkeit dafür zu verfeinern, zu entwickeln, all das schult die Wahrnehmung für diese Wesenswelten.

Mütter kennen das gut: Nach einer langen Autofahrt kommen wir bei der Ferienwohnung an. Doch bevor ausgepackt wird, muss alles erst einmal geputzt werden. Oft nervt es den Ehemann und die Kinder, aber wir Mütter wissen: Bevor ich hier nicht gewirkt habe, bleibt mir der Raum fremd. Manchmal empfindet man die Räume sogar als feindselig. Durch die Reinigung wird der Raum verwandelt, die Wesen werden besänftigt. Eine befreundete Familie nimmt auf Reisen wenigstens ein Musikinstrument (eine Flöte oder Geige) mit, um in allen Räumen zu musizieren, bevor man sich wirklich wie daheim fühlen kann.

Auf Reisen habe ich es oft genug erlebt. Ich öffne die Türe eines Hotelzimmers und weiß: Hier werde ich nicht bleiben. Ich kann es nicht erklären, aber ich weiß, dass sich hier einmal etwas Ungutes ereignet hat. Es ist, als würde man zu einem Abendessen eingeladen. Man klopft an die Tür, und da steht das Gastgeberpaar mit einem freundlichen Lächeln und mit warmen Willkommensworten. Aber die Atmosphäre ist so geladen, dass man genau spürt, dass hier noch vor kurzem eine heftige Auseinandersetzung stattgefunden haben muss. Oder: Man hat in einem Zimmer furchtbar schlecht geschlafen, und am nächsten Morgen erfährt man, dass in diesem Zimmer vor kurzem jemand gestorben ist.

Durch meine Arbeit hat sich ein neues Organ gebildet, das mich empfänglicher für all das gemacht hat, was um mich herum lebt – das war nicht immer so. Viele Menschen, die Ähnliches üben, spüren, dass sie plötzlich etwas wählerischer, anspruchsvoller werden. Zwar kann man nun auch ohne weiteres auf vieles verzichten, anderes aber sucht man ganz bewusst auf. Ich würde zum Beispiel viel lieber allein in einem großen Schulhaus übernachten oder in einem ganz einfachen Gästezimmer, ohne besonderen Komfort, als in einem schicken Hotel, in dem es nach künstlichen Duftstoffen riecht oder eine unangenehme Atmosphäre herrscht. Am liebsten übernachte ich bei Freunden oder in einer privaten Unterkunft, wenn ich auf Reisen bin.

Manchmal kommt es vor, dass Menschen mich bitten, einen Raum anzuschauen, weil sie dort etwas Negatives empfinden. Sie sind dann erstaunt, dass ich nichts finden kann. Es ist eben so, dass ich nicht dieselbe Beziehung zu diesem Ort habe. Und so kann es sein, dass das, was dort vorhanden ist (oder sein könnte), für mich nicht bedrohlich oder unfreundlich wirkt.

Auch begegnet mir häufig eine besonders schöne Atmosphäre, die ein Mensch in einem Raum erzeugt hat. Dann spüre ich sehr viel Wärme und Liebe in diesem Haus. Man kann so etwas auch in einem Büro erleben. Manchmal gibt es im selben Gebäude sehr viele unterschiedliche Büros, und ich habe die

Möglichkeit, alle Büros zu betreten. Es gibt solche, die so warm und hell sind, dass man spürt, dass dort etwas ganz Besonderes lebt. Hier handelt es sich dann nicht nur um einen Arbeitsraum, hier lebt jemand auch Spiritualität.

In einem Hospiz, wo viele schwerkranke Patienten mehrere Wochen gepflegt werden und auch sterben, gehört es zur Reinigung der Zimmer, dass auch die Vorhänge gewaschen und die Wände feucht abgewischt werden. Nicht weil sie äußerlich schmutzig wären, sondern um den Raum von dem vorhergehenden Schicksal, ja Schicksalskampf, zu befreien, bevor der neue Patient das Zimmer bezieht. Man braucht nicht hellsichtig zu sein, um zu spüren, was in einem Zimmer alles geschehen ist.

Je mehr wir üben, desto mehr erinnern wir uns an Dinge, die wir als Kinder instinktiv wussten, irgendwann jedoch vergessen haben. Etwa: Wie Ehrfurcht gebietend die Welt ist, in der wir leben, und wie kostbar jeder Moment im Leben ist. Man macht wie eine Reise in die Vergangenheit und merkt erst jetzt, weshalb man sich als Kind bei dem einen Menschen wohlfühlte und bei dem anderen nicht. Es kommt vielleicht ein Gefühl auf, vielleicht ein Duft – und jetzt ist es klar, weshalb man als Kind lieber bei derjenigen Oma war, bei der es nach frischem Brot roch und man in den Arm genommen wurde und wo man Lavendelduft atmete. Bei der anderen Oma rochen die Kleider nach Mottenkugeln und alles war immer so klinisch rein, sauber und ordentlich, dass man den Eindruck hatte: Ich komme hier in ein Krankenhaus. Man spürte Kälte und Leere – ganz einfach, weil die Räume steril waren, zu Tode geputzt.

Allmählich beginnt man auf diesem Übungsweg zart zu spüren: Ich entwickele langsam ein Organ für etwas, was ich immer schon wusste, jedoch vergessen hatte. Langsam beginne ich, die Wahrnehmungen, die in mir stecken und ein Teil meines Lebens sind, mir wieder ins Bewusstsein zu rufen. Sehr wichtig ist es, diese ersten zarten Wahrnehmungen nicht als allumfassende Wahrheit zu bewerten und vor allem sie nicht als solche zu verkünden. Es gibt Menschen, welche die Tendenz haben, die ersten Eindrücke dieser Welt zu überschätzen, und dann meinen, sie könnten jetzt über alles genau Auskunft geben. Die ersten Wahrnehmungen lassen nicht das Ganze erkennen und können daher auch zu Fehlurteilen führen – so, wie man zu keinem sachgemäßen Urteil kommen kann, wenn man nur eine Seite einer Geschichte gehört hat (zum Beispiel in einer Konfliktsituation). Zu allem, was ist und uns bewusst wird, gehört immer auch ein Gegenpol. Es braucht Zeit, Geduld und Mühe, bis sich die eigenen Teilwahrnehmungen mit denen von Freunden oder anderen Forschern zu einer Wahrheit, zu einem Ganzen zusammenfügen.

Die Seele lebt in Bildern, in Gleichnissen und Träumen. Was schläft und träumt, trägt in sich aber die Neigung, auch einmal wieder aufzuwachen. Je mehr wir uns unserer Wahrnehmungen bewusst werden und je häufiger wir über sie nachdenken, desto mehr wecken wir diese schlafenden Fähigkeiten. Auch in stillem Austausch mit der Natur schärfen wir unsere Wahrnehmungsfähigkeit, im Suchen nach der geheimnisvollen Verbindung zwischen unserem Innersten und dem Unsichtbaren der Elemente in uns. Das hat mit Hingabe zu tun.

Die einzelnen Elementarwesen – eine Einführung

Die Elementarwesen selbst haben kein Gewissen. Sie sind auf das moralische Verhalten der Menschen angewiesen, das für sie wegleitend und richtungweisend ist. In dienenden, helfenden Berufen sind diese Wesen sehr wichtig bei unserer Arbeit. In der Landwirtschaft, in sozialen, pädagogischen und heilenden Berufen spielen die Elementarwesen eine große Rolle – und vor allem auch in der „Berufung", die das alles in sich vereint: Mutter- und Vatersein. Die Seele verbindet sich mit den dienenden, schaffenden Elementarwesen und wird dabei frei von jeglicher Begierde nach Wissen oder Erlebnissen, die mit Sensationen verbunden sind. Es gibt sehr viele Bücher über Naturwesen, über den Umgang mit ihnen, ja sogar, wie wir sie retten können! Im Gesamtwerk Rudolf Steiners werden die Elementarwesen in hundertfünfzig Vorträgen erwähnt. Diesen Angaben[17] folgend, möchte ich eine kurze Beschreibung der

Elementarwesen versuchen.[18] Auch die Arbeit mit den Elementarwesen ist ein Stück *harter, strenger Arbeit*, die dem übenden Menschen abverlangt wird. Vor allem sollte man sicher sein, dass man diese Welt nicht aus Sensationslust oder aus bloßer Neugierde suchen will. Der Umgang mit dem Elementaren und seinen Wesen ist ein Eintreten in eine andere, an die alltägliche physische angrenzende eigene Welt. Der Weg dorthin ist ein Schulungsweg.

Gnome

Ihr Element ist das Feste der Erde, und dessen Eigenschaften deuten auf das Wesen der Erdgeister hin. Gnome wirken unsichtbar schaffend in allen Kräften, die verfestigen. Sie erwirken das Feste.

Den Gnomen wird große Weisheit zugeschrieben. In bildhaften Darstellungen fällt manchmal eine gewisse Ähnlichkeit mit dem Vogel der Weisheit, der Eule, auf. Als Ratgeber belohnen die Gnomen ein ehrliches Bemühen der Menschen mit guten Einfällen und helfen so bei der Lösung schwieriger Aufgaben. Dagegen bestrafen sie törichte oder eingebildete Leute, indem sie unsinnige Wünsche erfüllen oder unbedachte Aussagen ernst zu nehmen scheinen und sie sogleich befolgen. Davon lesen wir in Sagen und Märchen. Die Härte ihres Elementes lässt Gnome unbarmherzig werden, und ihre Überklugheit kann bei ihnen zu Spott und Lieblosigkeit führen. Das Feste bietet ihnen keinen Widerstand, sie schwimmen und flitzen durch ihr Erdelement. In der Geborgenheit des Erdinneren richten sie sich wohnlich ein. Gerne schließen sie Freundschaft mit Menschen und sehnen sich nach deren liebevoller Zuwendung. Im Märchen treten die Gnome auch als Hilfe im Haushalt auf. Der vielseitige Mensch soll die Gnome aus ihrer Einseitigkeit erlösen: von der Neigung, das Feste zu stark zu verfestigen; von der Gefahr, durch die Freude an ihren Schätzen gierig und geizig zu werden, oder von dem Irrweg, sich durch Überklugheit zum Bösen verleiten zu lassen.

Undinen

Wundervoll, aber zugleich auch gefährlich sind die Wassergeister, die Undinen. Sie sind zu großer Liebe fähig, doch ihre Liebe ist besitzergreifend. Denn was sie begehren, ziehen sie zu sich hinunter in ihr Element. Wer ihnen so begegnet, dass ihre Gefühlswogen sich legen können, bekommt von ihnen Geschenke: sichtbare Schätze wie Perlen und besondere Fische, aber auch unsichtbare Gaben wie Läuterung, Selbsterkenntnis und Einsicht in den Unterschied zwischen Wirklichkeit und bloß Gespiegeltem. Die festen, einzelnen Einfälle der Gnome werden von den Undinen fließend zu einem Denken in Zusammenhängen verwoben. Auch in den Geistern des Wasserelements lebt die Sehnsucht nach Erlösung zu einem anderen, höheren Sein, sie wollen sich wandeln. Ihre Wünsche erklingen in ihrem Klagen und in ihrer Wassermusik. Erlösung wird ihnen durch die Verbindung mit Menschen oder durch helfendes Einwirken der Luftgeister zuteil.

Sylphen

Wie die Undinen, so sind auch die Sylphen Geister der Liebe, aber ihre Liebe ist selbstlos, nicht besitzergreifend. Ein solcher Geist der Liebe ist Ariel, wie er in Shakespeares „Sturm“ und in Goethes „Faust“ dargestellt ist. Der dänische Dichter Hans Christian Andersen (1805 – 1875) erzählt von der kleinen Seejungfrau, deren ursprünglich besitzergreifende Liebe sich in Opferbereitschaft und Hingabe wandelte, was ihr den Aufstieg zu den Töchtern der Luft ermöglichte.

Auch die Sylphen wollen sich mit den Menschen verbinden. Im Märchen nehmen sie die Gestalt der Schwanenjungfrau an. Ihre Ansprüche an den Menschen, der sich liebend mit ihnen verbinden will, sind hoch. Sie entgleiten ihm, denn sie wollen weder selbst besitzen, noch wollen sie der Besitz von jemand anderem werden. Dem Menschen stellen sie die Aufgabe, ihnen nachzufolgen, sie zu suchen. Der Weg, der zu ihnen führt, ist beschwerlich. Aber gerade an diesen Schwierigkeiten wächst der Mensch, und kämpfend findet er sein eigenes Wesen. Erst wenn er sich selbst gefunden hat, ist er reif, die selbstlose Liebe der Schwanenjungfrauen zu erwidern. Undinen schenken Läuterung und Selbsterkenntnis; Sylphen fordern zur Selbstfindung und Selbstwerdung auf.

Salamander

Sie sind die Geister des Feuers, sehr hoch stehende Elementarwesen. Deshalb berichten die Märchen und Erzählungen weit mehr vom Element des Feuers selbst als von den Salamandern. Wie Gnome Weisheit schenken, Undinen zur Läuterung und Selbsterkenntnis anregen und Sylphen den Menschen nach selbstloser Liebe streben lassen, so könnte man von den Salamandern sagen: Sie rufen durch das Verbrennen von Illusionen dazu auf, den göttlichen Willen zu erkennen. Sie ermahnen dazu, Freiheit und Macht, die dem Menschen durch die Göttergabe verliehen sind, so einzusetzen, dass göttlicher Wille auf Erden geschieht. Durch den liebevollen Umgang und die pflegende Berührung von Tieren erzeugen wir Feuerwesen.

Unsichtbare Helfer

Wie sehr irren sich doch die Menschen, wenn sie glauben, sie seien allein, wenn kein anderes Wesen physisch anwesend zu sein scheint, denn sie nehmen all die Geschöpfe der unsichtbaren Welt, von denen sie umgeben sind, nicht wahr.

Außer den Elementarwesen gibt es noch unzählige andere unsichtbare Helfer, die uns immer begleiten und beistehen – zum Beispiel die Engel und die Verstorbenen. Auch gibt es Wesen, die uns nicht gut gesonnen sind und versuchen, uns zu *verführen*. Gegenüber solchen Wesen sollten wir uns bemühen, besonders wach und aufmerksam zu sein und ein Entscheidungsvermögen in Bezug auf sie zu entwickeln. Die Art dieser Wesenheiten hängt offensichtlich vom inneren Zustand des jeweiligen Menschen ab. Es können Engel und lichtvolle Wesenheiten zu Besuch kommen; oder aber es schleichen dunkle Geschöpfe der seelisch-geistigen Wesenswelt herum, die danach trachten, sich von – beispielsweise durch leidenschaftliche Zustände erzeugte – seelischen Ausströmungen zu nähren. Viele mittelalterliche Bilder zeigen diese Wesen. Am bekanntesten sind wohl die Bilder des Hieronymus Bosch. Aber auch die Darstellung der Verführung des Heiligen Antonius auf dem Isenheimer Altar dürfte ähnlich populär sein.

Jedes Wesen benötigt seine eigene Art der *Zuwendung*. Wir können mit ihnen nicht immer auf dieselbe Weise umgehen. In einer Schule, die von unserer Firma geputzt wurde, gab es ein Zimmer, in dem es ausgesprochen unangenehm roch. Ich versuchte alles Mögliche, diesen Zustand zu beseitigen: biologische Mittel, chemische Mittel. Ja sogar mit einem Dampfreiniger bemühte ich mich, jedes Ritzchen auszublasen. Nichts half, der Geruch blieb. Dann dachte ich, dass ich vielleicht nicht liebevoll genug gewesen sei. Also versuchte ich, ganz zart und lieb zu dem Raum und seinen Objekten zu sein. Ich sang sogar bei der Arbeit. Nichts passierte, und ich glaubte, damit leben zu müssen. Eines Abends, als ich wieder zur Arbeit kam – ich war den ganzen Tag unterwegs gewesen –, war es drückend heiß, und als ich die Tür öffnete, kam mir dieser Geruch ausgesprochen intensiv entgegen. Ich erlebte ihn wie ein wildes Tier, das mich ansprang. Da packte mich eine solche Wut, dass ich das Fenster aufriss, wie ein cholerisches Kind mit dem Fuß auf den Boden stampfte und schrie: *Jetzt habe ich aber genug. Ich bin jetzt hier, und es hat nicht Platz für uns alle. RAUS!* Ich fing an, sehr energisch und wutentbrannt zu putzen, man könnte sagen mit Faustschlag und Fußtritt. – Und siehe da, plötzlich war der Geruch verschwunden, und er blieb es auch!

Ein paar Monate später bekam ich einen neuen Auftrag, und ich übergab die Reinigung dieser Schule dann einer Kollegin. Nach mehreren Monaten vertrat ich sie während ihres Praktikums – und der Geruch war wieder da! Aber jetzt wusste ich ja, wie ich vorzugehen hatte. Und siehe da, er war wieder weg! Als die Kollegin zurückkam, fragte ich sie, ob sie diesen Geruch bemerkt habe. Sie sagte, er sei am Anfang nicht dort gewesen, wäre aber nach und nach immer stärker geworden. Ich erklärte ihr dann, wie man mit diesen Wesen umzugehen habe – und auch sie schaffte es. Es braucht also keine besondere Begabung, sondern nur ein Wissen um die Wesen und den Willen, etwas gegen sie zu unternehmen.

Die Erlösung der Elementarwesen[19]

Als Zugang zu diesem Kapitel möchte ich ein bekanntes Bild an den Anfang stellen: das Bild von Dornröschen, das durch eine böse Fee verzaubert wird, um einhundert Jahre lang schlafen zu müssen als ein scheinbar *totes,* materielles Wesen. Dann kommt der Prinz, geführt durch sein liebevolles Interesse und den starken Willen, die Prinzessin zu erlösen. Er kämpft sich mutig und tapfer durch das dichte Rosengestrüpp. Schließlich küsst er Dornröschen mit liebevoller Hingabe wach. Sie ist fortan wieder ein bewusstes Wesen. Auch hier gilt, was Goethe bereits sagte: *Geist ist niemals ohne Materie, Materie niemals ohne Geist.*[20]

Sobald Sie in der Natur sind, sei es auf freiem Feld, im Wald, in den Bergen oder am Meeresstrand, werden Sie sich des Sie umgebenden Raumes bewusst. Halten Sie von Zeit zu Zeit inne, atmen Sie tief ein und blicken Sie um sich her, um in Kontakt mit den Wesen der Natur zu gelangen. Gerade durch eine solche bewusste Pflege – die ja auch sehr viel mit Wahrnehmung und Verwandlung zu tun hat – erlösen wir Elementarwesen und schaffen Raum für etwas Neues. Wir sind ständig in Berührung mit Elementarwesen und vielen anderen unsichtbaren Wesenheiten. Wir erlösen die Elementarwesen, indem wir das, was uns umgibt, bewusst wahrnehmen – ob beim Putzen, Kochen oder Ordnung-Schaffen. Eine ganz gegenteilige Wirkung hat es, wenn wir einen Topf mit angebranntem Brei stehenlassen oder die Sahne-Kleckse nach dem Sahneschlagen einfach an der Wand kleben bleiben. Hier bannen wir Elementarwesen an einen Ort.

Es gibt auch Elementarwesen, die durch Fleiß und Heiterkeit, durch Zufriedenheit und Gelassenheit von uns erlöst werden können. Dazu brauchen wir nicht zusätzliche Rituale oder Zeremonien. Es kommt vielmehr darauf an, dass wir in unserem gewöhnlichen Verhalten und Tun im Alltag echte Hingabe üben. Das ist nichts Außergewöhnliches, nichts Abgehobenes. Dabei stellt man sich auch nicht selbst in den Mittelpunkt, etwa durch ein besonders originelles Verhalten. Elementarwesen wollen an allem, was wir tun, Anteil nehmen: am Arbeiten und Spielen, an unserem künstlerischen Tätigsein, am Kindererziehen und unserem geistigen Üben. Das Wissen, dass es diese Wesen gibt, sollte uns zur Lebensgewohnheit werden. Dankbarkeit für alles, was die Natur uns schenkt, für alles, was wir mit den Sinnen wahrnehmen können, das verbindet uns mit den Elementen und den Wesen, die in Erde, Wasser, Luft und Feuer gebannt sind. Und diese verbinden sich wiederum mit den Menschen, die bewusst mit ihrer Umwelt umgehen.

Rudolf Steiner gibt Hinweise, wie wir den Elementarwesen helfen oder wie wir sie erlösen können. Auch dies hat unmittelbar mit dem Schulungsweg zu tun, mit der persönlichen

Entwicklung des Menschen. Stets weist Rudolf Steiner auf alles hin, was mit unserem Alltag zu tun hat: Unser Verhalten, unsere Einstellung, die Gesinnung, ja sogar unsere Launen beeinflussen die elementarische Welt. Nehmen wir die Natur bewusst und fragend wahr, offenbart sie sich uns, ja, beantwortet unsere Fragen. Die Heiler früherer Zeiten entdeckten intuitiv, welche Pflanzen für die Heilung von bestimmten Leiden an-

gewendet werden mussten. Auch große Erfindungen wurden intuitiv gemacht. Die Menschen waren eben früher noch viel unmittelbarer mit den Elementarwesen verbunden.

Die Elementarwesen, welche als Diener auf die Erde gesandt wurden, dürfen in ihre göttliche Heimat zurückkehren, wenn sie durch unsere bewusste Wahrnehmung und liebevolle Zuwendung erlöst werden. Die Art, wie wir die Welt wahrnehmen, wirkt helfend (oder auch hemmend) – im ganzen All.

> *Alles Feste ist im Verlaufe der Entwickelung erst zum Festen geworden; und das Flüssige war einmal gasförmig, und das Gasförmige bildete sich als Rauch heraus aus dem Feuer. [...] Blicken wir also jetzt in unsere Umwelt, sehen wir die festen Steine, die Ströme von Wasser, welche hin rinnen, sehen wir das, was an Wasser verdunstet, als Nebel emporsteigt, sehen wir die Luft, sehen wir alles Feste, Flüssige, Luftförmige und Feuer: So haben wir im Grunde nichts als Feuer. Alles ist Feuer, nur eben verdichtetes Feuer. Gold, Silber, Kupfer ist verdichtetes Feuer. Alles war einstmals Feuer, alles ist aus dem Feuer geboren – aber in all diesem Verdichteten überall ein Geistiges, das darin verzaubert ruht! [...] Und wir blicken um uns herum und sagen uns: Diese Wesenheiten, denen wir alles das verdanken, was um uns herum ist, sie haben aus dem Elemente des Feuers heruntersteigen müssen, sie sind in den Dingen verzaubert. Können wir als Menschen für die Elementargeister etwas tun? Das ist die große Frage, die sich die heiligen Rishis aufwarfen. Können wir etwas tun, um das,*

was da verzaubert ist, zu erlösen? Ja, wir können etwas tun! Denn das, was wir Menschen tun hier in der physischen Welt, ist auch nichts anderes als der äußere Ausdruck geistiger Prozesse. Alles was wir tun, hat zu gleicher Zeit seine Bedeutung in der geistigen Welt.[21]

Andere Naturwesen und ihre Erlösung

Ich möchte gerne noch kurz auf weitere Wesen hinweisen, von denen Rudolf Steiner berichtet und die nicht so oft wie die Naturwesen der vier Elemente erwähnt werden.[22] Es gibt auch Naturwesen, die uns den Wechsel von Tag und Nacht, von abnehmendem und zunehmendem Mond und auch den Lauf der Sonne und die dadurch entstehenden Jahreszeiten erleben lassen. Auf die Geister der Tageszeiten, Monate und Jahre wirkt erlösend oder hemmend, wie wir uns aus unseren Charakteranlagen heraus verhalten. Sie werden beeinflusst durch unsere Haltung und die Gesinnung, mit der wir die Tage, Monate und Jahre erleben.

Tag und Nacht

Elementarwesen werden in die Finsternis gesperrt, damit wir Menschen die Dunkelheit der Nacht erleben können. Träge Menschen, die tagsüber faul und lustlos sind, ändern nichts an der Lage dieser Nachtwesen. Aktive, fleißige Menschen, die sich mit Freude einer Tätigkeit hingeben, verwandeln das Opfer der in Finsternis gefangenen Geister so um, dass sie sich wieder zum Licht erheben können. Auch in diesem Prozess geht es um unsere Dankbarkeit. Strebertum oder Ehrgeiz sind hier fehl am Platz.

Es gibt immer Gründe, dankbar zu sein, auch wenn wir vielleicht arbeitslos oder krank sind. Wir können aktiv sein, ohne physisch zu arbeiten; etwa indem wir interessiert einem Menschen begegnen oder wach die Weltereignisse verfolgen. Man kann eben auch innerlich tätig sein und so als fleißiger Mensch die Nachtgeister befreien.

Die Mondphasen

Der Mond beeinflusst nicht nur die Gezeiten der Meere, sondern auch unsere Gefühle, seine Phasen spiegeln sich in den wechselnden Stimmungen der Menschen wider. Damit der zunehmende oder abnehmende Mond auf der Erde erlebt werden kann, braucht es, wie für den Wechsel von Tag und Nacht, den Einsatz ganzer Scharen von Elementarwesen. Rudolf Steiner schildert, dass bei zunehmendem Mond Elementargeister aus einer unteren in eine höhere Welt versetzt werden. Der zunehmende Mond ist für sie eine befreiende Kraft. Damit eine Ordnung, ein Gleichgewicht bestehen bleibt, müssen bei abnehmendem Mond andere Wesen höhere Reiche verlassen und sich in untere Reiche einsperren lassen. Sie sind da wie verzaubert, wie hineingebannt. Der Mensch hat die Aufgabe, solche Wesen zu befreien. Seine Kräfte sollen wie die Kraft des zunehmenden Mondes wirken. Das wird möglich, wenn der Mensch seine wechselnden Stimmungen beherrschen und regeln lernt. Den zunehmenden und abnehmenden Mond erleben wir als Gegensätze. Diese Gegensätze bleiben im äußeren Geschehen bestehen, in unseren Seelen können wir sie jedoch überbrücken.

Die Phase des Vollmonds etwa bewirkt bei vielen Menschen Ausgelassenheit oder übertriebene Aktivität. Der abnehmende Mond kann einen lähmenden Zustand von Schwermut und Passivität erzeugen, andere neigen dabei zur Hypochondrie. Es ist wichtig, dass der Mensch nicht zum Spielball solcher Zustände wird. Wenn wir versuchen, Gelassenheit zu üben, Heiterkeit zu bewahren, auch wenn das manchmal nicht ganz einfach ist, entwickeln wir Kräfte, die für diese Wesen befreiend sein können. Es ist nicht möglich und auch nicht nötig, immer fröhlich zu sein, aber eine gewisse Grundheiterkeit oder -gelassenheit kann erstrebt werden. Das Erlangen einer harmonischen Weltanschauung wird uns heute nicht leichtgemacht. Radio, Fernsehen und Zeitungen verbreiten rasch das viele Negative, das in der Welt existiert. Durch die Herausforderung, diesem Negativen etwas Positives gegenüberzustellen, kann der Mensch jedoch erstarken. Das Negative beflügelt nicht, es führt zu Resignation und neutralisiert alle Kräfte, die etwas Positives bewirken könnten.

Die Jahreszeiten

Der Jahreslauf kann als ein großer Atemzug der Erde erlebt werden. Im Frühling und im Sommer atmet die Erde aus: Wir erleben Wachsen, Blühen und Gedeihen. Es ist eine Zeit der Befreiung. Jedes Ausatmen verlangt den Gegensatz des Einatmens. In Herbst und Winter nimmt die Erde alles wieder in sich hinein. Die Wachstumskräfte der Natur sind wie gelähmt, gefesselt. Es ist auch kaum mehr möglich, etwas (vom Unsichtbaren ins Sichtbare hinein) wachsen oder gar erblühen zu lassen. Ein Mensch, der das Jahr wie einen Atemzug der Erde erlebt, kann den Elementarwesen befreiend beistehen. Ohne die Überschau des Menschen können die Elementarwesen die helle und die dunkle Hälfte des Jahres nicht als eine Einheit empfinden. Sie sind ganz hingegeben an Frühling und Sommer oder an Herbst und Winter. Der Mensch aber kann das wissen: Wenn die Nächte länger und die Tage kürzer werden, wenn das äußere Wachstum sich nicht mehr entfalten kann, dann tritt das Geistige mehr in den Vordergrund. Auch Menschen, die dieses Geistige bewusst in sich aufnehmen, wirken erlösend auf die Elementarwesen. Für mich ist die Arbeit mit dem *Seelenkalender* Rudolf Steiners[23] eine große Hilfe, den Jahreslauf besser verstehen zu lernen und zu begleiten. Im Vorwort zu diesem Kalender schreibt Rudolf Steiner: *Der Jahreslauf hat sein eigenes Leben.*

Manche Menschen verstehen es nicht mehr, eine besondere Festesstimmung zur Weihnachtszeit oder zu den anderen Jahresfesten zu pflegen. Anstatt Kraft aus der Weihnachtszeit zu schöpfen, lassen sie sich von übertriebener Geschäftigkeit gefangennehmen oder versinken in eine depressive Verstimmung und Wintermelancholie. Das äußere Absterben der Natur führt dann zu einer inneren Leere anstatt zum inneren Licht.

Alles zusammenfassend, können wir auf die folgende Weise den Elementarwesen helfen:

- Für die Wesen der Elemente: Liebevoll staunendes Wahrnehmen der physischen Welt.
- Für die Wesen von Tag und Nacht: Fleiß als Dank für jeden neuen, geschenkten Tag.
- Für die Wesen der Mondrhythmen: Heitere, harmonische Grundstimmung.
- Für die Wesen im Jahreslauf: Echte Frömmigkeit als Hingabe an den in der Welt waltenden Geist.

Diese Übungen scheinen einfach zu sein, benötigen jedoch die Bereitschaft, sich selbst sehr genau wahrzunehmen. Jeder Mensch kann auf diese Art lernen, Verantwortung zu übernehmen und an der gewaltigen Aufgabe der Entwicklung unserer Erde mitzuwirken. Jeder Mensch ist dazu notwendig. Das lehrt uns, etwaige Resignation zu überwinden und Selbstvertrauen dafür zu entwickeln, dieser Aufgabe mehr und mehr gerecht zu werden. Jeder positive Gedanke, jedes Gefühl der Heiterkeit und Dankbarkeit kann dazu beitragen.

Die Wesen, die wir als Menschen schaffen, wirken im Sozialen

Wir [Menschen] scheinen zur Unzufriedenheit geboren – schreibt Rudolf Steiner in seinem Buch *Die Philosophie der Freiheit* und findet die Unzufriedenheit berechtigt, insofern sie uns ermutigt, einen Entwicklungsschritt vorwärts zu machen.[24] Wenn wir jedoch unzufrieden um der Unzufriedenheit willen sind, weil wir in eine Opferrolle verfallen, dann ist es eine zerstörerische Kraft. Mein Vater pflegte zu sagen: *Unzufriedenheit öffnet die Tür für alle Dämonen!*

Ein Lehrer erklärte mir einmal: *Es gibt einen Strom des Lebens, es gibt einen Strom des Todes. Der erste Grad des Todes ist die Unzufriedenheit. Wenn wir nicht vorsichtig sind, wandelt sich die Unzufriedenheit in Traurigkeit, sogar Missmut. Die Traurigkeit wandelt sich in Leiden. Diese werden zu physischem Schmerz. Der Schmerz wird zur Krankheit und führt zum Tode. Zwischen dem Strömen des Lebens und des Todes gibt es viel Trübsal, gibt es Leiden und Reue. Zufriedenheit und Dankbarkeit führen uns zum Strom des Lebens. Sie bringen uns Lebensfreude, und die Freude führt zum Frieden, zur Ruhe, zum Glück. Diese bringen Kraft und Mut, die uns ein Leben in der Fülle beschert und uns schließlich zum ewigen Leben führt.*[25]

Wenn wir putzen, sind wir immer im Sozialen tätig. Überall, wo wir uns in sozialen und pflegenden Berufen betätigen, ist die Einstellung zu unserem Tun überaus wichtig. In diesen dienenden und helfenden Berufen fühlen wir uns oft überfordert, und das führt dann zu den typischen Burnout-Phänomenen. Ist der Mensch überlastet und überfordert, ist er nicht mehr immer Herr seiner Gefühle und Gedanken – oft dann auch nicht seiner Aussagen.

Rudolf Steiner beschreibt folgende Wesen, die durch Menschen geschaffen werden[26]:

Phantome entstehen durch Laster, Verleumdung, Lügen, Konvention, gefärbte Wahrheiten. Sie werden befreit durch eine Erkenntnishaltung, durch Gefühle der Schönheit, durch gute, konstruktive Ideen, klare Konzepte und Begriffe.

Spektren entstehen durch untaugliche soziale Institutionen, die zu Unzufriedenheit führen, die Disharmonie und Streit kultivieren und Menschen negativ beeinflussen. Sie werden befreit durch gesunde, sinnvoll eingerichtete soziale Institutionen, durch gute Stimmung und eine harmonische Atmosphäre.

Dämonen entstehen durch Intoleranz (auch in unserem Denken), durch Zwänge, Zwanghaftigkeit, durch Mobbing. Sie werden befreit durch Toleranz, durch Schätzung und Würdigung anderer Menschen, deren Freiheit zu respektieren und anzuerkennen.

Das Teufelchen und die Schlange – von Ursula Burkhard[27]

In der Hölle gibt es regelmäßige Teambesprechungen. Dieses Wort haben die Teufel von uns Menschen übernommen. Als ihre Zusammenkünfte einen Namen bekamen, hielt einer der Obersten eine Ansprache. Er erklärte, in einem Team seien alle Mitarbeiter gleich wichtig, alle hätten gleiche Rechte und Pflichten, vieles werde jetzt neu, denn hierarchische Ordnungen seien himmlisch und darum unerwünscht in der Hölle. Lange besprachen sie hin und her, wie vieles neu werde oder schon neu sei, und dann blieb alles doch hübsch beim Alten. Aber weil die Zusammenkünfte Teambesprechungen hießen, glaubten die Unterteufel, mit dem neuen Namen habe sich wirklich schon etwas geändert. Dass sie nur an ein leeres Wort glaubten, merkten sie nicht. Sie konnten auch nicht nachdenken über das Besprochene, denn zum Abschied streuten ihnen die Oberteufel Sand in die Augen, und sie alle waren damit beschäftigt, sich gegen das Beißen und Brennen zu wehren.

Das haben wir gut gemacht, sagten die Oberteufel. Die Menschen täuschen einander mit großen, leeren Worten, wenn sie tun wollen, als geschähe irgendetwas. Hie und da kann man auch von diesen Dummköpfen Nützliches lernen.

In den regelmäßigen Teambesprechungen mussten die Unterteufel ihren Vorgesetzten erzählen, was sie auf der Erde getan und erreicht hatten. Wie sie sich auch anstrengten, die Oberteufel waren nie zufrieden mit ihren Versuchen. In der Hölle ist es Sitte, grundsätzlich nichts gut zu finden, was ein anderer tut. Ganz ausgeschlossen wäre es, die Tat eines Mitteufels zu loben. Lob ist ja auch so etwas Himmlisches, Unerwünschtes.

Einem der kleinsten Teufel ging es immer besonders schlecht, wenn er berichten musste. Er war nämlich ein bisschen verträumt, und das schätzen die Bewohner der Hölle gar nicht. Übertriebene Geschäftigkeit ist gerne gesehen, aber das Träumen könnte auf Abwege führen und die teuflischen Pflichten vergessen lassen. Mit dem verträumten Teufelchen wurde es immer schlimmer. Eines Tages hatte es überhaupt keine Tat vorzuweisen. Auf die Frage, womit es denn seine Zeit verbracht habe, gab es eine Antwort, die seine ganze Umgebung in Aufruhr brachte. Es hatte einem Bauern Sonnenblumenkerne gestohlen und diese gekaut. Beim Stehlen konnte man noch den Willen zur Besserung sehen. Aber dann hatte es die Schönheit der Blumen bewundert und entdeckt, dass sie aussahen wie kleine Sonnen. Lange hatte es sich von der Sonne bescheinen lassen und den Vögeln zugehört. Da war ihm der Gedanke gekommen, dass alles von der Sonne lebt und sie preist. Ich habe ein unbekanntes, aber nicht unangenehmes Gefühl empfunden, schloss das Teufelchen seinen Bericht.

Es fehlt nur noch, dass du wie ein Pfarrer predigst über die Schönheit in Gottes Schöpfung, riefen die kleineren Mitteufel empört. Und die Oberteufel gaben ihm einen strengen Verweis. Du bist nichts und wirst nichts, sagten sie, und wenn du bei der nächsten Teambesprechung nichts Besseres zu bieten hast, werden wir dich aus der Hölle verbannen.

Da kam der kleine Teufel in große Not. Wie sollte er so plötzlich etwas werden? Und wo konnte er noch sein, wenn man ihn nicht mehr haben wollte in der Hölle? Wo kann ein Teufelchen denn sonst wohnen? Freilich musste es zugeben, dass es sich unanständig benommen hatte. Blumen und Vögel zu lieben, ist unter der Würde eines Teufels. Und die Sonne bewundern, das gehört sich schon gar nicht. Ihr Licht schadet oft den dunklen Plänen der Hölle. Das Teufelchen überlegte hin und her, was es tun solle, aber nichts fiel ihm ein. Irgendjemand muss mir doch aus der Patsche helfen können, dachte es und ging zu seinen Kollegen. Doch alle, die es um Rat fragte, lachten es schadenfroh aus. Einem Mitteufel aus der Patsche zu helfen, ist so undenkbar, wie ihn für eine Tat zu loben.

Da ging es zu den Tieren. Vögel und Fische fragte es, und auch die Bewohner von Feld und Wald. Doch sie alle wussten nichts vom Bösen, denn sie leben ja so, wie es ihnen vom Schöpfer bestimmt ist und wie es die Gesetze der Natur vorschreiben. Endlich kam das Teufelchen zu einer weisen Eule, die flüsterte: Es gibt im Bereich der Tiere eine, die ist ohne Flossen, ohne Flügel und ohne Füße. Sie hat schon Adam und Eva verführt. Zu ihr musst du gehen. Wer es fertig bringt, dass Menschen sogar im Paradies unzufrieden sind mit den Bäumen, die ihnen gehören, und sich an fremdem Eigentum vergreifen – wer das kann, der versteht seine Sache. – Warum ist mir das nicht schon früher eingefallen?, rief das Teufelchen und tanzte auf einem Bein herum. Dann ging es schnell zur listigen Schlange und fragte sie um Rat.

Ach, ihr dummen Teufel!, zischte die Schlange, ihr kennt das Böse nicht ganz und glaubt doch, es komme nur durch euch in die Welt. Dabei ist alles bloß Wirkung. – Das verstehe ich nicht, stotterte das Teufelchen verlegen. Ich erkläre dir alles, zischte die Schlange, hör gut zu: Mein Gift tötet Menschen. Gift wirkt aber heilend, wenn ein Arzt richtig damit umgehen kann. Also ist es weder gut noch böse, es kommt auf die Wirkung an. Du bewunderst die Sonne, weil alles Leben von ihr kommt. Sie wirkt aber gegen das Leben, wenn sie zu stark scheint und es lange nicht regnet. So ist alles weder gut noch böse, es wird nur gut oder böse. Ihr in der Hölle setzt ein Ding gern so ein, dass es böse wirkt. – Und die Menschen?, fragte das Teufelchen. Die sind genauso, zischte die Schlange, sie haben die Möglichkeit, sich gut oder böse zu verhalten, je nachdem wie du mit ihnen umgehst. Nur dürfen sie nicht merken, dass du mit ihnen umgehst. Sie sind nämlich genauso eingebildet wie ihr in der Hölle. Sie glauben auch, alles komme durch sie selber. Wenn sie es nicht bemerken, kannst du sie beeinflussen nach dieser oder jener Richtung. Aber das Böse erschaffen, wie es ihr Teufel glaubt, kannst du nie. Wenn die Menschen einmal aufwachen und Gut und Böse wirklich erkennen, und wenn sie sich dann für das Gute frei entscheiden, seid ihr in der Hölle ganz einfach arbeitslos. Die Menschen sind nicht wie ihr glaubt eure Gefangenen, sie sind eure Arbeitgeber.

Das Teufelchen schaute so verwundert drein, als sei es eben vom Himmel gefallen. Darum versuchte die Schlange, ihm durch weitere Beispiele zu helfen. Wenn ein Bruder dem anderen nicht verzeiht, sagte sie, bleibt zwischen beiden ein Rest von etwas, das böse gewirkt hat. Daraus erwächst für euch wie ein Auftrag die Möglichkeit zur nächsten bösen Tat. Wenn ein Volk sich befreit und dem anderen Volk, das es bekämpfen musste, die frühere Unterdrückung nachträgt und auch unterdrückt, wird eure Möglichkeit größer als beim Bruderzwist. Ihr dürft zu einem neuen Krieg aufstacheln. Den erfindet ihr nicht. Er ist schon da wie mein Gift, als Gift in den Völkern. Ihr könnt nur dafür sorgen, dass er ausbricht und wirkt. Die Schlange redete sich in Eifer. Sie zischte und züngelte, als lecke sie etwas, das ihr gut schmeckte. Dabei sprach sie ihre Erkenntnis tief in das Teufelchen hinein, so spritzte sie ihm ein wenig Schlangengift. Und was sie sagte, wurde ein Teil von ihm selbst. Endlich ist einer von euch dummen Teufeln so gescheit gewesen, dass er mich um Rat gefragt hat, zischte sie und entließ das Teufelchen.

Lange irrte es auf der Welt herum. In die Hölle zurückkehren wollte es erst, wenn es etwas geleistet hatte. Auf seiner Wanderschaft kam es zu einem kleinen Haus. Darin lebte eine glückliche Familie. Alle – Vater, Mutter und die große Kinderschar – hatten strahlende Augen, alle waren zufrieden, und alles um sie her strahlte wie ein Abglanz ihrer Zufriedenheit. Sie brauchten gar nicht viel zu tun, alles war einfach sauber und glänzte. Es kam sozusagen von selbst. Das Teufelchen empfand ein unbekanntes, aber nicht unangenehmes Gefühl. So ähnlich hatte er sich doch schon einmal gefühlt. Wann bloß? Es erinnerte sich an die Blumen, den Vogelgesang und das helle Sonnenlicht. Da erschrak das Teufelchen. Nanu!, dachte es, die hier wollen mich in Versuchung führen. Dabei ist das Versuchen doch meine Aufgabe. Ich muss mich anstrengen und mir etwas einfallen lassen. Unruhig trippelte es von einem Bein aufs andere: Wie fange ich das bloß an?, dachte es, ich muss die Wirkung des Glänzen und Strahlens verändern. Aber wie? Da leuchtet ja nicht die Sonne, die alles austrocknen und das Leben vernichten kann. Wie es auch hin und her überlegte, das Teufelchen kam zu keiner Lösung, bis es einmal die Mutter zu einer Nachbarin sagen hörte: Ja, meine Liebe, alles würde Ihnen gewiss leichter fallen, wenn Sie nur zufrieden sein könnten. Das Teufelchen tanzte auf einem Bein herum und rieb sich die Hände. Ich hab's, ich hab's, rief es, die Zufriedenheit muss weg wie damals bei den Menschen im Paradies. Davon sprach doch die weise Eule. Ohne Zufriedenheit wird der Glanz böse. Wenn die Menschen bloß mithelfen, dass ich mich wieder nach Hause traue.

Das Teufelchen spuckte ein wenig von dem Gift aus, das die Schlange ihm mit ihren Worten eingespritzt hatte, und bestrich damit, was die Mutter für ihre Arbeit brauchte: den Staubsauger, den Besen, die Lappen, einfach alles Putzzeug. Dann versteckte er sich in einem sicheren Winkel und wartete gespannt, was nun geschehen würde. Wie immer fing die Mutter ihre Hausarbeit fröhlich an. Nichts war ihr zu viel. Sie sang sogar dabei. Als sie aber mit dem Gift des Teufelchens in Berührung kam, veränderten sich ihre Augen. Sie verloren das Strahlen und sahen nur noch, was nicht in Ordnung war. Ganz grimmig schaute die Mutter drein. Sie putzte und putzte, auch was gar nicht nötig gewesen wäre. Als die Kinder nach

Hause kamen, waren sie überall im Weg. Sie durften nicht mehr spielen wie früher und wurden beschimpft, weil sie alles schmutzig machten. Ihre Augen strahlten auch nicht mehr. Sie verloren die Liebe zu dem kleinen Haus und den Dingen darin, sie fühlten sich nicht mehr daheim. Da machten sie wirklich alles schmutzig. Die Mutter fand keine Ruhe, sie räumte auf und putzte. Nach einem langen, mühevollen Arbeitstag freute sich der Vater auf den Feierabend. Als er aber nach Hause kam, hörte er nichts als Schimpfen, Schreien und das laute Brummen des Staubsaugers, den er nicht ausstehen konnte. Gleich strahlte er auch nicht mehr, er schrie und schimpfte tüchtig wie die anderen.

Die Menschen machen mit, kicherte das Teufelchen, wir werden noch nicht arbeitslos in der Hölle. Schnell machte es sich auf den Weg nach Hause. Es glaubte, es habe etwas Neues erfunden, und war stolz auf seine Leistung. Damit mussten die Oberteufel nun wirklich zufrieden sein. Freudig erzählte es in der Teambesprechung von seinen Taten. Wie enttäuscht war es, als der Oberste nur sagte: Man kann noch warten mit der Verbannung, vielleicht wird noch einmal etwas aus dir. Probeweise kannst du dich als Putzteufel unter die Geister der Unzufriedenheit einreihen. Pass aber gut auf, dass deine Menschen nicht abfallen von dir. Sie könnten Sehnsucht bekommen nach ihrer alten Zufriedenheit. Es gibt nichts Schwierigeres für uns Teufel als zufriedene Menschen. Manchmal fällt es ihnen sogar ein, uns in Menschen verwandeln und erlösen zu wollen. Ich weiß nicht, Putzteufelchen, ob du einem solchen Überfall gewachsen wärest. Wer sich gegen Erlösungsangriffe wehren muss, braucht viel Kraft. Ich weiß wirklich nicht, ob du stark genug bist.

Das Teufelchen wollte noch erzählen, was es bei der Schlange gelernt hatte, aber niemand hörte ihm zu. Es gehörte eben zu den Kleinsten, und die Großen waren überzeugt davon, dass sie alles besser wussten.

Wie in diesem Märchen können Menschen die Atmosphäre in einem Raum wirklich sehr stark beeinflussen. Wenn ein Mensch, der sein ganzes Leben lang nur mürrisch ist und schimpft, in einer Wohnung lebt, geht das bis in die Wände. Ich war fast zwanzig Jahre in meiner Firma tätig und bin in diesen Jahren dreimal Räumen begegnet, bei denen ich mir sagte: Damit bin ich überfordert, dort gehe ich nicht hinein. In diesen Räumen war etwas so stark Negatives anwesend, dass ich sofort wusste, dass das über meine Kräfte ginge. Vielleicht würde ich es heute schaffen, damals war für mich ganz deutlich, dass ich die Finger davon lassen musste.

In einem dieser drei Räume hatte ein alter Mann seine bettlägerige Frau über 20 Jahre lang gepflegt. Eigentlich hatte er sie jedoch gequält statt gepflegt. Obendrein war er Alkoholiker. Ich öffnete die Türe und stand unmittelbar einem Wesen gegenüber, das den gesamten Raum mit so negativer Energie erfüllte, dass ich mich ganz winzig fühlte. Mir war auch klar, dass ich niemandem beweisen muss, wie stark ich bin. Den Auftrag lehnte ich ab. Wenn ein Raum eine derartige negative Ausstrahlung hat, braucht man einen besonderen Schutz, um sie zu bewältigen.

Vor Jahren bekam mein Mann den Auftrag, einen Teppich zu reinigen. Er erzählte mir davon und erwähnte, dass er gar keine Lust dazu habe, diesen Auftrag auszuführen. In diesem Moment war ich nicht wach genug. Anstatt nachzufragen, warum er denn keine Lust dazu habe, erwiderte ich geschäftstüchtig: *Wenn wir jetzt schon anfangen, nur Aufträge anzunehmen, auf die wir Lust haben, können wir unser Geschäft bald schließen.* Später rief er mich an, weil er mit einem Fleck nicht zurechtkam. Ich schlug vor, den Besitzer zu fragen, was für ein Fleck das sei, damit ich sagen könne, welches Mittel zu verwenden sei. Es stellte sich heraus, dass es ein Blutfleck war und dass sich in diesem Raum ein Mensch erschossen hatte. Meinem Mann ging es noch Tage danach schlecht.

Wie bereits erwähnt, ist es sehr wichtig, solche Wahrnehmungen ernst zu nehmen, nicht nur beim Putzen, sondern jedes Mal, wenn wir so etwas erleben. Viele Menschen empfinden nicht bewusst ihr Unbehagen in einem Raum, das heißt aber nicht, dass alles dort in Ordnung ist. Umgekehrt dürfen wir auch nicht jedes Mal, wenn wir den Eindruck haben, etwas sei negativ, dies sofort als eine Tatsache weitergeben. Man muss sich und die Situation immer genau prüfen.

In Norwegen war ich zu Besuch in einem Haus, das direkt in eine Felswand hineingebaut war. Man hatte es so konzipiert, dass der Vorratskeller natürlich belassen war, mit einigen sehr markanten Felsen an der Seite und zum Teil auch am Boden. Die Hausfrau bat mich, einen Blick in den Keller zu werfen, weil sie nur sehr ungern dorthinein ginge. Sie empfand dort eine negative Kraft und wollte wissen, ob es überhaupt gut sei, Vorräte dort zu lagern. Für mich war das ein Urerlebnis. Es war in der Tat eine sehr starke Kraft vorhanden, elementar und unglaublich machtvoll – ich aber empfand sie überhaupt nicht als negativ. Es war mir aber auch klar, dass nicht jeder Mensch eine solche Kraft auszuhalten vermag.

Damals erzählte ich eine Geschichte, die ich von einem Chinesen gehört hatte. Er gehörte zu einer Familie, die seit Generationen beruflich als *Geisterbeschwörer* tätig war. Diese Kunst wurde immer vom Großvater an den Enkel weitergegeben, nie vom Vater direkt auf den Sohn übertragen. Während seiner Ausbildungszeit begleitete er also seinen Großvater zu einem sehr wohlhabenden Mann, der um Hilfe angefragt hatte. In seinem Keller vermutete er einen bösen Geist, weil die Bediensteten sich weigerten, dort den Wein zu holen. Und jedes Mal, wenn er selbst hinunterging, fand er einige Weinflaschen kaputt am Boden liegen. Der Großvater ging durch den Kellerraum, sprach ganz leise vor sich hin, und als er fertig war, beschrieb er ein Plakat mit Schriftzeichen und hängte es an die Kellertüre. Auf dem Plakat stand: *Hier wohnt (Name), Hüter des Weinkellers.* Der Großvater erklärte anschließend: *Der Geist, der da wohnt, ist gar nicht unfreundlich, er ist nur gelangweilt. Ich habe ihm jetzt die Aufgabe des Hüters des Kellers gegeben, nun wird er keine Flaschen mehr kaputtmachen!* Es ging anschließend besser im Weinkeller, wie der Chinese uns erzählte – aber auch im Keller in Norwegen, wie mir später berichtet wurde.

Manchmal begegnen wir aber tatsächlich einer so starken negativen Kraft, einem unsichtbaren Schmutz, den wir nicht ungeschützt angehen sollten. (Ich glaube, dieser unsichtbare Schmutz trägt mit dazu bei, dass so viele Menschen, die Gebäudereiniger sind, effektiv krank werden.)

Jeder Mensch hat instinktiv das Bedürfnis, sich zu schützen, wenn er einer Gefahr gegenübersteht. Oft sehen wir, wie Menschen ein Kreuz schlagen, einen Rosenkranz hervorholen oder nach dem Stein in ihrer Tasche greifen. Andere halten inne und sprechen ein Gebet, wieder andere rufen einen verstorbenen Menschen oder einen Schutzheiligen an. Andere laufen einfach schreiend davon, während es auch Menschen gibt, die nur wie gelähmt sich nicht von der Stelle rühren.

Manchmal, wenn ich morgens um sechs Uhr begann, die vierundsechzig Toiletten im Goetheanum zu putzen, empfand ich das starke Bedürfnis zu singen. Und immer, wenn ich besonders eifrig sang, fragten mich die beim Putzen mithelfenden Studenten, ob es denn heute besonders schlimm sei. Ihnen war aufgefallen, dass ich bestimmte Lieder sang, je nach dem Zustand, den ich vorfand. Wenn man singt, gibt man etwas nach außen ab, man nimmt nichts auf, sondern gibt es ab.

Ich kann nicht grundsätzlich sagen, wie sich Menschen schützen können, das muss letztendlich jeder für sich selbst herausfinden. Persönlich habe ich ein Bild, das mir ungeheuer hilft. Als mein Sohn vier Jahre alt war, ging ich einmal mit ihm spazieren, er zog einen kleinen Leiterwagen hinter sich her. Zuvor hatte es geregnet, der Weg war matschig, und auf halbem Wege hielt er einfach an, zog das Wägelchen auf die Seite, kippte es um und fing an, die Räder mit einem Stock zu drehen. Der ganze angesammelte Schlamm flog nach allen Seiten davon. Dieses Bild machte auf mich einen so starken Eindruck, dass ich immer, wenn ich irgendwo beim Betreten des Raumes einen starken Widerstand spüre, meine inneren Räder zum Drehen bringe und mir dabei vorstelle, dass nichts an mir haften bleibt. Unsere geistigen Organe oder Chakren sind wie Räder, die sich drehen; und je schneller sie drehen, desto intensiver ist der Schutz.

Durch unsere Arbeit können wir einiges verwandeln. Das Böse kann oftmals erlöst oder vertrieben werden. Ich bin reformiert (eine Richtung innerhalb der evangelischen Kirche) aufgewachsen und wurde geprägt durch Aussagen wie: *Du darfst am Sonntag nicht stricken, das wäre, als stecktest du die Stricknadel in das Auge des Herren.* Das erweckte in mir stark das Bewusstsein: Du wirst immer beobachtet, und all deine Taten werden notiert und entweder belohnt oder bestraft. Die Angst vor Strafe war groß. Später, als ich mehr über die Geisteswissenschaft gelernt hatte, wurde mir deutlich, dass das, was wir tun und lassen, immer Folgen hat und dass jeder Mensch lernen kann, selbst die Verantwortung für sein Leben zu übernehmen.

Pflege ist Hingabe und Austausch, manchmal aber auch Abschirmen oder Schützen. Ebenso wie wir wissen, wann wir in unserem Zuhause die Türe öffnen oder abschließen sollten, so lernen wir auch, unsere eigenen inneren Türen zu öffnen und zu schließen. In unserem Streben, harmonisierend zu arbeiten, indem wir zum Beispiel beim Pflegen und Ordnen unsere Gebärden heilend anwenden, fließen uns Kräfte zu. Nur wir selbst können dafür die Bedingungen schaffen.

Sind wir offen und versuchen, die helfenden Kräfte einzuladen und zu bitten, alles was wir tun, zu begleiten, dann wird das auch seine Wirkung haben.

Ich selbst habe versucht, die Schreckensbilder aus meiner Kindheit zu verwandeln, indem ich mich darum bemühe, möglichst ehrlich mir sagen zu können: *Christus ist mit mir, er kann und wird mir dabei helfen.* Ich möchte keineswegs behaupten, dass mir das immer gelingt. Es gibt Tage, an denen ich gar nicht daran denken möchte. Aber tief in meinem Inneren lebt das Streben danach.

Gelingt es mir aber, dann wird die Angst in Vertrauen, werden die Sorgen in Freude verwandelt. Dann helfen mir die Kräfte, die mir zuströmen, das, was ich gerade tue, so zu verwandeln, dass meine Taten heilbringend wirken können.

Worte von Theresa von Avila (16. Jahrhundert)[27a]

Christus hat nun keinen Leib auf Erden denn den deinen.
Keine Hände denn deine.
Keine Füße denn deine.
Es sind deine Augen, durch die Christi
Mitgefühl für die Welt strahlen sollte.
Es sind deine Füße, mit denen er
wandeln wird, um Gutes zu tun.
Es sind deine Hände, mit denen er
nun die Menschen segnen wird.

3

DER REINIGUNGSPROZESS ALS GRUNDLAGE

Obwohl dieses Buch das Thema *Putzen* zum Titel hat, war das Putzen selbst nur der Anfang meiner Entdeckungsreise. Je mehr ich mich damit auseinandersetzte, desto deutlicher wurde mir die umfassende Bedeutung dieser Tätigkeit. Um Putzen zu können, muss zuerst aufgeräumt sein. Um aufzuräumen, braucht es ein System. Und außerdem: das Putzen hört ja nie auf. Die ersten Tätigkeiten am Morgen sind: das Gesicht waschen, die Zähne putzen. Womit also fängt der Tag an? Mit Putzen! Dann wird gefrühstückt, und was folgt? Tisch abräumen und Geschirrspülen: wieder Putzen! Und so geht es den ganzen Tag weiter. Selbst wenn wir unseren Tag mit einer Meditation beginnen, fängt sie damit an, dass innere Ruhe hergestellt wird. Gedanken werden geordnet, also: Aufräumen, Ordnen. Fast jede Aufgabe entspricht irgendeiner Form des Aufräumens oder Putzens. Das war mir zunächst nicht wirklich bewusst, aber je mehr ich versuchte, meine Gestik beim Putzen zu beobachten, desto deutlicher wurde mir, wie sehr der gesamte Alltag das Ordnen und Reinigen zur Grundlage hat.

Putzen ist eine grundlegend menschliche Kulturerfahrung, die aber heutzutage – nicht nur – für viele Kinder verloren zu gehen droht. Wenn wir wieder lernen würden, die richtige innere Einstellung zum Putzen zu entwickeln, könnten wir den kulturell wesentlichen Charakter des Putzens wieder entdecken. Durch diese alltägliche Tätigkeit kann Natur zur Kultur erhoben werden, und wir können erleben, wie sich die menschliche Fürsorge dabei bedingungslos mit der Materie verbinden kann.

Pflegen

Alles, was wir mit Bewusstsein und Liebe tun, erreicht eine neue Dimension. Wenn wir mit Liebe und Bewusstsein putzen, dann geschieht eine Steigerung, dann wird aus einem geputzten Raum ein gepflegter Raum. Ein gepflegter Raum wirkt aber völlig anders als ein geputzter Raum. Was heißt das Wort *Pflegen* eigentlich? Woher stammt es? Eine Wurzel liegt im Altgermanischen. Hier bedeutete *pleon:* für etwas einstehen, sich für etwas einsetzen; daraus wurde dann später *Pflicht* – die allzu oft zu unserer persönlichen *Kreuzigung* beitragen kann. Einen zweiten Ursprung hat *pflegen* im lateinischen *plicare: falten, neigen, nähren, sich mit etwas beschäftigen;* später auch: *sorglich, verantwortlich Handeln, Verantwortung übernehmen, zum Gedeihen bringen.*[28] Im Englischen gibt es verschiedene Wörter für *pflegen,* zum Beispiel *care, nurse* oder *nurture. Care* bedeutet so viel wie *Umsicht, Sorgfalt, Pflegen (Haare, Möbel, Gesundheit), etwas für sich selbst tun, versorgen, aufpassen. Nurse* umfasst: ein Baby stillen, Krankenpflegerin und -pflege oder auch *eine Pflanze (nursery), ein Geschäft durch schwere Zeiten bringen.* Und *nurture:* hegen, erziehen, auch Nahrung (sowohl physische als auch geistige Nahrung).

In unserer heutigen Gesellschaft gibt es immer mehr Menschen, die diese kleinsten Aufgaben als banal einstuften. Sie laufen Gefahr, die Beziehung zu ihrem Umfeld zu verlieren. Verwahrlosung, Vandalismus, Littering (achtloses Liegenlassen und Wegwerfen von Abfall), auch Unverbindlichkeit, Bequemlichkeit und Gleichgültigkeit sind ein Ausdruck davon. Wir kennen es alle aus unseren Erfahrungen im Alltag: Routine tritt ein, man stumpft ab, und vieles wird eher unbewusst und nicht besonders gut erledigt. Was anfangs noch störte, gehört mittlerweile zum Dekor, etwa die Kaugummis oder das Gekritzel auf dem Schultisch. Die Beziehung zur Sache ist einfach *eingeschlafen*. Oft genug nehmen wir gar nicht mehr wahr, wie es um uns herum aussieht. Dann kündigt sich plötzlich ein Besuch an, und auf einmal wachen wir auf und sehen, wie es tatsächlich aussieht. Jetzt wird alles blitzblank geputzt. Das kann sogar auf unsere Kleidung übergreifen. Sicher waren Sie auch schon einmal entsetzt über den Zustand Ihres Lieblingspullovers, als Sie ihn zu einer besonderen Gelegenheit wieder anziehen wollten! *O je, seit wann ist er so ausgefranzt? Wo kommen alle diese kleinen Fussel her? – Waren die Absätze der Schuhe schon immer so abgetreten? Und seit wann fehlt denn eigentlich der Knopf am Mantel?*

Ähnliches ereignet sich leider nicht nur mit Dingen und Aufgaben, sondern auch in den Beziehungen zwischen Eltern und Kindern, zwischen Eheleuten, zwischen Lehrern und Schülern, zwischen Arbeitskollegen.

Erneuerung und Anfang

Die bewusste Pflege unserer Umgebung kann sogar die Grundlage für eine Erneuerung bilden. Vor Jahren gab ich einen Kurs an einer Erwachsenenbildungsstätte. Drei Stunden jeden Donnerstagabend, über fünf Wochen. Ich erklärte so manches: das Putzen, die Methoden, Werkzeuge, Mittel, und vor allem das Pflegen. Die Frauen gingen dann nach Hause und probierten das Gelernte sogleich aus. Eine der Teilnehmerinnen war dreiunddreißig Jahre alt, fünfzehn Jahre lang verheiratet, mit drei Kindern. Der Älteste war damals fünfzehn Jahre alt und leicht lernbehindert. Bei der Vorstellungsrunde erzählte sie, ihre Ehe sei nur noch eine reine Formsache. Es gab sehr wenig Kommunikation, da sie und ihr Mann sich über die Art, wie mit dem schwer pubertierenden Sohn umzugehen sei, nicht einigen konnten. Fünf Jahre zuvor hatten sie ein eigenes Haus gebaut. Da ihr Mann Handwerker war, wollte er sehr vieles selbst machen. Das

Haus wurde aber nie richtig fertig. Beide hatten kein Interesse mehr, daran zu arbeiten, und sie gestand uns offen, dass sie ihr neues Haus völlig vernachlässige: Es war darin ganz unordentlich und schmutzig.

Als sie nun während des Kurses begann, das Haus nicht nur zu putzen, sondern auch zu pflegen, fing auch ihr Mann wieder an, seine handwerklichen Projekte im Haus in Angriff zu nehmen. Sie schmunzelte beim Erzählen: *Er meint tatsächlich, ich würde es für ihn tun.* Wir freuten uns jeden Donnerstag auf ihre weiteren Berichte. So wurde die Glühbirne, die am Draht im Eingang des Hauses hing, durch eine dekorative Lampe ersetzt, die schönen Chromstangen für die Badetücher im Badezimmer angebracht, und die Schnüre, die diesen Dienst übernommen hatten, wurden nach fünf Jahren endlich entfernt. Am letzten Abend kam sie strahlend zum Kurs und erzählte, dass ihr Mann am vorigen Samstag seine Maschinen ins Wohnzimmer gebracht hatte, um die Fußleisten für den selbst verlegten Parkettboden zuzuschneiden und endlich anzubringen. Kaum fing die Maschine zu lärmen an, erschien der Fünfzehnjährige und fragte, ob er helfen dürfe. Den ganzen Samstag hätten die beiden zusammen gearbeitet, alle Leisten wurden angebracht, und zum ersten Mal seit langer Zeit war der Junge zu Hause und nicht *auf der Straße*.

Fünf Jahre später traf ich diese Frau wieder. Sie erzählte mir, der Putzkurs habe ihre Ehe gerettet. Durch die gemeinsame Pflege des Hauses erinnerten sie sich wieder an die erste Zeit, als sie gerade begonnen hatten, das Haus zu bauen. Die gemeinsamen Ideale wurden wieder präsent, und sie dachten an die vielen schönen Augenblicke zurück. Ihr Mann fühlte sich von da an als Mensch wieder wahrgenommen und respektiert. Ich war wirklich sehr gerührt, als sie in der Folge erzählte, dass sich der Junge nach dem Wochenende der gemeinsamen Arbeit mit dem Vater für eine

Schreinerlehre angemeldet hatte. Mittlerweile war er gelernter Zimmermann und hatte sich gut entwickelt.

Freude am Putzen

Das Putzen hat sehr viel mit Gemeinschaft zu tun. Sicher putzt ein Mensch, der alleine wohnt, gewissermaßen für sich, aber letztlich doch oft, damit er ungeniert auch Besuch empfangen kann. Wie gesagt, das Ordnen und Putzen hat direkt mit dem Sozialen zu tun. Hausarbeit und vor allem die Reinigungsarbeit machen einen bedeutenden Teil des Lebens aus und tragen zur Wiederherstellung und Erhaltung lebensfreundlicher Umstände bei.

Schmutz ist Folge und zugleich Anlass menschlicher Aktivität. Schmutz hat mit Vergangenheit zu tun, mit dem, was nicht mehr so recht ins gegenwärtige Leben gehört. Oft hört man den Spruch: *Schmutz ist Materie am falschen Ort*. Welch zutreffende Beschreibung! Auf dem Acker ist die Erde braunes Gold, aber auf dem weißen Teppich ist sie zweifelsohne Schmutz.

Schmutz zu beseitigen, bietet uns ein fast unbegrenztes Übungsfeld – etwa für Geduld, Rhythmus, Achtsamkeit, Wahrnehmung, Zuwendung, Durchhaltekraft oder Eigenverantwortung. Dadurch verwandeln wir nicht nur das Materielle, wir bewältigen und verarbeiten auch ein Stück unserer persönlichen Vergangenheit.

Putzen ist ein Handwerk, das gelernt sein will. Putzen ist weder Pflicht noch Zwang; es ist Lebensqualität, und auch hier bestimmt die Arbeitsfreude, was der Mensch in die Welt einbringt. Die Einstellung, die der Mensch zu seiner Arbeit hat, bestimmt die Qualität der Pflege.

Jeder Raum benötigt Pflege, jeder Raum muss oder sollte geputzt werden. Das ist eine Arbeit, die nicht immer mit großer Begeisterung angepackt wird. Und doch muss sie sein. Wie auch immer die Umstände sein mögen, wir können immer versuchen wahrzunehmen, *was* wir tun, und vor allem auch, *wie* wir es tun. Täglich ergeben sich mehr oder weniger interessante oder angenehme Aufgaben. Aber ob interessant, angenehm oder nicht, sie müssen erledigt werden. Das sind gute Gelegenheiten, einmal zu beobachten, wie wir selbst uns verhalten. Bei Arbeiten, die uns nicht sonderlich erfreuen, wird geseufzt, gemurrt, man verspannt sich, weil man zum Beispiel denkt, dass eigentlich doch besser andere diese Arbeit tun sollten. Eine solche Einstellung macht aber alles nur noch schwieriger. Nicht nur, dass die Bürde, die man sich hiermit auferlegt, innerlich nicht weiterbringt, sie wirkt zusätzlich erschöpfend. Nehmen wir doch eine solche langweilige Arbeit einfach als Gelegenheit zum Üben! Nehmen wir jedes Detail interessiert wahr, so entdecken wir etwas völlig Neues am bereits Altbekannten. Interesse belebt, und meine Aufgabe wird weniger mühsam.

Die Spanne zwischen Sinn und Sinnlosigkeit ist typisch menschlich, und jeder kennt sie, der daheim oder im Beruf einen Lappen, Besen oder Staubsauger zur Hand nimmt. Schnell kann das Gefühl von Langeweile, Gleichgültigkeit oder Sinnlosigkeit entstehen. Sobald wir aber den Sinn unseres Tuns einsehen, wird das in uns die Kraft erzeugen, überhaupt erst einmal anzufangen. Durch das Tätigsein machen wir dann eine Erfahrung, die den Sinn unseres Entschlusses bestätigt und zur Einsicht führt. Diese Einsicht erzeugt Freude, und Freude gibt uns wiederum Kraft. Die Lebenskraft zu spüren, erweckt Gefühle der Dankbarkeit. Sind wir hingegen völlig erschöpft, so ist es oft sehr schwierig, Freude und Dankbarkeit zu empfinden.

Viele Menschen erleben das Putzen als Sisyphusarbeit. Kaum etwas ist im Resultat so vergänglich, so unerbittlich mit einem Verfallsdatum versehen wie das Putzen. Gleich nach Beendigung der Tätigkeit beginnt gnadenlos der Zerfall der ersehnten und geschaffenen Ästhetik. Putzen gibt dem Menschen die existenzielle Erfahrung, fortwährend zu scheitern und dennoch daran nicht zerbrechen zu dürfen. Sisyphus wurde von den Göttern zur Strafe dazu verdammt, einen Felsbrocken auf ewig einen Berg hinaufzuwälzen, der, sobald der Gipfel fast erreicht war, jedes Mal wieder ins Tal zurück rollte. Einige Erzählungen besagen, dass Sisyphus irgendwann den tieferen Sinn dieses scheinbar sinnlosen Tuns erkannte und so seinen Seelenfrieden fand. Niederschmetternde Wahrheiten verlieren an Gewicht, sobald sie in ihrem Sinn erkannt werden. So führt Sinnfindung und Erkenntnis letztlich zum Sieg.

Weil wir bei dieser Tätigkeit so oft an die eigenen Grenzen stoßen, führt sie uns aber oft auch zu uns selbst. Um dies bewältigen zu können, bedarf es der Erziehung, das heißt der Selbsterziehung. Wir lernen mit der Zeit, uns selbst immer besser wahrzunehmen, wir lernen uns selbst kennen, lernen, uns zu akzeptieren – all dies fördert unsere Kreativität, wir werden wieder produktiver. Sich selbst gegenüberzustehen, sich selbst zu erkennen ist ein existenzieller Entwicklungsschritt – und aus keinem anderen Grund sind wir als Menschen doch auf dieser Erde! Unsere Talente sollen gedeihen, aber dazu müssen wir sie oft erst einmal entdecken! Der Alltag bietet dafür unbegrenzte Möglichkeiten. Das Produkt des Putzens ist Sauberkeit. Pflegen ist eine Lebenskunst, und deren Produkt ist Lebensqualität und eine gute Arbeitsatmosphäre.

Kunst im Alltag

Schöpferisch sein, ist das größte Glück, das ein Mensch empfinden kann. Warum? Weil er sich im Schaffen dem Wesen Gottes selbst nähert. Gott ist der Schöpfer und der nach seinem Bilde geschaffene Mensch kann selbst auch Schöpfer sein. Natürlich geht es nicht darum, die menschlichen Schöpfungen mit der göttlichen Schöpfung zu vergleichen; es geht um die Betonung der Wahrheit, dass das Glück in der schöpferischen Aktivität liegt und dass in diesem Sinne die Künstler diejenigen sind, die die größten Glücksgefühle empfinden. Ihr fragt: Und was ist mit den Mystikern und Gelehrten? In dem Maße, wie auch sie Schöpfer sein können, empfinden sie das gleiche Glück wie die Künstler. Wendet jetzt bitte nicht ein, ihr hättet gequälte und unglückliche Künstler getroffen. Wenn ich vom Glück des Künstlers spreche, meine ich den Moment, in dem er kreativ ist, den schöpferischen Akt, in dem der Künstler in der Fülle lebt; und unter Künstler kann auch jeder Mensch verstanden werden, der im Begriff ist, schöpferisch zu sein.[29]

Viele Hausfrauen und Mütter, die ich kenne, haben häufig den Eindruck, dass sie keine Zeit für ihre eigene Kreativität hätten. Wie kann ich die Kunst in meinem Alltag entdecken, sie einfließen lassen, anwenden und auch ausleben? Jeder Tag bietet etwas Neues. Schaffen wir daraus ein Kunstwerk oder lassen wir alles gestaltlos?

Ich glaube, für die meisten Hausfrauen ist der Gedanke, sich die Zeit für eine künstlerische Aktivität zu gönnen, ziemlich abwegig. Es gibt ja immer so viele Sachen, die unbedingt noch erledigt werden müssen. Da ist es geradezu undenkbar, dass man sich die Zeit nimmt, um zu malen, zu plastizieren oder, oder, oder ... Wäre es aber nicht sogar möglich, etwas Künstlerisches in meinem alltäglichen Tun zu entdecken? Was sich regelmäßig wiederholt, das kann ich nicht nur vergeistigen, ich kann es auch *verkünstlerischen*. Und dazu sollten wir vielleicht zuerst darauf schauen, welche Kunstform wir gerne ausleben möchten. Ist es das Singen, Musizieren, Malen, Gestalten, Plastizieren, Schauspielern? Wo ist Möglichkeit dafür im Alltag zu finden?

Aufgrund der aus der Französischen Revolution entstandenen Entwicklungen stellte sich Friedrich Schiller (1759 – 1805) in seinen *Briefen zur ästhetischen Erziehung des Menschen*[30] die Frage, wie es eigentlich geschehen konnte, dass Menschen, die den Freiheitsimpuls in sich tragen, so von dämonischen, untermenschlichen Kräften ergriffen werden können. Was ist denn die dem Menschen wesenseigene Natur und wo ergreifen ihn fremde Gewalten? Wo befindet sich seine menschliche Mitte?

Schiller beschreibt, wie der Mensch in der Spannung zwischen zwei Polen lebt. Den einen Pol nennt er den *Stofftrieb.* Durch unsere Sinnlichkeit, das heißt durch unsere Sinne und

unsere Leiblichkeit, stecken wir in der Stoffeswelt. Diese Welt wirkt über den Leib und die Sinne nahezu zwanghaft im Menschen. Hier sind wir nicht frei.

Auf der anderen Seite ragen wir mit unserer Vernunft in eine geistige Welt hinein, die ewigen Gesetzen folgt. Auch diese Gesetze zwingen uns – wie der Stoff –, jedoch geben wir uns durch den *Formtrieb,* wie Schiller es nennt, der Welt hin.

Die menschliche Natur findet sich also zwischen den Formtrieb und den Stofftrieb zwanghaft eingespannt. Wir sind grundsätzlich nicht frei, weil nicht menschliche, sondern fremde Prinzipien in uns eindringen – von beiden Seiten.

Doch es gibt eine Mitte. Schiller beschreibt einen Bereich, in dem der Mensch sich frei zwischen Form- und Stofftrieb bewegen kann, und zwar dort, wo er spielt, wo er sich *im freien Spiel der Kräfte* befindet. Im Menschen lebt auch ein *Spieltrieb,* so Schiller. Dieser Spieltrieb hat mit jeder freien, künstlerischen, schöpferischen Betätigung zu tun.

Man darf also den Satz: *Der Mensch ist nur Mensch, wenn er spielt, und nur wenn er spielt, ist er wirklich ganz Mensch,* keineswegs banalisieren. Hier ist nicht vom oberflächlichen Spielen die Rede. Hier lernen wir, auf unsere freie, schöpferische Mitte zu achten, die wir zwischen den Zwängen der geistigen und stofflichen Notwendigkeit finden können. Von dieser Mitte aus kann der Mensch in Freiheit alle seine Tätigkeiten durchdringen.

Jede bewusst ergriffene Handlung, die zu Schönheit und zum Wohlbefinden der Familie, der Gemeinschaft beiträgt, kann zu einem *Kunstgriff* werden.

Was in der Zukunft real sein wird, wir tragen es heute in Idealität in uns. Gestalten wir die Welt, dann wird sie real sein. Das darf nicht bloß als Theorie in uns leben, das muss als Empfindung, als innerster Lebensimpuls in uns sein. Dann haben wir ein Erkenntnisverhältnis zu unserer weltlichen Umgebung und zur gleichen Zeit ein religiöses Verhältnis zu unserer Umgebung. Aus diesem Impuls heraus wird auch die Kunst etwas werden, was sich verbindet mit dem unmittelbaren Leben. Es wird unser Leben selber künstlerisch sich gestalten müssen.[31]

Würdigung

Menschen haben oft das Bedürfnis, etwas Schönes zu würdigen. Wenn ein Kind ein Sonntagskleidchen trägt, bemüht es sich, so lang wie nur möglich das Kleidchen schön und sauber zu halten. Sobald aber ein *Unglück* geschieht, scheint es sich auch nicht mehr zu lohnen, sich weiter zu bemühen. Manches Kind will auch seine neuen Schuhe fast nicht anziehen, weil sie noch so schön sauber sind und auch so bleiben sollen. Kaum sehen sie nicht mehr so neu aus, scheint auf einmal auch das Putzen nicht mehr so wichtig.

Ich lud immer gerne Gäste zum Essen ein und freute mich dann auch besonders darauf, einen schön gedeckten Tisch zu gestalten. Als meine Tochter zehn Jahre alt wurde, wünschte sie sich einen so feinen Geburtstagstisch, so wie ich ihn normalerweise für meine Gäste vorbereitete. Weil ich jedoch das schöne Geschirr, Silberbesteck und die Kristallgläser nur für sechs Personen von einer Tante geerbt hatte, sagte ich ihr, dass sie dann nur fünf Kinder einladen könne. Sie war damit einverstanden, wir stellten eine Gästeliste zusammen, besprachen das Menü und verschickten die Einladungen. Am großen Tag bemühten wir uns sehr darum, den Tisch besonders feierlich zu decken – mit weißem Leinentischtuch, mit Blumen, Kerzen und dem schönen Porzellan und Silber. Der Geburtstag lag in den Winterferien, und ich holte alle eingeladenen Kinder mit dem Auto ab. Kaum angekommen, verteilten sie ihre Jacken, Stiefel und Mützen über den ganzen Flur. Die Tür zum Esszimmer blieb geschlossen, bis alle bereit waren. Als ich die Tür dann feierlich öffnete, erlebte ich einen Zauber. Beim Anblick des Tisches fragten sie voller Staunen, ob der Tisch wohl für sie gedeckt sei. Als ich dies bejahte, verwandelten sich sechs lebhafte Strolche in ehrfürchtige Prinzen und Prinzessinnen. Ich bediente sie, und während des ganzen Essens benahmen sie sich voller Würde und belohnten mich am Ende mit einem fleckenlosen Tischtuch! Das war mehr, als ich bei manchen erwachsenen Gästen je erlebt hatte.

Ein junger Student aus Ungarn arbeitete eine Zeitlang mit mir zusammen und war sehr daran interessiert, so viel wie möglich von mir zu erfahren. Vor allem wollte er genau lernen, wie ich die Toiletten putzte, und er wollte, dass ich seine Arbeit sehr genau kontrollierte. Als ich am Ende des Tages bestätigte, dass er sehr gut gelernt habe, strahlte er mich an und sagte: *Das ist das größte Geschenk, das ich meiner Frau mit nach Hause bringen kann – dass ich gelernt habe, wirklich gut zu putzen!*

Ich habe sehr großes Verständnis für die Menschen, die sich eine Putzfrau als Geschenk wünschen, und ich war auch schon oft so ein Geschenk. Beispielsweise ruft jemand an: *Liebe Frau Thomas, meine Frau hat Geburtstag, die Kinder wollen ihr ein tolles Essen kochen und wir möchten, dass sie nach Hause kommt und ein perfekt aufgeräumtes und geputztes Haus vorfindet. Schaffen Sie das in zwei Stunden?* Da muss ich nicht einmal fragen, wie groß das Haus ist, um zu wissen, dass so etwas unmöglich ist. Aber meistens finden wir doch einen Weg – und jedes Mal, wenn meine Arbeit ein Geschenk für die Ehefrau war, bekam ich anschließend von ihr einen Blumenstrauß!

Man kann aber auch umgekehrt die Arbeit selbst als ein Geschenk erhalten! Eine wunderschöne Geschichte erzählte mir eine Hausmutter in einem heilpädagogischen Heim. Ein junger Mann, der bei ihr im Haus wohnte, wusch liebend gerne das Geschirr ab, drei Mal am Tag, sieben Tage pro Woche. Er machte es ganz allein, es war seine große Freude und sein ganzer Stolz. Als nun die Hausmutter Geburtstag hatte, machte er ihr ein ganz besonderes Geschenk: An ihrem Geburtstag durfte sie den ganzen Tag Geschirrspülen – nur sie allein!

Vernachlässigung

Ich empfinde Vernachlässigung als etwas Schleichendes. Sie fängt mit und in all den Eckchen an, die wir nicht durchdringen. Sie kommt hinter allen Schränken hervorgekrochen. Sie kommt aus und hinter den Vorhängen heraus – wo so viele Spinnweben sind – und nicht zuletzt auch hinter und von den Heizkörpern. In der Küche sind es oft der Backofen und der Dampfabzug, aber auch die Küchengeräte. Die Waage zum Beispiel. Die Schüssel wird nach dem Gebrauch sicherlich gewaschen, die Waage aber, die wir womöglich mit Mehl oder Butter an den Fingern berührt haben ... Und diese ganz bestimmte Schublade, die es in fast jedem Haushalt gibt, in der alles verschwindet, was wir eventuell noch gebrauchen könnten, oder all das, von dem wir nicht so sicher sind, um was es sich eigentlich handelt, was aber doch ein wichtiger Teil von etwas – was auch immer – sein könnte. Auch die Abstellkammer oder der Putzraum oder -schrank sind offenbar für solche Vernachlässigungen prädestiniert.

Tun und Lassen

Wann tun wir etwas, und wann lassen wir es einfach sein? Weshalb unterlassen wir es, gewisse Dinge oder Aufgaben zu erledigen? Weil es ja sowieso niemand merken wird? Weil wir einfach keine Lust haben und jemand anderes es gefälligst auch einmal machen könnte?

Ich wurde vor einigen Jahren gebeten, am Goetheanum einen Vortrag über meine Arbeit zu halten. Ein älterer Herr rief mich an und erzählte mir eine Anekdote. Er kannte Henni Geck (eine Malerin, die bei Rudolf Steiner gelernt hatte) noch persönlich, und sie hatte ihm erzählt, dass Rudolf Steiner immer, wenn er von der Schnitzarbeit an der Figur des Menschheitsrepräsentanten[32] weggerufen wurde, zuerst alle Holzspäne zusammengefegt und im Abfallkorb entsorgt habe. Obwohl sie und die englische Künstlerin Edith Maryon ihm angeboten hätten, diese Arbeit statt seiner zu übernehmen, fegte er immer selbst die Späne zusammen. Einmal habe ihn Henni Geck gefragt, weshalb er sich jedes Mal selbst die Zeit zum Putzen nahm, auch wenn er oft kaum fünf Minuten abwesend sein musste. Darauf habe er geantwortet: *Während ich arbeite, ist alles, womit ich zu tun habe, Arbeitsmaterial, und ich bin Meister der Situation. Höre ich aber auf zu arbeiten und verlasse meinen Arbeitsplatz, dann sind die Holzspäne, die auf dem Boden liegen, Abfall, und Abfall gehört eben in den Abfalleimer, denn die Wesenheiten, die sich im Abfall wohl fühlen, können wir nicht gebrauchen dort, wo wir künstlerisch schaffen wollen …*

Hausarbeit in früheren Zeiten

Vor langer, langer Zeit lebte in Schweden eine Bauernfamilie, deren einziges Kind ihre Tochter Elsa war. Sie wurde über alles geliebt und ihre Eltern versuchten, ihr jeden Wunsch zu erfüllen. Nach ihrer Firmung ging sie in die Stadt, um dort Nähen und auch sonstige Manieren und Bräuche des Lebens zu lernen. Aber sie lernte leider nicht mehr, als sich selbst zu schmücken und die Haus- und Handarbeit zu verachten.

Mit zwanzig Jahren verliebte sich ein fleißiger und ehrenhafter junger Bauer namens Gunnar in Elsa, und schon bald waren sie verheiratet. Am Anfang war alles lauter Freude, doch bald war Elsa von ihren vielen häuslichen Pflichten überfordert. Früh am Morgen, kurz vor Weihnachten herrschte viel Betrieb auf dem Hof, und kaum aufgestanden, kam schon der Diener zu Elsa und sprach: *Herrin, bitte geben Sie uns unseren Tagesproviant, wir sollten gleich in den Wald gehen, wenn wir vor dem Abend wieder zurück sein wollen.* Gleich rief auch eine der Dienstmägde: *Der Teig ist aufgegangen, und wenn wir jetzt gleich backen, hätten wir besseres Brot als sonst.* Der Fleischer erwartete nach getaner Arbeit seinen üblichen Schluck, und die alte Britta drängte wegen Material zum Kerzenziehen. Dazu kam dann noch Gunnar, der ungeduldig wurde, weil der Diener noch nicht in den Wald gefahren war. *Liebe Elsa,* sagte er mit freundlicher Strenge, *meine verstorbene Mutter pflegte alles am Vorabend vorzubereiten, wenn Menschen früh morgens zur Arbeit gehen müssen, und oft bat ich dich, das Gleiche zu tun. Und, meine Teuerste, vergiss bitte nicht den Webstuhl. Es verbleiben nur wenige Meter Stoff, die noch gewoben werden müssen, und die können wir doch nicht über die Feiertage im Wege liegen lassen ...*

Elsa verlor die Geduld und stürmte wütend aus der Küche in das Haus, wo der Webstuhl stand, schlug die Türe energisch zu und warf sich weinend auf das Sofa. *Nein,* schrie sie, *diese Schufterei will ich nicht länger ertragen. Wer hätte geglaubt, dass Gunnar eine gewöhnliche Hausfrau aus mir macht und mein Leben so kaputtmacht! Ich Arme, Unglückliche! Gibt es denn niemand, der mir hilft? – Ich kann!, sagte auf einmal ein alter, weißhaariger Mann. Erschrecke nicht. Ich heiße der Alte Hoberg, und ich komme, dir die Hilfe zu bringen, um die du gerade gebeten hast. Ich kenne deine Vorfahren bis in die zehnte und elfte Generation. Und obwohl deine Familie vor Jahren schon ihren Reichtum verloren hat, ist sie hochmütig und faul geblieben. Da du aber ein gutes Herz hast und ehrlich bist, will ich dir trotzdem helfen. Du beklagst dich, weil du gezwungen bist zu schuften, Aber dies ist nur so, weil du nicht daran gewöhnt bist zu arbeiten. Ich werde dir zehn gehorsame Helfer geben, die du immer rufen kannst und die dir treu in allem, was du unternehmen willst, dienen werden. Dabei schüttelte er seinen Mantel, zehn lustige kleine Gesellen hüpften auf den Boden und fingen an, das ganze Zimmer aufzuräumen. Reich mir deine Finger!, befahl der alte Mann. Elsa hielt zitternd ihre Hände hin, worauf der alte Mann sprach:*

Hüpf mein Daumen!
Schleck den Topf
Lang geraten
Herz in der Hand
Lustiger Gesell! –
Alle auf eure Plätze!

In einem Augenblick waren die zehn Männlein in Elsas Finger geschlüpft und der alte Mann war verschwunden. Die junge Hausfrau saß da und starrte lange ihre Hände an, aber bald empfand sie eine wunderbare Sehnsucht nach Arbeit. *Hier sitze ich und träume!*, rief sie mit ungewöhnlicher Freude und Mut. *Es ist schon sieben Uhr und draußen warten alle auf mich!* Und Elsa beeilte sich, alle Aufgaben ihrer Bediensteten zu beaufsichtigen. Von diesem Tag an hatte Elsa genau so viel Freude an ihren Aufgaben, wie sie früher am Tanzen hatte. Keiner wusste, was geschehen war, aber alle staunten über diese plötzliche Änderung. Keine aber war vergnügter und zufriedener als die junge Frau selbst. Arbeit war jetzt für sie eine freudevolle Notwendigkeit. Unter ihren Händen gedieh alles und brachte dem jungen Paar Wohlstand und Glück.

Wer von uns würde sich nicht eine solche Hilfe wünschen? Aber worauf weist uns dieses Märchen hin? Zum einen: Das Bild von Elsa und ihrem Haushalt beschreibt die häusliche Situation so, wie sie vor nicht allzu langer Zeit tatsächlich noch war. Es war, als das Sprichwort *Cleanliness is next to Godliness* (etwa *Reinlichkeit steht neben Göttlichkeit)* noch seine Gültigkeit hatte. Zum anderen: Die geistige Welt bietet Hilfe dort, wo mit einem reinen Herzen darum gebeten wird. Und drittens: Hausarbeit ist Hand-, ja sogar *Fingerarbeit*.

Hände und Finger

Damit sind wir bei den Händen und Fingern angekommen. Beim Ordnen und Putzen sind die Hände unsere wichtigsten Werkzeuge. Die meisten Menschen berühren gerne andere Menschen, auch Tiere und Gegenstände, die sie gernhaben. Dadurch kann deutlich werden, welch wichtige Rolle unser Tastsinn in der Pflege unserer Beziehungen spielt. Wie oft hat doch eine Berührung eine enorme Verwandlung in uns ausgelöst. Und sei die Berührung noch so zart und flüchtig gewesen. Mit unseren Händen können wir liebkosen, streicheln, schlagen, zerstören und auch segnen. Ich werde nie vergessen, wie mein Arzt meinen Sohn empfing, als er auf die Welt kam. Mit der linken Hand hielt er ihn an seiner Schulter fest und seine rechte Hand legte er schützend, segnend auf den kleinen Kopf. Wie oft kam mir diese Geste als Bild und Trost, wenn es meinem Sohn einmal nicht so gut ging.

Der folgende Gedanke, den ich einmal irgendwo gehört habe, scheint vor diesem Hintergrund sehr einleuchtend: Der Mensch begann seine geistige Entwicklung und sein individuelles Karma in dem Moment, als er sich aufrichtete und so die Hände zur Arbeit frei hatte. Durch unsere Hände können wir in Beziehung zu den Dingen treten, um sie zu verwandeln. In den Händen können wir ein wunderbar intimes Verhältnis zum äußeren Leben, zur Umwelt entwickeln, jedoch nicht durch das Tun allein, sondern auch aufgrund unserer Gesinnung, unserer Einstellung, mit der wir die Arbeit erledigen. Zum Beispiel kann ich mir bei einer Arbeit ein Bewusstsein darüber verschaffen, dass durch meine Hände etwas hindurchströmt, das ich nach außen abgebe.

> *Auf allem, was ihr berührt, hinterlasst ihr eure ganz eigenen Spuren. Die Tatsache, dass man anhand der Fingerabdrücke die Identität einer Person ausfindig machen kann und dass man auf der ganzen Welt keine zwei identischen Fingerabdrücke findet, beweist, dass die Hand in der Lage ist, den einzigartigen Charakter eines Menschen auszudrücken. Alles, was durch eure Hände geht, wird von eurer Ausstrahlung, von euren Ausströmungen erfüllt und übermittelt etwas von der Quintessenz eures Wesens. Wenn ihr jemandem ein Geschenk macht, so übermittelt ihr ihm mit diesem Gegenstand bereits etwas von euch, und wenn ihr ein ungeordnetes Leben führt, so wird der Gegenstand die von euch unbewusst dort hinterlassenen, negativen Schwingungen übertragen. Selbst wenn die von euch verschenkte Sache großartig und teuer ist, wird der Empfänger in diesem Falle keinerlei Wohltat durch sie erfahren. Seid euch also bewusst, dass ihr selbst wichtiger seid als alle Dinge, die ihr verschenkt.*[33]

Bei einer der alle sieben Jahre am Goetheanum stattfindenden Weltlehrertagungen ging ich morgens in einen Raum, um ihn zu reinigen. Auf der Wandtafel stand ein Zitat Rudolf Steiners, und zwar auf Englisch: *When we do not merely grasp with our hand, but think with it, then thinking with our hand, we follow our destiny.* Auf Deutsch heißt es: *Wenn wir mit der Hand nicht bloß greifen, sondern denken, dann verfolgen wir mit der Hand denkend unser Karma.*[34]

Wir können uns beispielsweise einmal die Zeit gönnen, unsere Hände beim Kochen zu beobachten. Wir entdecken dann vielleicht die schönen Bewegungen, wenn sie von einer Zutat zur anderen *fliegen* und doch sicher eine Kelle festhalten, um den Teig zu rühren. Oder wie fließend unsere Hände einen Blumenstrauß stecken oder einen farbenfrohen Salat herrichten. Auch über die Klaviertasten tanzen die Finger. Die Hände wissen, was sie zu tun haben – und das ist doch (eigentlich sehr) faszinierend!

In der Biographie der Malerin Ninetta Sombart lesen wir: *Der Anspruch, den Edgar als Rosenkreuzer lebte, faszinierte Ninetta Sombart.*[35] *Nie durfte etwas entzwei sein. Alles musste – als Ausdruck innerer Gesinnung – sauber, ordentlich und gepflegt sein. Wenn sie nur ein Billighaus mietete, musste dies so lange bearbeitet werden, bis es, in aller Bescheidenheit, schön war. Das war im Grunde der Lebensstil, den sie aus der Kindheit kannte.*

Als die äußeren Umstände ihre Rückkehr nach Europa erzwangen, fand sie langsam auch äußerlich ein Leben, das ihr durch die Kraft ihrer ordnenden Hand den Platz auf der Erde schuf, um in den inneren Bewegungen an die Kindheitswurzeln wieder anzuknüpfen. – Ein Rosenkreuzer-Prinzip[36], das ich durch sie kennenlernte.

Als genuin rosenkreuzerisch kann man folgende Eigenschaften bezeichnen:

- Die Begründung eines voraussetzungslosen, nicht religiös gebundenen geistigen Schulungswegs mitten im Berufsalltag.
- Die Vorbereitung der neuen Naturwissenschaft und deren Ergänzung von spiritueller Seite her.
- Die Impulsierung und Neugestaltung des sozialen Lebens aus diesen Grundlagen heraus.

So gesehen wirft das Rosenkreuzertum nicht bloß Rätsel einer diskreten esoterischen Untergrundströmung des abendländischen Geisteslebens auf. Es regt zu Leitmotiven für die individuelle Gestaltung der Gegenwart an.[37]

Beim Pflegen können wir viel über die Ökonomie der Gestik lernen und über die Gestik überhaupt: etwa dass eine Geste weiterwirkt, lange nachdem sie ausgeführt wurde (verletzend, verurteilend, abweisend, aber auch begleitend, tröstend, segnend)!

Einen sehr treffenden Satz von Dieter Zimmermann las ich auf einer Serviette in einem Restaurant: *Alles, was durch liebevolle Hände geht, nimmt ein neues Wesen an.*[38] Ganz wie es im schwedischen Elsa-Märchen heißt: *Unter ihren Händen gedieh alles und brachte dem jungen Paar Wohlstand und Glück.*

Seit eh und je war das Haus ein wichtiger Arbeitsplatz. Die Reinigung nahm nach und nach eine immer wichtigere Stelle ein, je mehr das Bewusstsein sich entwickelte und die Menschen verstanden, dass Sauberkeit und Hygiene zu Lebensqualität und Gesundheit beitragen. Die Familie war immer der Urbaustein der Gesellschaft, und irgendwann entstand das Idealbild einer guten Frau oder Mutter, wie Elsa im Märchen. Doch war die Hausfrau im Märchen damals eher eine gute Managerin. Denn Köchinnen kochten, Mägde reinigten und wuschen, Ammen kümmerten sich um die Kleinkinder. Trotzdem wurde das gesamte Handwerk von Mutter zu Tochter, von Großmutter zu Enkelin weitergegeben.

Hausarbeit heute

Die heutige Rollenerwartung basiert zum Teil immer noch auf den sozialen Verhältnissen des neunzehnten Jahrhunderts. Jedoch gelten die damaligen Bedingungen in unserer Zeit nicht mehr, denn oft ruht der Haushalt heute allein auf den Schultern der Hausfrau. Manchmal auch auf den Schultern eines Hausmanns, aber es gibt – proportional betrachtet – immer noch sehr wenige Männer, die sich vollzeitlich dieser Aufgabe widmen. Und weil die Hausfrauen oft noch zusätzlich berufstätig sind, führt diese Situation zu Überforderung und Frustration, die das gesamte Familienleben belastet und im schlimmsten Fall sogar zerstören kann.

Während eines Seminars berechneten wir einmal, dass wöchentlich durchschnittlich bis zu zwanzig Stunden Hausarbeit geleistet werden müssten. Je nach Haushaltsgröße und familiärer Situation kann der Zeitaufwand für Putzen, Kochen, Waschen, Einkaufen und Kinderbetreuung bis zu sechzig Stunden pro Woche betragen. Eine Aufgabe, die außer körperlicher und seelischer Erschöpfung auch abgrundtiefe Einsichten ins Leben vermittelt.

Obwohl die familiäre Situation eher selten angesprochen wird, ist Putzen zur Zeit *in*. Zeitungsartikel, zahlreiche Bücher, Fernsehserien und Webseiten berichten darüber – überall kann man etwas über das Putzen lesen oder anschauen. In England wurden sogar zwei Putzexpertinnen, Aggie Mackensie und Kim Woodburn, zu (richtigen) Fernsehstars. Sie wurden bekannt, weil sie unordentlichen Hausbesitzern öffentlich ihre Meinung zum Zustand des Hauses sagten. Die Serie *How clean is your house?* wurde ein Renner, das Buch dazu ein Bestseller.[39]

Warum putzt der Mensch eigentlich? Weshalb nimmt er immer wieder Lappen, Eimer und Besen zur Hand, wenn die Kinder mit Erde an den Schuhen vom Garten hereinkommen und die Katze jeden Sommer (mittlerweile auch im Winter) Haare verliert? Wieso den Backofen jedes Mal putzen, wenn der Auflauf fast immer zum *Überlauf* wird und eine schwarze Kruste hinterlässt? Wie verhält es sich mit der Duschkabine und den Haaren im Ablauf? Reinigen wir das alles aus Gewohnheit, Aufopferung, Perfektionismus? Oder sind es gar Masochismus oder Zwangshandlungen? Was ist unser Ziel, wenn wir unsere Haushaltstätigkeiten ausführen?

Eine Frau erzählte, dass sie das Staubsaugen so sehr hasst, dass sie es nur tut, wenn ihre Katze Mühe hat, durch den Unrat zu kommen. Dann erklärt sie dem Schmutz offiziell den Krieg, fegt wie eine Furie durch das Haus, schlägt überall Ecken ab, hinterlässt Kratzer an den Sockelleisten, bis sie mit einem Siegesgefühl vor Erschöpfung umfällt.

Putzen ist mehr als eine antrainierte Ordnungsliebe oder nur das natürliche Bedürfnis nach Sauberkeit. Es bietet diejenige Lebensqualität, die Menschen brauchen, um sich entfalten zu können. Immerhin wird ja im Haushalt die zukünftige Generation unserer Menschheit vorbereitet!

Die deutsche Psychologin Elfie Porz, die Dutzende von Klientinnen und Klienten auf ihre Motivation bezüglich ihres Putzverhaltens analysierte, schreibt: *Putzen kann ein angenehmes inneres Gleichgewicht herstellen. Für die meisten Menschen sind Reinigungsarbeiten Tätigkeiten, aus denen sie einen Lustgewinn ziehen.*[40] Die Pädagoginnen Ursi Aeschenbacher und Maria Böhm lehren mittels Hörkassette, wie man putzend in sich gehen kann, um seinen Widerwillen gegenüber Schrubber und Scheuerlappen zu überwinden.

Auch Margaret Horsfield beschreibt in ihrem Buch *Der letzte Dreck* das Putzen als ein Ritual, das nahezu religiöse Ausmaße annehmen kann, im Stil von *Zen oder die Kunst des Putzens*. Der Mensch greift tatsächlich häufig zum Putzzeug, wenn es ihm dreckig geht: *In heiligem Zorn verpasst er dem Parkett eine Abreibung, putzt dem Chef mit dem Wischlappen symbolisch eine runter, tritt mit Stahlwolle gegen Herzschmerz an oder kehrt eingesteckte Vorwürfe unter den Teppich. Putzen ist eine Gelegenheit, der inneren Unordnung Ordnung zu verleihen. Während wir machtlos dem Chaos in der Welt gegenüberstehen, hilft das Saubermachen, mit unserem Herzeleid fertig zu werden, und stärkt unser Selbstvertrauen,* schreibt Horsfield.[41]

Reinigen als Beruf

Der putzende Mensch ist immer noch zu 90 Prozent eine Sie. Zwar üben auch immer mehr Männer mittlerweile diesen Beruf aus, jedoch oft als Vorarbeiter oder Gruppenleiter. In der Putzkultur spiegelt sich der Zustand einer Gesellschaft, und weil es die Putzfrauen sind, die überall hinkommen, können wir mit Recht sagen, dass niemand den Zustand der Gesellschaft besser kennt als die Putzfrau. Putzleute sehen oft in Schubladen und Schränke ihrer Arbeitgeber und manchmal auch in deren Seele. Sie nehmen sehr viel wahr und sind in den meisten Fällen diskrete Menschen.

Ob in Privathäusern, Büros oder Lehrerzimmern – überall gibt es Menschen, die ihre Räume und ihren Schreibtisch bewusst aufräumen, bevor sie den Ort verlassen, damit wir Putzleute so gut wie möglich reinigen können. Das heißt: Sie wünschen diese Reinigung und schaffen daher den nötigen Raum für unsere Arbeit. Es gibt aber auch Büros, die vollgestopft sind – zum Beispiel liegen steinalte Zeitungsstapel herum –, und dementsprechend ist auch alles voller Staub. Wir können natürlich nicht ausräumen, wir dürfen ja nur putzen. Und das geht eben nur da, wo wir auch hinkommen, wo Raum fürs Putzen ist. Und so spüren wir Putzleute eben sehr gut, wem unsere Arbeit wichtig ist. Der Zustand einer Wohnung oder eines Büros sagt einiges über deren Besitzer aus. Allerdings ist man ja vor Ort, um seine Arbeit zu tun, und bildet sich daher auch kein Urteil. Oft ist es sogar Teil des Vertrags, dass man für sich behält, was man beobachtet. Einmal reinigte ich das Büro eines Direktors einer großen Firma. Beim Saugen fiel mir auf, dass sich die Schublade nicht richtig schließen ließ, etwas klemmte. Als ich versuchte, den Mangel zu beheben, entdeckte ich, dass die Schublade voll mit leeren Whiskyflaschen war. Darf ich als Reinigungshilfe so etwas weitersagen? Und wenn ja, wem sagt man es?

Putzfrauen und -männer entwickeln mit der Zeit ein feines Gespür für ihre Kunden. Ein Blick auf den Schreibtisch, ins Badezimmer, eine Berührung mit der Tischoberfläche, und sie wissen, mit wem sie es zu tun haben: einem Chaoten, einem Ferkel, einer Pedantin.

Oft begegne ich Menschen, die gerne sauber machen, auch für andere. Sie haben das Bedürfnis, zu helfen, zu dienen. Was aber leider hin und wieder passiert, ist, dass die Menschen, denen diese Liebesgabe entgegengebracht wird, eine Erwartungshaltung einnehmen, die sehr fordernd werden kann und bei welcher der Reinigende als ein *Bediensteter* angesehen wird. *Dienen* mit *Bedienen zu* verwechseln, ist ein großer Fehler.

Eine Generation von Putzfrauen, die heute zwischen sechzig und siebzig Jahre alt sind, geht jetzt in den Ruhestand. Diese Frauen – ich finde sie ab und an noch an Schulen und in Heimen – haben mit Freude und Stolz ihre Tätigkeit als Putzfrau ausgeübt. Heute darf man kaum mehr von Putzfrauen reden, aber viele der jüngeren Generation von Raumpflegerinnen und Reinemacherinnen besitzen nicht diesen Stolz, nicht dieses

Verantwortungsgefühl und auch nicht mehr diese beinahe besitzergreifende Haltung der älteren Generation von Putzleuten, die sich auch nicht scheute, den Herrn Direktor direkt anzusprechen, wenn er *ihren* Bereich nicht genügend respektierte.

Einundzwanzig Jahre lang arbeitete ich mit vielen jungen Frauen und Männern im Reinigungsteam am Goetheanum. Dabei hat sich erfreulicherweise in den letzten Jahren beim Reinigungspersonal eine Arbeitshaltung und Einstellung entwickelt, die ich einfach nur als dienend bezeichnen kann. – Vielleicht ein Hinweis auf eine neue Entwicklung?

Ein regelmäßiger Gast am Goetheanum erwähnte mir gegenüber einmal, dass er in früheren Zeiten oft gesehen habe, wie sich die putzenden Studenten früh morgens mühsam ihren Besen *hinterher bewegten,* ja sich fast darauf gestützt hätten. In jüngerer Zeit aber wäre ihm aufgefallen, dass die Studenten mit geradem Rücken, voller Schwung und Selbstbewusstsein die Flure des Goetheanum pflegten. Im Betriebsdienst hatten wir einen Kollegen, der ein richtiger Montagsmuffel war. Nachdem ich bei meinem Dienst am Sonntag unser Büro besonders gründlich gepflegt hatte, kam er, wie üblich, etwas verspätet angeschlendert. Da das ganze Team bereits auf ihn wartete, fiel uns allen auch gleich auf, wie er sich beim Betreten des gepflegten Raumes unvermittelt aufrichtete.

Unsichtbarer Schmutz

In der Schweiz befindet sich die Reinigungsbranche in Bezug auf berufsbedingte Invalidität an zweiter Stelle, nach dem

Baugewerbe. In Deutschland ist der Krankenstand in dieser Branche erschreckend hoch: nicht selten liegt er höher als 15 Prozent.[42] Und was bedeutet das? Die Reinigungsarbeiter beziehen sehr häufig Invaliditätsrente! Dabei entsteht jetzt die Frage, weshalb werden so viele Menschen, die diese Tätigkeit ausüben, krank? Putzen ist oft mühsame Körperarbeit, und es gibt wenig Dank oder Lob dafür. Meistens putzt man allein, und es hört eigentlich nie auf. Hinzu kommt, dass das Putzen immer noch als minderwertige Tätigkeit angesehen wird. Putzarbeit wird oft verkannt als banale, monotone Tätigkeit, zu deren Ausübung man keine Fachkenntnisse benötige – zu Unrecht werden Menschen, welche diese Tätigkeit ausüben, abschätzig behandelt. Ich kann mir eben nicht vorstellen, dass die hohe Invaliditätsrate rein auf falsche Körperhaltung, chemische Dämpfe aus den Putzmitteln, auf Feinstaub und Ähnliches zurückzuführen ist. Ich denke vielmehr, dass – auch wenn es dem einen oder anderen zunächst nicht nachvollziehbar erscheinen mag – auch eine allgemeine Unzufriedenheit oft zu berufsbedingter Invalidität führen kann. Dabei, das weiß man doch sehr genau, verhärtet man sich; es stellt sich tiefe Mutlosigkeit ein. Einsamkeit, Isolation und ein Mangel an geistiger Abwechslung können schließlich zu schweren Depressionen führen. Menschen, die sozial am untersten Glied der Kette arbeiten, werden durch die Aussichtslosigkeit, die Hoffnungslosigkeit zum Burnout geführt. Weil alles Schuften doch nie die Löcher würde stopfen können.

Aber es gibt eben auch nicht nur physischen Schmutz. Menschen hinterlassen in einem Raum auch eine Art unsichtbaren Schmutz. Alles, was wir in einem Raum vollziehen, hinterlässt Spuren. Man denke an die Atmosphäre, wenn in einem Raum gerade ein riesiger Ehekrach stattgefunden hat. Es gibt auch Gespräche oder Sitzungen, in denen Entscheidungen getroffen werden, die Bedrückendes in einem Raum hinterlassen. Ganz zu schweigen von all dem, was durch Gewalt, Missbrauch,

Mord oder Selbstmord hinterlassen wird. Etwas völlig anderes bleibt im Raum, wenn vorher gesungen oder musiziert wurde oder wenn etwas Freudiges darin stattfand.

Menschen, die täglich die Raumreinigung ausführen müssen, weil sie keine andere Wahl und auch keine besondere Beziehung zu ihren Arbeitgebern, der entsprechenden Schule oder Einrichtung haben und auch nicht wissen, wie sie sich schützen können, sind dem unsichtbaren Müll der Gesellschaft ausgeliefert und werden krank. Es gibt für die gesamte Wesenheit des Menschen kaum etwas Schlimmeres, als dass man nicht mit dem Herzen bei dem sein kann, was getan werden muss. Je mehr der Mensch etwas tun muss, was ihn nicht interessiert, desto mehr wird sein Lebensleib geschwächt.

Interessieren wir uns überhaupt für die Menschen, die unsere Räume, Schulen, Einrichtungen pflegen? Oft leiden die Reinigungskräfte unter der mangelnden sozialen Beachtung. Obwohl wir Sauberkeit lieben, schenken wir denjenigen, die sie für uns herstellen, wenig Wertschätzung. Das ist eine tagtäglich sich ereignende Tragödie. Die mangelnde Wertschätzung wird nicht durch das Wort der *Raumpflegerin* ausgeglichen. Die Frau bleibt eben so lange Putzfrau, als sie auf diese Weise betrachtet wird, solange sie dieses Bild von sich selbst hat und solange sie sich als solche empfindet.

Die einen *kämpfen* mit dem Schmutz und hinterlassen eine chaotische Stimmung; andere *verwandeln* den Schmutz und arbeiten sich mit Stolz und Würde durch die Räume. Indem die Putzenden begreifen, dass Putzen mehr ist, als Dreck zu beseitigen, und stattdessen das Pflegende daran entdecken, kann sich eine neue Würde zeigen, ein neues Würdegefühl einstellen. Schafft es eine Putzfrau, ihr eigenes Bewusstsein und ihre eigene Haltung zu ihrer Arbeit zu ändern, dann ist damit ein neuer Aspekt gewonnen. Dann können wir authentisch beginnen, von Raumpflege zu sprechen.

Eine Reinigungskraft, Frau M., die an einer Rudolf-Steiner-Schule arbeitete, sagte einmal resigniert zu mir: *Selbst hier werde ich nicht begrüßt, ich bin halt nur die Putzfrau.* Ich riet ihr Folgendes: *Heute Abend gibt es ein Konzert in dieser Schule. Putz dich heraus und besuche das Konzert.* Dabei erlebten die Mitarbeitenden der Schule sie in einem anderen Kontext und nahmen sie als einen an Kultur interessierten Menschen wahr. Am darauf folgenden Montag rief mich jemand von der Schule an und wollte wissen, wann Frau M. Geburtstag habe. Seitdem wurde sie immer freundlich begrüßt und bekam bis zu ihrer Pensionierung zu ihrem Geburtstag einen Blumenstrauß.

Heute steht vor allem die Frage nach der Putztechnik, nach Maschinen und Methoden im Vordergrund. An den meisten europäischen und auch anderen Reinigungsfachmessen geht es um die Technisierung des Putzens. Das ist aber vor allem von jenen ein Bedarf, die das Putzen organisieren. Man sollte aber die Putzenden selbst nach der Würde ihrer Arbeit fragen. Es gibt in Japan bereits Roboter für die Büroreinigung. Dadurch geht viel basal-menschliche Kulturerfahrung verloren. Sicher, man darf die Technik nicht scheuen. Aber es geht um einen Mittelweg zwischen Ökonomie und Menschlichkeit. Wenn heute alles in Minuten pro Quadratmeter berechnet wird, führt das zu Stress, zu Gefühlen von Unzulänglichkeit und schließlich zu Berufskrankheiten. Es ist menschenunwürdig, so arbeiten zu müssen! Noch vor 20 Jahren konnten die Menschen im eigenen Rhythmus arbeiten, aus der eigenen Verantwortung heraus. Rhythmus ist Kraft. Und wenn der Rhythmus zerstört wird, dann werden die Menschen krank.

Man bedenke doch nur einmal, dass alle Wirtschaft mit der Hauswirtschaft beginnt! Sollte man angesichts dieser Tatsache mit dem Reinigungspersonal nicht besser umgehen? Die Putzleute sind die einzigen in einer Firma oder Gemeinschaft, die in jedem Raum zu tun haben. Dabei kommt ein umfassendes Bewusstsein zustande. Es ist von entscheidender Bedeutung, ob ich mit Liebe putze oder meiner Arbeit gleichgültig gegenüber bin. Das schafft doch eine jeweils völlig andere Atmosphäre!

Die pragmatische Seite des *Schmutzbeseitigens* steht solchen mehr ideellen Gesichtspunkten nur scheinbar entgegen. Wie schon mehrfach geäußert: Wer den Sinn und die Würde des eigenen Tuns entdecken lernt, arbeitet auch ökonomischer, sowohl in der Arbeitseffizienz als auch durch die dadurch geschaffene Atmosphäre.

Reinigung und Pflege spielen beim Unterhalt, bei der Werterhaltung der Dinge eine große Rolle. Eine für ihr Tun wache Person fragt sich, was es bedeutet, wenn plötzlich Wasser auf dem Boden oder eine Fläche feuchter als sonst ist oder wenn sich Kalk auf dem Rand des Waschbeckens bildet, obwohl das vorher nie der Fall war. Sie wird nach Ursachen und Lösungen des Problems suchen.

In Firmen, in denen das Personal engagiert und selbständig arbeitet, verstehen die Menschen auch den Raum besser, in dem sie arbeiten. Sie kommunizieren und verbinden sich stärker mit ihm. Wird außerdem das Raum-Putzen zum Raum-Pflegen, so kann dieses Verhältnis enorm unterstützt werden. Man wird schöpferischer dadurch, dass man sich mit seiner Umgebung verbindet.

Putzen hat aber auch etwas mit der jeweiligen Persönlichkeit zu tun. Jeder putzt anders und bringt andere Gedanken und Gefühle in den Raum, zieht diese oder jene Naturgeister an. Das hängt mit dem guten Geist, der in einem Raum leben kann, zusammen.

Eine wunderschöne Geschichte schenkte mir eine Freundin, weil sie durch diese an meine Art zu arbeiten erinnert wurde. Es handelte sich um eine Frau aus Ghana, die als Toilettenfrau im Hamburger Café „Strandperle" tätig war. Einige Sätze daraus möchte ich hier gerne wiedergeben:[43]

Ich hatte vorher als Putzfrau in einem Fußballstadion gearbeitet und war nicht gerade zimperlich. Und dann stand ich hier in diesem tollen Elbcafé und fiel beinah in Ohnmacht. Aus der Toilette stank es wie aus einer Jauchegrube. Ich entschied mich dennoch für den Job, erhöhte aber den zu zahlenden Betrag von 30 auf 50 Cent. Das fanden viele zu teuer, bis sie merkten, dass sie sich plötzlich wohl fühlen konnten. Kinder kommen jetzt oft und sagen, dass es so gut rieche. Dafür gebe ich mein Bestes ... Ich blättere nie in Zeitschriften oder telefoniere, selbst dann nicht, wenn ich allein bin. Ich will jederzeit präsent sein. Ich sitze nie. Wer zu mir kommt, den empfange ich mit geradem Rücken. Ich schaue den Leuten immer direkt ins Gesicht und sage laut Hallo. Wie eine Königin, die Hof hält. Ich glaube, nur deshalb respektiert man mich. Die Toiletten sind mein Revier. Es fühlt sich an, als ob mich jemand zu Hause besucht, und deshalb kränkt es mich, wenn man mich nicht grüßt. Ich bin streng und schimpfe schon mal laut, wenn Männer die Klobrillen mit den Füßen hochklappen. Ansonsten sind Männer ordentlicher als Frauen.

Manchmal bin ich wütend, aber ich schäme mich nicht. Ich würde keinen anderen Job wollen. Ich bin frei. Singen gehört einfach dazu. Sobald ich einen Lappen in der Hand habe, trällere ich los. Vielleicht hat das Singen mir geholfen loszulassen und zu vergeben. Viele fragen, warum ich immer so fröhlich bin. Ganz einfach: Ich bin dankbar, hier zu sein. Genau an diesem Ort.

Schönheit wecken

Vor Jahren hatte ich ein Erlebnis, das mich tief beeindruckte und das für mich ein vollkommener Beweis dafür ist, wie wichtig die Reinigung als soziale und pädagogische Grundlage sein kann. Diese Erfahrung zeigte mir auch, dass wir die Bedeutung der liebevollen Pflege eines Raumes nie unterschätzen dürfen, denn dadurch schaffen wir tatsächlich Platz für etwas Neues. Das sind kostbare Momente, in denen wir gestaltend arbeiten und zur Erneuerung und zum Frieden beitragen können.

So wurde ich einmal von einer Erziehungsanstalt für jugendliche Kriminelle gebeten, ein ganzes Wohnhaus von Grund auf zu reinigen. Ein Tag der offenen Tür stand bevor. Ich war empört über den vernachlässigten Zustand, den ich

vorfand, und wollte wissen, wer gewöhnlich für die Reinigung der Räumlichkeiten zuständig sei. *Die Jugendlichen,* hieß es. Ich fragte weiter: *Wer bringt denn den Jugendlichen bei, wie sie zu putzen haben?* Die Antwort lautete: *Wir Erzieher.* Darauf sagte ich: *Gibt es dann auch Bereiche, die von den Erziehern selbst geputzt werden?* – Als ich mir diese Räumlichkeiten angeschaut hatte, musste ich den Erziehern sagen, dass sie nichts vom Putzen verstünden. *Was soll das eigentlich alles?,* wollte einer der Erzieher daraufhin von mir wissen. *Wollen Sie nun hier putzen oder nicht?* Darauf antwortete ich, dass ich gerne bereit sei, hier zu putzen, jedoch nicht mit den Angestellten meiner Firma. Ich würde meine Mittel, Geräte und mein ganzes Know-how zur Verfügung stellen, um mit den Jugendlichen selbst und den Erziehern das Haus zu putzen.

Diesen Vorschlag musste der Erzieher natürlich erst vors Kollegium bringen, denn so etwas hatte es hier noch nicht gegeben. Nebenbei erwähnte ich noch, es würde 3000 CHF kosten, wenn meine Firma putzen würde, und 600 CHF, wenn ich alleine käme. Das wurde akzeptiert! Aber dann hatte ich schon die nächste Bedingung zur Hand: Da ich weder Erzieherin noch Sozialpädagogin sei, wäre der Zugang zu den kriminellen Jugendlichen für mich nur über deren Schutzengel möglich. Ich wollte sie also alle vorher mit ihrem Namen kennenlernen. Daraufhin wurde ein gemeinsames Frühstück organisiert – und dann war es so weit.

Wir fingen in einem Haus an, in dem zehn Jugendliche wohnten, wovon jeweils fünf an einem Wochenende freien

Ausgang hatten. Somit wurde die Arbeit auf zwei Wochenenden verteilt. Das Haus hatte drei Stockwerke, und das ganze Treppenhaus war mit aggressivsten Graffiti bemalt, furchtbare Bilder in ganz dunklen und ganz grellen Farben. In den Zimmern selbst sollten nur die Fenster, Türen und Böden gereinigt werden. Doch als die Jugendlichen einmal begonnen hatten, wollten sie gleich alles machen. Sie fingen an, die Poster und Kleber zu entfernen. Einer nahm sogar sein ganzes Bettgestell auseinander und fand dabei viele verlorene Kleidungsstücke wieder. Ein anderer wollte wissen, wie er seine Stereoanlage biologisch reinigen könne ... Zum Putzen brauchte er auch Musik, und was für Musik! Es tönte wie eine Mischung aus Schnellzug und Maschinengewehr. Ich fragte, wieso er gerade diese Musik gewählt habe. Er antwortete: *Es gibt mir Energie*. Ich entgegnete: *Aber das sehe ich dir nicht an*. Daraufhin wollte er von mir wissen: *Was hören Sie denn für Musik?* Meine Antwort war: *Hauptsächlich klassische Musik, ich war halt in den sechziger Jahren in eurem Alter.* Da ertönte plötzlich Cat Stevens' Song *Morning has broken* aus den Lautsprechern. Das war eine wahre Symphonie im Vergleich zu dem vorherigen Lärm. Ich konnte den jungen Mann sogar davon überzeugen, dass es sich einfacher zum Rhythmus von *Morning has broken* putzen lässt als zu dem *tu-dum, tu-dum, tu-dum* seiner Musik. – Die Stimmung war wunderbar, und wir schafften sehr viel in dieser Zeit.

Als ich am nächsten Wochenende für die zweite Hälfte zurückkam, erwartete mich eine große Überraschung. Die Jugendlichen, die mit mir geputzt hatten, hatten am darauffolgenden Montag um Erlaubnis gebeten, von ihrem eigenen Geld Farbe einkaufen zu dürfen. In der freien Zeit strichen sie das ganze Treppenhaus von oben bis unten weiß. Aber dabei blieb es nicht: Sie bemalten die ganze Fläche mit kindlichen Bildern. Ein Häuschen mit rosaroten Vorhängen an den Fenstern, einer grünen Tür und rauchendem Schornstein, Obstbäume mit reifen Äpfeln und Kirschen, eine strahlende

Sonne, ein Regenbogen, Schmetterlinge, Schneckenhäuser, Tulpen und Osterglocken – und Kinder, die auf einem Hügel Drachen steigen ließen.

Erst diese Kulturerfahrung des gemeinsamen Reinigens rief in den Jugendlichen etwas wach, von dem sie nichts wussten, es ja nicht einmal ahnten. Diese (scheinbar) abgehärteten, sozial schwerstgeschädigten jungen Menschen empfanden das

Bedürfnis, sich an der Wand ein Stück heile Welt zu erschaffen – die entstandene (weiße) Leere neu zu gestalten.

Heil- und Sozialpädagogik

Im Bereich der Heilpädagogik und Betreuung von verwahrlosten Kindern, von Kindern mit Foltererlebnissen, von geistig und körperlich Behinderten und psychisch Erkrankten ist Reinheit und Ordnung ausgesprochen wichtig. Es geht dabei um viel mehr als nur um Sauberkeit. Wie soll ein Kind seine Seele in einer gesunden, strukturierten, lebendigen Weise entwickeln, wenn Unordnung in seiner Umgebung herrscht? Auch für viele erwachsene betreute Menschen, die zum Teil mit sehr schweren Behinderungen leben, ist eine gepflegte Umgebung nahezu lebensnotwendig. Es gibt Menschen, die sich selbst *verlieren* und völlig *ausrasten,* wenn die gewohnte Ordnung gestört ist. Nur weil diese Menschen sich oft nicht ausdrücken können oder sich nicht getrauen, etwas zu sagen, heißt das nicht, dass sie nichts wahrnehmen. Daher finde ich es sehr wichtig, insbesondere die Mitarbeitenden in heilpädagogischen Einrichtungen auf die Bedeutung der Raumpflege aufmerksam zu machen.

Sehr oft werden in solchen Institutionen die Reinigungsaufgaben nicht vom Reinigungspersonal allein ausgeführt, sondern Seminaristen, Praktikanten und Zivildienstleistende, aber auch das Pflegepersonal, werden aufgefordert, dabei mitzuhelfen. Auch für den Fall, dass das nicht so sein sollte: Es ist in jedem Fall gut, die Wahrnehmung der Mitarbeitenden so zu schulen, dass sie die Möglichkeit haben, Mangelzustände sachgemäß und rechtzeitig zu erkennen.

Früher sprach man von seelenpflegebedürftigen Menschen. Heute hört man diesen Begriff nicht mehr so häufig. Dennoch bleiben die wichtigen Fragen bestehen: Wie pflegen wir die Seele eines uns anvertrauten Menschen? Wie können wir die Kinder unterstützen, vor allem solche, die aus zerrütteten Familien kommen, die verwahrlost sind, manchmal sogar sexuell missbraucht und daraufhin sozial auffällig wurden:

1. dass sie ankommen;
2. Gegenwart erleben;
3. sich mit ihrer Umgebung verbinden können.

Der Jugendliche fühlt sich ganz bei sich, wenn er der Welt die Stirn bieten kann. Ist es dann möglich, zum inkarnierten Entwicklungsraum, dem individuellen Alltag und dem Schicksalsort Ja zu sagen?

Wie können Jugendliche lernen, durch Eigenverantwortung für die Pflege der persönlichen und gemeinschaftlichen Umgebung ein besseres Selbstwertgefühl zu entwickeln?

Durch bewusste, objektive Wahrnehmung erlebt man Gegenwart. Man „berührt" die Dinge mit den Augen, und dadurch wird das Interesse geweckt, es entsteht eine Beziehung, die durch die physische Berührung intensiviert wird.

Es geht mir nicht darum, das Putzen als „Allheilmittel" darzustellen, sondern als unterstützende Möglichkeit innerhalb verschiedener Lebensbereiche:

- als Wahrnehmungsübung;
- als Selbstwahrnehmungsübung;
- als Erziehungshilfe, vor allem im Willensbereich;
- als Gemeinschaftsbildungsmöglichkeit.

Immer wieder musste ich von jungen Mitarbeitenden in solchen Einrichtungen hören, dass sie ja eigentlich nur für die Pflege und das Wohlbefinden der Betreuten zuständig seien. Jedoch ist auch das Lebensumfeld der Betreuten sehr wichtig für deren Wohlbefinden. In diesem Sinne könnte man sagen: Die Raumpflege ist eine erweiterte Menschenpflege. Unser Haus ist unser erweiterter Körper. Aus meiner Erfahrung heraus kann ich berichten, dass junge Menschen durchaus offen für diese Gedanken sind, sie müssen nur darauf aufmerksam gemacht werden. Viele von ihnen kommen in diese Institutionen und haben überhaupt keine Erfahrung dessen, was es heißt, einen Raum zu pflegen, und ebenso nicht, wie eine Toilette oder ein Bad geputzt werden muss. Sie kennen weder Putzmittel noch entsprechende Geräte. Überhaupt haben sie oft vom Praktischen gar keine Ahnung. Anfänglich ist es daher oft mühsam und fordert sehr viel Geduld und Verständnis von Seiten der Heimleitung, der *Hausmutter* oder des Hausverantwortlichen, diese jungen Menschen in ihre Arbeit einzuführen.

Viele junge Menschen, obwohl sie fachlich ausgebildet sind, verstehen sehr wenig von Hausarbeit. Deshalb wäre es empfehlenswert, noch ganz zu Beginn, wenn die jungen Leute gerade eingetroffen sind, zu allem anderen auch eine Einführung zum Thema *Raumpflege zu* geben. Jeder Mensch hat sein eigenes Empfinden für Sauberkeit, und die entsprechenden Ansprüche variieren sehr stark. Das kann zu großen Spannungen in einer Wohngemeinschaft führen.

Daher ist es viel einfacher, wenn bei Antritt der Arbeit sachlich über dieses Thema gesprochen wird. Als Hausmutter darf man ruhig sagen: In diesem Haus bemühen wir uns, diesen oder jenen spezifischen Standard zu halten. Man darf nur nicht erwarten, dass alle Menschen auch gleich wissen, wie dieser Standard erreicht oder erhalten werden kann. Da braucht es oft eine gute und geduldige Einführung. Wenn dazu noch der Sinn und die geistigen Hintergründe der Reinigung überhaupt erklärt werden können, vermag das eine große Hilfe zu sein.

Während meiner Arbeit in heilpädagogischen Einrichtungen konnte ich besonders schöne Erfahrungen machen.

Auf einer Vortragsreise in Amerika bat mich eine junge Frau nach meinem einführenden Vortrag, ihr beim Reinigen ihres Zimmers zu helfen. Darin sah es aus, als hätte eine Bombe eingeschlagen. Es gab keinen freien Fleck mehr auf dem Boden, ein großer Koffer mit einer Mischung von sauberen und schmutzigen Kleidungsstücken lag offen herum. Das Bett war nicht gemacht, und zudem roch es sehr schlecht in ihrem Raum. Das stark übergewichtige Mädchen war völlig überfordert. Es war noch nie von zu Hause weg gewesen und hatte auch noch nie selbst etwas in die Hand nehmen müssen. Zudem hatte sie noch schreckliches Heimweh. Wir fingen damit an, ihre Wäsche zu sortieren: Schmutzige Wäsche in den Waschkorb, saubere Wäsche in den Schrank. So konnten wir schon einmal den Koffer versorgen, womit Raum im Zimmer geschaffen war. Dann schauten wir uns alles andere, was so herumlag, an. Es wurden zwei Sechzig-Liter-Abfallsäcke mit Müll, Verpackungsmaterial, vertrockneten Blumen und alten Speiseresten gefüllt. Das Bett wurde zum ersten Mal in drei Monaten (!) gemacht und frisch bezogen. Dann putzten wir das Fenster und staubten alles im Raum feucht ab. Als wir nach knapp einer Stunde dann auch mit dem Boden fertig waren, hatte sich das Mädchen völlig verwandelt: Sie ging aufrecht, ihre Augen strahlten und die tiefe Traurigkeit in ihrem Gesichtsausdruck war verschwunden. Ich empfahl ihr, sich nicht mehr in ihrem Schlafzimmer umzuziehen, sondern ihre Kleidung mit ins Badezimmer zu nehmen, um nach dem Duschen die gebrauchte Wäsche dort direkt in den Wäschekorb zu tun. Abends, bevor sie ins Bett ginge, solle sie ihr Zimmer genau betrachten und sich fragen, ob es so aussähe, wie sie es gerne haben wolle. Sechs Monate später bekam ich eine Nachricht von ihrer *Hausmutter,* dass sie nicht nur ihr Zimmer ordentlich halte, sondern sich jetzt auch regelmäßig dusche (was vorher nicht der Fall gewesen war), zudem habe sie zwölf Kilo an Gewicht verloren!

An diesem Beispiel kann man sehen, wie wichtig es ist, sich um das Wohl junger Menschen zu kümmern, was aber auch heißt, sich ab und zu deren Räume anzuschauen. Die Zimmer vermitteln uns häufig ein Bild dessen, wie es in einem jungen Menschen aussieht.

Eine ähnliche Situation erlebte ich in einem Studentenwohnheim. Das Zimmer war bereits von Ungeziefer befallen. Der Raum hatte einen sehr penetranten Geruch. Es stellte sich heraus, dass die junge Frau noch nie ihre Wäsche gewaschen hatte. Sie kam aus einem sehr wohlhabenden Elternhaus mit vielen Bediensteten. Sobald sie ihre Kleider nicht mehr tragen konnte, warf sie sie unter den Schrank – und kaufte sich neue! An diesem Samstag mit mir konnte sie sechs Maschinen mit der schmutzigen Wäsche füllen. Dabei stellte sich auch heraus, dass sie mit starken Medikamenten versuchte, ihre schwere Depression vor den Mitstudierenden und dem Lehrpersonal zu verbergen.

An vielen Orten – so eben auch in Studentenwohnheimen – konnte ich immer wieder feststellen, wie ungepflegt Zimmer sein können. Manchmal müssen solche Zimmer bereits nach sechs Monaten von Grund auf renoviert werden. – Und wenn man für sich selbst und die eigenen vier Wände nicht sorgen kann, wie schwierig – wenn nicht unmöglich – ist es dann, glaubwürdig die Betreuten zu diesem Tun anzuleiten.

Auch ist es wichtig zu lernen, wie die Betreuten in ihren Aufgaben begleitet werden können. Hier gilt es oft herauszufinden, wo ihre Stärken liegen, um sich auf diese zu konzentrieren. Einige waschen gerne Geschirr, andere fegen und wischen lieber, wieder andere räumen gerne auf oder putzen sogar gerne das Bad. Es braucht oft sehr viel Zeit und Geduld, diese Menschen zu schulen, aber wenn sie etwas gut können, haben doch alle sehr viel gewonnen.

Ich beobachtete einmal einen jungen Mann beim Abwischen des Tisches nach dem Abendessen. Fast alle Krümel landeten auf dem Boden, es gab Streifen auf der Tischplatte, und die Ecken wurden erst gar nicht beachtet. Die junge Seminaristin nahm das Tuch entgegen und sagte: *Danke, Jan, das hast du gut gemacht!* Weil es absolut die Unwahrheit war, sagte ich ihr, dass es ganz im Gegenteil sehr schlecht gemacht wurde. *Ich darf ihn doch nicht verletzen, er kann es doch nicht besser!,* sagte sie. Ich fragte nach, ob sie schon einmal versucht hätte, ihm zu zeigen, wie er es besser machen könne. Daran hätte sie noch nie gedacht. Daraufhin sagte ich: *Jan, möchtest du, dass ich dir zeige, wie man einen Tisch richtig putzt? – Ja gerne,* antwortete er. Mit genauer Gestik und genauem Ablauf sowie mit rhythmischen Bewegungen zeigte ich ihm Schritt für Schritt, wie es gemacht werden muss. Er versuchte es, und nachdem ich mehrmals einen Griff wiederholt hatte, schaffte er es, den Tisch wirklich gründlich sauber zu machen. *Jetzt hast du es wirklich sehr gut gemacht!,* sagte ich, und er strahlte mich an. Wie mir berichtet wurde, macht er es immer noch sehr gut. Er tut nicht viel anderes im Haushalt, aber er darf alle Tische putzen, wann immer es vonnöten ist.

Eine ähnliche Erfahrung hatte ich beim Versuch, einem jungen Mann namens Paul zu zeigen, wie er sein Waschbecken putzen könne. Er teilte sein Zimmer mit einem anderen jungen Mann, Albert. Im Waschbecken waren viele verkrustete Rückstände von Zahnpasta (von Paul), Kalk und auch Haare. Während ich versuchte, ihm beizubringen, wie er das Waschbecken reinigen sollte, schaute Albert sehr genau zu. Wie ich es auch anstellte, Paul begriff es nicht, und das Waschbecken sah immer noch gleich ungepflegt aus. Nach einer Weile meldete sich Albert: *Lass mich das doch mal machen, Paul soll derweil abstauben – das mach ich nicht gerne.* Und in der Tat, bei Albert funktionierte es dann sehr schnell. Danach zeigte ich Paul, wie er abzustauben hätte. Es brauchte auch hier viel Zeit mit häufigen Wiederholungen, bis er dann doch das System erkannte und Schritt für Schritt, von Gegenstand zu Gegenstand, die Wände entlangging, um jedes Möbelstück gründlich abzustauben. Danach wurde auch alles andere abgestaubt, was sich sonst noch im Raum befand. Nach vier Jahren erzählte mir seine *Hausmutter,* dass er sich zum Staubwischer der Dorfgemeinschaft entwickelt hätte. Er ginge jetzt von Haus zu Haus und staube jeden Tag an einem anderen Ort ab. So hat er sich also eine neue Fähigkeit angeeignet und dient seitdem der ganzen Gemeinschaft mit Freude und Stolz.

Es ist wichtig, herauszufinden, wo die Stärken dieser Menschen liegen, und sie darin zu fördern. Einfach anzunehmen, dass jemand etwas nicht besser könne, ist meines Erachtens weit verletzender, als ehrlich zu sagen, wenn etwas nicht wirklich gut gemacht wurde. Oft unterstellen wir den betroffenen Menschen durch ein solches Verhalten, dass sie nicht entwicklungsfähig seien. Sie lernen aber eben nur so gut (oder schlecht), wie wir bereit und fähig sind, das notwendige Wissen und Können geduldig zu vermitteln.

Eine Erzieherin bat mich einmal um Hilfe: Sie betreute einen jungen Mann mit Down-Syndrom, der sehr fähig war und daher auch die Verantwortung für die Bodenreinigung des Festsaals übernehmen konnte. Er fegte sehr genau und konnte anschließend den Boden gründlich bis in die Ecken wischen. Dabei bewegte er sich sehr rhythmisch durch den gesamten Saal. Es gab nur ein kleines Problem. Er wischte über Klebriges oder Striche, wo doch etwas intensiver nachgerieben werden musste, einfach hinweg. Obwohl es ihm schon vielmals gezeigt und erklärt worden war, konnte er seinen Rhythmus nicht unterbrechen. Und wenn er dann fertig war, ging er rasch weg. Ich beobachtete ihn bei der Arbeit und es kam mir eine Idee: Ich bereitete einen kleinen Eimer mit einem Putzschwamm vor. Als er fertig gefegt hatte, sagte ich zu ihm: *Bevor du jetzt mit dem Wischen beginnst, gehen wir auf Fleckensuche!* Das fand er lustig, schrubbte ganz eifrig die Flecken mit dem Schwamm weg, um anschließend in seinem vertrauten Rhythmus den Boden zu wischen. Von da an war dieses zusätzliche Element in seinen Arbeitsablauf integriert.

Natürlich kann es auch passieren, dass eine *Hausmutter* einmal überfordert ist, ohne dass es von der übrigen Gemeinschaft wahrgenommen wird. Ich möchte dazu ermutigen, alle Kollegen und Kolleginnen gut wahrzunehmen. Dabei wird doch auffallen, wenn jemand immer stiller wird, weniger gerne Gäste empfangen mag oder immer wieder irgendwelche Ausreden bereithält – weil im Haus nicht mehr alles in Ordnung ist.

Eine Mutter mit fünf eigenen Kindern und zusätzlich sechs zu betreuenden Erwachsenen in einem riesengroßen Haus bat mich, einmal das Badezimmer ihrer Töchter anzuschauen. Sie meinte, dass sich darin negative Wesen aufhalten müssten, weil ihre Töchter sich weigerten, dort zu baden oder zu duschen. Also schaute ich mir das Bad an – es war völlig verdreckt. An den Wänden waren so dicke Ablagerungen von Kalk, Seife und Schmutz, dass ich sie mühelos mit der Klinge entfernen konnte. Ich zeigte es der Hausmutter. Sie erwiderte aber nur, dass es doch sauber sei, denn sie würde ja putzen. Der weiße Boden war braun verfärbt und die Ecken dunkel von Staub und Haaren. Ich demonstrierte ihr, wie leicht sich der Schmutz entfernen ließe. Wieder war ihre Antwort: *Aber ich putze doch, es muss doch sauber sein*. Als ich mir die Frau genauer anschaute, konnte ich eine tiefe Erschöpfung wahrnehmen, begleitet von einer wachsenden Apathie. Sie war völlig unfähig, den Schmutz wahrzunehmen, weil sie mit den Konsequenzen nicht fertig wurde. Die Frau war dabei, in eine tiefe Depression zu versinken, ohne dass dies von der Gemeinschaft wahrgenommen wurde. Ich gab meine diesbezüglichen Eindrücke weiter, und als erste sofortige Hilfe wurde eine Grundreinigung des gesamten Hauses angeboten. Auch bekam die Hausmutter anschließend eine Unterstützung im Haushalt und wurde von der Gemeinschaft begleitet. Nach und nach ging es ihr besser.

In einer solchen Situation ist es wichtig, sich immer wieder mal die Frage zu stellen: Wo finde ich eigentlich meine eigene Kraftquelle? In allen helfenden Berufen gehen die

Menschen durch eine Art der Einweihung hindurch. Gelangt man hier an den Rand seiner Kräfte, so ist es gut, sich doch zu fragen: Warum habe ich diesen Beruf überhaupt gewählt? An diesem Ausgangspunkt liegt nämlich der unerschöpfliche Kraftquell der gesamten Tätigkeit für denjenigen, der aus sich selbst heraus den Willen gebildet hat, anderen Menschen helfen zu wollen.

Im Willenselement liegt der Einweihungsweg der Zukunft. Wenn ich weiß, was ich tun kann oder will, setze ich mir Ziele für meine Zukunft.

Reinigung und Heilung

Eines Tages wurde ich gebeten, ein großes Haus in einer Wohngemeinschaft zu reinigen. Da alle Bewohner in den Ferien waren, war die Gelegenheit gegeben, in dieser Zeit eine Großreinigung durchzuführen. Wir waren ein Team von sechs Menschen. Ich ging durchs ganze Haus, um die Arbeit einzuteilen, und stieß dabei auf eine Toilette, die eine sehr eigenartige Ausstrahlung hatte, die ich nur als *Widerstand* beschreiben kann. Nachdem sich jeder von uns für einen Putzbereich entschieden hatte, widmete ich mich dieser besagten Toilette. Auffallend war, dass alle vier Wände von oben bis unten gekachelt waren. Die Tür war mit einer festen Farbe gestrichen, und am Waschbecken war eine Duschbrause angebracht. Ich machte mich an die Arbeit und spürte immerfort einen sehr starken Widerstand. Ich fing ganz oben an, und sobald es möglich war, begann ich, die übrigen Wände auf den Knien zu putzen. Obwohl diese Kabine kaum größer als ein Quadratmeter war, brauchte ich etwas mehr als sechs Stunden, bis ich endlich spürte, dass der Widerstand komplett abgebaut war. Knapp drei Wochen später begegnete mir eine Mitarbeiterin dieser Wohngemeinschaft. Ich fragte sie, ob diese Kabine eine besondere Geschichte hätte. Sie erzählte mir, dass sie nur von einer einzigen Person, einem siebzehnjährigen autistischen Mädchen, benützt werde. Sie ginge jeden Tag in diese Kabine und verschmiere dort die Wände mit Kot. Jedes Mal würden dann das Mädchen und die Wände abgeduscht. Plötzlich sagte die Betreuerin: *Jetzt, da du mich danach fragst, fällt mir auf, dass das Mädchen nach seiner Rückkehr aus den Ferien zehn Tage lang nicht ein einziges Mal die Wände beschmiert hat. Aber dann fing es allerdings wieder von vorne an.* Diese Aussage berührte mich sehr stark, und mir wurde klar, dass eine einmalige Pflege eben nicht ausreicht. So wie eine Pflanze regelmäßig Wasser braucht, so muss auch die Pflege immer wieder bewusst *gepflegt* werden.

Ich erzählte diese Geschichte einmal während eines Seminars in einer Schule, an dem auch Mitarbeitende einer benachbarten heilpädagogischen Einrichtung teilnahmen. Einige Menschen waren sehr angetan und baten mich, bald auch ihre Einrichtung zu besuchen. Mein Terminkalender erlaubte dies allerdings erst drei Jahre später. Als ich endlich eintraf, erzählten mir die Menschen, die das Seminar besucht hatten, folgende Geschichte: In dem Haus, für das sie zuständig seien, wohne seit Jahren ein autistischer Junge, der täglich sein Schlafzimmer beschmiere. Sie hatten schon alles Mögliche versucht, um dies zu ändern, jedoch ohne Erfolg. Gespräche mit den Eltern, dem betreuenden Arzt und Versuche, den Jungen beim Saubermachen zu integrieren – nichts änderte sich. Nach der Teilnahme an meinem Seminar hatten sie dann versucht, mit einer anderen inneren Haltung beim Reinigen dasjenige zu verwandeln, was in diesem Phänomen lebte. Die Situation besserte sich ganz allmählich, und jetzt, nach drei Jahren, konnten sie mir sagen, dass der Junge nur noch in ganz seltenen Fällen schmiere, etwa dann, wenn er nach den Schulferien von seinen Eltern wieder *verlassen* wurde.

Eine weitere wichtige Erfahrung durfte ich im hohen Norden machen. Ich besuchte eine Woche lang eine Dorfgemeinschaft, um dort alle Bewohner im je *eigenen* Haus zu schulen. Als ich ankam, fiel mir ein sehr unruhiger Junge auf, der ständig von zwei Betreuern begleitet wurde. Ich erfuhr, dass es sich um einen sechzehnjährigen Autisten namens Keith handelte, der von Zeit zu Zeit Schübe großer Wachheit durchmachte. Während dieser Zeiten schlief er nicht, und weil er dazu neigte, sich und anderen Schaden zuzufügen, musste er dann Tag und Nacht von zwei Betreuern begleitet werden. In der Gemeinschaft war versucht worden, den Jungen so lange zu begleiten, wie es zu verantworten war, ohne ihn medikamentös ruhig zu stellen, denn sonst wären die Schübe noch häufiger aufgetreten.

Als ich dann donnerstags in seinem Wohnhaus arbeitete, war er schon seit drei ganzen Tagen und zwei Nächten ununterbrochen wach. Ich schaute mir sein Zimmer an, und auch hier, unmittelbar an der Türschwelle, empfand ich eine Art Widerstand. Mir fiel dabei besonders auf, dass sich unter dem Bett des Jungen eine ganz merkwürdige Staubbildung befand. So etwas hatte ich noch nie gesehen. Der Staub war *hoch,* flockig und schien irgendwie, *wie lebendig,* fast beweglich. Nach meiner Einführung begannen alle gemeinsam zu arbeiten. Ich nahm mir als Erstes das Zimmer des Jungen vor. Von oben nach unten säuberte ich die Wände und alle Möbel. Nachdem ich gründlich gesaugt hatte, begann ich, auf den Knien den Boden zu reinigen. Ich fügte dem Wasser im Eimer ein wenig Rosenöl von Wala[44] hinzu und fing an, sehr bedacht und rhythmisch den Boden zu wischen. Langsam bewegte ich mich rückwärts auf allen Vieren der Türe zu. Ich war gerade dabei, die Türschwelle vom letzen Hauch des Widerstands zu befreien, als plötzlich ein Riesenlärm zu hören war. Alles ging sehr, sehr rasch. Wir hörten Schreie, schnelle Schritte und ich sah, wie Keith ins Haus stürmte, sich im Laufen von Jacke, Stiefel und Kappe befreite, um mit einem Satz über mich (immer noch auf allen Vieren) zu hechten und sich auf sein Bett zu werfen. – Er schlug die Hände über seiner Brust zusammen und war in wenigen Sekunden fest eingeschlafen. So schlief er, ohne sich einmal zu rühren, zweiundzwanzig Stunden ununterbrochen!

Ein anderes Mal unterstützte ich eine Gemeinschaft in ihrer Großreinigung. Und erneut konnte ich erleben, wie direkt die betreuten Menschen auf die Reinigung reagieren. Den Flur und die sanitären Anlagen, die zum Festsaal gehörten, hatte ich als Erstes gereinigt, weil dort noch am selben Abend eine Veranstaltung stattfinden sollte. Aus zeitlichen Gründen schaffte ich es leider nur, vier von den sechs Toilettenkabinen gründlich zu pflegen. – In der Pause der Abendveranstaltung fiel allen auf, wie vor allem die Betreuten unbewusst geduldig darauf warteten, die gepflegten Toiletten zu besuchen, während die anderen einfach irgendeine freie Toilette aufsuchten.

Obwohl die Verantwortlichen in Heimen und Gemeinschaften sehr oft von vielen Vorschriften und großem administrativen Aufwand geplagt werden, darf die Raumpflege nicht vernachlässigt werden. Öfter, wenn ich über ein besonders gut gepflegtes Haus ein Lob aussprach, wurde betont, dass gerade in diesem Haus die *allerschwierigsten* Menschen wohnten. Es ist eine Tatsache, dass die Reinigung eine soziale Grundlage darstellt. Die Zeit, die wir bereit sind, für die Pflege unseres Zuhauses aufzubringen, erhalten wir in Form von besseren Verhältnissen und Beziehungen unter den Bewohnern wieder zurück. Die Atmosphäre ändert sich, wenn ein Haus liebevoll gepflegt wird.

Die Reinigung kann aber auch der Beginn einer Beziehung sein. Eine Seminarteilnehmerin arbeitete vor Jahren in einem Heim für schwer erziehbare Mädchen. Sozialpädagogin zu sein, war ihr Traum. Sie fing mit großer Freude an, dort zu arbeiten – nur um festzustellen, wie entsetzlich schwierig es war, eine Beziehung zu diesen schwer erziehbaren Mädchen aufzubauen. Sie fand keinen Zugang, nie kam ein Gespräch zustande und nachts lag sie lange wach, ganz verzweifelt über diese Situation. Als sie wieder einmal nicht einschlafen konnte, stand sie auf und fing an, das Haus zu putzen. Das tat sie nun jeden Abend, nachdem die Mädchen im Bett waren. Sie bemühte sich, besonders die Aufenthaltsräume und die Nasszellen gut zu pflegen. Nach einigen Wochen kam dann die Belohnung. Ohne je das Putzen erwähnt zu haben, suchten die Mädchen nach und nach das Gespräch mit ihr und wollten gerne diese Arbeit mit ihr teilen. Die Liebe zu einer Tätigkeit ist eine der bedeutendsten Grundlagen, ohne die sich das soziale Leben eigentlich nicht entfalten kann.

Eine Fragenbeantwortung

Es gibt so viele Erkrankungen und Desinteresse beim Reinigungspersonal in unserer Firma. Die Fluktuation ist sehr hoch und es ist mir fast unmöglich, die Mitarbeitenden zu motivieren.

Als ich vor einigen Jahren die Leitung der Hauswirtschaft in einer Klinik übernahm, war ich mit einer ähnlichen Situation konfrontiert. Einige Frauen waren schon seit 35 Jahren dort tätig und wussten genau, wie alles zu gehen hatte. Noch nie hatten sie von einer Linda Thomas gehört und fragten auch nicht, was ich zu bieten hätte. Man hatte mich ihnen ja einfach so „vorgesetzt". Es brauchte etwas Zeit, bis ich sie gut genug kannte und spürte, wo ich ansetzen konnte.

Für mich war und ist der erste und wichtigste Schritt, die Wahrnehmung und die Selbstwahrnehmung bei meinen Mitarbeiterinnen zu entwickeln. Zum Beispiel für die eigene Gestik.

Das Reinigungspersonal durfte wechselweise auch unsere Patienten im Speisesaal bedienen. So forderte ich eine besonders fleißige, jedoch von ihrer Gestik her sehr unbewusste Mitarbeiterin auf, neben mir zu stehen und eine Patientin ganz genau zu beobachten. Ihr fiel sehr bald auf, dass die Dame häufig zusammenzuckte. Ich fragte, was wohl der Grund sein könne, und nach weiterer Beobachtung stellte sie fest, dass die

Dame sehr stark auf die Geräusche reagierte, die durch das Abräumen von Besteck und Geschirr entstanden, das unachtsam auf den Wagen geräumt wurde. Am nächsten Tag bat ich die Mitarbeiterin, sich der Bedienung dieser Dame anzunehmen. Es war rührend, mit welcher Hingabe und Achtsamkeit sie jetzt ihre Aufgabe ausführte. Strahlend sagte sie dann später, dass die Dame nicht ein einziges Mal zusammengezuckt sei. Und so hatte sie etwas für ihr Leben gelernt und bemühte sich fortan, auch bei der Reinigung mit möglichst wenig Lärm zu arbeiten. Von da an machte sie auch ihre Kolleginnen darauf aufmerksam. Sie hatte eine neue Würde erlangt und inspirierte jetzt die anderen. Und so konnte ich nach und nach jede auf die für sie sinnbringende Art ansprechen.

Gerne gebe ich noch zwei Beispiele:

In diesem Team war eine betreute Mitarbeiterin, knapp achtzehn Jahre alt, die extrem schlecht mit Kritik umgehen konnte. Sie plauderte gerne bei der Arbeit und nahm alles nicht so ernst. Es führte dazu, dass niemand sie gerne zu einer Aufgabe mitnahm, und wirklich selbständig arbeiten konnte sie auch nicht. Dann begann ich, ihr selbständige Aufgaben zu geben, und bat sie, mich zu rufen, sobald sie mit der Arbeit fertig sei. Dann stellte ich mich neben sie und sagte: „Schau jetzt bitte den Raum mit meinen Augen an. Von der Türe aus ringsherum und sage mir, was du siehst.“ Nachdem wir dies mehrmals wiederholt hatten, konnte ich ihr eine selbständige Aufgabe im eigenen Bereich anvertrauen. Jede Woche schauten wir dann das Ergebnis gemeinsam mit „meinen“ Augen an. Nach und nach verbesserte sich die Qualität ihrer Arbeit.

Eine junge, muslimische Frau war oft krank. Es stellte sich heraus, dass sie große Angst hatte, einen Raum zu betreten, wo Menschen aufs Sterben zugingen. Sie fand diese Situation belastend, und sobald es jemand in ihrem Bereich sichtbar schlechter ging, wurde sie krank. Obwohl sie gerne „auf Station“ arbeitete, empfand sie, dass die Patienten sie oft nicht im Raum haben wollten, was sie unglücklich machte. Nach einem längeren Gespräch empfahl ich ihr, abends an die betreffenden Menschen in ihrem Bereich zu denken, und dann am nächsten Tag, bevor sie den Raum betreten würde, fest an die Person zu denken, die in diesem Zimmer war. Dann sollte sie den Schutzengel dieses Menschen bitten, sie an die Hand zu nehmen und mit ihr den Raum zu betreten. Zuerst schaute sie mich etwas erstaunt an, aber als ich ihr sagte, sie könnte es zuerst zu Hause mit ihren Kindern üben, wollte sie es gerne versuchen.

Am nächsten Morgen kam sie sichtlich bewegt zu mir und sagte: „Frau Müller hat mir heute zum ersten Mal gesagt, dass es schön sei, mich zu sehen. Und anschließend hat sie sich bedankt, dass das Zimmer so sauber war.“ Diese Frau hat später dann einen Deutschkurs besucht und eine Weiterbildung abgeschlossen. Heute arbeitet sie als einfühlsame und geschätzte Pflegehilfe.

Weshalb reagieren mein Mann und meine Kinder so abweisend, wenn ich sie darum bitte, mir öfter einmal im Haushalt zu helfen?

Verlangen Sie nichts von Ihren Kindern oder Ihrem Partner, wenn Sie wütend oder gerade unzufrieden sind. Zu Beginn meiner Tätigkeit hatte ich erlebt, dass, wenn ich selbst freudevoll bei der Arbeit war, die Kinder manchmal Lust bekamen, diese Freude zu teilen. War ich aber gereizt, so suchten sie das Weite. Oder wenn ich ständig um meinen Mann herumwirbelte und er mich fragte, weshalb ich denn so hektisch sei, brachte eine schnippische Antwort wie: *Hektisch ist man ja auch nur, wenn man wenigstens etwas tut,* auch nicht viel. Wir wissen alle, was passiert, wenn man sich über einen längeren Zeitraum immer wieder über etwas ärgert. Dann kommt der Augenblick, dass etwas ganz Kleines das Fass zum Überlaufen bringt. Was dann folgt, klingt natürlich ganz anders, als wenn wir das Problem in einem günstigeren Moment angesprochen hätten. Es werden Vorwürfe über wochenalte Vorfälle, enttäuschte Erwartungen und, und, und gemacht. Das Gegenüber ist völlig überrascht, schnappt ein und – nichts geht mehr. Warten Sie einen günstigen Augenblick ab, und treffen Sie dann entsprechende Verabredungen.

Aber eigentlich bleibt doch immer alles wie zuvor. Wie schaffe ich es, dauerhaft eine Änderung zu erreichen?

Haben Sie schon mal versucht, gegenüber dem Schmutz auf einer Autobahnraststätte oder hier im Schulhaus, wenn Sie etwas auf dem Boden liegen sehen, bewusst eine Gegenbewegung zu erzeugen? Zum Beispiel hielten wir an einem Sonntagnachmittag auf der Heimfahrt an einer Autobahnraststätte an. Abfallbehälter quollen über, alles Mögliche lag auf dem Boden. Wir begannen damit, an einer Stelle sorgfältig aufzuräumen, und beobachteten anschließend die Menschen ringsherum. Es zeigte sich Folgendes: Wo noch etwas auf dem Boden lag, wurde anderes einfach hinzugeworfen. *Unser* Bereich jedoch blieb ordentlich. Hier brachten die Menschen ihren Abfall bis zum Mülleimer. Als Experiment legten wir dann eine leere Tüte auf den Boden neben *unseren* Abfalleimer, und – unmittelbar danach gesellte sich die nächste Tüte dazu.

Als meine Kinder noch klein waren, geschah etwas Ähnliches. Für jedes Kind war neben der Garderobe ein Haken für den Schulranzen angebracht. Jeden Tag hängten die Kinder ihren Ranzen an den Haken, bevor die Jacke oder der Mantel ausgezogen wurden. Einmal geschah es, dass ich mit zwei Einkaufstüten nach Hause kam, in dem Moment läutete das Telefon und ich stellte eilig die Tüten im Flur ab, um das Telefon noch rechtzeitig zu erreichen. Gerade in diesem Moment kamen die Kinder nach Hause und plumps: die Schulranzen landeten auf dem Boden neben den Einkaufstüten!

Zunächst ist es nur unser Bewusstwerden dieser Situation, das irgendwann einmal Früchte tragen wird.

Was können Sie den Ausbilderinnen, mit denen Sie arbeiten, mit auf den Weg geben? Lässt sich diese Kommunikation mit einem Raum andern vermitteln?

Ich biete das natürlich nicht pauschal an, sondern nur wenn ich danach gefragt werde. Man muss für diese Fragen offen sein. Im Goetheanum wurde ich natürlich allmählich bekannt und hatte einen guten Ruf; insofern kamen dort Menschen mit solchen Fragen auf mich zu. Die Menschen wollten gerne mit und bei mir arbeiten, und vor allem, sie wollten lernen. Das macht natürlich alles viel einfacher.

Weshalb bekomme ich nie Lob oder Dank für meine Arbeit?

Wenn alles gut läuft, empfinden Partner und Kinder das als selbstverständlich. Es spielt sich alles sozusagen im Verborgenen ab. Natürlich ist es schön, hin und wieder ein Lob zu bekommen, jedoch es soll nicht der Antrieb für die Erledigung unserer Aufgabe sein. Eine Freundin hatte an einem Freitag ihre Küche ausgeräumt und gründlich gereinigt. Den ganzen Tag über hatte sie mit Freude gearbeitet. Am nächsten Morgen fiel ihrem Mann beim Frühstück das schmutzige Fenster auf und er sprach sie darauf an. Sie war todunglücklich, denn sie hatte das Fenster nur deshalb nicht mehr geschafft, weil es inzwischen dunkel wurde. Letztlich könnte man die Bemerkung des Ehemannes aber auch als ein verkapptes Kompliment ansehen. Denn als die ganze Küche noch schmutzig war, fiel ihm das ungeputzte Fenster nicht auf; jetzt, nach dem Groß-Reinemachen, passte es einfach nicht mehr ins Gesamtbild hinein.

Ich habe das Glück, vollberuflich Hausfrau und Mutter von zwei Kindern zu sein. Jedoch fehlt mir die Dankbarkeit und Anerkennung meines Mannes. Für ihn ist es selbstverständlich, dass ich allein alles im Haushalt bewältige. Weshalb bietet er nie von sich aus an, mir bei der Arbeit zu helfen?

Meine Antwort könnte einige Gemüter erregen, doch möchte ich fragen: Ist es Ihnen möglich, ihm bei seiner Arbeit zu helfen, oder ist es für Sie selbstverständlich, dass er den ganzen Tag arbeitet, um die Familie zu ernähren, und es Ihnen damit ermöglicht, Ihren Beruf als Hausfrau und Mutter voll und ganz auszuüben? Sprechen Sie mit ihm darüber? Welche Hilfe wünschen Sie sich vom ihm? Es ist wichtig, ein Bedürfnis auszusprechen. Vielleicht weiß er gar nicht, dass Sie seine Hilfe wünschen.

Ich staune immer wieder darüber, wie schnell die Tische in der Teeküche der Klinik schmutzig werden. Es bleiben immer so viele Essensreste und sonstige Dinge liegen, dass ich nach jeder Pause viel Zeit benötige, das alles wieder in Ordnung zu bringen. Gäbe es hierfür eine Lösung?

Eine Möglichkeit wäre, es mit einem schönen Tischtuch und einem kleinen Blumenstrauß zu versuchen. Aus meiner Erfahrung kann ich sagen, dass Menschen etwas Schönes auch zu würdigen suchen. Es fördert die Achtsamkeit und könnte die Menschen dazu anregen, etwas ordentlicher mit den Dingen umzugehen.

Wenn Sie in Ihrem Sinne reinigen und pflegen, mit welchen Kräften haben Sie es da zu tun?

Ich versuche einfach, mich mit dem Raum und seinen darin befindlichen Objekten zu verbinden, mit Hingabe zu arbeiten und so viel wie möglich wahrzunehmen. Bei dieser Tätigkeit schult man ungeheuer seine Wahrnehmung. Man kann nicht sauber machen, wenn man sozusagen mit schmutzigen Augen in die Welt blickt. Genau deshalb gibt es so viele schlecht gereinigte Räume, weil die Menschen einfach nicht wahrnehmen, womit sie es zu tun haben.

Denken Sie, Menschen können Ihre Gesinnung tatsächlich wahrnehmen? Und wenn ja, macht es für diese dann einen Unterschied?

Ich sehe mir ja selbst beim Arbeiten nicht zu, jedoch wurde mir oftmals gesagt, es sei so etwas wie eine starke Religiosität in meinen Gesten. Allein schon beim Dabeisein und Zusehen würde man deren Wirkung erleben. Ich kann das selbst nicht beurteilen. Einmal sagte mir eine Frau, sie habe mich zwar noch nie gesehen, aber vor drei Jahren hätte ich ihr gesamtes Leben verändert. Es war ihr Mann, der damals an einem meiner Seminare teilgenommen hatte. Nach Hause gekommen, habe er ihr gezeigt, wie meine Art des Putzens ist. Von da an habe sich in ihrem Haushalt alles geändert.

Was unterscheidet Ihre Seminare oder Vorträge von anderen?

Diese Frage kann ich Ihnen nicht beantworten. Empfinden Sie selbst denn einen Unterschied? An einem Ort, wo ich jährlich ein Seminar für Wiedereinsteigerinnen anbiete, begründet die mich einladende Person dies damit, dass nach Beiträgen anderer namhafter Vortragender die Teilnehmerinnen oft völlig überfordert seien. Da entstünde häufig das Gefühl: *Mein Gott, jetzt muss ich noch ein Buch lesen, das schaffe ich alles nicht, der Anspruch ist so hoch.* Bei meiner Arbeit mit den Frauen aber denke man nicht: *Oh weh, jetzt muss ich auch noch ein Buch lesen.* Vielmehr gingen die Frauen nach Hause, probierten das ihnen Vorgestellte aus – und hätten sofort ein Resultat. – Es sind im Übrigen nicht nur Frauen, sondern auch Männer, die sich für diese Fragen interessieren.

Meinen Sie, dass diese Frauen in ganz alltäglichen Bereichen eine Spiritualität finden können, die sie dort gar nicht vermutet hätten? Wie erklären Sie sich das große Interesse an der Thematik des Putzens?

Es ist allein das Finden von etwas Handfestem, das diesen Anklang auslöst. Beim Putzen haben wir immer wieder die Möglichkeit, eine kleine, rhythmisch wiederholte Übung zu machen. Jeden Tag erneut und immer wieder mit vollem Bewusstsein und aller Hingabe. Auch etwas so Banales, wie jeden Abend das Waschbecken im Bad zu putzen, kann zum Schulungsweg werden.

Können Sie auch etwas über die ganz unterschiedlichen Qualitäten von Räumen sagen, je nachdem, was in ihnen gearbeitet wird? Worin unterscheidet sich zum Beispiel ein Krankenhaus von einer Schule, ein Wohnraum von einem Büro?

Im Goetheanum fiel mir etwas Interessantes auf. Wenn ich morgens um sechs Uhr in die Toiletten kam, dann erkannte ich sofort, welche Tagung dort gerade stattfand. Es lebt in den Toiletten von Tagung zu Tagung etwas völlig anderes. Jede Berufsgruppe hatte ihre Besonderheiten – und die waren in den Toiletten wahrnehmbar. Sogar in ganz kleinen Dingen: Das Klopapier ist aufgebraucht und eine neue Rolle wird benötigt. Wird jetzt die neue Rolle in den Halter getan, oder bleibt sie auf dem Kübel oder dem Sims stehen? Wird das Pappröhrchen der alten Rolle entsorgt oder einfach liegen gelassen? Wie gehen Sie selbst damit um?

In einem Krankenhaus, vor allem in einem Raum, in dem ein Mensch im Sterben liegt, bildet sich mehr Staub als in einem Kindergarten.

Was die Büros betrifft, da finde ich es ziemlich schwierig, wenn ein Büro zu viel *Häusliches* enthält. Überall Krimskrams, Fotos, Pflanzen. Manchmal wird sogar Persönliches dort gelagert, weil eventuell zu Hause kein Platz dafür ist. Das gilt auch in Lehrerzimmern. Das alles nimmt Einfluss auf die Arbeitsatmosphäre. Sicher wäre es eine gute Sache, von Zeit zu Zeit seinen Arbeitsbereich mit *fremden Augen* anzuschauen, zum Beispiel durch die Augen einer Putzfrau! Zum Glück gibt es aber auch Menschen, die ihre Räume und ihren Schreibtisch bewusst aufräumen, bevor sie gehen, damit der Reinigungsprozess so gut wie möglich ablaufen kann. Am Zustand eines Büros können wir immer erkennen, wie wichtig von dem dort Arbeitenden die Reinigung genommen wird – oder eben nicht.

Sie erzählen immer so viele Geschichten, wollen Sie die Fragen nicht direkt beantworten?

Nach meinen Erfahrungen ist es so, dass ich jedem Menschen, der mir eine Frage stellt, eine Geschichte erzählen oder ihm ein Beispiel geben kann, das ihm weiterhilft – oder eben nicht. Es geht mir nicht darum, immer geisteswissenschaftliche Erklärungen oder Gesetzmäßigkeiten zu vermitteln, sondern ich erzähle lieber eine – möglichst selbst erlebte – Geschichte. Daran kann dem anderen Menschen oft ganz vieles deutlich werden. Man findet sich häufig selbst in der Geschichte wieder.

Warum machen so viele Menschen ungern ihr Bett?

Schauen wir mal unser Bett an, wenn wir aufstehen. Wir scheuen das Bettenmachen doch nicht deshalb, weil es zu mühsam ist, sondern weil uns etwas daraus wie entgegenkommt. Unser Bett ist sehr intim mit uns verbunden und spiegelt das, was in der Nacht passiert ist. Was habe ich dort im Traum erlebt? Welche Gedanken verfolgten mich, während ich nicht schlafen konnte? Habe ich mich wütend hingelegt oder vielleicht die Nacht hindurch geweint? – Könnte das nicht eine Erklärung sein?

Wieso ist es für mich einfacher, an meiner Arbeitsstätte tüchtig zu sein, und zu Hause bin ich es nicht?

An einem fremden Ort bin ich eher objektiv. Ich erledige meine Aufgaben und gehe wieder. In meinem Zuhause begegne ich mir selbst und meiner Familie. Da kommen vielleicht Selbstvorwürfe hoch. Ich sehe all die unerledigten Dinge, die ich mir schon so lange vorgenommen habe. Auch Gefühle der Unzulänglichkeit kommen auf. Oder es macht sich die deprimierende Gewissheit breit, dass es morgen genauso weitergeht.

Warum verschwinden ausgerechnet immer die Socken?

Da habe ich meine ganz eigene Theorie: Die Waschmaschine frisst am liebsten Socken!

Sie reden von unsichtbarem Schmutz. Gibt es den auch im privaten Bereich?

Leider ja, den gibt es. Streit, Ungeduld, Eifersucht – das alles hinterlässt seine Spuren in einem Raum. Oder jemand kommt zum Beispiel abends müde nach Hause. Im Schlafzimmer werden die Kleider ausgezogen und bleiben dort auf einem Haufen liegen. Die vielen Gefühle, die wir am Tag empfunden haben, haften noch daran. Ein Streit, eine Verletzung, Wut? Und das bleibt nun ausgerechnet dort liegen, wo wir schlafen wollen. Müssen wir uns dann wundern, wenn wir nicht schlafen können? Ähnliches gilt auch für einen im selben Zimmer befindlichen Schreibtisch mit vielen unerledigten Dingen, die uns dann innerlich beschäftigen, wenn wir uns eigentlich erholen sollten.

Sie sprechen vom Tun und Lassen: Können Sie das bitte etwas verdeutlichen?

Jeder Mensch muss heute selbst herausfinden, wie er seinen individuellen Bedingungen gemäß den Alltag gestaltet. Jeder darf in eigener Initiative diejenigen Schritte tun, diejenigen Entscheidungen treffen, die er aus seiner individuellen Situation heraus für richtig hält.

Wir Menschen tun sehr vieles, worüber wir gar nicht nachdenken, eben ganz unbewusst. Dinge werden einfach liegengelassen, Türen und Schubladen bleiben offen, wir stecken einfach einen Bleistift ein, gerade dort, wo wir eben stehengeblieben sind, um mit jemandem zu reden ...

Andere haben es sich angewöhnt, Dinge zu tun, mit denen sie selbst eigentlich nicht unbedingt einverstanden sind: Wie zum Beispiel ihre Kleider auf dem Boden liegen zu lassen oder nur über die Stuhllehne zu hängen. Oder das schmutzige Geschirr bleibt ungespült über Nacht stehen. Andere sprechen über Sachen, die sie überhaupt nichts angehen. Wenn wir immer wieder Dinge tun, die wir moralisch nicht wirklich verantworten können, hinterlässt das Spuren in unserer Seele. Später zeigt sich das in Missmut, man wird mürrisch, und dies wirkt sich wiederum auf die Gesundheit aus. Die Selbstwahrnehmung, der Wille zur Änderung und die Durchhaltekraft machen es uns möglich, eine Idee tatsächlich zum Ideal werden zu lassen und aus diesem Ideal heraus zu handeln. Solch ein Vorgehen hilft uns, ganz allmählich die Zusammenhänge von Erkenntnis und Moralität, Denken und Verantwortungsbereitschaft zu erkennen.

Was mache ich, wenn Jugendliche immer wieder finden, es sei doch alles gar nicht so wichtig? Sie würden sich in ihrem Chaos und Dreck wohlfühlen?

Meistens antworte ich unmittelbar: Das nehme ich dir nicht ab. Dann schlage ich vor, den Raum, wie ich es immer tue, genau anzuschauen, von der Tür ausgehend, die Peripherie entlang und so weiter. Dann versuche ich zu vermitteln, dass dieser Anblick seiner nicht würdig sei. Wenn ich selbst die Wahl hätte, würde ich es so einrichten, dass er sich dort wohlfühlen könne, weil ich empfinde, dass er es wert sei. Das ist für viele Jugendliche, vor allem in der Sozialpädagogik, ein völlig neuer Gedanke.

Ich betrachtete einmal mit drei Mädchen ihr gemeinsames Badezimmer. Jedes Detail wurde besprochen, bis sie gestehen mussten, dass es wirklich sehr schmutzig und eigentlich eklig sei, sich darin duschen zu müssen. Wir erkannten aber auch, dass es viel einfacher wäre, es grundsätzlich sauber zu halten, wenn nicht so viele Sachen auf der Umrandung stünden: Shampoo, Duschcrèmes, Körperlotion und dazu noch all die leeren Flaschen. Der Hausmeister montierte dann Behältnisse an die Wand, ein Abzieher wurde angeschafft und ebenso Fasertücher und Reinigungsmittel in greifbarer Nähe platziert. Als ich sechs Monate später das letzte Mal mit der Gruppe arbeitete, war das Bad immer noch in einem gepflegten Zustand.

4

SPIRITUALITÄT IM ALLTAG

Hestia

Die Göttin Hestia lebte in einer Zeit, in der das Hauswirtschaften als eine heilige Aufgabe angesehen wurde. Hestia war die älteste Tochter von Kronos und Rhea und wohnte mit ihrem Bruder Zeus und ihrer Schwester Demeter auf dem Olymp. Auf ihren Wunsch hin gewährte Zeus ihr immerwährende Jungfräulichkeit und wies ihr den ehrenvollen Platz als Hüterin und Opferempfängerin *inmitten des Hauses* an.

Interessanterweise ist wenig über die Kultstätten der Hestia überliefert. Es gibt auch keine Skulpturen und so gut wie keine Bilder von ihr. Doch war sie als Patronin von Haus und Herd allgegenwärtig, da der Herd sowohl in jedem Hause als auch in öffentlichen Bereichen als sakrales Zentrum der Gemeinschaft, das sogenannte Prytaneion, der Hestia geweiht war. Wer aber bereits den vornehmsten Ehrenplatz innehat, der bedarf keiner weiteren kultischen Ehrungen durch Tempel oder Statuen.

Sie wurde hauptsächlich von den einfachen Menschen, vom Volk verehrt. Die Überlieferung schildert Hestia als freudevolle Hausfrau, die mit Hingabe und ohne Eile ihre vielfältigen häuslichen Aufgaben erfüllte und so Harmonie und eine friedvolle Stimmung im gesamten Haus verbreitete. In früheren Zeiten befand sich der häusliche Herd in der Mitte des Hauptraumes, und wie der Herd, so strahlte auch Hestia Wärme aus und schuf so aus dem Haus ein Zuhause. Sie war so erfüllt von ihrer Gabe, Harmonie zu verbreiten, dass sie nicht auf Lob und Dankbarkeit als Motivation für ihr Tun angewiesen war.

Sie war die Schutzherrin aller Häuslichkeit. Es gab auch Bräuche und Rituale, die der Hestia gewidmet waren. Zum Beispiel wurde ein neugeborenes Kind am fünften Lebenstag einmal um den Herd getragen. Mit dem anschließenden Festmahl war das Kind als vollwertiges Mitglied des Hauses und der Gemeinschaft anerkannt. Vom Prytaneion nahmen alle in die Ferne ziehenden Kolonisten Feuer für den Herd ihrer künftigen Niederlassung mit. Ein frisch vermähltes Paar durfte das neue Haus erst betreten, nachdem die Mutter der Braut den neuen Herd mit Feuer von ihrem eigenen Herd angezündet und ihn gesegnet hatte.

Religiosität im Alltag

Novalis (1772–1801) entdeckt im alltäglichen Leben die höchste Aufgabe:

> *Das gewöhnliche Leben ist ein Priesterdienst – fast wie der vestalische. Wir sind mit nichts, als mit der Erhaltung einer heiligen und geheimnisvollen Flamme beschäftigt. Es hängt von uns ab, wie wir sie pflegen und warten. Sollte die Art ihrer Pflege vielleicht der Maßstab unserer Treue, Liebe und Sorgfalt für das Höchste, der Charakter unseres Wesens sein? Unser ganzes Leben ist Gottesdienst? Indem ich dem Gemeinen (= Alltäglichen) einen hohen Sinn, dem Gewöhnlichen ein geheimnisvolles Ansehen, dem Bekannten die Würde des Unbekannten, dem Endlichen einen unendlichen Schein gebe, so romantisiere ich es.*[45]

Aus dem Zusammenhang des Textes geht deutlich hervor, dass *romantisieren* im Sprachgebrauch von Novalis nichts *Romantisches* ist, sondern der ernste Lebensauftrag eines jeden Menschen: Die Verwandlung des Alltäglichen.

Viele Menschen wenden sich heute von der Kirche, von der Religion ab. Das Religiöse können wir aber auch unabhängig von jeder Kirche erleben. Zu lernen, Religiosität im eigenen Tun zu finden, das könnte eine große Bereicherung für Familie und Gesellschaft sein. Die Hausarbeit, ja das Putzen, bietet Gelegenheiten genug, um unser Handeln zu einem Gottesdienst werden zu lassen – so, wie auch eine Mahlzeit zur Kommunion werden

kann, wenn die Einstellung dazu stimmt. Beispielsweise können wir versuchen, uns ein Bild davon zu machen, wo eigentlich unser Essen herkommt, was nötig ist, um etwa eine Karotte wachsen zu lassen. Wie viele Kräfte müssen sich doch zusammenfinden, damit wir unser Essen – und sei es nur ein Löffel Honig – auf dem Tisch haben können! Sehr oft wünscht man sich am Tisch: *Gesegnete Mahlzeit!* In der Türkei kommt noch etwas sehr Schönes hinzu: *Mögen deine Hände gesund bleiben!* Das wünscht man der Person, welche die Mahlzeit zubereitet hat. Bereits bei solchen Worten herrscht eine Stimmung der Dankbarkeit am Tisch.

Die Hausarbeit als Kultus im Alltag ist nichts Neues – wir müssen es nur neu entdecken. Ein wunderbares Beispiel dafür ist das Gebet von Theresa von Avila (1515–1582), das ich als Geschenk einer hoch betagten Oberin in einer Klosterschule in Österreich erhielt:

Herr der Töpfe und Pfannen,
ich habe keine Zeit, eine Heilige zu sein
und dir zum Wohlgefallen in der Nacht zu wachen.
Mache mich zu einer Heiligen,
indem ich Mahlzeiten zubereite und Teller wasche.
Die Stunde des Gebets ist vorbei,
bis ich mein Geschirr vom Abendessen gespült habe.
Herr der Töpfe und Pfannen, bitte,
darf ich dir anstatt gewonnener Seelen
die Ermüdung anbieten, die mich ankommt beim Anblick
von Kaffeesatz und angebrannten Gemüsetöpfen.

Erinnere mich an alles, was ich leicht vergesse,
nicht nur um Wege zu sparen, sondern damit
mein vollendet gedeckter Tisch ein Gebet werde.

Diese Gesinnung scheint immer mehr an Aktualität zu gewinnen, wenn man die Vielzahl von Büchern, Vorträgen und Artikeln zum Thema *Der Alltag als Schulungsweg* anschaut. Ein Spruch aus einem Gebetbuch der Quäker aus dem 18. Jahrhundert sagt etwas Ähnliches:[45a]

Lehre mich, mein Gott und König,
zu sehen Dich in jedem Ding
und dass in allem, was ich tue,
ich Deiner gegenwärtig bin.
Zu dienen unter diesem Zeichen,
macht göttlich die Alltäglichkeit.
Wer Böden wischt in Deiner Ehre,
erreicht's in Tat und Wirklichkeit.

All unser Handeln kann ein Gottesdienst werden, ein Dienst an der Menschheit und ein Dienst an der Gottheit. Das Rituelle, das Kulturelle in der Arbeit gibt uns Kraft und wirkt heilend, segnend – wo auch immer man tätig ist, ob für andere Menschen oder die Natur.

Im Buddhismus sind die Schritte der Achtsamkeit und Pflege ein wesentlicher Teil des Schulungsweges. Auch in anderen Kulturen gibt es dieses Streben. Kahlil Gibran[46] schreibt in seinem Büchlein *Der Prophet* wunderbar über die Einstellung zur Arbeit:

VON DER ARBEIT[47]

Ihr arbeitet, um mit der Erde und der
Seele der Erde Schritt zu halten.
Denn müßig sein heißt, den Jahreszeiten

fremd zu werden und auszuscheren aus dem
Lauf des Lebens, das in Würde und stolzer
Umgebung der Unendlichkeit entgegen schreitet.
Wenn ihr arbeitet, seid ihr eine Flöte, durch deren Herz
sich das Flüstern der Stunden in Musik verwandelt.
Wer von euch wäre gern ein Rohr, stumm und still,
wenn alles andere im Einklang singt?
Es ist euch immer gesagt worden, Arbeit sei
ein Fluch und Mühsal ein Unglück.
Aber ich sage euch, wenn ihr arbeitet, erfüllt ihr einen
Teil des umfassendsten Saums der Erde, der euch bei der
Geburt dieses Traums zugeteilt worden ist, und wenn ihr
Mühsal auf euch nehmt, liebt ihr das Leben wahrhaft,
und das Leben durch Mühsal zu lieben, heißt mit dem
innersten Geheimnis des Lebens vertraut zu sein.
Aber wenn ihr in eurem Schmerz die Geburt ein Leid
nennt und die Erhaltung des Fleisches einen Fluch,
der euch auf die Stirn geschrieben steht, dann erwidere
ich, dass nur der Schweiß auf eurer Stirn das wegwaschen
wird, was geschrieben steht.
Es ist euch auch gesagt worden, das Leben sei Dunkelheit,
und in eurer Erschöpfung gebt ihr wieder, was die
Erschöpften sagten.
Und ich sage, das Leben ist in der Tat Dunkelheit, wenn der
Trieb fehlt, und aller Trieb ist blind, wenn das Wissen fehlt.
Und alles Wissen ist vergeblich, wenn die Arbeit fehlt.
Und alle Arbeit ist leer, wenn die Liebe fehlt;
Und wenn ihr mit Liebe arbeitet, bindet ihr euch
an euch selber und an einander und an Gott.

Was macht die Arbeit zum Kultus im Alltag, wie wird die Arbeit zu einem Sakrament und was beinhaltet das? Der Kultus verbindet das Geistige mit der physischen Substanz. Wir können selbst wahrnehmen, wie uns Kräfte zuströmen, wenn wir in dieser Gesinnung arbeiten. Eine Kraft kommt uns zu, die wir dann auch weitergeben können.

Ich besuchte einmal einen Kurs zur Kompostierung und lernte, wie alle Naturreiche – Mineralien, Pflanzen und Tiere – etwas zum Kompost beitragen. Der Mensch aber düngt mit seinem Geist, mit den Gedanken, die er denkt, während er beispielsweise die biologisch-dynamischen Präparate rührt und über das Feld verteilt. Als ich einmal bei Sonnenaufgang zuschaute, wie ein Landwirt mit voller Hingabe und Andacht in seinem Gemüsegarten umherging, während er mit rhythmischen Bewegungen das Präparat verteilte, erlebte ich ein tief religiöses Tun.

Die Andacht zum Kleinen und zum Kleinsten können wir immer als Schulungsaufgabe betrachten. Wir können lernen, uns ganz demjenigen zuzuwenden, dem das Handeln gilt – ob Mensch oder Ding. Weil ein Ding ja eigentlich immer für einen Menschen da ist, wendet man sich letztendlich durch das Ding an einen Menschen.

Wollen wir einen Raum oder ein Objekt wirklich gut pflegen, so muss es ganz genau wahrgenommen werden. Wenn wir mit Interesse einen Raum beobachten, können wir oft über das, was wir dort entdecken, staunen. Und einem Menschen gegenüber können wir uns bemühen, ihn wirklich zu verstehen, ihm Mitleid statt ein Vorurteil entgegenzubringen. Zum Beispiel dann, wenn ich einem Menschen helfen will, der die Fähigkeit, selbst aufzuräumen, verloren hat. Hier führt das Interesse an allem, was diesen Menschen umgibt, dazu, immer besser verstehen zu können, wie es so weit kommen konnte – und das kann einen dann mit wirklichem Mitleid erfüllen. Das wiederum schafft Dankbarkeit dafür, dass einem dieses Schicksal erspart geblieben ist. Und Dankbarkeit wiederum schenkt Lebensfreude und Gesundheit.

In dem bulgarischen Märchen *Eine Samodiva versorgt weder Haus noch Kind*[47a] gibt es einen Satz, den man leicht übersehen kann, der mir jedoch wesentlich erscheint. Das Märchen erzählt von einem jungen Hirten, der drei Mädchen beim Baden zusieht und dann beobachtet, wie sie nachher ihr Samodivenkleid anziehen und davonfliegen. Es gelingt ihm später, einer der drei Samodiven ihr Kleid wegzunehmen. Jetzt kann sie nicht mehr davonfliegen. Und er nimmt sie als seine Frau mit nach Hause. Sie aber warnt ihn eindringlich, dass eine Samodiva keine gute Frau und Mutter sein könne, weil sie weder Haus noch Kind versorge. Und doch sagt das Märchen: *Nachdem sie zu der Schwiegermutter gekommen war, begann sie sich zu regen und aufzuräumen, und das ganze Haus leuchtete von ihr. Da freuten sich die Schwiegermutter und ihr Sohn, und Glücklichere als sie gab es nicht.*

Ist es nicht bemerkenswert, dass ihre erste Tat als Mensch die fürsorgliche Pflege war, die ihr Haus zum Leuchten brachte?

Früher war es Brauch, dass die Hausfrau frühmorgens beim Schüren des Feuers im Herd einen Spruch sagte. Ein schottisches Märchen erzählt von einem fleißigen Mädchen, das jeden Morgen Folgendes sprach:[48]

Anzünden will ich mein Feuer heut' morgen
In Gegenwart der heiligen Engel,
In Gegenwart Ariels schönster Form,
In Gegenwart Uriels unzähliger Tugend,
Ohne Arg, ohne Eifersucht, ohne Neid,
Ohne Furcht, ohne Gewalt gegen alles unter der Sonne.
Gott, zünde Du in meinem Herzen künftig
Eine Flamme der Liebe zu meinem Nachbarn,
Zu meinem Feind, meinem Freund und den Verwandten,
Zu den Guten wie zu den Schurken ...
O segne das Feuer des Herdes.

In den Evangelien lesen wir, dass Christus die Dämonen austreibt. Auch wir können lernen, die Dämonen aus den Verhältnissen auszutreiben, die uns umgeben. Das können wir, indem wir etwa durch Dankbarkeit als Grundstimmung eine veränderte Einstellung zu unserem Tun entwickeln. Das gilt vor allem dort, wo wir in sozialen oder pflegenden Berufen tätig sind. Auch wenn wir putzen, sind wir im Sozialen tätig. Wir helfen damit, eine soziale Grundlage zu bilden – ob in Schulen, heilpädagogischen Heimen, in Altersheimen und so weiter.

Eine der Aussagen Rudolf Steiners[49], die mich ganz tief beeindruckt hat, betrifft die Liebe, genauer gesagt, die Liebestat:

> *Wir verstehen unter Karma dasjenige, was in dem einen Leben die Ursache ist und seine Wirkung im nächsten Leben hat [...].*
>
> *Taten der Liebe jedoch sind solche Taten, die zunächst nicht ihren Ausgleich im nächsten Leben suchen. Alles, was wir aus Liebe tun, stellt sich so heraus, dass wir damit Schulden bezahlen! Okkult gesehen bringt alles, was aus Liebe geschieht, keinen Lohn, sondern ist Ersatzleistung für bereits verbrauchtes Gut. Die einzigen Handlungen, von denen wir in der Zukunft nichts haben, sind diejenigen, die wir aus echter, wahrer Liebe tun. Man könnte erschrecken über diese Wahrheit. Zum Glück wissen die Menschen in ihrem Oberbewusstsein nichts davon. In ihrem Unterbewusstsein aber wissen es alle Menschen, darum tun sie so ungern die Taten der Liebe. Unseren Wert aber für die Welt müssen wir lediglich in den Taten der Liebe sehen, nicht in den Taten der Selbstvervollkommnung.*

Ein wunderbares Beispiel für das Religiöse einer Tätigkeit spielte sich in einem heilpädagogischen Heim für schwer behinderte Jugendliche ab. Während einer Besprechung fiel mir eine Dame durch ihre aufrechte Haltung und ganz besondere Ausstrahlung auf. Ich nahm an, dass sie eine Therapeutin war, erfuhr aber, dass es sich um die Reinigungshilfe handelte, die dort bereits seit 23 Jahren eines der Wohnhäuser reinigte. In diesem Haus wohnten fünf Jungen zwischen zwölf und siebzehn Jahren. An einem Nachmittag fand eine wichtige Sitzung statt, und alle Mitarbeitenden hatten für diese Sitzung bereits das Haus verlassen, außer einer Seminaristin, die zurückblieb, um die behinderten Jugendlichen, die in die Werkstatt begleitet werden mussten, mitzunehmen. Bevor sie aber bei ihnen

eintraf, bekam einer der Jungen einen epileptischen Anfall. Und da nur diese Betreuerin im Haus war, fingen auch die anderen Jugendlichen – jeder auf seine Art – sofort zu toben an. Es entstand ein totales Chaos. Da erschien die erwähnte Seminaristin in der Tür – mit einem Putzlappen in der Hand. Sie bückte sich und fing an, die Sockelleisten abzustauben! Je weiter sie vorrückte, desto ruhiger wurde es im Raum. Als sie damit fertig war, hatten sich alle beruhigt, ohne dass nur ein Wort gefallen war.

Durch ein solches Beispiel können wir vielleicht erahnen, wie die Alchemie in früheren Zeiten einmal gewirkt haben mag, ja wie eine Verwandlung der Stofflichkeit möglich war, weil der Alchemist das Geistige völlig mit dem Substanziellen verbinden konnte. Geistiges wird durch das Tun der Menschen auf der Erde real.

Druck

Viele Menschen fühlen sich überfordert und leiden unter dem Druck, ständig ihren Wohnraum in Ordnung halten zu müssen. Eine Mutter sagte mir einmal: *Ich habe den ganzen Tag nur geschuftet, und als ich am Abend völlig erschöpft die Küche aufräumen wollte, konnte ich von der ganzen Arbeit gar nichts sehen.* Gemeinsam versuchten wir, ihren Tag zu rekonstruieren. Er sah ungefähr so aus: Sie hatte sich vorgenommen, im oberen Stockwerk das Bad gründlich zu putzen. Als sie jedoch damit beginnen wollte, erinnerte sie sich, dass sie vor ein paar Tagen das Putzmittel für das Waschbecken in der Waschküche verwendet hatte. In der Waschküche stellte sie fest, dass schon seit Tagen die Katzenstreu nicht erneuert worden war. Als sie die alte Streu entsorgen und in die Garage tragen wollte, realisierte sie, dass das Altpapier für den nächsten Tag gebündelt werden musste. Die Schnur dafür war aber auf dem Estrich, weil die Kinder dort eine Seilbahn gebaut hatten. Sie ging hinauf zum Estrich und fand glücklicherweise neben der Schnur auch noch einen Pullover, den sie schon seit drei Tagen suchte. Als das Papier endlich gebündelt war, bemerkte sie, dass sie eigentlich schon längst mit dem Kochen hätte beginnen sollen. Dann kamen die Kinder nach Hause, und mit Musikunterricht und allem anderen war der Tag schnell vorbei. Abends, beim Zähneputzen, bemerkte sie, dass das Putzmittel noch immer im Keller war. Solche Situationen kennen wir alle, und wir können es sehr gut nachvollziehen. Aber alles Verstehen ist nutzlos, wenn sich nichts ändert. Nimmt das Chaos immer mehr überhand oder muss man immer wieder mit allem von vorne beginnen, so kann man nur noch verzweifeln. Manchmal hat man sich etwas vorgenommen, ertappt sich aber dabei, wie man sich durch etwas anderes hat ablenken lassen; oder man kommt schon wieder zu spät, obwohl man doch ... und, und, und ...

Hilfe in einer solchen Situation kann der folgende Text von Antoine de Saint-Exupéry[50] sein:

Ich bitte nicht um Wunder und Visionen,
Herr, sondern um die Kraft für den Alltag.
Lehre mich die Kunst der kleinen Schritte!
Mach mich findig und erfinderisch, um im täglichen
Vielerlei und Allerlei rechtzeitig meine Erkenntnisse
und Erfahrungen zu ordnen, von denen ich betroffen bin.
Mach mich griffsicher in der richtigen Zeiteinteilung.
Schenke mir das Fingerspitzengefühl, um herauszu-
finden, was erstrangig und was zweitrangig ist.

Lass mich erkennen, dass Träume nicht weiterhelfen,
weder über die Vergangenheit noch über die Zukunft.
Hilf mir, das Nächste so gut wie möglich zu tun und
die jetzige Stunde als die wichtigste zu erkennen.
Bewahre mich vor dem naiven Glauben, es müsse
im Leben alles glatt gehen. Schenke mir die nüchterne
Erkenntnis, dass Schwierigkeiten, Niederlagen,
Misserfolge, Rückschläge eine selbstverständliche Zugabe
zum Leben sind, durch die wir wachsen und reifen.
Erinnere mich daran, dass das Herz oft gegen den
Verstand streitet.
Schick mir im rechten Augenblick jemanden, der den
Mut hat, mir die Wahrheit in Liebe zu sagen. Du
weißt, wie sehr wir der Freundschaft bedürfen.
Gib, dass ich diesem schönsten, schwierigsten, riskan-
testen und zartesten Geschenk des Lebens gewachsen bin.
Verleihe mir die nötige Phantasie, im rechten
Augenblick ein Päckchen Güte, mit oder ohne Worte,
an der richtigen Stelle abzugeben.
Mach aus mir einen Menschen, der einem Schiff
mit Tiefgang gleicht, um auch die zu erreichen,
die unten sind.
Bewahre mich vor der Angst, ich könnte das
Leben versäumen. Gib mir nicht, was ich mir
wünsche, sondern was ich brauche.
Lehre mich die Kunst der kleinen Schritte!

Die Berufswelt stellt heute sehr hohe Anforderungen und vielen Menschen fehlt der Mut, sich zu wehren, denn es wird von ihnen erwartet, dass sie nur als „Gutes Beispiel" gelten können, wenn sie über sechzig Stunden pro Woche arbeiten. Dazu noch sollen durch Kreativität die Abläufe und Prozesse optimiert werden. Doch alles hat seine Grenzen und dann wird aus Förderung plötzlich Überforderung.

Es gibt viele Bücher über die Hintergründe des Burnout: Wie wir an der Arbeit, dem Alltag erkranken können. Doch wenn es stimmt, dass die Arbeit, der Alltag uns krank machen, besteht dann nicht die Möglichkeit, dass sie uns auch wieder gesund machen können?

Was hat Putzen, Pflegen, Ordnung-Schaffen eigentlich mit Burnout zu tun?

Manchmal wollen Menschen mit mir arbeiten, weil sie aus ihrem Beruf aussteigen möchten, um einen neuen Anfang in einem völlig anderen Umfeld zu versuchen. Sie möchten oft nur für eine kurze Zeit wenigstens von der reinen „Kopfarbeit" weg, zu etwas hin, das mehr Gleichgewicht verspricht. Dabei erhoffen sie sich Hilfe, damit die Situation des momentanen Erschöpfungs- und/oder Überforderungszustandes sich nicht weiter steigert.

Es gibt heute viele Menschen, die chronisch müde und erschöpft sind. Zumeist ist nicht nur der Körper belastet, sondern vor allem die Seele. Auch in solchen Fällen könnte es helfen, ganz bewusst einen Raum zu schaffen für Gesundheit und Kraft, ja sogar für die Zukunft. Ist es denn überhaupt möglich, einen Raum für die Zukunft zu schaffen? Ich denke schon. Denn wenn wir es gar nicht erst versuchen, dann kann die Zukunft auch schon mal unbemerkt und ungenutzt an uns vorüberziehen. Ich weiß das aus eigener Erfahrung, weil ich in einer Zeit extremer Überforderung und Erschöpfung irgendwann gegen den Herbst mit Bestürzung feststellen musste, dass ich den Frühling gar nicht wahrgenommen hatte. Mein Leben war viel zu voll gewesen, um den Frühling zu erleben.

Jeder, der einmal eine Fasten- oder Entschlackungskur gemacht hat, weiß um deren wohltuende Wirkung. Ebenso wie die Gedanken frei und kreativ fließen können, wenn der Schreibtisch einmal wieder wirklich frisch aufgeräumt und entstaubt ist.

Wenn aber auch das schon zu viel ist, dann fangen wir eben anders an. Es ist so wichtig, wieder Freude am Alltag zu erleben. Angelus Silesius hat einmal gesagt: *Die Seele ernährt sich von dem, worüber sie sich freut.*

Sind wir völlig erschöpft, so ist es oft sehr schwierig, Freude und Dankbarkeit zu empfinden. Daher könnten wir einmal versuchen, eine Kraftquelle in unserem Alltag zu entdecken.

Wenn es uns unmöglich erscheint, ins Tun zu kommen, dann könnten wir uns fragen: Was wiederholt sich täglich, was geschieht jeden Tag aufs Neue? Hier können wir mit dem Üben ansetzen:

1. Jeden Morgen wachen wir auf;
2. jeden Tag essen wir;
3. am Abend gehen wir zu Bett.

Eine unglaubliche Willensübung bedeutet es, sich im Bett aufzurichten, sobald man wach ist. So oft sagen wir vor dem Einschlafen: Ich nehme etwas vor einer Entscheidung mit in die Nacht, oder: Ich werde darüber schlafen. Im Aufwachen haben wir dann Gelegenheit, sobald wir aufrecht sitzen, nachzuspüren, ob sich eine Antwort eingestellt hat. Dann ist der Augenblick gekommen, dafür zu danken, dass wir überhaupt wieder aufgewacht sind. Ich selbst sitze danach immer einige Momente auf der Bettkante, mit beiden Füßen fest auf dem Boden. Dann stehe ich bewusst mit dem rechten Fuß auf. Bei offenem Fenster begrüße ich den Tag, die Natur, die Elemente und atme die Morgenluft tief bis in die Zehenspitzen ein. Als Nächstes kommt der Gang ins Badezimmer. Ich wasche mein Gesicht und meine Hände und versuche, das Wasser, dieses reine Element, mit den mit ihm verbundenen Wesen wahrzunehmen. Komme ich ins Gespräch mit dem Wasser? Was nimmt es von mir fort? Bin ich dem Wasser dankbar? Wie duftet die Seife?

Das Essen ist häufig ein Moment der Gemeinsamkeit. Aber auch, wenn man alleine isst, gibt es viele Übungsmöglichkeiten. Wer hat das Essen zubereitet? Was befindet sich auf meinem Teller und woher kommt es? Wie duftet es und welche Farben sind vertreten? Esse ich bewusst und langsam, mit Genuss und Dankbarkeit? Dreimal täglich ergibt sich hier eine Wahrnehmungsmöglichkeit, sogar wenn wir nur einen Kaffee trinken. Wie sieht das Geschirr aus? Wie ist meine Gestik? Kann ich harmonisch und fast lautlos mit dem Geschirr umgehen oder klappert es ständig? Wasche ich nachher ab und räume alles sofort wieder ein?

Für mich bedeutet es abends ein besonderes Ritual, wenn ich nach dem Zähneputzen noch das Waschbecken sauber wische. Dafür hängt ein Fasertuch in der Nähe und in wenigen Sekunden ergibt sich ein blitzblankes Waschbecken. Daran freue ich mich vor allem am nächsten Morgen, weil es einfach ein Stück Lebensqualität ist, das ich mir selbst täglich schenke, indem mich ein strahlendes Becken am Morgen empfängt und keine alten Zahnpastareste!

Die Vorbereitung auf den Schlaf ist besonders wichtig. Darauf deutet schon das Sprichwort hin: „So, wie man sich bettet…“ Einen besonderen Genuss bedeutet ein Fußbad, vor allem wenn die Füße anschließend eingeölt werden. Hier muss aber jeder seinen eigenen Weg finden.

Falls Sie es noch nie gemacht haben, nehmen Sie doch Ihr Schlafzimmer einmal ganz neu wahr. Womit umgebe ich mich, wenn ich nachts „auf Reisen“ gehe? Liegt noch etwas auf dem Boden herum, nicht erledigte Arbeit auf dem Schreibtisch? Gibt es Staubschichten auf den Büchern oder eine frische Blume auf dem Tisch? Wie bereite ich mich auf die Nacht vor? Sehr oft erwischen wir uns selbst dabei, wie wir etwas tun, obwohl wir wissen, dass es gar keine so gute Idee ist. Zum Beispiel sehe ich mir noch einen Krimi im Fernsehen an, weil ich „abschalten“ will? Welche Bilder begleiten mich anschließend über die Schwelle? Im ersten Mysteriendrama von Rudolf Steiner[51] spricht Capesius von der *Geistesöde*, die er manchmal empfindet, und dass er dann zu Felicia Balde geht, um sich von ihr Märchen erzählen zu lassen. Dazu sagt er:

Ich frage nicht, woher sie ihre Worte hat.
Ich denke dann an eines nur mit Klarheit,
Wie meiner Seele neues Leben fließt
Und wie hinweggebannt
Mir alle Seelenlähmung ist.

Das hat sich auf jeden Fall für mich bewährt. Ich lese fast jeden Abend Märchen oder Legenden, da ich oft einfach zu müde bin, etwas anderes zu lesen.

Es gibt auch die Möglichkeit, einen Rück- oder Vorblick zu machen, um Dank zu sagen für den Tag, auch wenn er nicht einfach war, und in Hoffnung auf den nächsten Tag zu schauen. Denn Dankbarkeit ist ein Allheilmittel!

Das kann einen Anfang darstellen, auch wenn wir zunächst versuchen, nur *eine* Sache bewusst zu erleben, weil es vor allem der Selbsterziehung bedarf. Wir lernen, uns selbst immer besser wahrzunehmen, wir lernen uns selbst kennen, uns zu akzeptieren – all dies fördert die innere Entwicklung, steigert die eigene Kreativität, dadurch werden wir wieder produktiver. Sich selbst neutral gegenüberzustehen, sich selbst zu erkennen, ist ein existenzieller Entwicklungsschritt – und dafür sind wir als Mensch doch auf dieser Welt! Unsere Talente sollen gedeihen, aber dazu müssen wir sie zuerst einmal entdecken. Die meisten Fähigkeiten müssen noch erworben werden, nur die Gewohnheiten schleichen sich meist unbemerkt ein.

Nach und nach, wenn Sie mehr zu Kräften kommen, können immer neue Schritte erwogen werden. Während des Reinigungsprozesses verbindet sich die menschliche Fürsorge bedingungslos mit der Materie. Und tatsächlich bietet der Haushaltsalltag die Möglichkeit, unsere höchsten Ziele an ganz einfachen, kleinen Aufgaben zu üben, ihn zu kultivieren. Wenn wir uns immer weiter bemühen, das Handeln durch unser Ich selbst und frei zu bestimmen, entwickeln wir Eigenschaften, mit denen wir eine würdige Lebensqualität um uns herum verbreiten können.

Wir erleben Kraftgewinn durch Rhythmus, das unterstützt die Lebenssicherheit.

Innere Ruhe und Ausgeglichenheit[52]

Eines Tages kamen einige Menschen zu einem Einsiedler und fragten ihn: *Welchen Sinn siehst du in deinem Leben der Stille?* Er war gerade mit dem Schöpfen von Wasser aus einer tiefen Zisterne beschäftigt. Er überlegte kurz und sprach: *Schaut in die Zisterne. Was seht ihr?* Die Besucher blickten hinunter in die Tiefe. *Wir sehen nichts.* Nach einer Weile forderte der Einsiedler die Leute erneut auf: *Schaut in die Zisterne. Was seht ihr?* Sie blickten wieder hinunter und sagten: *Jetzt sehen wir uns selbst!* – Darauf sprach er: *Als ich vorhin Wasser schöpfte, war das Wasser unruhig, und ihr konntet nichts sehen. Jetzt ist das Wasser ruhig, und man sieht sich selbst. Das ist die Erfahrung der Stille.*

Diese Geschichte aus dem 4. Jahrhundert ist von den Einsiedlermönchen in der ägyptischen Wüste überliefert. Sie gibt das Grundproblem wieder: Wo innere Ruhe fehlt, da sehen wir uns selbst und unsere Umwelt nur undeutlich und leben deshalb in Disharmonie mit uns selbst, unseren Mitmenschen und der Welt.

Innere Unruhe kann viele Ursachen haben. Ein bestimmtes Ereignis, eine Auseinandersetzung im Berufsleben, zu Hause mit dem Lebenspartner, mit den erwachsen werdenden Kindern – all das verunsichert uns, lässt uns schlecht schlafen oder macht uns einfach nur nervös. Unsere Gedanken können sich nicht mehr von dem Geschehen lösen, unter Umständen schlägt unser Herz schneller, alles dreht sich in unserem Kopf ... Jeder Mensch kennt solche Zustände. Oder es ist ein unbestimmtes Angstgefühl vor etwas Unbekanntem, das uns wie aus der Zukunft entgegenkommt: eine Prüfung, eine weite Reise, ein neues Arbeitsumfeld, Sorgen im Hinblick auf die Familie ... Auch hier können viele Dinge Unruhe auslösen und bis zu physisch erlebbaren Angstzuständen führen. Woher aber kommt all das? Was macht uns so schwach und

verwundbar, dass wir unangenehme Erlebnisse oder Seelenzustände bis in unsere Körperlichkeit hinein erfahren? Innere Unruhe kommt dadurch zustande, dass das Gleichgewicht der vier Wesensglieder – Ich, Astralleib, Lebensleib, physischer Leib – gestört ist. In seinem Vortrag über *Nervosität und Ichheit*[53] zeigt Rudolf Steiner zwei Möglichkeiten auf:

1. Der physische Leib überwältigt den Ätherleib; dann kommt es zu Gedächtnisschwächen, zu motorischer Unruhe, zu Nachlässigkeiten und so weiter.
2. Der Astralleib überwältigt das Ich, wir sind innerlich unruhig, verängstigt, können unsere Gedanken nicht beieinander halten und so weiter.

Die in diesem Vortrag gegebenen Übungen bestehen darin, diese Ungleichgewichte auszugleichen und damit in die bewegte Wasseroberfläche unseres Wesens wieder Ruhe einkehren zu lassen.

Nichts anderes erstrebten auch die ersten christlichen Mönche, als sie sich in die Einsamkeit der ägyptischen Wüste zurückzogen. Hier, in der Stille, kämpften sie mit allen Versuchungen und Visionen, mit körperlichen Leiden und Verunsicherungen, wie sie zum Beispiel Matthias Grünewald auf seinem Isenheimer Altar in der Versuchung des Heiligen Antonius eindrucksvoll dargestellt hat.

Ein wichtiges Mittel dieser Mönche war dabei das Gebet. Denn im Gebet fühlt sich der Mensch mit Gott verbunden. Das Gebet bildet die Vorstufe zur Meditation und wurde im Mönchstum über lange Zeiten hinweg praktiziert und gepflegt. Dabei ging es, wie die zitierte Einsiedler-Parabel beschreibt, auch darum, in den Spiegel der eigenen Seele zu schauen, sich selbst gegenüberzutreten, die eigenen Unzulänglichkeiten wahrzunehmen und zu überwinden. – Die Auseinandersetzung mit der Außenwelt, mit der Zukunft wurde von den Mönchen in ihrer Arbeit gesucht. So hieß die alte Mönchsregel seit Benedikt, dem Begründer des abendländischen Mönchtums: *ora et labora,* bete und arbeite. Das Kloster, die Zelle, sind äußerer Ausdruck des Sich-Abschließens von der Welt; auch das andere Geschlecht musste gemieden werden: Askese im strengsten Sinne. – Was sind die Anforderungen in der heutigen, modernen Zeit? Sie liegen in den Gegebenheiten der Zivilisation, in der Familie, im Beruf, in der modernen Technik, im Verkehr und so weiter. Hier muss sich der heutige Mensch bewähren. Und dennoch muss er, um nicht krank zu werden, seine innere Ruhe finden. Daher sind es ähnliche Übungen, wie sie bereits im Mönchstum gepflegt wurden, die heute angewendet werden können. *Schaffe dir Augenblicke innerer Ruhe und lerne, in diesen Augenblicken das Wesentliche vom Unwesentlichen unterscheiden.* – So heißt es in dem Schulungsbuch Rudolf Steiners: *Wie erlangt man Erkenntnisse der höheren Welten?*[54]

Die Distanz zu sich selbst zu finden, sich wie von außen betrachten zu lernen, das heißt auch: das Ich von der Vorherrschaft des Astralleibes zu befreien und sich dadurch selbst objektiver gegenüberzustehen, sich selbst wie in einer klaren Wasseroberfläche wahrzunehmen. Es kann im Augenblick des Erlebens oft schwierig sein, diese Distanz zu finden. Deshalb wird vorgeschlagen, es zunächst mit weiter zurückliegenden Ereignissen zu versuchen. Entscheidend ist die Kraft, die aus den immer wiederholten Versuchen hervorgeht. Und diese Kraft wird wachsen und uns dann auch bei Näherliegendem eine Stütze sein, die innere Ruhe zu bewahren oder wieder zu finden.

Eine Weiterentwicklung gegenüber der christlichen Tradition besteht nun darin, dass der moderne Mensch die Urteils- und Gedankenkraft, die er auf die Welt und andere Menschen richtet (und die in früheren Zeiten noch nicht so stark entwickelt war wie seit der Renaissance), zurückwendet auf das eigene Selbst. Dadurch erwirbt er sich die Kraft, im Spannungsfeld gegenwärtiger Auseinandersetzungen zwischen Innen- und Außenwelt dennoch ruhig zu bleiben, das Ich wieder zum Herrscher über den Astralleib zu machen.

Wie sieht demgemäß die Weiterentwicklung des Gefühls, mit Gott verbunden zu sein, das der mittelalterliche Mönch im Kloster anstrebte, heute aus? Auch im täglichen Leben ist eine kurze, möglichst regelmäßig gewählte Zeit für die innere Ruhe notwendig. Lebensrhythmus ist etwas außerordentlich Heilsames, wenn er innerlich durchgehalten und manchmal sogar erkämpft wird. Die tief erlebbare Kraft, die sich im Rhythmus der Woche und ebenso im Jahreskreislauf findet und von der auch die Genesis berichtet, sie kann in höchsten Momenten spürbar werden, wenn wir uns nicht nur uns selbst, sondern religiösen oder meditativen Inhalten zuwenden. Die Meditation spendet Kraft im Leben.

Monika Kiel-Hinrichsen schreibt[55]:

Da mein Mann ein Frühaufsteher ist, hat er mir gern in den frühen Morgenstunden eine halbe Stunde geschenkt, die nur mir gehört. So können in dieser Zeit Meditation, Gebet oder Konzentrationsübungen stärkend und aufbauend auf die Lebensprozesse einwirken.

Den Kindern kann ein Bild helfen: „Mutter spricht mit den Engeln." Vielleicht hat man sich einen Ruhepunkt im Zimmer gewählt, den die Kinder als einen gewissen heiligen Ort achten. Eine andere Mutter hat in ihren „Stillezeiten" ein Engelsbild an ihrer Tür, sodass die Kinder wissen, dass sie nicht stören dürfen.

Übungen

Auch wenn solche Momente sich manchmal nur selten herstellen lassen, erlebbar und nachvollziehbar sind sie für jeden heutigen Menschen. Folgende Übungen können da Anregung und Hilfe sein.

Die Übungen bauen sich von unten nach oben auf:

Ich-integriert/kontrolliert

Nervosität drückt sich darin aus, dass Menschen oftmals nicht recht wissen, wie sie dazu kommen sollen, das wirklich zu tun, was sie eigentlich tun möchten. Diese Übungen stärken den Willen durch zunehmende Kontrolle des Ich über den Astralleib.

10. Verzichten Sie auf unnötige Urteile. Weniger als ein Zehntel der Urteile, die wir gewöhnlich fällen, ist mehr als genug.
9. Machen Sie sich alles bewusst, was eine Grenze zwischen Ihnen selbst und der äußeren Welt errichtet. Das heißt, lassen Sie nicht zu, dass Ihre persönlichen Urteile die objektive Beurteilung der Wirklichkeit beeinflussen.
8. Jede Sache hat nicht nur ein Für oder ein Wider, sondern zumeist beides. Bedenken Sie das Pro und Kontra eines Problems, treffen Sie bewusste Entscheidungen, und verhalten Sie sich danach. Es ist sehr wichtig, wenn wir uns etwas vornehmen, alles daranzusetzen, es auch auszuführen. Sagen Sie nicht: *Es wird schon werden,* sondern: *Tun sie es!* (z.B.: Lasse ich etwas liegen, oder räume ich es sofort auf? Wasche ich mein Geschirr ab, oder lasse ich es bis morgen stehen?)
7. Üben Sie Zurückhaltung, das heißt, erfüllen Sie sich nicht jeden Wunsch. Jedes Unterdrücken irgendeines kleinen Wunsches stärkt den Willen: Etwa auf einen Kaffee zu verzichten, bevor die Arbeit anfängt, und ihn erst nach getaner Arbeit genießen. Oder: Nehme ich noch ein Stück Kuchen oder nicht?

Astral-/Seelenleib führt

Diese Übungen stärken die Kontrolle des Astralleibes über den Ätherleib.

6. Versuchen Sie, Ihre Gewohnheiten zu ändern, etwa: Einmal die linke statt der rechten Hand benutzen. Wir stärken dadurch die Kontrolle des Astralleibes über den Ätherleib. (Beispiel: Essen Sie mit der linken statt mit der rechten Hand. Nehmen Sie den Putzlappen in die andere Hand.)
5. Entwickeln Sie ein Bewusstsein von Ihren Gesten und Bewegungen, etwa: Beim Essen oder beim Im-Kaffee-Rühren. (Wie rühre ich meinen Kaffee und wie lege ich anschließend meinen Löffel ab? Ist meine Putzgestik fließend, oder kämpfe ich mit dem Schmutz?)
4. Beobachten Sie aufmerksam Ihr Tun, z.B. beim Schreiben oder Gemüsevorbereiten.

Äther-/Lebensleib durchdringt

Diese Übungen konsolidieren (stärken) den Ätherleib und damit die Kontrolle über den physischen Leib.

3. Fördern Sie Ihr Gedächtnis, indem Sie Erlebnisse in umgekehrter Reihenfolge erinnern (z.B. abendliche Rückschau auf den vergangenen Tag, auch beim Tischdecken und -abdecken, beim Geschirr aus- und einräumen). Schauen Sie sich die Dinge an, die Sie erledigt haben. (Nach der Pflege eines Raumes in den Raum zurückblicken, um festzustellen, ob alles seine Ordnung hat.)
2. Überwinden Sie Ihre Vergesslichkeit, indem Sie einen Gegenstand täglich an einen anderen Platz legen und sich ein klares Bild der Umgebung einprägen, beispielsweise wenn Sie öfters Ihre Schlüssel suchen. (Den Schlüsselbund auf die rechte Ecke des Kaffeetisches neben den Blumenstrauß legen.)

1. Wechseln Sie bewusst Ihre Handschrift, vielleicht für 15 Minuten täglich.

Ora et labora, bete und arbeite. – Heute wird meistens mehr gearbeitet als gebetet.

5

ORDNUNG

Unordnung ist nicht gleich Chaos

Seit mehr als zwanzig Jahren gebe ich Vorträge und Seminare zum Thema Putzen und Pflegen. Mit der Zeit wurde mir immer bewusster, dass das Mühevolle beim Putzen nicht das Putzen selbst ist, sondern die vorher zu beseitigende Unordnung. Ohne dass wir zuerst aufräumen, können wir ja gar nicht putzen!

Wann aber ist etwas in Ordnung? Ordnung ist zumindest etwas, das sehnlich gewollt wird und doch für viele unerreichbar bleibt.

Hören wir einmal auf unsere Alltagssprache:

Die Welt ist in Ordnung.
Ordnung erhält die Welt.
Ordnung ist das halbe Leben.
Ordnung hilft haushalten.
Es hat alles seine Ordnung.
Gesellschaftliche Ordnung
Göttliche Ordnung
Natürliche Ordnung
Kosmische Ordnung

Oder: Ein kleines Kind kommt vertrauensvoll zu Mutter oder Vater mit der Bitte, etwas, das kaputt gegangen ist, *wieder in Ordnung zu bringen.*

Goethe sagt: *Gebraucht der Zeit, sie geht so schnell von hinnen, doch Ordnung lehrt euch Zeit gewinnen.*[56]

Bei der ersten Putzfachtagung am Goetheanum im Jahr 2004 sagte einer der Referenten[57] Folgendes: *Ordnen ist ein zutiefst schöpferisches Tun und hierin dem künstlerischen Schaffen gleichzusetzen, vielleicht ist es sogar als die ursprünglichste aller künstlerischen Gesten einzustufen.*

Vielleicht ist es auch hilfreich, mit der Frage danach zu beginnen, was Unordnung eigentlich ist. Wie entsteht sie überhaupt?

Im Haushalt verwechseln wir häufig die Begriffe Chaos und Unordnung. In unserer Alltagssprache hat Ordnung mehr mit Regelmäßigkeit und Übersichtlichkeit zu tun. Ich nenne ein Zimmer ordentlich, wenn alles an seinem Platz ist und ich mich mühelos darin orientieren und zurechtfinden kann. Sobald ich aber in einem Zimmer zu arbeiten, zu kochen beginne oder die Kinder zu spielen anfangen, geht die Ordnung sehr bald in Unordnung über. Ordnung hat offenbar die Eigenschaft, immer wie von selbst in Unordnung überzugehen – nie (!) ist das Umgekehrte der Fall. Soll sich wieder Ordnung einstellen, so muss ich bewusst ordnend von außen eingreifen. Ordnung kommt niemals von selbst zustande.

In der Schöpfungsgeschichte der Kabbala steht, dass das Allgottwesen sich selbst zurücknahm und so die Leere entstehen ließ. Aus dem in der Leere entstandenen Chaos wurde dann die Welt erschaffen.

In unserem Haushalts- oder Arbeitsalltag stehen wir oft genug einem Chaos gegenüber. Bereits in den endlosen Möglichkeiten, die sich in der Gestaltung unseres Alltags bieten, begegnen wir dem Chaos.

Auch vor einem Wohnungsumzug entsteht oftmals ein Zustand des Chaos. Nach dem Umzug ergibt sich die Gelegenheit, in einem kreativen Akt aus dem undifferenzierten Chaos heraus eine neue Ordnung zu gestalten. Es ist ein realer Schöpfungsakt. Hier haben wir jetzt die Gelegenheit, zu entscheiden, an der Stelle gezielt gestaltend und ordnend einzugreifen, wo Form- und Regellosigkeit vorliegen.

Je schwieriger es dabei wird, sich zu entscheiden, was nicht mehr gebraucht wird, oder wo eigentlich mit dem Einräumen begonnen werden soll, desto deutlicher tritt hervor, dass Unordnung auch eine Form von Entscheidungsschwäche ist. Einigen Menschen fällt es leicht, Ordnung zu halten. Andere wiederum haben damit große Mühe – sie fühlen sich überfordert, sind dadurch erschöpft, ja manche treibt es schier zur Verzweiflung.

Einsamkeit

In meiner Putztätigkeit konnte ich oft feststellen, dass mit dem Chaos ein schreckliches Gefühl von extremer Einsamkeit einhergehen kann. Eine so große Einsamkeit, dass Menschen versuchen, sie mit allerlei geschäftigem Getriebe oder mit Dingen, die sie anhäufen, zu verdecken.

Bei Jugendlichen kann man zum Beispiel ein Schild an der Schlafzimmertür antreffen: *Wegen Umbau geschlossen – bitte nicht eintreten.* Jugendliche fühlen sich manchmal unendlich allein in ihrer Welt. Dieses abgrundtiefe Gefühl der Einsamkeit können sie oft nicht einmal gegenüber Gleichaltrigen zum Ausdruck bringen.

Ein fünfzehnjähriges Mädchen erzählte mir einmal, wie sie gerade in diesem Chaoszustand der Selbstsuche keine Lust mehr hatte, ihr Zimmer aufzuräumen oder ihr Bett zu machen. Sie hatte das Gefühl, in ein inneres schwarzes Loch zu fallen, das alles in sich aufsaugte. Und so brauchte sie Abstand zu allem, was ihr dieses Gefühl zu allem Verdruss auch noch spiegelte.

Zum Jugendalter gehört es auch, einmal auszuprobieren, wie es ist, im totalen Chaos zu leben. Zum Unabhängig-Werden, zum Finden der eigenen Individualität gehört es dazu, dieses Ausprobieren – und auch, von sich aus wieder bestimmte Regeln anzunehmen. Jugendliche wollen verschiedene Ordnungssysteme testen; müssen aber auch versuchen, sich von ihren Eltern abzugrenzen. Manchmal machen sie sogar genau das Gegenteil dessen, was sie von den Eltern gelernt haben, zum Beispiel lassen sie die schmutzigen Kleider auf dem Boden liegen, bis die Mutter sie entnervt wäscht. Oder ihr gebrauchtes Geschirr stapelt sich, bis sie kein sauberes Stück mehr finden. Sobald sie aber in ihrer eigenen Wohnung leben, können sie das alles auf einmal wieder sehr gut.

Jugendliche benötigen Zeit für all ihre Aufgaben und Hausaufgaben: Musizierenüben, Sporttreiben, Aufräumen. Bekommen sie die Möglichkeit, selbst zu lernen, die Zeit, die sie für all das benötigen, richtig einzuschätzen, so besteht für sie später ein geringeres Risiko, dauerhaft unordentlich zu werden. Anderseits kann jedoch eine zu frühe Verselbständigung des jungen Menschen für ihn eine Überforderungssituation darstellen, die später durch räumliche und/oder zeitliche Unordnung zutage tritt.

Auch braucht der Jugendliche ein Gleichgewicht zwischen innen und außen, er muss lernen, seine Zeit zwischen Discobesuchen, Festen, Schularbeit, Sport und Erholung geschickt einzuteilen. Manchmal fehlen dann allerdings Zeit und Energie für Aufräum- und Putzaktionen. Machen dann die Eltern in einer solchen Situation zu viel Druck, dann kann das zu Protest, vielleicht sogar zur Rebellion führen.

Ebenso kann bei Kindern und Jugendlichen eine gewisse Unordnung auch durch ein Zuviel entstehen: Bei kleineren Kindern können zu viele Spielsachen auch zur Überforderung führen. Zu viel Spielzeug schränkt auch die Phantasie des Kindes ein und könnte es dazu verleiten, sich nicht genügend mit einer Tätigkeit zu verbinden, weil es immer von einem Spielzeug zum anderen wechselt.

Das natürliche Kräftemessen im Jugendalter wird heute ersetzt durch den Vergleich dessen, was sie besitzen. Früher wollten sie wissen, wer am schnellsten laufen, am besten ringen kann – heute wird eher darauf geachtet, wer die teuerste

Markenkleidung, das neueste Mobiltelefon oder andere spannende elektronische Geräte besitzt. Auch das führt zu Unordnung.

Überforderung

Unordnung tritt eben meistens auf, wenn *zu viel* von etwas vorhanden ist. Und so geschieht es auch bei einer Überforderung, auch da ist es immer *zu viel*. Überforderung ist letztlich eben nichts anderes als eine Art der Unordnung! Sie liegt dann vor, wenn Sachen sich an Orten befinden oder auftauchen, wo sie eigentlich nicht hingehören. Wir lassen einfach etwas liegen, bringen das nicht zu Ende, was wir begonnen haben, wir verschieben etwas zum x-ten Male auf morgen. Oder auch: Wir horten Dinge, können uns von nichts mehr trennen. Alles, was man sich selbst überlässt, wird zu Chaos. Jede Überforderung führt zu Unzufriedenheit und Frustration – was oft das ganze Familienleben auflösen und zerstören kann. Sobald wir selbst überfordert sind, haben wir die Tendenz, auch andere Menschen um uns herum zu überfordern. Aber es gibt nur eine einzige Person auf dieser Welt, die mich überfordern kann, und das bin ich selbst. Ich selbst bin die Ursache meiner Kraftlosigkeit, die etwa dadurch entsteht, dass ich schon wieder einmal etwas tue, was ich eigentlich nicht tun wollte. Oder: Wir hetzen von einem Ort zum anderen, von Auftrag zu Auftrag, und sind dann erstaunt, wenn wir uns *zufällig* verletzen, wenn uns Sachen kaputt gehen oder wir gar in Unfälle verwickelt werden.

Wer sich von allen möglichen widersprüchlichen Gedanken und Wünschen durchströmen lässt, unterhält eine innere Unordnung und darf sich nicht wundern, wenn er sich nicht mehr zurechtfindet. Wie viele Leute klagen: *Ich weiß nicht mehr, wo ich stehe, wo mir der Kopf steht!* Warum ist das so? Weil sie zu viele verschiedene Dinge gewünscht und angesammelt haben. Und jetzt stecken sie bis zum Hals, bis über den Kopf in Komplikationen.

Reinheit kann man auf unterschiedliche Weise betrachten. Am besten passt vielleicht der Vergleich mit der Einfachheit. Reinheit ist immer unkompliziert, klar und einfach, keine Mischung von Dingen, die gegen ihre Natur wäre, ihre Funktion beeinträchtigen oder ihre Harmonie stören würde. Nehmen wir als Beispiel einmal den menschlichen physisch-seelischen Leib, weil man nicht notwendigerweise nur auf den moralischen, ethischen Aspekt der Reinheit zu schauen braucht, um sie zu verstehen. Reinheit gehört auf jede Ebene. Reinheit bringt dem physischen Körper Gesundheit; dem Herzen Gefühle von Glück und Freude; dem Willen bringt sie die Kraft zu handeln; dem Verstand Licht und Verständnis. Wer alles kosten, berühren, ausprobieren und kennenlernen will, wird wie ein trüber, undurchsichtiger Stein.

Der erste Schritt aus der Überforderung ist oft der erste Schritt in die Pflege, in die Herstellung von Ordnung. Wir kennen es alle: Wie gut tut es, ganz ruhig und gelassen irgendwo mit dem Aufräumen und mit dem Schönmachen zu beginnen. Das Aufräumen wirkt dann wie eine Kunsttherapie, in welcher der Genesende selbst aktiv wird und somit seine Heilung eigenständig unterstützt. Manchmal hilft es sogar, nur die Handtasche auszuräumen und alles zu entsorgen, was nicht dort hineingehört. Objekt unserer Selbsttherapie kann auch ein Kleiderschrank oder die Schublade mit den Rechnungen und Korrespondenzen sein … oder, oder, oder.

Verführung

Überforderung ist oft die Folge einer Verführung, vielleicht auch eine versteckte Form von Hochmut: der Glaube nämlich, dass wir mehr tun könnten, als was uns wirklich möglich ist; ein vielleicht unbewusstes Gefühl der Unfehlbarkeit, der Unersetzlichkeit. Die Genesis im Alten Testament beschreibt Folgendes[58]:

Und so vollendete Gott am siebenten Tage seine Werke, die er machte, und ruhte am siebenten Tage von allen seinen Werken, die er gemacht hatte. Und Gott segnete den siebenten Tag und heiligte ihn, weil er an ihm ruhte von allen seinen Werken, die Gott geschaffen und gemacht hatte.

Weil etwas getan wurde, brauchte selbst Gott den nötigen Abstand, die Ruhe zur Besinnung, die Rückschau auf das Vollbrachte. Wir Menschen glauben aber oft, wir hätten unbegrenzte Kapazitäten, unerschöpfliche Zeit und Kraft.

In der jüdischen und christlichen Tradition ist von Luzifer, dem Engel des Lichts, die Rede, der sich Gott gleich stellen wollte und deshalb vom Erzengel Michael aus dem Himmel vertrieben wurde. Als gefallener Engel versucht Luzifer seitdem, den Menschen zu verführen, indem er ihm weiszumachen sucht, der Mensch sei Gott gleich und allem Irdischen überlegen.

In der persischen Überlieferung begegnen wir Ahriman, dem Geist der Finsternis – dem Widersacher Ahura Mazdaos, des Lichtgottes. Ahriman verneint alles Göttliche und versucht, den Menschen fest an das Irdische zu binden, den Menschen vom Licht und dem Göttlichen zu trennen.

Zwischen diesen beiden Widersachermächten ringt der Mensch ständig um das Gleichgewicht. Die luziferische Kraft führt den Menschen von der Form des Irdischen weg, versucht, ihn von allen Pflichten zu befreien. Die ahrimanische Kraft hingegen zwingt den Menschen in eine Form hinein, bindet ihn fest. Etwas kann ins totale Chaos geraten oder in sterile Ordnung übergehen. In beiden Fällen sind wir aus dem Gleichgewicht; und beide Fälle führen in die Einsamkeit, in die soziale Isolation.

Nur ich selbst kann beurteilen, ob ich meinen Aufgaben gewachsen bin, meine Arbeit gut mache oder nicht. Weshalb tue ich dieses und lasse jenes? Weil ich jetzt tatsächlich keine Zeit habe und es mir bewusst für morgen vornehme? Mache ich es *husch-husch* oder vielleicht sogar überhaupt nicht, weil es ja sowieso niemand bemerken wird?

Zu verzweifeln und sich zu sagen: *Es ist wie es ist,* das ist auch nur die eine Seite der Medaille. Die andere Seite ist all das, was aus der eigenen Initiative hervorgeht. Ahriman will den Menschen von dem eigenen, freien Tun abhalten. Luzifer will den Menschen zu immer weiteren Initiativen verführen, ohne Rücksicht auf die Umwelt und das soziale Umfeld. Immer neue Initiativen, damit die begonnenen bloß nicht zu Ende geführt werden können und müssen.

Es ist sehr wichtig, dass wir lernen, die Aufmerksamkeit darauf zu lenken, welche Kraft einen gerade verführen will, weshalb bestimmte Entscheidungen getroffen werden, was getan und was eher unterlassen wird – und warum.

Etwas zu Ende bringen wollen

Viele Menschen haben vielleicht einmal erlebt, wie ein Familienmitglied oder jemand aus dem Bekanntenkreis plötzlich ganz emsig versuchte, alles in Ordnung zu bringen. Briefe werden geschrieben, Rechnungen bezahlt, die Ehefrau wird in die büromäßigen Aufgaben eingeführt, die sie bis jetzt noch nie zu erledigen hatte. Oder eine Freundin backt unvorhergesehen einen Kuchen für die Nachbarin, mit der sie zerstritten war. Die Umwelt ist erstaunt – und versteht all das erst dann, wenn der oder die Betreffende unerwartet verstirbt. Es ist ein Urbedürfnis nach Ordnung, das hier auftritt, bevor „die große Reise" angetreten wird.

Mehrmals habe ich erlebt, dass jemand so lange nicht sterben konnte, als eine Sache, die ihm wichtig war, nicht in Ordnung gebracht worden war. Einmal besuchte ich eine Wohngemeinschaft über mehrere Tage, um dort mit verschiedenen Gruppen von Menschen praktisch zu arbeiten. Beim ersten Einsatz erschienen zwei Herren, die mir mitteilten, dass sie überhaupt kein Interesse am Putzen hätten und somit an keiner der

Arbeitseinheiten teilnehmen würden. Ich versicherte ihnen, dass die Teilnahme selbstverständlich vollkommen freiwillig sei.

Für den Abschluss meines Besuches hatten wir vereinbart, am letzten Abend um 19 Uhr ein Gespräch im kleinen Kreis zu führen, für Menschen, die noch besondere Fragen zum Thema hätten.

Am letzten Nachmittag war unsere Aufgabe, die Gemeinschaftsküche zu reinigen, da für den Abend kein Essen vorbereitet werden musste. Kaum hatten wir jedoch mit unserer Arbeit begonnen, da erschienen die beiden Herren vom ersten Tag: Sie wollten jetzt doch noch etwas helfen. Sie schauten sich in der Küche um und meinten spontan, dass sie gerne den Backofen reinigen wollten. Ich erklärte ihnen genau, wie sie vorzugehen hätten. Mit großer Freude machten sie sich an die Arbeit. Bald fingen sie an, lauthals und aus voller Kehle zu singen. Gegen 18 Uhr wollten wir mit unserer Arbeit fertig sein, damit wir noch an dem abschließenden Gespräch teilnehmen konnten. Die beiden Herren bestanden jedoch darauf, ihre Arbeit noch zu Ende zu führen, und versprachen, die Reinigungsutensilien anschließend bei mir abzugeben.

Kurz vor 19 Uhr saßen wir in einem kleinen Saal im Kreis, als die beiden Herren strahlend die Utensilien mit den Worten abgaben: *Der Backofen ist jetzt wieder fast wie neu!* In diesem Moment erschien der in der Einrichtung tätige Arzt, der ebenfalls an der abschließenden Gesprächsrunde teilnehmen wollte, und bat uns, doch noch kurz zu warten. Herr X sei gerade in diesem Moment verstorben, und er habe noch kurz einiges zu organisieren.

Die Anwesenden benutzten diese Wartezeit dazu, ein wenig auf das Leben des Verstorbenen zurückzublicken. Dabei erfuhr ich, dass er vor vielen Jahren die Reinigung des Backofens zu seiner persönlichen Aufgabe gemacht hatte und sie immer getreulich ausführte. Jedoch war er nach einem Unfall seit einigen Monaten bettlägerig und fragte immer wieder nach, wer sich jetzt wohl um den Backofen kümmern würde und ob dieser überhaupt sauber sei. Jede Woche hatte er an diesem Wochentag den Backofen gereinigt und bei dieser Arbeit immer herzhaft gesungen.

Von den Schwierigkeiten beim Ordnung-Schaffen

Zur Einstimmung:

Das Sommerkleid [59]

Die Bügelwäsche stapelt sich
und in der Ecke finde ich
mein lang gesuchtes Sommerkleid,
nur schade, dass es draußen schneit.
Na ja, denk ich und leg es fort
an einem ganz bestimmten Ort,
damit ich's sicher wiederfind,
wenn bald die Sommerzeit beginnt.
Doch ist der Sommer erst mal da,
hab ich vergessen, wo es war.
So such ich, bis es wieder schneit,
dann find ich auch mein Sommerkleid.

Es gibt sehr viele gute Ratgeber zum Ordnen und Aufräumen.[60] Deshalb werde ich keine gezielten Methoden zum Aufräumen angeben. Ich möchte mehr Wert auf solche Übungen legen, die in diesen vielen praktischen Ratgebern gerade nicht zu finden sind.

Meiner Erfahrung nach helfen solche Ratgeber nur bei Menschen, die zeitweilig überfordert sind, oder auch bei ganz tüchtigen Machern und Macherinnen, die immer ein bisschen Chaos um sich haben, weil sie so engagiert und kreativ sind. Für diese Menschen ist es kein Problem, von Zeit zu Zeit eine richtig große Aufräumaktion zu starten.

Haben wir auf diesem Gebiet jedoch eine grundsätzliche Schwäche, können sie nicht erkennen oder verdrängen sie sogar, dann helfen diese Ratgeber höchstens vorübergehend, wenn überhaupt.

Manchmal kann eine Aufräumaktion geradezu bedrohlich auf die Umgebung wirken. Ein sehr besorgter Ehemann rief mich einmal an und sagte: *Frau Thomas, Sie haben am Wochenende meiner Frau geraten, das Buch übers Aufräumen zu lesen. Seitdem hat sie nicht mehr aufgehört, auszuräumen und wegzuwerfen. Langsam bekomme ich Angst, ich könnte als Nächstes drankommen!*

Natürlich lösen ein Seminar oder ein Buch oft große Begeisterung und Unternehmungslust aus. Aber auch hier muss man gut überlegen, was man als Erstes tun will. Nach einem Seminar ging eine Mutter begeistert nach Hause, um sofort das Lieblingskleid ihrer kleinen Tochter auszubessern, das schon seit Monaten im Flickkorb lag. Nach Beendigung der Arbeit musste sie jedoch die bittere Enttäuschung des Mädchens erleben – denn leider war das Kleidchen inzwischen längst zu klein!

Oft hört man: Arbeit macht müde. Aber ist es denn wirklich die Arbeit, die wir bereits erledigt haben, die uns müde gemacht hat, oder ist es nicht vielmehr all das, was wir uns vorgenommen und noch nicht erledigt haben, was uns erdrückt? Es gibt im Leben wohl wenig anderes, was uns so viel Kraft abverlangt, unsere Nerven so aufreibt wie die Unordnung.

Und auch das kennt jeder von uns: Wir bemühen uns zwar aufrichtig, und doch fühlen wir uns oft so alleine mit unserem Gefühl von Unzulänglichkeit und Versagen. Irgendwo hat jeder von uns einen Bereich, der ihm Mühe bereitet, auch wenn – oder gerade weil – wir danach streben, das Problem, die Schwäche zu überwinden. Ich selbst bin eine sehr gute Putzfrau und finde in diesem Bereich für alles eine Lösung und bin auf diesem Gebiet höchst kreativ. Jedoch mit dem Ordnung-Halten bei meinen Papieren hatte ich doch meine liebe Not – eben weil ich zum Beispiel meine Korrespondenz oft nicht zeitnah erledigte. Dann stauten sich viele Papiere auf, und ich musste nach allem suchen – manchmal verzweifelte ich geradezu, weil ich es immer noch nicht geschafft hatte, die betreffende Sache in den Griff zu bekommen! Meine Lösung fand ich, indem ich mich entschied, einmal in der Woche mit einer Sekretärin zu arbeiten, die mir mit der Korrespondenz und der Ablage hilft, mir meine Geschäftsreisen bucht und noch vieles mehr.

Ich musste einsehen, dass ich es allein einfach nicht schaffte, und habe zu delegieren gelernt – eine großartige Erleichterung und für einen Menschen, der es gewöhnt ist, alles selbst zu tun, gar nicht so einfach! Doch war und ist die dadurch entstandene Entlastung – vor allem auch für meine Familie – unbeschreiblich groß.

Andere Menschen halten selbst immer eine wunderbare Ordnung, überfordern jedoch ihr ganzes Umfeld mit zu hohen Ansprüchen, weil in einem solchen Fall die Ordnung eben herrschen und nicht dienen will. Kein Mensch fühlt sich wohl, wenn er sich immer kontrolliert fühlt oder nach jeder seiner Bewegungen etwas wieder zurechtgerückt oder abgewischt wird.

Wie bereits erwähnt, ist es eine große Hilfe, wenn wir lernen, unser Haus oder unsere Wohnung als einen Organismus zu verstehen. Wenn wir wieder lernen, mehr auf die Prozesse zu achten, werden wir feststellen, dass wir sie auch in unserem Haushalt berücksichtigen können – ebenso selbstverständlich etwa, wie wir als Menschen unsere Nahrung aufnehmen, verdauen und ausscheiden. Natürlich ist für ein Haus der „Verdauungsprozess“ etwas langwieriger, wenn aber gar nicht mehr ausgeschieden wird, werden das Haus und mit ihm seine Bewohner einfach krank.

Ausstrahlung

Pflege und Ordnung strahlen über sich hinaus, sie verbreiten sich. Damit können wir eine Gegenbewegung zu Unordnung und Verfall schaffen.

Das Bewusstsein, das Streben bei einer ordnenden Handlung ist es, was Früchte trägt. Auch hier können wir – um zu beginnen – an irgendeinem Ort im Haus eine Ordnung herstellen und diesen Ort dann pflegen. Es kann ein anfänglich kleiner Bereich sein, aber er sollte so schön wie möglich bleiben, damit die Kraft der Ordnung weiter und über ihn hinaus ausstrahlen kann.

Erich Fromm hat einmal geschrieben[61]:

> *Die Vitalität selbst ist das Resultat einer Vision. Wenn es keine Visionen mehr gibt von etwas Großem, Schönem, Wichtigem, dann reduziert sich die Vitalität, und der Mensch wird lebensschwächer.*

Wie entsteht Unordnung?

Meiner Erfahrung nach entsteht Unordnung immer mit einer oft unbewussten Entscheidung. Zum Beispiel: Was mache ich mit der alten Zeitung, tue ich sie ins Altpapier oder bleibt sie liegen? Mache ich die Schublade, die Schranktür zu, nachdem ich etwas geholt habe, oder bleibt sie offen? Hat mein Schlüsselbund einen festen Platz, an den ich ihn immer hinlege, sodass ich ihn nicht immer wieder suchen muss? Räume ich die Dinge gleich an den richtigen Ort, oder gibt es ein *Zwischenlager?* Oft ist dabei Unordnung eine direkte Folge von Ungeduld oder scheinbarer Zeitnot.

Einige Menschen haben so hohe Ansprüche an einzelne ihrer Tätigkeiten, dass sie diese ständig wiederholen und daher nicht vom Fleck kommen. Das Bad glänzt zwar, aber alles andere versinkt im Chaos. Oder man verliert sich so stark in winzige Details, dass das Gesamte immer unordentlich aussieht. Andere sind sentimental und meinen, jede einzelne Kinderzeichnung oder jeder Tannenzapfen müsse aufbewahrt werden.

Es ist wichtig zu erkennen, was die Ursache für ein Problem ist – eine innere Ursache oder aber deren äußere Manifestation. Was sollen wir zuerst lösen? Das innere oder das äußere Problem? Ich denke, wir sollten immer versuchen, beides zugleich anzugehen. Das Äußere in vielleicht ganz kleinen, jedoch achtsamen Schritten. Und: Man muss es immer wieder versuchen, sonst wird der Wille so stark geschwächt, dass es immer schwieriger und schwieriger wird, es zu vollenden. Dabei müssen wir lernen, uns selbst genau zu betrachten, und wir müssen versuchen festzustellen, weshalb wir eine Sache schon wieder auf diese Weise tun.

Was aber am allerwichtigsten ist: Diese Entscheidung können Sie nur für sich selbst treffen. Andere können Anregungen geben und Möglichkeiten aufzeigen, aber nur Sie selbst treffen die Entscheidung, ob und was Sie schließlich tatsächlich machen wollen oder können. Es darf kein äußerer Zwang, sondern es muss ein zutiefst empfundenes Bedürfnis sein. Das hat sehr viel mit Menschenwürde zu tun. Wir können dabei auch lernen, Wesentliches vom Unwesentlichen zu unterscheiden, Prioritäten zu setzen und, vor allem, sich selbst wieder etwas zuzutrauen.

Die beiden wichtigsten Schritte sind also:

1. Vom Sollen zum Wollen (nicht Müssen!) und
2. Vom Wollen zum Tun.

Wenn wir etwas wirklich ernsthaft wollen, die Ausführung uns aber dennoch nicht gelingt, dann erst benötigen wir Hilfe.

Wo beginne ich mit dem Ordnung-Schaffen?

Eine große Herausforderung und die immer wiederkehrende Frage ist und bleibt: Wo fange ich an? Bevor wir überhaupt beginnen, benötigen wir ein Ziel, und auf dieses arbeiten wir hin. Ein Ziel wäre zum Beispiel ein aufgeräumtes Haus. Das heißt dann aber nicht, dass beim Anfangen schon jedes Eckchen ganz perfekt geputzt sein muss! Wir würden sonst nicht von der Stelle kommen.

Es ist gut, erst einmal herauszufinden, welcher Raum es am nötigsten hat und einen am meisten stört. Bevor man schließlich mit dem Aufräumen beginnt, stellt man sich einen Moment an die Türschwelle und schaut sich den Raum an, nimmt ihn als Ganzes wahr. Und dann fragt man sich: Was ärgert mich eigentlich am meisten? Häufig ist es dasjenige, was man immer wieder verschiebt, um das man herumgeht, das man meidet. Fangen Sie also einfach mit dem an, was Ihnen am unangenehmsten auffällt. Gerade dort hat sich irgendetwas von Ihnen verselbständigt, und deswegen schauen Sie dort auch nicht gerne hin. Sobald Sie aber an dieser Stelle beginnen, wird unversehens viel Kraft frei.

In unserer Putzfirma haben wir das unzählige Male erprobt, und mir wurde immer wieder bestätigt, dass es wie eine Hürde sei, die man so lange meide, als man diesen Bereich nicht angegangen sei. Hat man aber diese schwierigste Ecke einmal angepackt, kommt die Kraft zurück, die einen anspornt weiterzumachen.

Nehmen Sie sich nicht zu viele Einzelheiten vor. Arbeiten Sie in kleinen, jedoch permanenten Schritten langsam auf Ihr Ziel zu. Viele Menschen lenken sich ab, indem sie sich zehn unwesentliche Dinge gleichzeitig vornehmen, anstatt nur ein Wesentliches zu erledigen. Es funktioniert nicht, wenn wir uns zwanzig Dinge zu gleicher Zeit vornehmen. Am Ende des Tages sind wir nur frustriert und unzufrieden, begleitet von einem großen Gefühl des Versagt-Habens.

Sobald wir mit der Arbeit fertig sind, ist es gut, sich erneut auf die Schwelle des Raumes zu stellen, um rückblickend die Dinge zu betrachten, die wir getan haben, um festzustellen, ob alles so in Ordnung ist. Steht alles wieder an seinem Platz? Hängen die Vorhänge wieder richtig? Habe ich auch wirklich nichts übersehen?

An einem Nachmittag hatte ich plötzlich die Idee, bei einem unserer Großkunden unangekündigt eine Arbeitskontrolle durchzuführen. Mit prüfendem Blick ging ich durch die verschiedenen Räume. Als ich das Büro des Direktors betrat, lag zu meinem Schrecken auf seinem Schreibtisch eine verstaubte Heizungsreinigungsbürste! Ich rief die Mitarbeiterin an und fragte sie, ob sie, wie sie es gelernt habe, auch in jedem Raum einen Rückblick getan habe. Verlegen gab sie zu, es gerade heute nicht gemacht zu haben, weil ihre kleine Tochter krank geworden sei und sie so schnell wie möglich nach Hause wollte. – Zwar hatte ich Verständnis für ihre besondere Situation, zeigte ihr aber dennoch die Bürste, die uns den Vertrag hätte kosten können.

Stärkung des Willens und Bewusstseins für das eigene Tun

Wenn ich mir zehn Dinge gleichzeitig vornehme, ist es nahezu unmöglich, mich mit allen Vorhaben gleich intensiv zu verbinden. Ständig habe ich dann alle zehn Dinge gleichzeitig im Sinn. Das heißt: Ich bügle und denke bereits ans notwendige Einkaufen. Irgendwann wird die Unruhe und Ungeduld dann so groß, dass ich das Bügeln liegen lasse und schnell einkaufen gehe. Beim Einkaufen denke ich schon ans Pflanzensetzen. Im Garten bin ich schon beim Kuchenbacken. Und so folgt eins aufs andere, aber nichts wird richtig und zu Ende gebracht, weil einem ja immer noch etwas anderes, ganz Wichtiges vorschwebt. Dadurch lebe ich nie tatsächlich in der Gegenwart, kann gar nicht bewusst genießen, was ich gerade tue. Ich laufe mir selbst ständig hinterher und hinterlasse überall Baustellen. – Nichts ist so erschöpfend wie nur halb gemachte, nicht vollständig erledigte Sachen.

Die Frustration über all das Unerledigte ist Folge einer Art Gier – mehr haben zu wollen, als was wir benötigen, uns mehr vorzunehmen, als wir überhaupt schaffen können. Es ist gefährlich zu glauben, dass man doch gut mit Überlastungen umgehen könne. Irgendwann führt das dann doch zum Burnout oder Zusammenbruch.

Ein starker Wille muss nicht ständig aktiv sein, muss nicht ständig im Tun begriffen sein. Es gibt Menschen, die sehr aktiv sind, aber dennoch völlig chaotisch in ihrem Handeln. Nichts wird zu Ende gebracht, sie hetzen von einer Aufgabe zur nächsten und verbreiten überall Chaos, wo sie tätig waren. Einen starken Willen haben wir, wenn wir beginnen, Verantwortung für unser Tun zu übernehmen, nicht nur für das, was

wir ausführen, sondern auch für das, was wir unterlassen. Dadurch entwickeln wir eine starke Lebenssicherheit und großes Vertrauen in uns selbst. Das wird uns stärken und uns Kraft für die nächste Unternehmung geben.

Wie bereits gesagt, dasjenige, was uns müde macht, was uns erschöpft, ist nie die geleistete Arbeit, sondern es sind die vielen Dinge, die noch getan werden müssen und sich wie ein Berg vor uns auftürmen. Die vielen Briefe, die noch geschrieben werden müssen; die Artikel, die wir noch lesen wollen; die Strümpfe, die noch gestopft werden sollen; die Rechnungen, die noch zu bezahlen sind, und natürlich die Steuererklärung, die auf jeden Fall unbedingt erledigt werden muss.

All unsere unerledigten Dinge, alles Chaos um uns herum raubt etwas von unserer Kraft und Würde. Alles, was wir erledigen konnten, und war es noch so klein, befreit uns und gibt uns Kraft für das nächste Tun. Es schenkt uns ein Erfolgserlebnis, und unser Selbstwertgefühl wird gesteigert.

Jede kleine Tat, die wir bewusst vollbringen, befreit uns und hilft uns, unsere Umwelt zu harmonisieren. Es muss nicht etwas besonders Großes sein. Wiederholen wir aber diese eine Sache täglich, damit daraus ein dauerhafter Schritt werden kann, so werden wir gesund, finden unser Selbstbewusstsein wieder. Es braucht nur ein kleiner Tisch oder ein Fenstersims zu sein, was wir schön gestalten und täglich pflegen. Und wenn dann einmal wieder alles kopfsteht und alles schiefläuft, dann stellen wir uns vor dieses Tischlein oder den Sims hin und sagen uns: *Das habe ich geschafft, alles andere wird auch noch werden.*

Es gibt kleine, einfache Übungen, die uns helfen können, unser Bewusstsein für das, was wir gerade tun, zu stärken. Beobachten wir beispielsweise unsere Gesten: Wie nehme ich etwas in die Hand, wie lege ich es wieder ab? Oder: Weshalb bewahre ich eigentlich etwas auf?

Ich half einmal einer alten Dame, ihre Küche aufzuräumen. In einem Schrank befanden sich hunderte leere Ein-Kilo-Zuckertüten. Als ich sie fragte, wofür sie die Tüten denn wohl bräuchte, kam die Antwort: *Da passt doch das Pausenbrot der Kinder so wunderbar hinein.* Als ich ihr sanft sagte, dass ihre Kinder ja bereits selbst Eltern seien und somit auch die Pausenbrote für ihre Kinder machten, schaute sie mich eine Weile mit Unverständnis an – dann fing sie an zu lachen! Daraufhin haben wir alle Tütchen entsorgt – und viele andere Sachen auch.

Geschickte (Selbst-)Hilfe

Es gibt immer Menschen, die das Aufräumen nur mit Hilfe anderer Menschen schaffen, weil die ihnen plötzlich einen guten Grund dafür liefern.

So bat mich ein Mann um Hilfe, weil er und seine Schwester während eines Krankenhausaufenthaltes der Mutter wenigstens deren Bad von all den dort gelagerten Zeitungen befreit hatten. Als die Mutter in die Wohnung zurückkam, war das für sie jedoch ein solcher Schock, dass sie mit Selbstmord drohte, falls die Kinder so etwas je wieder versuchen würden. Die Geschwister waren verzweifelt, denn die Mutter war immer eine ordentliche Frau gewesen. Die Unordnung begann, als die Tochter das Haus verlassen hatte, um in einer anderen Stadt zu studieren. Da stopfte die Mutter deren Zimmer voll. Als auch der Sohn später fortging, folgte sein Zimmer, und nach und nach wurde das Haus immer voller und voller. Unterdessen hatte die Tochter zwei kleine Töchter, die ihre Oma sehr liebten, sie aber nie besuchen konnten, weil der Zustand des Hauses das nicht erlaubte. Die Großmutter kam jedoch gerne und oft zu Besuch zu ihrer Tochter. – Mein Vorschlag war nun, sie sollten irgendeinen Grund finden, die Mädchen zur Großmutter bringen zu *müssen*. Die Tochter plante eine Reise mit ihrem Mann, lud zielgerichtet Freunde ein, in dieser Zeit in ihrem Haus zu wohnen, damit es unmöglich für die Großmutter wurde, die Mädchen im Elternhaus zu hüten. – All das führte dann auch tatsächlich dazu, dass die Großmutter ihre Kinder bat, ihr zu helfen, das Haus zu räumen, damit jedes der beiden Enkel ein Zimmer haben konnte – und natürlich auch ein Bad.

Eine Frau berichtete mir einmal, dass ihre hohen Ansprüche ihrem Kind die Lust am Spielen verdorben hätten. Wegen ihres starken Bedürfnisses nach Ordnung durften die Kinder nur mit etwas spielen, wenn sie es anschließend auch aufräumten. Und kein neues Spiel durfte hervorgeholt werden, bevor das andere nicht weggeräumt war. Eines Tages blieb ihr vierjähriges Bübchen nach dem Frühstück ganz verdrossen auf der Treppe sitzen, anstatt wie sonst mit dem Spielen zu beginnen. Als sie ihn fragte, weshalb er denn nicht spiele, antwortete er: *Ach Mami, nach dem Spielen muss ich ja immer wieder alles aufräumen.*

Durch zu hohe Ansprüche schrecken wir Menschen oft ab, weil wir ihnen das Gefühl vermitteln, dass sie es sowieso nicht gut genug machten. Vor allem, wenn wir selbst zwar diesen Herzenswunsch nach Ordnung haben, es dann aber doch nicht wirklich schaffen. Dann wirken unsere Ansprüche noch negativer, weil sie in einem in sich widersprüchlichen Bild erscheinen. Manchmal meinen wir, diejenigen Eigenschaften, nach denen wir streben, bereits errungen zu haben. Sollte das jedoch nicht der Fall sein – und tun wir dennoch so, als ob –, dann erscheinen wir nicht glaubhaft. Es ist eben sehr wichtig, einzusehen: Entweder überzeugt das gute Vorbild im Tun, oder wir sollten unser Bedürfnis so aussprechen, dass es nicht zu einer Forderung wird.

An der Stelle ist es immer hilfreich, eine Kultur der Verabredung zu pflegen. Dazu berichtete Marshall Rosenberg[62] in einem Vortrag einmal, wie eine Mutter bei einem befreundeten Familientherapeuten Rat suchte, weil sie ihre drei jugendlichen Söhne überhaupt nicht dazu bringen konnte, im Haushalt mitzuhelfen. Sie war der Meinung, dass doch jeder etwas tun solle, auch wenn er gar keine Lust dazu habe. Sie mache das ja selbst schließlich täglich. Auf die Frage, was denn sie ungern tue, antwortete die Frau: *Ich hasse das Kochen, muss aber trotzdem mehrmals am Tag die Mahlzeiten vorbereiten.* Der Therapeut schlug vor, dass die Buben das Kochen übernehmen sollten, während die Mutter den restlichen Haushalt versorgen sollte. Einige Wochen später traf der Therapeut einen der Söhne und fragte, wie es denn zu Hause so gehe. Der Junge antwortete: *Seitdem wir jetzt das Kochen übernommen haben, gibt es das erste Mal in meiner Erinnerung Mahlzeiten, die wir in Freude und ohne Spannung genießen können.* – Diese Begebenheit hat mir einiges zum Nachdenken gegeben.

Kahlil Gibran hat einmal folgenden Ausspruch über die Arbeit getan[63]:

> *Was ist Arbeit? Sichtbar gemachte Liebe.*
> *Und wenn ihr nicht mit Liebe, nur mit Widerwillen arbeiten könnt, lasst besser eure Arbeit und setzt euch ans Tor des Tempels und nehmt Almosen von denen, die mit Freude arbeiten. Denn wenn ihr mit Gleichgültigkeit Brot backt, backt ihr bitteres Brot, das nicht einmal den halben Hunger des Menschen stillt. Und wenn ihr die Trauben mit Widerwillen keltert, träufelt eure Abneigung Gift in den Wein.*

Schauen wir einmal, welche Wirkung die Ordnung hat, dann können wir bemerken, dass wir Hundertfaches zurückbekommen. Die innere Kraft, die wir aufbringen müssen, um Ordnung zu schaffen, verbindet uns mit einer *höheren Ordnung*. Haben wir es mit intensivem Bemühen endlich geschafft, Ordnung herzustellen, leuchtet in unserer Seele jene wunderbare

Harmonie auf, die uns selbst wieder Schritt für Schritt zu einer kosmischen Ordnung zurückführen wird.

Eine echte, lebendige Ordnung wirkt positiv auf Menschen, sogar am Arbeitsplatz. Einmal hatte ich mit zwei Gästen von einer Universität eine Sitzung zur Besprechung eines gemeinsamen Projekts. Das Büro, in dem die Sitzung stattfand, war fast leer, sehr diskret mit zwei Bildern, einer Pflanze und einem Blumenstrauß dekoriert. Die Arbeits- und Abstellflächen waren frei und man sah keine Aktenordner, weil sie alle in Schränken versorgt waren. Rückblickend auf diese Sitzung, sagte einer der Gäste: *Der Raum war so hell und frisch, das gab mir sehr viel Mut für unser Projekt. In einem so ordentlichen Raum spürt man Klarheit und Zukunftskräfte.* Der Gast erzählte dann von einer anderen Person, deren Büro vollgestopft mit Dossiers und Ordnern gewesen sei, die zum Teil über vierzig Jahre alt waren. Jetzt erst werde ihm klar, weshalb deren Projekte häufig im Sand verliefen.

Ein Landwirt, der recht viele Artikel publiziert hat, erzählte mir bei einem Seminar, dass er erst jetzt verstehe, weshalb er oft so große Mühe beim Schreiben habe. In seinem Büro dürfe niemand etwas aufräumen, das mache er immer selbst – jedoch leider nicht oft genug. Es wäre ihm bereits aufgefallen, dass er manchmal ein starkes Bedürfnis habe, sein Büro richtig aufzuräumen und zu putzen – auch erinnere er, dass er anschließend meist wieder gut schreiben könne. Nur habe er noch nie wirklich über diesen Zusammenhang nachgedacht. Jetzt wolle er einmal versuchen, einen Rhythmus fürs Aufräumen und Reinigen seines Büros zu finden, weil er dadurch doch sehr viel Zeit sparen könne, wenn ihm dann zu gegebener Zeit das Schreiben sofort gelingen werde.

Vernachlässigung, Schmutz und Staub

Wie bereits gesagt: *Charity begins at home.* Ja, so ist es: Großzügigkeit, Wohltätigkeit, Barmherzigkeit, Nächstenliebe fängt zu

Hause an. Sehr oft suchen Menschen eine Aktivität außerhalb des Hauses – selbst unbezahlte Arbeit –, nur um von dort flüchten zu können. Junge Mütter, die meine Seminare besuchen, können mir oft ganze Listen aufzählen von den vielen Dingen, die sie ohne Bezahlung tun. Wunderbare, selbstlose Aktivitäten – und damit rechtfertigen sie ihre Unfähigkeit, zu Hause das Notwendige zu leisten. Eine Mutter sagte mir sogar einmal: *Ich kaufe jede Woche wunderschöne Blumensträuße, damit meine Kinder nur die Blumen und nicht die Unordnung sehen.* Ich schlug vor, sich eine Reinigungskraft als Hilfe zu holen. Sie sagte sofort, das wäre doch viel zu teuer, sie könnte sich das nicht leisten. Als wir die Kosten für die Blumensträuße zusammenrechneten, stellten wir fest, dass sie sich immerhin für drei Stunden pro Woche eine Hilfe würde leisten können.

Um überhaupt reinigen zu können, müssen wir zuerst einmal aufräumen, eine Grundordnung herstellen. Je mehr Dinge wir besitzen, desto schwieriger wird es, eine Ordnung herzustellen und zu erhalten. Sobald die Unordnung völlig überhandnimmt, entsteht Verwahrlosung und Vernachlässigung. Und Vernachlässigung ist das Gegenteil von Pflege. Und wie Pflege und die Ordnung eine strahlende Qualität haben, so empfinde ich die Vernachlässigung als etwas Schleichendes, Kriechendes. Das nimmt seinen Ausgang in all den nicht durchdrungenen Eckchen und Orten. Es kriecht von den Fenstersimsen, auf denen zu viele Dinge herumliegen, oft so viele, dass wir nicht einmal mehr realisieren, dass der Sims mittlerweile zu einem regelrechten „Friedhof“ geworden ist. Zwischen all den Tannenzapfen, Kastanien, Kristallen und Pflanzen liegen viele tote Insekten. In den Falten der Vorhänge haben sich Spinnen eingenistet, und unter den Betten sammelt sich Staub an, weil sich dort zu viele Gegenstände befinden, als dass man anständig saugen könnte.

Ein kleiner Junge, der zu Besuch bei seiner Großmutter war, brauchte dringend ihre Hilfe, um ein Spielzeug, das unter das Bett gerollt war, wieder hervorzuholen. Als sie ihn fragte, weshalb er es nicht selbst holen wolle, antwortete er: *Aber Oma, unter den Betten ist immer so furchtbar viel Staub, das mag ich nicht!* Sie versicherte ihm: *Schau doch erst mal nach. Bei mir macht immer die Linda sauber, und unter meinen Betten liegt ganz bestimmt kein Staub.*

Eine schöne Dekoration für das Zuhause ist ein kleiner Tisch, den man der Jahreszeit entsprechend gestaltet. Manchmal ist aber auch ein solcher Jahreszeitentisch verstaubt, ja auch dort finden sich oft tote Fliegen. Kein Wunder, dass die Kinder kein Interesse mehr daran haben. Wird jedoch der Tisch wieder aufgeräumt und werden das Tuch und die Blumen darauf erneuert, so haben alle gleich wieder Freude daran.

Manchmal sind wir ziemlich entsetzt, wenn wir ein Zimmer umstellen oder umziehen, über all den grauen und flockigen Staub, der sich dort angesammelt hat, wo zuvor die Möbel standen, hinterm Bücherschrank, unterm Bett, praktisch in allen Ecken. Woher kommt dieser Staub und woraus besteht er eigentlich? Heutzutage gibt es verschiedenste Analyseverfahren, vor allem seit so viele Menschen allergisch auf Staub reagieren. Im Hausstaub finden sich Partikel von Wolle, Baumwolle und Papier, von Insekten, Lebensmitteln, Pflanzen, Blättern, Asche, mikroskopisch kleinen Pilzsporen, einzelligen Lebewesen und eine große Zahl nicht klassifizierbarer Stoffe, zum größten Teil natürlichen, organischen Ursprungs (zum Beispiel menschliche Haut- und Haarschuppen, Haare oder auch Meteorstaub. Der Amerikaner Robert Fulghum sagt in seinem Buch[64], dass das, was in den Ritzen und Winkeln unseres Zimmers liegt, kein Schmutz, sondern kosmischer Kompost *(stardust)* sei. Schafft es der Mensch nicht, seine Umgebung zu pflegen, so fängt er früher oder später an, sich selbst zu vernachlässigen. Entweder die innere oder äußere Pflege lässt nach, oft genug auch beides. Wir können ja durchaus noch recht gut und gepflegt aussehen, aber möglicherweise schlafen wir nicht mehr gut oder werden von Angstzuständen geplagt.

Wer auf Lebensprozesse zu achten vermag, der wird entdecken, wie sie immer wieder kommen und auch gehen. Man würde sicher krank, wenn man das feine, teure Essen, das einem gerade so gut geschmeckt hat, für immer behalten müsste. Wenn das so wäre, könnte kein Leben gedeihen, weder die Bäume noch die Ökonomie, noch eine menschliche Biographie. Immer muss etwas vergehen, absterben, damit ein Neuanfang möglich werden kann.

Ohne Veränderung ist Entwicklung nicht möglich. Altes muss vergehen, um Neues entstehen zu lassen. Obwohl viele Menschen jegliche Veränderung als Katastrophe erleben, erweist sie sich als notwendig, auch wenn es manchmal erst viele Jahre später deutlich wird, wozu die Veränderung gut war. Menschen, die nichts mehr verändern wollen, stagnieren.

Aus dem Grund halten viele Menschen es mit sich selbst allein nicht aus. Sie werden mit einer Veränderung (zum Beispiel einer Pensionierung oder einer Trennung) nicht fertig. Sie empfinden Angst in diesem leeren Raum, haben Furcht vor der sie verunsichernden Ungewissheit geistloser Leere. – Aber eine geistige Leere mit materiellen Dingen füllen zu wollen hilft nicht. Denn erst, wenn wir eine Leere wirklich erlebt haben, können wir das Leben neu ergreifen, der Leere einen neuen Inhalt geben. Dann können wir in einen Verwandlungsprozess einsteigen.

Es ist wichtig, tatsächlich anzustreben, so zu leben, wie man eigentlich leben möchte. Das heißt, wenn jemand sagt: *Das halte ich keine drei Jahre mehr aus!*, so sollte er unmittelbar danach trachten, sein Leben zu ändern, zu ordnen, zu verwandeln. Mit der Haltung *Es wird schon irgendwie werden* zu leben, fördert die Überforderung. Wohingegen das Vorhaben *Ich will es tun* und es dann auch wirklich auszuführen, der Schritt in die richtige Richtung ist.

Aufräumen ist Loslassenlernen, stärkt das Vertrauen, dass wir immer ausreichend versorgt sein werden, dass wir Wichtiges nie wirklich vergessen werden.

Um sich selbst besser verstehen zu können, kann es eine Hilfe sein, den Blick auf die Welt der Dinge ringsherum zu werfen, sich ein Bild von den Dingen zu machen, die uns umgeben, uns vielleicht stören oder vielleicht auch fehlen.

Allerdings gibt es auch immaterielle *Dinge*. All das, woran wir uns erinnern, das, was wir noch erledigen müssen, dasjenige, was uns Sorge oder Freude bereitet. Viele Dinge bereichern uns, andere erschöpfen uns, bestimmte Dinge saugen sogar unsere Kraft und Energie auf. Mit all diesen Dingen sind wir verbunden, und es braucht sehr viel Energie, das alles ins Bewusstsein zu heben und dort zu halten. Auch wenn uns vieles nicht mehr im Bewusstsein gegenwärtig ist, existiert die Verbindung dazu doch weiter und kann so an unseren Kräften zehren.

Einen neuen Zugang zu all diesen Dingen zu suchen, kann eine neue und sehr spannende Erfahrung sein. Dadurch vermögen wir sogar Ordnung, ja vielleicht sogar Raum für Neues im eigenen Leben zu schaffen.

6

VOM UMGANG MIT DEN DINGEN

Ordnung-Halten heißt auch: Sich hin und wieder von etwas trennen zu müssen.

Das nachfolgende japanische Märchen hat mich tief beeindruckt. Was mir daran deutlich wurde, ist, wie man mit den Dingen umgehen sollte. Dadurch können wir Voraussetzungen schaffen, dass sich etwas Positives ereignen kann, dass helfende Wesen unterstützend mit uns zusammenarbeiten. Wir können ihnen eine Tür öffnen, sie einladen – statt durch Gleichgültigkeit Raum für weniger hilfreiche Wesen zu schaffen.

Die fünf Gespenster – ein japanisches Märchen[64a]

Der Abend brach herein, und der junge Ritter, der Samurai Joschinari, wusste noch immer nicht, wo er diese Nacht bleiben sollte. Ganz allein wanderte er über eine grasbewachsene Ebene und hielt Ausschau nach einem Dorf, in dem er vielleicht ein Nachtlager fände. Wären nicht seine aufrechte Haltung und die beiden blanken Schwerter in seinem Gürtel gewesen, man hätte wohl kaum einen Ritter in ihm vermutet. Seine Kleidung war armselig und zerrissen, das Haar ungepflegt, und das abgemagerte Gesicht verriet, dass er schon lange nicht mehr ordentlich gegessen hatte. Er hatte keine Anstellung mehr, denn sein Herr hatte bei einem Kampf seine Macht verloren und musste sein Gefolge entlassen. So war Joschinari und seinen Gefährten nichts anderes übrig geblieben, als durch das Land zu ziehen, in der Hoffnung, irgendwo einen neuen Dienst zu finden. Aber das Glück war ihm nicht hold. Längst hatte er alle seine Vorräte verbraucht, und außer den beiden Schwertern besaß er nichts mehr.

Wie er so ging und ständig um sich schaute, erblickte er in der Ferne einige Häuser. Er freute sich, doch nicht im Freien übernachten zu müssen, und eilte auf das Dorf zu. Als er hinkam, war es schon dunkel. Joschinari ging von einem Haus zum anderen, aber nirgends wollte man ihm ein Nachtlager gewähren.

Die Türen wurden ihm vor der Nase zugeschlagen, oder sie taten sich gar nicht erst auf. Hatte man etwa Angst vor ihm? Nur ein einziges Fenster öffnete sich einen Spalt breit, und jemand rief: *Hinter dem Dorf ist ein kleiner Tempel, dort könnt Ihr vielleicht unterkommen,* und schnell schloss sich das Fenster wieder. Joschinari wunderte sich über das seltsame Verhalten der Leute, aber dann sagte er sich: *Vielleicht hat die Obrigkeit verboten, reisenden Rittern Unterkunft zu gewähren,* und schlug die Richtung zum Tempel ein. Hauptsache, er bekäme für die Nacht ein Dach über dem Kopf.

Etwa auf halbem Wege stieß er auf einen alten Mann, der mit einem großen Reisigbündel auf dem Rücken vom Walde kam. Der Alte grüßte höflich und sprach zu Joschinari: *Ihr wollt doch nicht etwa in unserem Tempel übernachten, Herr Ritter? Was bleibt mir denn anders übrig, Väterchen? Im Dorf scheint man Angst vor mir zu haben, denn niemand wollte mich aufnehmen. Aber immerhin hat mir jemand den Rat mit dem Tempel gegeben,* antwortete Joschinari.

Geht nicht in den Tempel! sagte der Alte. *Ich weiß wohl, warum sie Euch hingeschickt haben. Der Tempel ist nämlich seit langem verlassen, und des Nachts spukt es dort. Noch nie hat es jemand eine Nacht lang dort ausgehalten. Vielleicht hoffen die Leute im Dorf, dass Ihr uns von den Gespenstern befreit. Aber geht lieber nicht hin. Wenn Ihr mit meiner bescheidenen Hütte vorliebnehmen wollt, so könnt Ihr bei mir übernachten.*

Joschinari ärgerte sich, dass der Dorfbewohner ihn hatte überlisten wollen, doch dann überlegte er es sich anders und sprach zu dem Alten: *Ich danke für Eure Güte, aber nun gehe ich erst recht hin. Sonst könnte noch jemand glauben, dass ich mich vor Gespenstern fürchte. Ein echter Samurai aber fürchtet nichts auf der Welt! – Tut, wie Ihr denkt, edler Ritter. Ich habe Euch gewarnt und wünsche Euch viel Glück für den Kampf!* Und der Alte eilte nach Hause.

Der Weg zum Tempel war schon lange nicht mehr begangen worden. Nach einer Weile traten vor Joschinari die Umrisse des halb verfallenen Gebäudes aus der Dunkelheit auf. Im Dach gähnte ein großes Loch, durch die Ritzen in den Wänden hätte bequem eine Katze schlüpfen können. Als Joschinari auf die Veranda trat, blieb ihm ein Stück von dem morschen Geländer in der Hand, und die Dielenbretter knarrten verdächtig unter seinen Schritten. Gleich hinter der Tür hing wie ein Vorhang dichtes Spinnengewebe. Der Tempel war leer, wenn man von den zahllosen Spinnweben, einigen alten Matten und einem staubbedeckten Schrein absah. Joschinari machte sich in einer Ecke des Tempelvorraumes ein Lager und ließ sich nieder. Die Schwerter legte er in Reichweite, obwohl er bezweifelte, dass sie ihm gegen die Gespenster helfen würden, und harrte der Dinge, die da kommen sollten.

Inzwischen war es stockfinster geworden, aber bald schon schien der Mond hell durch die Decke und die Wände. Ab und zu knarzte ein Balken, aber sonst blieb alles still. Joschinari hatte sich vorgenommen, nicht einzuschlafen und sich von nichts überraschen zu lassen, doch er hatte eine anstrengende Wanderung hinter sich und dazu einen leeren Magen, und so war es kein Wunder, dass er schließlich doch einschlief.

Um Mitternacht weckte ihn ein starkes Klopfen an der Nordwand des Tempels. Zugleich hörte er eine hohe, krächzende Stimme: *Hallo, ist jemand da?* Schnell griff er zu den Schwertern und überlegte, ob er antworten sollte. Doch noch ehe er sich entschieden hatte, blinkte im Nebengemach hinter der dünnen Bambuswand ein Licht auf, und jemand rief: *Hier ist der Lange, Zerfranste, unschuldig Eingekerkerte. Heute bin ich zu Hause und empfange Gäste. Wer ist dort draußen?* Dann krächzte es: *Hier ist der Schimmernde, Gebogene, im Dickicht Verlorene. Ich bin zu Besuch gekommen, darf ich eintreten?*

Komm nur herein, du bist willkommen, antwortete der Gastgeber, aber es waren keine Schritte und auch sonst kein Laut zu hören. Nun ging nach einer Weile das Licht im Nebenraum wieder aus, und alles war wie zuvor. Joschinari glaubte, geträumt zu haben, aber da klopfte es schon wieder, diesmal an die Südwand des Tempels, und eine undeutliche, näselnde Stimme rief: *Hallo, ist jemand da?* Wie vorher blinkte das Licht auf, und aus dem Nebenraum antwortete es: *Hier ist der Lange, Zerfranste, unschuldig Eingekerkerte. Heute bin ich zu Hause und empfange Gäste. Wer ist dort?* Daraufhin näselte der neue Gast: *Hier ist der Dünne, Zahnlose, an dem Ast Aufgehängte. Ich bin zu Besuch gekommen, darf ich eintreten? – Komm nur herein, du bist willkommen,* antwortete der Gastgeber. Das Licht erlosch, und wieder regte sich nichts mehr.

Nun war es Joschinari klar, dass er nicht geträumt hatte, und er wartete gespannt, was sich weiter ereignen würde. Es dauerte nicht lange, da klopfte es an die Ostwand des Tempels, und eine tiefe, hohle Stimme fragte: *Hallo, ist jemand da?* Als das Licht angegangen war und der Lange, Zerfranste geantwortet hatte, sagte der neue Besucher: *Hier ist der Nackte, Schnappende, nur halb Begrabene. Ich bin zu Besuch gekommen, darf ich eintreten?*

Auch er wurde hereingebeten, doch ob er wirklich eintrat, konnte Joschinari nicht feststellen, denn es war kein Laut zu hören.

Noch ehe das Licht erlosch, klopfte es wieder, und zwar an die westliche Tempelwand, und der neue Besucher stellte sich gleich vor: *Hier ist der Bauchige, Unersättliche, im Teich Ertränkte. Ich bin zu Besuch gekommen, darf ich eintreten?* Nachdem er angekommen war, verlosch das Licht nicht mehr, im Gegenteil, es brannte heller als zuvor. Der Lange, Zerfranste schien niemanden mehr zu erwarten. Eine Weile geschah nichts, nur leises Geflüster und Gekicher und das Klappern von Geschirr drang aus dem Nebengemach herüber, wie wenn eine kleinere Gesellschaft zu Abend äße und sich dabei angenehm unterhielte.

Dann aber sprach jemand lauter, der Stimme nach zu urteilen, war es der Gastgeber, und die Übrigen verstummten.

Heute habe ich eine angenehme Überraschung für euch. Nebenan, im Vorraum, schläft der Ritter Joschinari und ahnt noch nicht, was ihn erwartet. Aber ich weiß es. Wir werden ihn ... Leider wurden die nächsten Worte so leise geflüstert, dass Joschinari kein Wort verstehen konnte. Dem Geflüster folgten eine Lachsalve und begeisterte Rufe: *Das ist das Richtige! – Wie ich mich freue! – Das wird ein Spaß!* Joschinari stand der kalte Schweiß auf der Stirn. Ein weniger mutiger Ritter hätte gewiss die Flucht ergriffen, aber er verlor seine Geistesgegenwart nicht. Als er hörte, dass die Gespenster näher kamen, stand er auf, streifte die Ärmel hoch, stellte sich breitbeinig und erwartete, mit dem Schwert in der Hand, den Angriff. In dem Augenblick ertönte ein scharfes Zischen, und ein rot leuchtender, dünner Strich schlüpfte in den Vorsaal. Er fuhr über den Boden, beschrieb Kreise und Bögen, und schließlich kam er immer näher an Joschinari heran und zog eine Schlinge um ihn. Joschinari schlug wild mit dem Schwert um sich, aber der Strich lachte nur vergnügt und tanzte weiter.

Nun wusste Joschinari, dass man einem hinterlistigen Feind am besten mit Furchtlosigkeit imponieren kann, und so rief er mit strenger Stimme: *Halt!* Und tatsächlich, der rote Strich hielt in seinem Tanz inne und blinkte unsicher, dann aber fasste er sich wieder und blitzte: *Sage mir, wer ich bin, oder ich erwürge dich!*

Joschinari überlegte nicht lange und antwortete: *Wer solltest du schon sein? Natürlich der Lange, Zerfranste!* Und als sich der Strich noch immer nicht rührte, fügte er hinzu: Der *unschuldig Eingekerkerte.*

Kaum hatte er das gesagt, zuckte der Strich zusammen und verschwand. Gleich darauf ertönte ein fürchterliches Stampfen, als käme eine Herde Pferde in den Vorsaal gestürmt, und etwas Längliches, weiß Leuchtendes sprang mit einem schnappenden Geräusch um Joschinari herum. Schließlich blieb das weiße Etwas vor dem Ritter stehen und sprach: *Sage mir, wer ich bin, oder ich reiße dich in Stücke!* Joschinari antwortete: *Du bist gewiss der Nackte, Schnappende,* und schnell fügte er hinzu: *Der nur halb Begrabene.* Da sprang das längliche, weiße Licht nicht noch einmal in die Höhe und verschwand.

Joschinari überlegte angestrengt, wer noch zu dem Langen, Zerfransten zu Besuch gekommen war, aber viel Zeit zum Überlegen blieb ihm nicht. Denn schon erklang ein hohler Ton, wie wenn eine Glocke anschlägt, und im Vorsaal erschien ein rundes blaues Licht, das sich immer schneller um sich selbst drehte. Wie es so herumwirbelte, wurde es immer größer und größer, bis es fast den ganzen Vorsaal ausfüllte und Joschinari sich an die Wand pressen musste, um nicht in den wilden Wirbel gerissen zu werden. Da blieb die Erscheinung stehen und gluckerte: *Sage mir, wer ich bin, oder ich verschlinge dich mit Haut und Haar!*

In diesem Augenblick fiel Joschinari ein, wer das sein mochte, und er antwortete eifrig: *Du bist niemand anders als der Bauchige, Unersättliche, natürlich, der im Teich Ertränkte.* Und die blaue Kugel verschwand.

Noch ehe der Ritter aufatmen konnte, schnellte etwas Unsichtbares so schnell auf dem Boden hin und her, dass die Funken nur so stoben. Schließlich fuhr es direkt auf Joschinari zu, aber der sprang gewandt zur Seite. Da blieb der Unsichtbare stehen und zischte näselnd: *Sag mir, wer ich bin, oder ich zermalme dich! Ach,* dachte Joschinari, *du kannst nicht beißen,* und er antwortete: *Du bist gewiss der Dünne, Zahnlose, der an dem Ast Aufgehängte.* Da verschwand das Gespenst ebenso wie die drei vor ihm.

Joschinari wusste, dass noch ein Besucher fehlte, aber er konnte sich beim besten Willen nicht an dessen Namen erinnern. Angestrengt überlegte er, doch da hörte er schon ein Flattern, als flöge eine Schar Vögel durch den Raum, und etwas Durchsichtiges, das in allen Farben schimmerte, schwebte herbei. Es kam immer näher, bis es vor Joschinari stehen blieb und krächzte: *Sage mir, wer ich bin, oder ich kitzle dich zu Tode!* Ein Glück, dass du der Letzte bist, dachte Joschinari bei sich. Denn er war von dem nächtlichen Tanz schon recht müde und sagte: *Na, du bist doch der, der zuerst kam, der …* Da kitzelte ihn etwas an der Nase, dass er in die Höhe sprang. Aber zum Glück fiel ihm gerade in diesem Augenblick der Name des Besuchers ein. *Du bist der Schimmernde, Gebogene, im Dickicht Verlorene.*

Und nun verschwinde, ich habe gerade genug von euch!, rief er laut, und wirklich, das schimmernde, durchsichtige Etwas verschwand, und alles blieb still.

Aber im Nebengemach leuchtete noch immer das Licht, und so wagte es Joschinari nicht, einzuschlafen, denn er konnte ja nicht wissen, was die Gespenster noch vorhatten.

Zum Glück war es nicht mehr lange bis zum Morgen, und kaum erklang vom Dorf der erste Hahnenschrei, verlöschte das Licht. Die unheimlichen Besucher schienen wieder gegangen zu sein.

Erst jetzt legte sich Joschinari, der vor Müdigkeit kaum noch auf den Beinen stehen konnte, hin und schlief sofort ein. Als er mit knurrendem Magen erwachte, schien die Sonne schon durch alle Ritzen. Joschinari schaute sich um. Der Tempel war wirklich leer, bis auf die Spinnweben, die alten Matten und den staubbedeckten Schrein.

Joschinari stand auf, gürtete seine Schwerter um und trat auf die Veranda hinaus. Nicht weit von dem Tempel sah er ein Häuflein Dorfbewohner stehen, die stumm herüberschauten. Ihm fiel ein, wie unfreundlich sie ihn gestern empfangen hatten, und er legte die Hände an den Mund und rief zu ihnen hinüber:

Ihr habt mich also zu den Gespenstern schlafen geschickt! Aber wie ihr seht, ist mir nichts passiert, ja, ich habe mich ganz angenehm mit ihnen unterhalten. Und wisst ihr auch, wer hier spukt? Hört gut zu! Hier im Tempel ist der Lange, Zerfranste und zu Unrecht Eingekerkerte, und zu ihm kommen der Schimmernde, Gebogene, im Dickicht Verlorene, der Bauchige, Unersättliche, im Teich Ertränkte, der Nackte, Schnappende, nur halb Begrabene und der Dünne, Zahnlose, an dem Ast Aufgehängte. Die fünf sind gute Freunde, die am Tage nicht zueinander kommen können und deshalb in der Nacht herumspuken. Wenn wir sie alle fünf finden und auf einen Haufen legen, hört die Spukerei auf. Nun schaut nicht so erschrocken drein, helft mir lieber zu suchen. Dort im Westen sehe ich einen Teich, da finden wir gewiss den Bauchigen, den Unersättlichen.

Und ehe sich's die Dorfleute versahen, ging Joschinari auf den Teich zu. Lange fand er nichts, doch plötzlich sah er nahe beim Ufer einen alten Krug ohne Boden liegen.

Da ist er!, rief Joschinari. *Schaut nur, wie bauchig er ist, und unersättlich ist er auch, wo er doch keinen Boden mehr hat. Holt ihn heraus, und dann werden wir weitersehen.*

Als der Krug geborgen war, blickte Joschinari nach Norden und sprach: *Dort ist ein Gebüsch, da könnte sich der Schimmernde, Gebogene aufhalten.*

Das ganze Dorf suchte mit Joschinari das Dickicht ab. Schließlich sah der Ritter etwas leuchten. Er blickte sich um und hob einen Hahnenschwanz auf. *Ich habe ihn!*, rief er freudig. *Er schimmert in allen Farben, gebogen ist er auch, und verloren muss ihn sein Besitzer ja haben, sonst läge er nicht hier. Jetzt gehen wir nach Süden, dort hängt an einem Baum der Dünne, Zahnlose.*

Im Süden wuchs ein einsamer Baum, den sie nun von allen Seiten betrachteten. Lange konnten sie nichts finden, endlich aber bemerkte ein kleines Mädchen ganz oben in den Zweigen einen alten, zahnlosen Kamm.

Richtig, das ist er, lobte Joschinari das Mädchen. *Noch dünner kann er gar nicht sein, und sieh, er hat auch keine Zähne mehr. Nehmt ihn mit. Und nun gehen wir in östlicher Richtung. Jener Stein dort sieht fast wie ein Grabstein aus, dort finden wir sicher den Nackten, Schnappenden, nur halb Begrabenen.*

Sie schüttelten den Dünnen, Zahnlosen vom Baum und begaben sich zu dem Stein. Hier brauchten sie nicht lange zu suchen. Gleich hinter dem Grabstein schaute ein blanker, weißer Pferdeschädel aus der Erde.

Das ist er bestimmt. Nackt ist er, dass es nicht nackter geht. Zähne zum Schnappen hat er noch, und begraben ist er wirklich nur halb. Nehmt den Schädel und kommt mit zum Tempel. Wir müssen noch den Gastgeber, den Langen, Zerfransten, unschuldig Eingekerkerten finden.

Sie schauten sich in dem Tempel um, aber er war leer wie zuvor. *Sollte es der Schrein sein?*, fragte sich Joschinari. *Er ist zwar gut verschlossen, aber lang ist er nicht und zerfranst schon gleich gar nicht. Doch es könnte das Gefängnis sein. Sicher ist der Lange, Zerfranste darin.* Er schlug kräftig mit der Faust auf den Schrein und versuchte, das Schloss mit seinem Messer aufzubrechen. Endlich gab die Tür nach, und Joschinari erblickte eine Reihe Schubfächer. Im untersten lag ein abgerissener Schnürsenkel.

Joschinari zog ihn heraus und sprach: *Hier haben wir ihn, den unschuldig Eingekerkerten; denn er gehört nicht in den Schrein, der nur für Schriftrollen bestimmt ist. Und zerfranst ist er auch. Lang ist er zwar gerade nicht, aber doch viel länger als breit, und das bisschen Aufschneiderei werden wir ihm gerne verzeihen. Nun haben wir die Fünf beisammen. Vergrabt sie alle an einer Stelle, damit sie niemanden mehr erschrecken.*

Die Dorfleute taten, wie ihnen Joschinari geheißen. Sie gruben den bodenlosen Krug, den verlorenen Hahnenschwanz, den zahnlosen Kamm, den Pferdeschädel und den abgerissenen Schnürsenkel tief in die Erde, bedankten sich bei dem Ritter, dass er den Tempel von den Gespenstern erlöst hatte, und entschuldigten sich für ihr unfreundliches Verhalten am Tag zuvor.

Und ob ihr es glaubt oder nicht, seit jenem Tag spukte niemand mehr in dem Tempel herum, weder der Schimmernde, Gebogene noch der Bauchige, Unersättliche, weder der Nackte, Schnappende noch der Dünne, Zahnlose, ja nicht einmal der Lange, Zerfranste.

Nimm Abschied und gesunde

STUFEN *Hermann Hesse*[64b]

Wie jede Blüte welkt
und jede Jugend dem Alter weicht,
blüht jede Lebensstufe,
blüht jede Weisheit auch und jede Tugend
zu ihrer Zeit und darf nicht ewig dauern.
Es muss das Herz bei jedem Lebensrufe
bereit zum Abschied sein und Neubeginne,
um sich in Tapferkeit und ohne Trauern
in and're, neue Bindungen zu geben.
Und jedem Anfang wohnt ein Zauber inne,
der uns beschützt und der uns hilft zu leben.
Wir sollen heiter Raum um Raum durchschreiten,
an keinem wie an einer Heimat hängen,
der Weltgeist will nicht fesseln uns und engen,
er will uns Stuf' um Stufe heben, weiten!
Kaum sind wir heimisch einem Lebenskreise
und traulich eingewohnt,
so droht Erschlaffen!
Nur wer bereit zu Aufbruch ist und Reise,
mag lähmender Gewöhnung sich entraffen.
Es wird vielleicht auch noch die Todesstunde
uns neuen Räumen jung entgegen senden:
des Lebens Ruf an uns wird niemals enden.
Wohlan denn, Herz, nimm Abschied und gesunde!

In obigem Gedicht von Hermann Hesse (1877 – 1962) lesen wir in der Schlusszeile die Worte: *nimm Abschied und gesunde*. Das trifft offensichtlich nicht nur auf Menschen, sondern auch für Gegenstände zu. Wir leben heute in einer Zeit, in der sehr viel gekauft, gesammelt, verstaut, aber auch gedankenlos weggeworfen wird.

Viele Menschen leiden unter den vielen Objekten, die sie angesammelt haben, denn sie können einfach nichts wegwerfen. Und andersherum *leiden* die Objekte darunter, wenn sie, wenig beachtet und gebraucht, einfach wieder weggeworfen werden. Wie finden wir hier einen Mittelweg?

Zum einen geht es dabei um die Andacht zum Kleinen, um einen gesunden Respekt vor allem Materiellen. Zum anderen ist es wichtig, unseren Lebensraum so zu gestalten, dass wir uns darin wohlfühlen können.

Es gibt Objekte, die wirken sehr negativ auf ihr Umfeld. Wir bewahren Geschenke auf, die uns irgendwann einmal überreicht wurden. Obwohl sie uns eigentlich nicht gefallen, meinen wir, dass wir sie behalten müssten, um den Menschen, der sie uns geschenkt hat, nicht zu verletzen. Doch wir verletzen nur uns selbst, weil wir mit Dingen konfrontiert sind, die uns keine Freude bereiten, ja, die uns sogar Unbehagen bereiten.

Manchmal ist es sehr schwierig, einen Weg zu finden, wie wir uns von etwas trennen können, etwa dem Geschenk der Schwiegermutter, das einen Ehrenplatz einnimmt, obwohl wir es gar nicht mögen. Da kommt manchmal Hilfe aus völlig unerwarteten Bereichen. Nach einem Vortrag von mir fuhr eine Teilnehmerin nach Hause, fest entschlossen, gerade eine solche Lampe zu beseitigen, der seit Jahren ein besonderer Platz in ihrem Wohnzimmer zukam, dort aber ein tägliches Ärgernis war. Die Frau konnte einfach nicht den Mut aufbringen, die Lampe einfach zu entsorgen. Beim Seminar am nächsten Morgen erzählte sie uns: *Den ganzen Weg nach Hause nahm ich mir vor, endlich diese Lampe verschwinden zu lassen, selbst wenn dann der Haussegen für eine Weile schief hängen sollte. Kaum vor der Haustür angekommen, stürzte meine Tochter ganz entsetzt aus der Tür und erzählte, die Katze habe die von der Großmutter geschenkte Lampe vom Schrank hinunter gestoßen, und jetzt läge die Lampe in tausend Scherben am Boden.* Wenn wir uns etwas ganz fest vornehmen, so kann es passieren, dass sich alle Kräfte der Natur vereinigen, um uns dabei zu unterstützen!

Einmal kamen ein Mann und eine Frau in mein Seminar, die sich kennengelernt hatten, als beide zweiundvierzig Jahre alt waren. Keiner von ihnen hatte zuvor in einer Beziehung gelebt – und sie heirateten. Wenn man sie zusammen sah, spürte man sofort, dass sie eine Einheit bildeten: Sie wirkten ganz harmonisch. Ungefähr ein halbes Jahr nach diesem Seminar rief mich die Frau völlig verzweifelt an und sagte: *Linda, meine Ehe geht in die Brüche.* Ich sagte zu ihr, dass ich das ja kaum für möglich halten könne. Darauf erwiderte sie: *Irgendetwas ist in unserem Haus! Etwas hat sich so verändert, dass wir uns in dem Haus überhaupt nicht mehr vertragen können. Wenn wir unterwegs sind, zum Einkaufen, oder wenn wir zum Essen ausgehen, wenn wir einen Spaziergang machen, sind wir so glücklich wie immer. Aber in dem Augenblick, wenn wir die Tür zu unserer Wohnung öffnen, wird es ganz eisig zwischen uns. Kaum, dass wir miteinander sprechen.* Da fragte ich sie, wie lange dieser Zustand schon andauere, und sie antwortete: *Seit zehn Tagen.* Jetzt war meine Frage, ob denn in den letzten zehn Tagen in diesem Haus irgendetwas Besonderes vorgefallen sei. Sie wusste von nichts. Da riet ich ihr, sich auf die Schwelle der Haustüre zu stellen, das ganze Foyer zu durchschreiten, in alle Zimmer zu gehen und sich dabei die Frage zu stellen, was sich in letzter Zeit in diesen Räumen geändert habe könne. Darauf fiel ihr ein, dass sie vor kurzem ein Klavier bekommen hätten. Sie erzählte, dass ihre Mutter vor zehn Tagen in ein Altersheim umgezogen sei und sie *unbedingt* das Klavier übernehmen *musste.* Das Wort *musste* machte mich sofort hellhörig. Ich fragte sie also, was es denn mit diesem Klavier auf sich habe: *Liebst du denn dieses Klavier nicht?* – Da antwortete sie mir ganz spontan, es war wie ein Dammbruch: *Ich hasse dieses Klavier! Immer wollte meine Mutter eine Pianistin aus mir machen, sie nötigte mich, täglich stundenlang am Klavier zu sitzen und zu üben. Ich kann es einfach nicht ausstehen.* Das war doch die Lösung des Problems. Ich schlug vor, das Klavier zu verschenken. Dann sollte sie ihre Mutter so oft besuchen, dass

diese kein Bedürfnis habe, zur Tochter zu kommen. Auf diese Weise würde sie wohl nie herausfinden, dass das Klavier ein würdigeres Zuhause gefunden hatte.

Dabei war es jedoch sehr wichtig, das Klavier mit wohlwollenden Gedanken zu verschenken, wohl wissend, dass es nichts dafür konnte, dass die Frau als Kind stundenlang üben musste. Und so kam das Klavier in eine Musikschule. Die angespannte Stimmung zu Hause, die immer aufgrund des gehassten Klaviers entstand, war nicht mehr da, und das Ehepaar war glücklich wie zuvor.

Oft ist es so, dass es sich nur um ein einziges Ding handelt, wenn wir etwas in einem Raum als störend empfinden. Manchmal kann es ein einziger Brief in einer Schublade sein, der die Atmosphäre vergiftet.

Vielleicht sollten sich alle in einer Familie einmal fragen, wo denn eigentlich das Klavier selbst stehen möchte?

Als ich einmal eine Dorfgemeinschaft für pflegebedürftige erwachsene Menschen besuchte, erzählte man mir von einem der Häuser, in dem eine sehr negative Stimmung herrschte. Bei fast allen Menschen, die in diesem Haus wohnten, kam es irgendwann zu Schwierigkeiten. Entweder wurden die Kinder krank, die Betreuten begannen sich zu zanken, oder es gab Streit zwischen den Eheleuten. So ging es schon über Jahre, und es wurde derart schlimm, dass das Haus dann meistens unbewohnt blieb. Als eine neue Familie in diese Gemeinschaft kam, entschied sie sich aus Platzmangel, doch dieses Haus zu beziehen. Nach einer Weile gab es darin eine Überschwemmung, und alle Teppichböden mussten herausgenommen werden. Wie groß war die Überraschung, als man unter dem Teppichboden im Esszimmer eine Tür entdeckte, die offensichtlich in einen Keller führte. Aber niemand im Dorf wusste noch etwas von diesem Keller. Als nun die Tür geöffnet wurde, war es wie das Öffnen der Büchse der Pandora. Ganz unterschiedliche Gegenstände befanden sich in diesem Keller. Weil aber seit mehr als 15 Jahren kein Mensch diesen Raum mehr betreten hatte, entschloss man sich, alles, was darin war, einfach zu verbrennen, denn alle Gegenstände waren darüber hinaus noch vermodert oder verschimmelt. Tagelang wurde der Raum gelüftet, frisch gestrichen und vor allem wieder in Gebrauch genommen. Von diesem Tag an war Friede im Haus.

Das alles waren jetzt Beispiele von ungeliebten und unbeachteten Dingen. Jedoch ist es auch möglich, dass geliebte Dinge einen Wohnraum auf merkwürdige Weise unangenehm beeinflussen können. Eine Kundin bat mich, mir einmal ihre Wohnung anzuschauen, weil sie immer wieder eine negative Kraft an einem bestimmten Ort spüre. Ich ging durch alle Zimmer und musste nach zwei Schritten in den Schlafraum hinein plötzlich innehalten. *Genau dort ist es!,* rief sie. Ich schaute mir den Raum genauer an. An der Stelle, wo ich gerade stehen geblieben war, kreuzten sich die Verbindungslinien der Ecken zweier Möbelstücke: einem Sekretär an der Ostwand und einer Kommode an der Südwand, die sich diagonal gegenüberstanden. *Es geht von diesen beiden Möbelstücken aus,* sagte ich. Für die Dame schien das unmöglich, weil sie gerade diese beiden Teile besonders gern hatte und auch sehr gut pflegte, denn es waren Erbstücke von zwei innig geliebten Menschen. Der Sekretär hatte der Mutter gehört und die Kommode der Patentante, der Schwester ihrer Mutter. Bei genauerem Nachfragen stellte sich heraus, dass sich gerade durch diese beiden Möbelstücke die Schwestern nach dem Tode der Großmutter furchtbar zerstritten hatten.

Leider konnten sie sich nie wieder versöhnen. – Wir fanden eine Lösung, indem der Sekretär in den Arbeitsraum gerückt wurde.

Es ist wichtig, im täglichen Leben darauf zu achten, welche Dinge uns umgeben. Bereiten sie uns Freude, bedrängen sie uns, könnten sie neu geordnet werden? Dinge und Menschen gehören zusammen und müssen gewissermaßen miteinander auskommen.

Lieblingsstücke

Es gibt natürlich auch viele Beispiele, wie geliebte und gepflegte Objekte wohltuend auf uns wirken können. Mein Sohn besaß, als er noch klein war, ein grünes Stoff-Krokodil, das überall hin mitreiste. Heute ist auch das Krokodil schon über zwanzig Jahre alt, hat aber immer noch einen Platz in seinem Zimmer.

Kurz nachdem ich meine Firma gegründet hatte, bat mich eine alte Dame, sie alle zwei Wochen in ihrem Haushalt zu unterstützen. Als ich das erste Mal ihr Haus betrat, sank all mein Mut. Auf den ersten Blick sah ich über die ganze Wohnung verteilt weit über hundert kleine Porzellanfiguren. Menschen, Tiere, Zwerge, sogar Bäume, ein kleines Haus und vieles mehr. *Das wird eine sehr zeitaufwendige Sache,* dachte ich mir. Sie führte mich durch die Wohnung, zeigte sehr liebevoll auf all die Figuren und meinte: *Diese Kleinen dürfen Sie bitte nicht berühren. Wenn ich sie abstaube, stelle ich sie immer wieder um. Sie, Linda, dürfen dann die frei gewordenen Stellen pflegen.* Erst jetzt wurde mir klar, dass die Dame auf innigste Weise mit ihren Figürchen verbunden war und mit ihnen lebte. Überall waren sie in kleinen Grüppchen aufgestellt, die ein Märchen oder ein bestimmtes Bild darstellten. Solche Gegenstände sind belebt und durchdrungen und spenden daher Kraft und Freude. Auch ich freute mich jedes Mal darauf, zu entdecken, was sie wohl wieder Neues aufgebaut hatte.

Das Gold des Interesses

Der Umgang mit den Dingen erreichte für mich eine neue Dimension, nachdem ich Folgendes gelesen hatte:

> *Die Empfindungsseele ist dasjenige, was den Menschen in die Lage versetzt, die Welt der Dinge zu empfinden, sie in sich aufzunehmen, Anteil zu nehmen an den Dingen, nicht durch die Welt zu gehen und unwissend zu bleiben bezüglich der Dinge, sondern so, dass wir ein Verhältnis zu denselben bekommen […]. Was dem Menschen eine Beziehung zu den Dingen rings herum verschafft, ist dasjenige, was wir nennen können das Interesse an den Dingen. Mit diesem Wort Interesse ist etwas in moralischem Sinne ungeheuer Bedeutungsvolles ausgesprochen. Es ist viel wichtiger, dass man die moralische Bedeutung des Interesses ins Auge fasst, als dass man sich hingibt an tausend und abertausend schöne, wenn auch vielleicht nur scheinheilige, kleinliche Moralgrundsätze. Unsere moralischen Impulse werden in der Tat durch nichts besser geleitet, als wenn wir ein richtiges Interesse nehmen an den Dingen und Wesenheiten […]. Immer mehr und mehr wird man es erkennen, dass der Impuls des Interesses ein ganz besonders goldener Impuls in moralischem Sinne ist, je weiter man vorschreiten wird zu den wirklichen moralischen Grundlagen und nicht bloß moralische Predigten halten will. Dass wir unser Interesse erweitern, dass wir die Möglichkeit finden, uns verständnisvoll hineinzuversetzen in die Dinge und Wesen, das ruft unsere Kräfte im Innern auf, auch den Menschen gegenüber.*[65]

Menschen, die es nicht schaffen, sich mit der Umgebung und den Dingen zu verbinden, leiden oft furchtbar unter ihrem Umfeld. Wenn sie bei ihrem Vorhaben, aufzuräumen und ordnen zu wollen, immer wieder versagen, kann das zu tiefen Depressionen führen. Die notwendigen Aufräum- und Ordnungsarbeiten fordern von uns eine bestimmte Treue, eine Durchhaltekraft. Um Depressionen entgegenzuwirken, hilft es oft, ein lebendiges und echtes Interesse für das zu entwickeln, was uns umgibt. Die innere Bewegung, die durch das Interesse an den Dingen entsteht, kann uns auch äußerlich dazu bewegen, tatkräftig zuzupacken, mit der Arbeit zu beginnen.

Auf diese Weise kann auch die tägliche Hausarbeit zu einer kreativen Aufgabe werden, in dem Augenblick nämlich, wenn wir beispielsweise einer bislang eher mechanisch ausgeführten Geste einen Schimmer von Bewusstsein schenken oder dem Ding, das wir in Händen halten, einen Hauch unseres Geistes zukommen lassen.

Wenn wir ein altes Möbelstück polieren, fühlen wir, wie vielleicht ganz neue innere Eindrücke während dieser altbekannten häuslichen Pflicht aufsteigen. Die bewusste Tätigkeit wirkt wie ein Jungbrunnen und gibt den alltäglichsten Handlungen die Qualität eines Neubeginns. Wie wunderbar ist es doch, eine mechanische Handlung wirklich neu zu erfinden! Ich erschaffe mir ein ganz neues Objekt, indem ich etwas liebevoll pflege. Unsere Seele begleitet diesen Vorgang, die Berührung schenkt Wärme. Etwas Menschliches geht auf den gepflegten Gegenstand über und in ihn hinein und wirkt von da positiv und heilsam auf die Menschen zurück. Dinge, die wirklich geschätzt und gepflegt werden, sind belebt und nehmen ihren Platz nicht nur in einem Haus, sondern auch in einem gemeinschaftlichen Gefüge ein. Im Gegensatz zu den vernachlässigten Dingen, die ja in der dargestellten Weise zu *spuken* beginnen können, erhöhen wir die Würde des Objektes durch eine liebevolle Pflege. Von einem Gegenstand im Raum zum nächsten webt die hausfrauliche Pflege Bande. Sie kann dabei eine sehr lange Vergangenheit mit einer völlig neuen Epoche vereinen. Die bewusste Hausfrau „erweckt“ Möbel, die wie schlafend waren.

Ein Haus, das aufgrund der empfangenen Pflege leuchtet, erscheint uns in ganz anderem Licht. In der vertrauten Harmonie von Wänden und Möbeln erleben wir dann ein Haus, ein Zuhause, das durch unsere Pflege wie neu erbaut wurde. So gilt der Spruch:

> *Wir wollen alles Materielle im Lichte des Geistes tun, und wir wollen das Licht des Geistes so suchen, dass es uns Wärme entwickele für unser praktisches Tun,*[66]

für alle pflegerische Tätigkeit, auch für die Tätigkeit im Haushalt und für den Umgang mit den Dingen.

> *Suchet das wirklich praktische materielle Leben,*
> *Aber suchet es so, dass es euch nicht betäubt*
> *über den Geist, der in ihm wirksam ist.*
> *Suchet den Geist,*
> *Aber suchet ihn nicht in übersinnlicher Wollust,*
> *aus übersinnlichem Egoismus,*
> *Sondern suchet ihn,*
> *Weil ihr ihn selbstlos im praktischen Leben,*
> *in der materiellen Welt anwenden wollt.*
> *Wendet an den alten Grundsatz:*
> *„Geist ist niemals ohne Materie, Materie niemals*
> *ohne Geist" in der Art, dass ihr sagt:*
> *Wir wollen alles Materielle im Lichte des Geistes tun,*
> *Und wir wollen das Licht des Geistes so suchen,*
> *Dass es uns Wärme entwickele für unser praktisches Tun.*
> *Der Geist, der von uns in die Materie geführt wird,*
> *Die Materie, die von uns bearbeitet wird bis zu*
> *ihrer Offenbarung,*
> *Durch die sie den Geist aus sich selber heraustreibt;*
> *Die Materie, die von uns den Geist offenbart erhält,*
> *Der Geist, der von uns an die Materie herangetrieben wird,*

Die bilden dasjenige lebendige Sein,
Welches die Menschheit zum wirklichen Fortschritt
bringen kann,
Zu demjenigen Fortschritt, der von den Besten
in den tiefsten Untergründen der
Gegenwartsseelen nur ersehnt werden kann.
Rudolf Steiner

Den Dingen etwas schenken

In einem Gespräch zwischen Sri Aurobindo und „der Mutter" in Pondicherry wurde über den Umgang mit materiellen Objekten gesprochen[67]:

Es ist wahr, dass physische Dinge ein Bewusstsein haben, welches die Pflege spürt und darauf reagiert, aber auch sensibel ist für lieblose Berührung und groben Umgang. Das zu lernen und zu empfinden und darauf zu achten, ist ein großer Schritt für die Bewusstseinsentwicklung. Grobe Berührung und achtlose Verschwendung oder Missbrauch von physischen Dingen ist ein Leugnen des Yogi-Bewusstseins und verhindert, dass die Göttliche Wahrheit sich auf der materiellen Ebene manifestiert.

Das Bewusstsein der Dinge ist nicht so, wie wir es von Menschen und Tieren kennen, es ist geheimnisvoll und doch real.

Die Dinge, die wir verwenden, nicht zu pflegen, ist Ausdruck von Unbewusstheit und Ignoranz. Du hast kein Recht, irgendein materielles Objekt zu benützen, wenn du nicht bereit bist, es zu pflegen. Du sollst es auch nicht nur pflegen, weil du daran hängst, sondern weil es ein Ausdruck des Göttlichen Bewusstseins ist.

Der französische Dichter Henri Bosco (1888 – 1976) beobachtete einen alten Diener bei der Arbeit und schrieb:

Das weiche Wachs drang in die polierte Materie unter dem Druck von Händen und der wirksamen Wärme eines wollenen Tuches. Langsam nahm das Tablett einen dumpfen Glanz an. Es war, als würde die Strahlung durch magnetisches Reiben ausgelöst, befreit aus dem Jahrhunderte alten Holz. Wärme strömte aus dem innersten Herzen des toten Baumes und verteilte sich allmählich in Form von Licht über das Tablett. Die alten Finger, von jeglicher Tugend besessen, der breite Handteller, entzogen dem soliden Block mit seinen leblosen Fasern die verborgenen Kräfte des Lebens selbst. Dies war die Erschaffung eines Gegenstandes, ein realer Akt des Glaubens, der sich vor meinen verzauberten Augen abspielte.[68]

Über das Aufgehen in den bescheidensten Beschäftigungen spricht Henri Bosco, wenn er die Tätigkeit seiner alten, treuen Dienerin Sidoine mit den folgenden Worten beschreibt:

Diese Berufung zum Glück, weit entfernt von jeglicher Vorverurteilung ihres praktischen Lebens, nährte ihre Handlungsweise. Wenn sie ein Hemd wusch oder eine Tischdecke, wenn sie einen bronzenen Kerzenhalter polierte, dann erstiegen der Tiefe ihres Herzens kleine Bewegungen der Freude und belebten ihre Haushaltsaufgaben. Sie wartete nicht, diese Aufgaben zu beenden, ohne sich in sich selbst zurückzuziehen, wo sie zu ihrer Herzensbefriedigung die dort wohnenden überirdischen Bilder betrachtete. In der Tat erschienen Gestalten aus diesem Land zu ihrer Vertrautheit, wie immer gewöhnlich die Arbeit auch war, die sie verrichtete. So wusch sie, wischte Staub und fegte sie in der Begleitung von Engeln.

Wenn wir Dinge oder Ereignisse der Welt ernsthaft wahrnehmen, dann verbinden wir uns mit ihnen, und zwar mit unserem ganzen Wesen. Dadurch aber, dass wir uns mit etwas verbinden, teilen wir ihm auch etwas von unserem Wesen mit. Die Welt wiederum antwortet dem Menschen und teilt uns ihr eigenes Wesen mit. So findet Kommunikation statt, und die Dinge und Räume fangen an, uns etwas zu sagen.

So schenken wir dem, was wir pflegen (ob Raum oder Gegenstand) unmittelbar unsere Ich-Kraft, unsere Seelenwärme

und unsere Lebenskraft. Wir geben uns selbst hin, und so lebt ein Teil von uns in diesem Gegenstand oder Raum. Wir sollten uns jedoch immer bewusst sein, dass all dem, was wir in einem Raum tun, ja, sogar was wir besprechen, geistige Wesen dienen, und nicht alle geistige Wesen sind helfende Wesen. Alles, was wir tun, haftet den Dingen an und hinterlässt etwas von unserer Anwesenheit im Raum, die auch für Menschen durchaus erlebbar ist.

> *Soll man eine Unterscheidung machen zwischen sakralen und profanen Objekten? Sie bewohnen ein Haus oder eine Wohnung. In diesem Haus oder dieser Wohnung gibt es verschiedene Zimmer, und in diese Zimmer haben Sie alle möglichen Objekte gestellt. Wenn Sie sie dorthin gestellt haben, dann darum, weil sie Ihnen entweder nützlich sind oder weil Sie sie lieben, und Sie haben täglich Verbindung mit ihnen. Also, warum nicht daran denken, diese Objekte zu weihen. Wenn Sie sie dem Guten, dem Licht weihen, werden sie segensreich auf Sie und Ihre Familie wirken. Und wenn sie einmal geweiht sind, sollten Sie sie mit Achtung, mit Vorsicht gebrauchen, denn die Weise, mit denen Sie sie behandeln, wird auch auf Sie zurückstrahlen. Selbst wenn diese Idee Ihnen nicht vertraut ist, versuchen Sie zu verstehen, dass Sie durch Ihre Betrachtungsweise die Sie umgebenden Objekte in magisch wirkende Mittel transformieren können, verbunden mit dem Himmel, und dass diese segensreiche Energie, die durch sie fließt, sich auch Ihnen übermittelt.*[69]

Dinge haben ihre Würde und ihren rechten Ort, im Kleinen wie im Großen. Dieter Zimmermann, ein Künstler, sammelt seit Jahren das ausgemusterte Inventar unserer Überflussgesellschaft. Aus Bruchstücken verbrauchter Alltagsgegenstände schafft er Kunstobjekte. Auf seiner Webseite schreibt er:

Das Abgefallene so zu erheben, dass ihm eine neue Würde wird.[70]

7

EINIGES ZUM MESSIE-PHÄNOMEN

Nicht jeder, der unordentlich ist, ist gleich ein Messie!

Nicht alle Menschen sind in der Lage, ihren Alltag zu organisieren: Sie schaffen es zwar immer wieder, eine gewisse Ordnung herzustellen, sind aber unfähig, diese aufrechtzuerhalten. Doch nicht jeder Mensch, der Unordnung oder Chaos um sich hat, ist gleich ein Messie.

Viele unordentliche Menschen verstecken sich hinter der Bezeichnung *Messie* – auch wenn das gar nicht zutrifft, oft einfach deshalb, weil *Messie* sich nicht so schlimm anhört wie *schlampiger Mensch* oder Ähnliches. In den Medien wird oft sehr menschenunwürdig über dieses Phänomen berichtet: Extreme Geschichten von Vermüllung oder Verwahrlosung werden geschildert, mit Bergen stinkenden Abfalls und überall herumlaufendem Ungeziefer. Oft bekommt man durch diese Darstellungen auch den Eindruck, das Messie-Phänomen beträfe nur Menschen aus der Unterschicht. Auch das stimmt nicht: Dieses Problem findet sich in allen sozialen Schichten, selbst bei sehr engagierten Menschen mit hochqualifizierten Ausbildungen und Berufen: Bei ihnen sind die Terminkalender oft über die Maßen voll, manchmal auch als Kompensation für die Unfähigkeit, ihr Leben zu organisieren. Wie viele Männer und Frauen der Wissenschaft, wie viele Dichter, Schriftsteller, Philosophen und Künstler leben mit diesen inneren Qualen. Und während sich die Öffentlichkeit von ihren Werken nährt, würden sie selbst ihr großes Talent gegen einige Tage des inneren Friedens gerne eintauschen. Viele glauben möglicherweise, dass ein solches Ungleichgewicht zwischen ihrem Genie und dem praktischen Tun, mit den daraus hervorgehenden Seelenqualen, ihr Talent nähren würde, und halten deshalb diesen unguten Zustand in gewisser Weise aufrecht. Es ist gewiss wahr, dass sowohl Werke der Kunst und des Denkens wie auch spirituelle Errungenschaften oft in Schmerz und tiefer Unruhe ihren Ursprung finden, die außergewöhnliche Menschen zu überwinden wussten. Um die quälenden Probleme jedoch tatsächlich in den Griff zu bekommen, ist eine innere Arbeit notwendig. Gelingt diese nur unzureichend oder fehlt völlig, dann gewinnen in diesem Ungleichgewicht die es begleitenden Ängste und Leiden die Oberhand und drücken sich in Chaos aus.

Ein Satz, den man öfter hören kann, lautet: *Ordnung ist für Dumme, nur das Genie beherrscht das* Chaos. Oder: *Wer Ordnung hält, ist nur zu faul zum Suchen!* Ich muss gestehen, dass ich bei all der vielen Unordnung, die ich bereits erlebt habe, doch eher selten genialen Menschen begegnet bin. Manchmal scheint eher das ganze menschliche Leben in eine Krise geraten zu sein.

Situative Unordnung

Es gibt besondere Umstände, die bloß zu einer momentanen Überforderung geführt haben und so die Unfähigkeit, Ordnung zu schaffen, mit sich bringen. Zum Beispiel die Geburt eines Kindes, oder, im schlimmeren Fall, eine postnatale Depression. Es kann auch jegliche andere Art von Depression sein, eventuell sogar eine solche, welche durch die Unfähigkeit, den Alltag zu bewältigen, ausgelöst wird. Weitere Ursachen können körperliche oder auch psychische Erkrankungen sein, auch Zwangshandlungen (z.B. Kaufzwang), Demenz, Wahn und zwanghafte Vorstellungen, wie die irrationale Angst, zu verarmen oder bestohlen zu werden. Hinzu kommen noch alle Suchterkrankungen oder auch körperliche Beeinträchtigungen. Im Gegensatz zu echten Messies sind diese Menschen in ihrer jeweiligen Situation dankbar und erleichtert, wenn ihnen geholfen wird.

Erweist sich die Ursache der Unordnung als situativ, so kann es helfen, mit dem zu beginnen, was einen am meisten stört, denn das wird oft der Auslöser gewesen sein. Eine Kundin bat mich einmal, ihr beim Aufräumen ihrer Wohnung zu helfen, weil sie mit dem Chaos allein nicht mehr fertig wur-

de. Sie sei ihr Leben lang ordentlich gewesen, jedoch hätte sich in ihrer Wohnung innerhalb weniger Monate, vor allem aber im Schlafzimmer, derartig viel angehäuft, dass sie sich kaum mehr bewegen könne.

Ganz so schlimm empfand ich die Situation zwar nicht, jedoch stand in ihrem Schlafzimmer ein Schreibtisch, auf dem sich die Papiere so hoch stapelten, dass einige Sachen sogar heruntergefallen waren und begannen, jetzt auch den Boden zu bedecken. Ich schaute mir das Zimmer genau an und fragte spontan: *Was liegt denn ganz unten auf der Schreibtischplatte? Was wird denn zugedeckt von all den anderen Papieren?* Ein Schrecken durchfuhr sie, daraufhin blickte sie mich einen Moment lang wütend an, dann begann sie zu weinen.

Es stellte sich heraus, dass es um einen Brief ihrer Schwester ging: Darin ging es um einen Erbschaftsstreit. Diese Sache war für sie derart schmerzlich, dass sie nicht den Mut aufbrachte, der Schwester zu antworten. Es machte ihr große innere Mühe, den Brief herauszuziehen, und ich riet ihr, ihn unmittelbar zu beantworten. Sie brauchte mehr als eine halbe Stunde, bis sie sich dazu durchringen konnte. Sie kam in Atemnot, schritt wie ein Tier im Käfig auf und ab, bekam Schweißausbrüche. Dann setzte sie sich endlich hin, beantwortete den Brief und brachte ihn schnell zur Post. Als sie zurückkam, war sie wie verwandelt. Ihr ganzes Gesicht hatte sich entspannt und auch ihr Schritt war viel leichter. Dazu noch war sie jetzt voller Tatendrang. Binnen weniger Stunden hatten wir gemeinsam ihr Schlafzimmer aufgeräumt und gründlich geputzt! Sie war eben kein *echter* Messie.

Wann ist die Schwelle überschritten?

Das Wort *Messie* wurde in den 80er-Jahren des 20. Jahrhunderts von Sandra Felton geprägt. Sie ist Lehrerin, Pastoren-Frau, Mutter von drei Kindern und völlig unfähig, Ordnung zu halten. Irgendwann sagte ihr Mann: *Die Dinge oder ich!* – Sie entschied sich für die Ordnung, organisierte eine Hilfe und fing an, ihr Haus aufzuräumen.

In ihrem Buch definiert sie einen *Messie* (von engl. mess = Unordnung, Durcheinander, Kuddelmuddel) folgendermaßen:

> *Ein Messie ist eine Person, deren Ordnung im Haushalt nicht dem entspricht, was in der Gesellschaft, in der sie lebt, als annehmbar gilt, und deren haushälterische Gewohnheiten ernste Beziehungs- oder Funktionsprobleme hervorrufen. Die Unordnung verletzt die Menschen, die mit dieser Person leben und sie lieben. Nicht jede desorganisierte Person ist ein Messie, so wie auch nicht jeder, der trinkt oder sich gar betrinkt, ein Alkoholiker ist. Viele legen einfach nur nicht so viel Wert auf Organisation. Aber sie verlieren nicht die Kontrolle über die Situation. Solche Menschen sind in einem normalen Maß desorganisiert. Die Unordnung eines echten Messies muss das Leben auf irgendeine Weise entscheidend beeinträchtigen.*[71]

Menschen mit einem Messie-Syndrom fühlen sich andauernd unter Druck. Diese extreme Situation verursacht häufig auch physische Leiden wie Rückenschmerzen, Magen-Darmerkrankungen, Atmungsprobleme oder Kopfschmerzen. Wichtig ist es, herauszufinden, was die innere Ursache für das Problem ist.

Es gibt unterschiedliche Gründe, weshalb ein Mensch zu einem Messie wird: Oft liegt die Ursache in der frühen Kindheit oder aber die Symptome werden durch eine der oben erwähnten Situationen ausgelöst.

Nicht jeder Mensch, der einen Verlust erlitten hat, wird zu einem *Messie;* aber jeder *Messie,* dem ich begegnet bin, musste irgendwann einen Verlust erleiden, durch den im Seelischen ein leerer Raum entstand. Wird dieser nicht gefüllt, so breitet sich gähnende Leere aus – die jedoch unbedingt gefüllt sein will. Aus Hilflosigkeit oder Unfähigkeit, dieser seelischen oder geistigen Leere zu begegnen, wird stattdessen die Wohnung mit Gegenständen angefüllt. Chaos erobert den gesamten Wohnbereich.

Es gibt ganz unterschiedliche Bücher zum Thema *Messie*. Die genaue Beschreibung der Ursachen und Ansätze für eine Therapie würde den Rahmen dieses Buches sprengen. Ich kann hier nur in angemessener Kürze darauf eingehen. Die folgenden Ausführungen sind der Diplomarbeit von Claudia Sellmer, Sozialpädagogin und Sozialarbeiterin, entnommen.[72] Die vielen verschiedenen Merkmale des Messie-Syndroms sind bei den betroffenen Personen unterschiedlich ausgeprägt:

- Die Organisation des Haushalts weicht von der bestehenden Norm ab.
- Die Desorganisation erstreckt sich auf andere Bereiche, z.B. Zeitmanagement.
- Inneres Chaos wird gespiegelt.
- Die Unordnung wirkt sich schädlich auf den Betroffenen und seine Familie aus.
- Die Verhaltensänderung ist nicht (oder in der Regel nur kurzfristig durch einen enorm hohen Energieaufwand) möglich.
- Keine Kontrolle mehr: Der Haushalt beherrscht den Menschen.
- Hoher Leistungsdruck.
- Verstärktes Schamgefühl: Rückzug aus der Gesellschaft, soziale Isolation.
- Aufräumen löst Panikreaktionen aus, führt zu Angstverhalten.

Typisch sind auch diese vier Chaos-Phänomene:

- Äußerlich unauffällig – normal, Ordnung ist jedoch ein ungewöhnlich wichtiger Teil des Lebens, sie zu halten wird als Qual empfunden.
- Schlechtes Zeitmanagement: Unpünktlichkeit und Versäumen wichtiger Termine.
- Papier: Horten von Papieren, Notizen, Zeitungsartikeln.
- Sammeln: Horten von Gegenständen, zwanghaftes Kaufen und/oder Sammeln.

Letzteres kann auch zur Vermüllung führen, wenn die Unfähigkeit, Ordnung zu halten, Brauchbares von Unbrauchbarem zu unterscheiden, chronisch wird, wenn der Betroffene die Kontrolle über die Situation verliert und es nie schafft, begonnene Arbeiten zu beenden.

Messies leiden nicht notwendigerweise an einem Vermüllungs-Syndrom. Das Wort Messie beschreibt die Person. Und Vermüllung beschreibt das Ausmaß der entstandenen Unordnung innerhalb der Wohnung oder auf dem Grundstück, das heißt, den Endzustand eines schon länger andauernden Prozesses. Von Vermüllung reden wir, wenn:

1. *Wertlose* Gegenstände gesammelt und über die ganze Wohnung verteilt werden (wie schmutzige Joghurtbecher, Wäsche und Zeitungen).
2. Keine Ordnung mehr erkennbar ist (auch der Tisch, das Bett und der Herd sind vollgestellt; auf dem Bett gibt es nur eine Art Schlafkuhle).
3. Die Wohnung wird unbewohnbar, weil hygienische Einrichtungen nicht mehr funktionieren (wenn etwa überall Fäkalien, Speisereste und anderer organischer Müll zu finden ist).

Menschen mit einem Vermüllungs-Syndrom sammeln nicht aktiv, wie Messies, sondern ihre Vermüllung ergibt sich aus einem eher passiven Verhalten. Das heißt: Der Abfall, auch

Speisereste, werden nicht mehr entsorgt, Aufräum- und Putzaktionen werden nicht mehr unternommen. Im Gegensatz zum Messie hat der Betroffene keine Beziehung mehr zu den Gegenständen in der Wohnung. Daher ist das Aufräumen durch eine Drittperson hier auch einfacher und wird manchmal sogar als viel leichter empfunden – solange keine echte Mitarbeit von dem Betroffenen selbst gefordert wird.

Ein würdevoller Mensch geht würdevoll mit sich selbst um. Die Grundlage für unsere Würde liegt in unserer Selbstachtung. Unsere Selbstachtung hat Auswirkungen auf alle Bereiche unseres Lebens, auch auf den Zustand unseres Haushaltes.[73]

Unordnung und ihre Ursachen beim Messie-Syndrom

Unordnung

Messies sind im privaten Bereich unfähig, eine zeitliche und/oder räumliche Ordnung herzustellen oder zu halten.

Sie können kurzfristig aufräumen (etwa für Besuch, Feste oder Handwerker), brauchen danach aber viel Zeit zur Erholung.

Sie wollen keine spontanen Besuche.

Perfektionismus

Für Messies lohnt es sich gar nicht, überhaupt etwas anzufangen, das nicht zu einer umfassenden Aktion werden kann. Dann wird das Teetasse-Abwaschen zum Hausputz. Krümel werden erst weggesaugt, wenn Zeit genug vorhanden ist, um das ganze Haus zu saugen. Das kann aber immer auch Ausrede für Antriebsschwäche sein: Der Betroffene ist einfach nicht in der Lage, von der Planung ins praktische Tun zu kommen.

Ablenkbarkeit und mangelnde Ausdauer

Messies verlieren sich in Detailarbeit, der Blick für übergeordnete Tätigkeiten geht verloren. (Beim Kücheputzen werden alle Gewürze nach dem Alphabet eingeräumt.) Durch Innen- und Außenreize wird die laufende Arbeit unterbrochen, um mittendrin eine neue Tätigkeit zu beginnen. Das zieht eine Reihe von halbfertigen Arbeiten nach sich. Es liegt immer ein übervoller Terminkalender vor.

Sammeln und Horten

Gegenstände werden nie als wertlos empfunden. Kaputtes könnte repariert werden, dafür gibt es jedoch keine Zeit, oder man findet nicht die entsprechenden Ersatzteile oder nicht das Werkzeug. Nicht nur Brauchbares wird gehortet. Was einmal hinzugekommen ist, das wird so leicht nicht wieder losgelassen: Zeitschriften, Plastiktüten, Konfitüren-Gläser, Geschenkpapier. Aus Angst vor dem Vergessen oder reiner Sentimentalität behält man Babykleider, Postkarten, Kinotickets.

Entscheidungsunfähigkeit

Messies haben oft überhöhte Angst vor Fehlentscheidungen, weichen daher direkten Entscheidungen aus und verschieben alles auf *später*.

Übertriebene Hilfsbereitschaft

Sie sammeln auch für andere: zum Beispiel für die Nachbarskinder, für die Schulen, für eine eventuelle Notlage.

Schlechtes Zeitgefühl

Messies können die Zeit, die für eine Aufgabe benötigt wird, nicht einschätzen. Daher fangen sie erst gar nicht an oder verlieren sich in Details. Ständige Unpünktlichkeit, auch mit etwaigen Folgen für die Kinder, weil die Zeit, die es beispielsweise für den Schulweg braucht, einfach falsch eingeschätzt wird.

Mögliche Entstehungsgründe

- Störungen in der Ich-Entwicklung beruhen häufig auf Entwicklungsdefiziten innerhalb der ersten drei Lebensjahre.
- Unzureichende Befriedigung der Bedürfnisse des Kleinkindes führt zu Entbehrungserfahrungen in den ersten Lebensjahren, es entstehen Störungen beim Selbstwertgefühl.
- Wünsche wurden unbefriedigend, spät oder gar nicht erfüllt. Das führt dazu, dass betroffene Menschen oft empfinden, sie seien es nicht wert, eine gepflegte Wohnung oder ein gepflegtes Äußeres zu haben.
- Durch länger andauernde Trennung oder Abbruch des Verhältnisses zur Bezugsperson (Mutter) wurde emotionale Verlassenheit erlebt. Dadurch wird der Aufbau des Urvertrauens erheblich gestört. Man leidet sein Leben lang unter Existenzängsten. Man fühlt sich den Anforderungen des Lebens nicht gewachsen, das Selbstvertrauen ist schwach entwickelt. Die Umwelt wird oft als bedrohlich, Menschen eher als Gegner denn als Partner empfunden. Hierin liegt auch die Ursache dafür, Hilfe nicht annehmen zu wollen und sich verstärkt auf Beziehungen zu materiellen Dingen zu verlassen. Die Verlassenheitsängste werden durch die Gegenstände vermindert.
- Unsicheres Bindungsverhalten und Kontaktarmut lösen Gefühle der Sinnlosigkeit und der inneren Leere aus.
- Entscheidungsschwierigkeit: Werden Kinder in der Entwicklung ihrer Autonomie beeinträchtigt, wird gleichzeitig die Entwicklung eines eigenen Willens geschwächt, was zu Problemen in der Entscheidungsfähigkeit in späteren Jahren führen kann.
- Traumata: Es wurde keine angemessene Trauerarbeit auf eine leidvolle Erfahrung geleistet (wie Ehescheidung, Tod, Stellenverlust). Tiefgehende Trauer und Trennungsar-

beit muss geleistet werden. Gelingt die Bewältigung des innerlichen Durcheinanders nicht, so wird das innere Empfinden durch äußerliche Unordnung dargestellt beziehungsweise kompensiert. Unausgepackte Kartons versinnbildlichen die noch nicht verarbeitete neue Situation.

- Durch Trennung oder Verlust kann der Lebenssinn, die Lebensaufgabe verloren gehen. Gefühle der Nutz- und Sinnlosigkeit verstärken das innere Chaos. Dies tritt noch stärker bei Verlust einer symbiotischen Beziehung auf. Wenn der verstorbene oder weggegangene Partner für die Organisation zuständig war, ist es viel schlimmer und die latente Neigung zur Unordnung tritt in Erscheinung.

Lösungsansätze

Aus Erfahrung helfen Ratgeber in diesen Fällen so gut wie gar nicht oder höchstens vorübergehend. Auch große Zwangsräumungen sind sinnlos, weil sich Unpassendes, Ungeordnetes doch gleich wieder einschleicht. Das Chaos erobert die neue, gähnende Leere, weil keine Verarbeitung der Situation stattgefunden hat – selbst dann, wenn die Räumung gewollt ist. Der Bruder einer Kollegin besuchte ein Aufräum-Seminar und bat sie anschließend, ihn beim Aufräumen zu unterstützen, was sie auch gerne tat. Am nächsten Tag aber musste der Bruder wegen einer akuten Psychose eingeliefert werden.

Ich hatte die Gelegenheit, vierzehn Monate lang eine von Veronika Schröter (Heilpraktikerin für Psychotherapie und Messie-Expertin in Freiburg) geleitete Gruppe zu begleiten. Es wurde mir sehr deutlich, dass Messies qualifizierte Unterstützung brauchen, die auf ihre spezielle Symptomatik zugeschnitten ist. In therapeutischen Seminaren, Gruppen- und Einzelgesprächen arbeitet Frau Schröter mit Betroffenen und Familienangehörigen. Dabei zeigte sich, dass echte Hilfe möglich ist. In Kooperation mit der Universität Freiburg entsteht derzeit eine

Studie, welche die wissenschaftliche Anerkennung der Symptomatik zum Ziel hat.

Die folgende Ausführungen sind Darstellungen und Erkenntnisse von Veronika Schröter[74]:

Häufig hat das Messiephänomen die Funktion, die Betroffenen vor der Wiederholung vergangener Verletzungen zu schützen. In der Hinwendung zur eigenen Lebensgeschichte kommen die Betroffenen den persönlichen Ursachen ihrer Problematik auf die Spur und lernen, sich selbst und ihre Geschichte liebevoll anzunehmen. Sie finden zurück zur eigenen Würde und Wertschätzung und beginnen, Schritt für Schritt selbstbestimmt das Chaos zu bewältigen. Dieser Weg kann im Rahmen einer Therapie, die das Messie-Phänomen als psychische Störung ernst nimmt, gelingen: Am Ende steht als Ziel die Freiheit der Wahl zwischen *gesunder* Unordnung und selbstbestimmter Ordnung.

Bei Betroffenen, die in einer Betreuungssituation leben, ist der interdisziplinäre Ansatz, der alle Beteiligten in den Veränderungsprozess mit einbezieht, unabdingbar.

Wenn alle beteiligten Berufsgruppen den therapeutischen Prozess fördernd begleiten, erfahren die Betroffenen die optimale ganzheitliche Unterstützung, die eine grundlegende und tragfähige Veränderung ermöglicht.

Auswirkungen für Fachkräfte und Angehörige

Fachkräfte in der Kranken- und Altenpflege, aber auch Mitarbeitende im sozialen und therapeutischen Bereich sind in ihren beruflichen Einsatzbereichen vielfach mit Messies konfrontiert.

Häufig stehen sie – wie auch Partner und Angehörige der Betroffenen – dieser Problematik hilflos gegenüber. In der Regel führen weder wohlmeinende Unterstützung noch Auseinandersetzungen und Drohungen zu anhaltenden Veränderungen, sondern vielmehr zu Blockadereaktionen. Der Spagat zwischen empfundener Ohnmacht und dem Impuls, unbedingt etwas verändern zu müssen, stellt für Mitarbeiter wie Angehörige eine große Herausforderung dar. Oft sind es die hygienischen Verhältnisse, das gefährdete Wohl von Kindern in der Wohnung oder auch berechtigte Ansprüche von Vermietern und Nachbarn, die zum Handeln zwingen.

Entscheiden Sie sich aus diesem Druck heraus dafür, aktiv einzugreifen und selbst aufzuräumen und zu entrümpeln, wird den Betroffenen die Verantwortung vollends abgenommen. Deren Gefühl der Inkompetenz verstärkt sich, die Folge ist zunehmende Resignation und Selbstaufgabe, und es wird nicht lange dauern, bis der alte Zustand wieder erreicht ist.

Ein therapeutischer Prozess kann im geschützten Rahmen der Einzelberatung oder – in Form von Seminaren und Workshops – in der Gruppe stattfinden. Viele Teilnehmer erleben den Austausch mit anderen Betroffenen in der Gruppe als sehr hilfreich. Die bisherige Isolation wird durchbrochen und sie erhalten wertvolle Impulse und Unterstützung für die eigene Entwicklung. Gegebenenfalls werden auch Partner und Angehörige in die Arbeit mit einbezogen.

Hausbesuche haben sich als begleitende Maßnahme bewährt, da vor Ort die persönlichen Problemschwerpunkte sichtbar werden und sich aus der vorhandenen Situation angemessene Lösungsstrategien entwickeln lassen. – So weit Veronika Schröter.

Im eigenen Heim

Wie im vorigen Kapitel, so taucht auch hier die Frage auf: Was sollen wir zuerst lösen? Das innere oder das äußere Problem? Auch hier empfehle ich, beides gleichzeitig anzugehen.

Das Äußere in kleinen, wohl bedachten Schritten umgestalten – am besten mit einer zusätzlichen Hilfe, die etwas Erfahrung in solchen Sachen hat. Es ist oft nicht empfehlenswert, mit Familienmitgliedern oder engen Vertrauten zu arbeiten (weil man sich doch sehr stark bloßstellt). Interessanterweise stelle ich oft fest, dass sich die Klienten und Klientinnen meistens zu viel auf einmal vornehmen. Das kommt daher, dass sie keine Ahnung haben, wie viel Zeit für eine solche Aktion benötigt wird. Sie zeigen mir dann stolz ihre Aufräumpläne, die so umfangreich und kompliziert sind, dass ich sofort verstehe, weshalb das Aufräumprojekt nie verwirklicht wurde. Von Beginn an muss das richtige Tempo gewählt werden. Es ist sehr wichtig, nicht zu übertreiben: Das Aufräumen einer typischen Messie-Wohnung braucht einen sehr langen Atem – es ist ein Marathon, kein Sprint! Sich ein Ziel zu setzen, ist notwendig. Was will ich erreichen? Auf was arbeite ich hin?

Bei einem unserer Klienten nahmen wir uns als Erstes vor, alle Unterlagen für die längst fällige Steuererklärung zu finden. Im Vorfeld regte ich aber an, einen kleinen Tisch im Wohnzimmer aufzuräumen, ihn zu pflegen und schön zu gestalten. Danach sollte versucht werden, diesen Zustand beizubehalten. Dann begannen wir, die vermissten Unterlagen zu suchen. In diesem Prozess legten wir zugleich ein System für die Ablage an. Von da an konnten wir bei jedem Besuch alle Unterlagen sofort an Ort und Stelle legen. Als Nächstes entstand der Wunsch, die Wohnung so weit aufzuräumen, dass der Klient zu seinem Geburtstag in neun Monaten Gäste einladen konnte, was er seit Jahrzehnten nicht mehr unternommen hatte. Wir begannen mit der Küche, dann folgte die Terrasse. Jedes Mal wurden zuerst die neu entstandenen Papierberge abgebaut und die Unterlagen sortiert abgelegt. In der Woche vor seinem Geburtstag hatten wir es tatsächlich geschafft, die Küche, die Diele und die Terrasse so weit aufzuräumen, dass er tatsächlich Gäste einladen konnte. Das Wohnzimmer war zwar noch immer Tabuzone, jedoch blieb das Tischlein weiterhin schön aufgeräumt und gestaltet. Es ist ganz wesentlich, dass man sich entscheidet, diesen Weg zu gehen, um dann prozessorientiert arbeiten zu können. Es darf kein äußerer Zwang herrschen, etwa weil andere Menschen das von einem erwarten. Es muss eine Ich-Entscheidung sein, ein tief aus dem eigenen Inneren empfundenes Wollen. Dann können wir völlig frei und eigenverantwortlich zur Tat übergehen.

Alles Gute, was geschieht, wirkt nicht einzeln. Seiner Natur nach setzt es sogleich das Nächste in Bewegung, so Johann Wolfgang von Goethe.[75]

Die kleinen Übungen, die ich bereits beim Ordnen empfohlen habe, können uns auch hier helfen, uns zu stärken. Zum Beispiel: Beobachten wir unsere Gesten: Wie nehme ich etwas in die Hand, wie lege ich es wieder hin? Wo lege ich es hin und weshalb gerade dorthin? Gehört es dort wirklich hin? Soll die Bananenschale nicht lieber direkt in den Kompostkübel wandern, anstatt sie zuerst einmal auf der Theke liegenzulassen?

Ein gut gestalteter Tag ...

... gibt Kraft und neue Energie – auch wenn es am Anfang sehr viel Mut braucht, ihn bewusst und sinnvoll zu gestalten. Es lohnt sich, weil der Rhythmus uns Kraft und Sicherheit gibt. Es hilft, wenn einem für diesen Schritt jemand zur Seite stehen kann, um möglichst feste und gleichbleibende Termine und Abläufe zu planen. Dazu braucht es eine unterstützende und verständnisvolle Person.

Bei der Planung des Tagesablaufs und auch der besonderen persönlichen Vorlieben sollte nach umsetzbaren und leistbaren Lösungen gesucht werden. Der Tagesablauf kann durch sinnvolle Rhythmen im Alltag strukturiert werden – aber bitte nicht gerade nach dem Fernsehprogramm! Ein gut geplanter Tagesablauf setzt Energie frei, die zuvor durch schwierige Entscheidungsprozesse in Anspruch genommen wurde. Zum Beispiel auch für die Frage, wie die räumliche Ordnung wieder hergestellt werden könnte.

Jedoch sollten die angestrebten Ziele wirklich nicht zu hoch angesetzt werden. Eventuelle Rückfälle können als Lernerfahrung und als Möglichkeit zum Neuanfang betrachtet werden und nicht als Versagen. Gegenteiliges führt nur zu

Entmutigung und Frustration.

Die persönlichen Bedürfnisse sind wichtig: Gehen Sie ins Konzert oder Kino, spielen Sie Karten und machen Sie unbedingt den Spaziergang, den Sie brauchen! Gesund werden wir nur, wenn wir uns selbst dafür entschieden haben. Wenn wir versuchen, unser ganzes Wesen zu stärken und alle Wesensglieder für die Heilung einzusetzen, dann haben wir die Möglichkeit, unser Entwicklungspotenzial vierfach auszuschöpfen.

Wir können mit der Arbeit an unserem *physischen Körper* beginnen, dann an unserer *Lebensorganisation* mit ihrer Zeitstruktur, ihrem besonderen Gesundheitspotenzial. Wir können weiter an unserer *Seelenorganisation* und an unserer Identität, an unserer *Ich-Organisation* arbeiten Das hilft uns bei der Sinngebung des Lebens, es trägt zur Selbsterkenntnis bei. – Es ist eine Entscheidung zur Entwicklung!

Aufräumen heißt: Raum schaffen. Raum schaffen aber setzt Abstand, Abschied nehmen voraus. Abstand ist die erste Bedingung dafür, mit dem Aufräumen beginnen zu können. Ein Kollege beschreibt diesen Prozess sehr treffend:

> *Die Ferne im Hier und Jetzt zu halten, schafft Raum. Wo Raum ist, ist Ferne anwesend. Um dauerhaften Raum zu schaffen, muss die Ferne bewusst ergriffen werden, ja muss mit ihr gerechnet, mit ihr gearbeitet, mit ihr geputzt, mit ihr aufgeräumt werden. Dann kann man das Bedrängende nicht verdrängen, sondern verwandeln. Es kommt*

damit offenbar auf mich an, ob Leere entsteht oder ob im Blick auf die Dinge Ordnung, Schönheit, Glanz (= deutsche Bedeutungen des Wortes „Kosmos") anwesend sind.[76]

Gesundheit ist Leben

Michaela Glöckler, die langjährige Leiterin der Medizinischen Sektion am Goetheanum, erklärt im Folgenden die Zusammenhänge der Messie-Problematik aus Sicht der Anthroposophischen Medizin:[77]

Gesundheit ist weder Krankheit noch Heilung, es ist ein Kampfplatz zwischen kränkenden und heilenden Möglichkeiten. Gesundheit ist kein Ort, an dem man sich ausruhen kann. Gesundheit ist absolut unzuverlässig: Es kann gerade anders kommen, als man es sich vorgestellt hat. Gesundheit ist Leben – und Leben ist Ordnung aus dem Chaos. Auch das Leben ist Kampf. Leben besteht aus Entscheidungen. In jedem Augenblick muss ich mich entscheiden, wie ich diesen speziellen Moment jetzt lebe, was ich jetzt will, was ich tue. Ich habe in jedem Augenblick die Möglichkeit, es wieder zu ändern. Das heißt: Leben ist ein Potenzial, das ich selbst orientieren und mit verantworten muss.

So stellt sich einerseits die Frage: Wie muss ich mit mir selbst umgehen, sodass ich genügend Chaos zulassen kann, sodass ich genügend Freiheit habe, in meinen Möglichkeiten zu leben. Und anderseits: Wie muss ich mit mir selbst umgehen, sodass ich die für mich nötigen und sinnvollen Entscheidungen treffen kann. Habe ich Entscheidungen getroffen, dann bin ich festgelegt, dann hört die Freiheit auf. Es gibt Menschen, die haben vor beidem Angst: Vor dem Chaos sowie vor Freiheit und Entscheidung.

Zu verstehen, dass beides nur allzu menschlich ist und einen geradezu darauf aufmerksam machen kann, worin das Wunder des Lebens besteht, das ist zentral.

Das Messie-Syndrom hat so viele Gesichter, wie es Menschen gibt, die sich damit auseinandersetzen. Gerade Menschen, die von dem Messie-Syndrom betroffen sind, können selten deutlich erleben, dass sie ganz persönlich an etwas leiden, aus welchen Gründen auch immer. Ich kann nicht sagen: Ich kenne das Messie-Syndrom, also kenne ich dich. Es ist genau umgekehrt: Ich kenne dich, und ich verstehe nun etwas mehr von der

Messie-Problematik.

Jeder von uns muss an einer bestimmten Stelle kämpfen, muss persönlich an etwas arbeiten, um es besser zu begreifen, um die eigene Identität klarer zu finden. Jeder hat sich seinen eigenen *Rucksack geschnürt* – und keiner ist *besser* als der andere. Es kann aber Ziel sein, dass jeder seinen Rucksack annimmt und ihn nach und nach auspackt, das Mitgenommene anschaut, verarbeitet und annimmt. Dies gelingt umso besser, je mehr es mir gelingt, Vertrauen in den Sinn und den Geist meines Schicksals zu entwickeln, in mein wahres, spirituelles Selbst, das mich leitet.

Diese Einsicht ist das Ergebnis von Arbeit und nicht von äußerer Anerkennung. Der persönliche Schulungsweg führt zum ganz individuellen Ringen mit den eigenen Möglichkeiten.

Neben dem ganz persönlichen Schulungsweg, durch den wir lernen, an uns zu arbeiten, gibt es auch einen beruflichen. Gerade Menschen, die sich mit dem Kampfplatz des Messie-Syndroms auseinandersetzen, können diese Grenze oft sehr genau markieren. Im Beruflichen ist es für sie oft überhaupt kein Problem, etwa beim Chef für Ordnung zu sorgen. Im beruflichen Schulungsweg etwas für andere zu tun, seinen Job zu bewältigen, all das können sie von sich ablösen, das ist nicht das Thema eines Messie. Sicher bedeutet auch der berufliche Schulungsweg harte Arbeit. Jedoch handelt es sich um einen anderen Kampfplatz, als es der persönliche Entwicklungsweg und das eigene *Zuhause* ist.

Zusätzlich gibt es noch den Aspekt des menschheitlichen Entwicklungs- oder Schulungsweges: Da findet sich heutzutage viel Belastendes, Bedrückendes, Beängstigendes, Perspektivloses, sodass viele Menschen deswegen persönlich und beruflich in eine Krise geraten. Sie kommen mit der allgemeinen Menschheitssituation nicht mehr zurecht. Daraus ergibt sich Angst vor der Zukunft, weil sie den Eindruck haben, mit der gesamten Entwicklung liefe gerade etwas schief. So hält man wenigstens irgendwie am Beruflichen und Persönlichen fest, um diese Menschheitssituation auszuhalten.

Wir können lernen, diese drei Wege differenziert zu betrachten und uns durch den großen Gang der Menschheitsentwicklung eine Kultur der Ruhe, der Überschau, der großen Perspektiven anzugewöhnen, eine Kultur des Zeithabens und Raumgebens. Dann gehen auch die Türen zwischen Geburt und Tod auf. Dann zeigt sich ein weiter Horizont: dass sich nämlich die Menschheit aus grauer Vorzeit bis in die Gegenwart entwickelt hat und auch noch eine weite Zukunft vor sich hat – und das durch Wiederverkörperung und Schicksal.

Wenn man diese große Perspektive in den Blick nimmt, dann verwandelt sich der Kampfplatz zum Spielplatz. Dann wird der Beruf zum Trainingslager, zum Sportplatz. Man hat dann sein berufliches Leben, um bestimmte Fähigkeiten zu üben, um bestimmten Menschen zu begegnen, um bestimmte Dinge zu lernen. Und dann ist es auch nicht mehr so, dass man sich an den Beruf klammert. Man kann mit dem beruflichen Engagement spielen, weil man viel größer, viel fundamentaler ausgerichtet ist.

Und dann kann man auch in der Jetztzeit mit einem menschheitlichen Maßstab leben, dann kann man daran arbeiten, an der Zeit, in der man lebt, nicht zu leiden, sondern ihr Entwicklungspotenzial zu entdecken. Dann kann man auch seinen persönlichen und beruflichen Weg nach diesem Kompass der Menschheitsentwicklung ausrichten.

Erst dann werden wir zu einer *kohärenten, integrierten* Person. Ohne eine solche entwicklungsgemäße Kohärenz kommen wir nicht an unser Gesundheitspotenzial heran und auch nicht an unsere inneren Heilungsressourcen.

Salutogenese

Saluto-Genese heißt *Herkunft der Gesundheit* – letztlich beinhaltet es die Frage: Wie entsteht Gesundheit? Es gibt drei Zugänge, wie man sich täglich gesünder machen kann. Erstens: Kann ich daran arbeiten, mich selbst, meine Lebensumstände besser zu verstehen (also auch das Messie-Syndrom besser zu verstehen). Zweitens: Macht das, was ich verstanden habe, für mich wirklich Sinn? Kann ich mich ganz damit identifizieren oder gibt es noch Barrieren? Denn nicht alles, was ich verstehe, kann ich für mich sinnstiftend verarbeiten. An der Verstehbarkeit zu arbeiten, ist das eine, an der Sinnhaftigkeit zu arbeiten, das andere. Hier kann ich mein Gefühl nicht mehr außen vor lassen wie beim bloßen Verstehen. Drittens: Kann ich das, was ich als sinnhaft empfinde und verstanden habe, auch handhaben? Hier kommen wir jetzt zum Willensaspekt. Wirklich gesund fühle ich mich erst, wenn alle drei – Erkenntnis, Gefühl und Wille – zusammenstimmen. Das nennt man dann *Kohärenzgefühl.*

Gesundheit ist erreichbar durch die Entwicklung von Verständnis, emotionalem Kontakt sowie durch den Zugang und die Entwicklung von Geschicklichkeit, Anstrengung und Befähigung.

Menschenkundliche Aspekte zum Messie-Syndrom

Physischer Leib

Die menschliche Persönlichkeit kann sich körperlich, seelisch und geistig äußern – aber auch im Schlaf ist sie mehr als *nur* lebendig. Daher unterscheidet die anthroposophische Menschenkunde vier Wesensglieder bzw. Persönlichkeitsanteile, die bereits weiter oben erläutert wurden *(siehe Seite 43 ff.)*. Hier sollen diese Glieder nun in Bezug auf das Messie-Syndrom betrachtet werden.

Zunächst haben wir den physischen Leib in seiner physischen Umwelt. Mein Körper befindet sich da unter anderen Objekten. Ich bin im Bereich des Instrumentellen. Mein Leib
ist Instrument meiner Seele. Und damit zeigt sich auch schon ein menschenkundlicher Aspekt des Messie-Syndroms: Bei einem *Messie* reicht der eigene Leib als Instrument nicht aus. Er wird durch die nähere Umgebung ergänzt. Deshalb schmerzt es dann auch so, wenn etwas verschwindet, denn es gehört ja wie zum eigenen Leib.

Der Kampfplatz zwischen Gesundheit und Krankheit hat eine Schwelle: Bin ich noch gesund, oder bin ich schon krank und brauche Heilung? Das kann jeder für sich ganz klar an der Frage ausmachen: Kann ich das, was ich tun will, noch ausführen, wenn ich es ernsthaft versuche? Wenn ja, dann bin ich nicht krank. Oder kann ich es nicht, auch wenn ich es ganz unbedingt will – dann allerdings benötige ich Hilfe. Und hier kommt der persönliche Schulungsweg ins Spiel. Er lebt von der Ehrlichkeit sich selbst gegenüber. Ohne Wahrheit gibt es überhaupt keinen Weg. Jede Schulung beginnt mit dem ganz persönlichen Willen zur Ehrlichkeit. Das nennt man dann Selbsterkenntnis.

Letztlich beginnt auch eine Krankheit erst dann, wenn man sie wahrhaben muss. Solange jemand noch nicht weiß, dass er krank ist, kann man ihm nicht helfen, und zwar weder er selbst noch können andere ihm helfen.

Christus fragte die Kranken: *Was willst du, dass ich dir tun soll?* – ein Ausdruck des heiligen Respekts vor der Freiheit des andern. Solange du es nicht selbst sagst und nicht selbst willst, kann dir nicht geholfen werden. Auch nicht durch den lieben

Gott. Eine so große Macht besitzen wir über uns selbst – ja letztlich sogar über Gott, denn er ist ohnmächtig, solange wir nicht wollen. Man muss sich diese Heiligkeit des *Ich will!* einmal ganz deutlich machen. Auch wenn es im Augenblick sehr weh tut: *Ich will!* – Erst dann kann geholfen werden. Dann kann man auch sich selbst bis zu einem gewissen Grad helfen oder vorübergehend Hilfe in Anspruch nehmen. Kann man diesen Willen aufrechterhalten, so gibt es immer einen Weg.

Man kennt ja den schönen Spruch: *Wer will, findet Wege; wer nicht will, findet Gründe.* Wie gesagt, solange noch etwas gesteuert werden kann, ist es gesund. Jedoch existiert da eine feine Grenze, hinter der man es plötzlich nicht mehr steuern kann. Dann erlebt man es als gleich geltend, egal, ob man zu viel von etwas hat oder zu wenig. Will man es aber wirklich, dann sollte man daran arbeiten, dass man seine eigenen Selbstheilungskräfte, seine eigene gegebene Gesundheit allmählich auf die physische Umgebung auszuweiten lernt; dass man Stück für Stück ein Immunsystem dafür entwickelt: Hier bin ich, und hier ist die Umwelt, und die Umwelt gehorcht ihren eigenen Gesetzen. Die Umwelt kann ich gestalten, sie gehört aber nicht mir allein, sondern auch anderen Menschen. Das bin eben nur teilweise ich selbst. Ich kann da zwar mitbestimmen, aber das ist nicht mein Leib. Man muss also lernen, die Begrenzung des eigenen Leibes aus der Umwelt, aus dem Bereich, in dem man das Problem hat, sukzessive zurückzufahren, bis sie sich mit den eigenen Körpergrenzen und den wirklichen Bedürfnissen, die man hat, wieder deckt. Das ist ein wirklicher Schulungsweg.

Für das Physische gilt also beim Messie-Syndrom das Bild, den erweiterten physischen Leib zurückzuführen auf den real existierenden. Dann erst steht man der physischen Objektwelt frei gegenüber.

Ätherleib / Lebensorganisation

Im Ätherischen geht es um den Umgang mit der Zeit, mit

den Lebenskräften. Denn vieles von dem, was wir gerne täten, scheitert daran, dass unser Zeitbudget begrenzt ist. Deshalb müssen wir Prioritäten setzen. Der eine sagt vielleicht ganz bewusst: *Bei mir daheim darf es in der Wohnung durchaus chaotisch sein; Hauptsache in meinem Garten und in meinem Beruf – dort also, wo andere hinschauen – ist alles in Ordnung. Ich kann nicht beides, ich schaffe nur eines.* Sofern das eine klare Entscheidung ist und nicht Augenwischerei, dann ist alles in Ordnung. Wie teilt man seine Zeit so ein, dass sowohl für das Persönliche, für andere Menschen und auch für das Berufliche genügend Raum bleibt? Heutzutage sind wir vor allem auf Schnelligkeit getrimmt. Das beginnt schon bei den Kindern, die völlig verplant werden. Ständig fährt man sie von einem Termin zum anderen. Die Kinder gewöhnen sich immer mehr daran, dass immer irgendetwas aus der Umwelt für sie da ist, was sie beschäftigt. Und den Rest erledigt dann das Fernsehen.

Irgendwelche ruhigen Momente, in denen man sich überlegt, was man eigentlich will, die gibt es kaum mehr. Dadurch kann man natürlich auch kein selbstbestimmtes Zeitmanagement aufbauen. Man hat nicht gelernt, sich die Zeit zu nehmen, die man braucht, um die eigenen Lebensumstände organisch zu gestalten. Ein gesunder Organismus zeigt uns genau auf, wie das Leben funktioniert: durch Aufnahme, Verarbeitung und Ausscheidung und auch durch Depots, die man braucht, aber auch regelmäßig entleert. Ein Problem entsteht dann, wenn der Stoffwechsel, der Turnover, nicht mehr funktioniert, wenn pathologische Ablagerungen entstehen, die nicht in den Lebenszyklus, in die Zeitgestalt, in die eigene Lebensgestaltung integriert werden können.

Manches am Messie-Phänomen kann man dadurch verstehen, dass man es am lebendigen Organismus misst. Was ist eine gesunde, was eine pathologische Ablagerung, was ist eine gesunde Aufnahme, was eine gesunde Ausscheidung?

Seelenleib und Ich-Organisation

Eine ganz große Rolle spielt das Seelenleben. Aus diesem Bereich kennt man sehr gut den Sammlertrieb, eine Sammellust, eine Aufbewahrungsfreude. Viele Menschen erleben sich tatsächlich primär im Seelischen und oft dann im Haben-Wollen, im Wunsch nach Besitz von etwas.

Und schließlich gibt es noch die Ich-Organisation. Hier geht es um die eigene Identität, gewissermaßen um das heilige, ewige Ich. Dieses Ich inkarniert sich nicht, es kann nur hineinscheinen, hineinklingen – es kann *personare* = hindurchtönen. Es macht aus uns eine unverwechselbare Persönlichkeit. Unsere Ich-Organisation lebt physisch in der Wärme, in der inneren Wärme-Regulation. Über die Wärme kann das höhere, geistige Ich in das niedere, körperlich-materielle Wesensgliedergefüge hineinwirken.[78] Die Ich-Präsenz erleben wir an der Wärme des Blicks, am Händedruck, an der Aufrichtigkeit, an der Zielorientiertheit. Das sind alles Qualitäten der Wärme, der Konzentration, des Auf-den-Punkt-Bringens, des Ausgleichen-Könnens, des Ordnen-Könnens, des Überschauen-Könnens. Unsere Ich-Organisation ist Träger unseres höheren Ich, solange wir unsere Wärme bewusst beherrschen können. Es gibt viele verschiedene Gründe, weshalb diese Wärmeorganisation eine Kränkung, eine Erkältung erfahren kann: Schock, Gewaltübergriffe, Traumata, Missbrauch, Vernachlässigung, zu strenge oder zu lockere Behandlung, zu viele oder zu wenige Grenzen. Alles Störungen, die sozusagen die Persönlichkeit *herausgeschockt* haben, welche die Grenzen zum höheren Ich verschlossen haben, sodass man sich wie abgeschnitten, wie in einem Gefängnis fühlt – verlassen, allein, isoliert, schlecht behandelt, ausgegrenzt, unverstanden. Ein erfahrener Kinderarzt sieht am Blick, ob ein Kind sich angenommen fühlt oder nicht: Ist da bereits etwas Abwartendes, ein Schock-Bereites oder schon ein Nach-innen-Gekehrtes, ein Ausgelöschtes.

Kann ich mir eine solche Trennung vom eigenen Ich einmal deutlich machen, so kann ich auch etwas unternehmen, um meine Wärme-Organisation wieder anzuregen, um mein Ich wieder zu mir zu holen.

Zusammenfassend ist also zu prüfen, ob das Messie-Syndrom mehr im Physischen, im Bereich der Lebensprozesse, mehr im Seelischen oder primär in der Ich-Organisation veranlagt ist. Meistens sind alle vier Ebenen unterschiedlich betroffen, weswegen die Anthroposophische Medizin sich sehr um eine individuelle Diagnose bemüht und dabei alle vier Ebenen abfragt. Daraus kann sich dann eine sehr differenzierte Therapie ergeben. Die Anthroposophische Medizin bietet hierfür eine Fülle medikamentöser bis kunsttherapeutischer Behandlungsmethoden an. Hierzu sei auf weiterführende Literatur verwiesen.[79]

Eine Fragenbeantwortung

Wie ordentlich ist eigentlich ordentlich genug?

Das ist sehr individuell. Eine Antwortmöglichkeit wäre: Wenn Sie in jedem Augenblick Gäste, auch unerwartete Gäste, empfangen könnten, ohne dass Sie beim Türöffnen mit Entschuldigungen dafür beginnen, weshalb es jetzt gerade ein bisschen unordentlich bei Ihnen aussieht.

Ordnung herzustellen, macht mir keine Mühe! Jedoch kann ich sie einfach nicht aufrechterhalten, und das macht mich verrückt. Wie kann ich das ändern?

Wie lange hält denn die Ordnung an, und wie ist die Unordnung entstanden? Wenn zum Beispiel jeden Abend vor dem Zu-Bett-Gehen jeder noch schaut, welche persönlichen Gegenstände nicht in die Gemeinschaftsräume gehören, dann ist zuhause doch immer wieder schnell aufgeräumt. Oder wenn die Papiere direkt dorthin versorgt werden, wo sie hingehören! In der Küche hilft es, wenn alles, was nicht mehr gebraucht wird, sofort wieder an den Platz zurückkommt, wo es hingehört.

Und: Beobachten Sie doch einmal eine Zeitlang Ihre Gesten ganz genau! Oder versuchen Sie vielleicht vier Wochen lang, täglich wenigstens einen Raum ordentlich zu halten – es könnte zur Gewohnheit werden!

Ich bin mit allem so furchtbar in Verzug, dass ich immer glaube, ich könnte nie alles in Ordnung bringen. Wenn ich mit allen Räumen fertig bin, dann sieht der erste doch schon wieder so schlimm aus wie zuvor. Und dann habe ich ja noch nicht einmal mit dem Keller und dem Speicher begonnen! Wo und wie fange ich bloß an?!

Wenn es so schlimm steht, dann vergessen Sie erst einmal den Speicher und den Keller. Natürlich sollen die liegengelassenen Dinge auch einmal wieder aufgeräumt werden; aber wichtig ist zuerst einmal, einen Rhythmus für den Alltag zu finden. Notwendig ist doch vor allem: Das Essen soll rechtzeitig auf dem Tisch stehen, und alle müssen etwas Sauberes zum Anziehen haben. Es sollte wenigstens so sauber sein, dass es kein Ungeziefer gibt. Und die Rechnungen müssen unbedingt so pünktlich bezahlt sein, dass Telefon, Elektrizität und Wasser zur Verfügung stehen. Sicher sollten auch die Versicherungsprämien bezahlt sein, damit ein möglicherweise entstehender Schaden gedeckt wäre. Für all diese Dinge braucht es einen Rhythmus, tägliche und wöchentliche Rhythmen. Rhythmus entlastet und gibt Halt. Wenn Sie erst einmal Ihren Rhythmus gefunden haben und sich daran halten, werden Sie nie wieder ernstlich mit Ihren Aufgaben in Verzug kommen.

Vielleicht haben Sie Freundinnen, die in derselben Situation sind, dann könnten Sie sich gegenseitig helfen.

Wie entscheide ich mich, was ich behalten, was ich weggeben oder wegwerfen soll?

Fragen Sie am besten nicht, ob Sie etwas noch gebrauchen könnten, sondern: Weshalb will ich es wirklich behalten? Aus Schuldgefühl? Was bedeutet mir dieser Gegenstand? Macht er mir Freude oder belastet er mich?

Mir scheint, mein Haus wird immer voller. Wie kann ich das ändern?

Ordnung schaffen beginnt oft beim Einkauf. Da sollte man sich häufiger ernsthaft fragen, ob das, was man gerade in der Hand hält, auch wirklich notwendig ist. Kaufe ich es, weil es gerade so günstig ist?! Oder bin ich vielleicht zum Abfallkorb meiner Familie geworden? Kommt alles, was die anderen nicht mehr haben wollen, zu mir? Warum sage ich in einem solchen Fall nicht einfach *Nein!*? Man kann sich auch vornehmen: *Wenn etwas Neues hinzukommt, muss etwas Altes entfernt werden!* Mein Mann hatte so ein Ding mit seinen Schuhen. Kaufte er sich ein neues Paar, so wollte ich gleich wissen, welches von den alten wir jetzt entsorgen dürften. Dann ergab sich meistens folgendes Gespräch:

Darf dieses Paar jetzt weg? –
Nein, die brauche ich für die Putzarbeit. –
Aber du hast doch bereits welche dafür! –
Ja, aber die werde ich jetzt für die Gartenarbeit nehmen. –
Dann dürfen die alten Gartenschuhe also jetzt weg? –
Die könnte ich ja noch brauchen, wenn ich nach dem Regen das Gemüsebeet umgraben muss ...

Und so könnte es natürlich ewig weiter gehen.

Bei meiner Freundin sieht es eigentlich immer etwas unordentlich aus, und doch habe ich das Gefühl, dass es nicht wirklich so ist. Warum erlebe ich aber die Unordnung bei mir ganz eindeutig als Unordnung?

Ich glaube, es hat mit einer grundlegenden Ordnung und Pflege zu tun. Man spürt, wenn ein Haus gepflegt wird. Wie man ein Chaos eiligst unterm Bett oder Sofa verstecken kann, um Ordnung vorzutäuschen, so können herumliegende Spielsachen oder eine übervolle Arbeitsfläche in der Küche den Eindruck eines Chaos vermitteln, obwohl bei Bedarf der Raum innert Minuten wieder aufgeräumt wäre. Wie oft konnte ich sagen: *Es ist nicht so schlimm, wie es aussieht!*, weil ich wusste, dass nur sehr wenig Zeit benötigt würde, um alles wieder in Ordnung zu bringen.

Ich habe schon so häufig versucht, mit dem Aufräumen und Ausmisten zu beginnen. Wo soll ich nur die Motivation herholen?

Das kann ich Ihnen nicht beantworten, aber eine Ärztin hier in der Klinik erzählte mir vor kurzem diese Geschichte: Sie hatte die unangenehme Aufgabe, eine Patientin über ihre Krebsdiagnose zu informieren. Die Frau saß lange ganz still und betroffen da, bis sie aufstand und sagte: *„Dann ist es so, wie es ist, sehen wir mal, was wir zusammen unternehmen wollen, mein Krebs und ich."* Zwei Wochen später kam sie zur Kontrolle und war kaum wiederzuerkennen. Sie strahlte und sah sehr vergnügt aus. Auf das Kompliment der Ärztin antwortete sie: *„Als ich von Ihnen wegging, musste ich einen langen Spaziergang machen, um das alles erst einmal wirklich aufzunehmen. Am nächsten Morgen habe ich mein Haus mit neuen Augen angeschaut. Dann entschied ich mich, dass ich ab diesem Tag ein solches Leben leben werde, wie ich es immer wollte, und so wohnen, wie ich immer wohnen wollte. Ich fing sofort an, auszumisten, sogar Bilder abzuhängen, die mir noch nie so wirklich gefallen hatten. Und so entschied ich mich, nur noch das, was mir wirklich Freude macht, um mich zu haben. Sie können sich gar nicht vorstellen, wie befreiend das ist! Mein Mann und meine Kinder unterstützen mich dabei und morgen kommen die neuen Vorhänge. Ich habe mich schon lange nicht mehr so gut gefühlt."*

8

RHYTHMUS

Ein gesunder Rhythmus ist lebenswichtig und bedarf der Pflege. Der ganze Kosmos und seine Gesetze basieren auf Rhythmus. Was einem Rhythmus unterliegt, das hat auch eine Ordnung.

Immer, wenn ich jemanden in die Arbeit einführe, weise ich auf die Bedeutung des Rhythmus hin. Bewegung aus Rhythmus ermüdet nicht. Müde wird man, wenn man lediglich aus dem Gliedmaßen-Willensbereich heraus arbeitet, wenn man mit kämpferischen, chaotischen Bewegungen Schultern und Nacken anspannt. Wenn wir uns aber mit unserer Tätigkeit so verbinden, dass wir uns ihr ganz hingeben, dann können wir auch in den der jeweiligen Arbeit zugrunde liegenden eigenen Rhythmus hineinkommen. Die Arbeit scheint dann plötzlich viel einfacher, so als ob uns geholfen würde. Oft verschwindet sogar alle Müdigkeit und ein Gefühl von Zufriedenheit und Freude überkommt uns.

In vielen Kulturen finden wir Rhythmen, die einst die Tagesabläufe bestimmten. Sogar die Wochen-, Monats- und Jahresrhythmen gaben Halt und Struktur. Vor allem in der Landwirtschaft, aber auch im Straßenbau (dort, wo der rhythmische Teil der Arbeit noch nicht an die Technik delegiert wurde) sangen und singen die Menschen gerne bei der Arbeit. Ich habe es noch als Kind immer wieder erlebt, wie die Einheimischen in Südafrika beim Ausheben von Gruben nach dem Rhythmus eines Vorsängers arbeiteten. Als dann aber einmal ein weißer Vorarbeiter meinte, der Rhythmus sei zu langsam, sie sollten mit dem Singen aufhören, da ging es mit der Arbeit überhaupt nicht mehr weiter.

An einer Straßenecke in Johannesburg gab es einen kleinen schwarzen Schuhputzer. Ich beobachtete ihn sehr gerne bei seiner Arbeit, die er mit Herzenslust und Freude ausführte. Er sang dabei immer lustige, flotte Liedchen. Einmal kam ein Pfarrer, um seine Schuhe putzen zu lassen, und fragte den Jungen, weshalb er nicht ein Loblied an den Herrn sänge, während er so arbeite. Sofort stimmte der Junge einen Kirchengesang an. Nach zwei Strophen hörte er aber wieder auf und sagte: *Nein, Master, bei dem Tempo werde ich ja nie fertig!*

Oft sprechen wir von einem *gesunden Rhythmus*. Rhythmische Prozesse sind Grundlage aller Heilungsvorgänge, und durch Rhythmus können wir in unserem Alltag sehr viel zur Gesundung unserer Beziehungen beitragen – nicht nur in der Beziehung zu unseren drei „Tempeln" (physischer Leib, Lebens- und Seelenleib), sondern auch zu unseren sichtbaren und unsichtbaren Hausgenossen.

Rhythmus ist Kraft – wer dies erkennt, wird mit dem Tag anders fertig. Man darf Rhythmus aber nicht mit Routine verwechseln. Alles, was sich im Leben wiederholt, kann zur Routine werden, und nichts ist erdrückender als ein monoton verlaufender Alltag. Eine rhythmische Betonung hingegen bringt Farbe ins Leben und erleichtert das Tun. Hier sind der Phantasie keine Grenzen gesetzt. Es muss nicht unbedingt ein täglicher Rhythmus sein. Der Rhythmus kann auch durch eine spezielle Aufmerksamkeit einmal in der Woche gepflegt werden, zum Beispiel an einem bestimmten Tag den Tisch ganz festlich zu decken oder nur an diesem Tag ein bestimmtes Lied zu singen.

Arbeiten wir mit anderen Menschen zusammen, so hilft es sehr, sich einmal bewusst zu machen, dass der Mensch als ein Mikrokosmos im Meso- und Makrokosmos lebt. Es gibt Rhythmen im Jahreslauf, die uns alle beeinflussen, sei es bewusst oder unbewusst. Wir arbeiten nicht an allen Tagen gleich gern, und im Frühling fällt uns vieles leichter als im Winter. Aber auch innerhalb nur einer Jahreszeit erleben wir schon Unterschiede: Im September fühlen wir uns anders als im November, obwohl beides Herbstmonate sind.

Ich musste ziemlich bald lernen, dass Menschen zu verschiedenen Zeiten unterschiedlich arbeiten und dass es eine unnötige Überforderung darstellt, von einem Mitarbeiter im Mai dasselbe wie im November zu verlangen. Dies traf sowohl auf das Reinigungspersonal in meiner Firma zu als auch auf die Studenten und Studentinnen am Goetheanum und die Schülerinnen und Schüler, die ihr Schulhaus selbst zu reinigen hatten.

Rhythmus im Alltag, in den kleinen Dingen, ist vor allem deshalb wichtig, weil wir heutzutage so häufig chaotisierenden Kräften ausgesetzt sind (unrhythmisches Verhalten, Unordnung, Durcheinander in den Abläufen).

Manchmal ist es sehr schwierig, einen klar gegliederten Rhythmus, aus dem Ordnung hervorgeht, herzustellen. Denn man muss sich ständig darum bemühen, das Wesentliche vom Unwesentlichen zu unterscheiden, und sich immer wieder fragen, was im Augenblick gerade wichtig sein könnte, und sich dann nur darauf konzentrieren. Viel einfacher ist es natürlich, sich andauernd zerstreuen zu lassen.

Jeder Mensch muss selbst entscheiden, wie sein Haushalt geführt werden soll. Wie schaffen wir es, uns dabei wohlzufühlen, ohne das Empfinden zu haben, von einer Aufgabe zur nächsten zu hetzen?

Dabei kann ein Rhythmus unterstützend sein. Wenn ich zum Beispiel immer am Mittwoch meine Wäsche wasche, muss ich mich für den Rest der Woche nicht mehr darum kümmern. Es gibt einen Rhythmus für den Haushalt, und es gibt einen Lebensrhythmus. Im Gegensatz zur Routine, die zermürbend sein kann, ist der Rhythmus etwas Lebendiges. Er wird bewusst gesetzt, er entlastet und gibt Halt.

Mit *Lebensrhythmus* ist primär das Leben der Menschen in einem Haushalt gemeint:

Aufstehen, zur Schule oder zur Arbeit gehen, Mahlzeiten einnehmen, Hausaufgaben machen, Sport treiben, Musikunterricht besuchen und dafür üben, Zähne putzen, sich waschen, Geschichte vorlesen, ins Bett gehen. Auch die Versorgung der Haustiere gehört in diesen Bereich.

Ein fester Rhythmus für die Familie ist besonders wichtig, solange die Kinder noch klein sind. Es gibt tausend Arten, den Tagesrhythmus individuell zu gestalten. Auch Geburtstage, Jahresfeste, Ferien und so weiter können als Rhythmusgeber gepflegt werden.

Welche Tätigkeiten wiederholen sich im Haushalt ständig? Womit sind wir immer wieder konfrontiert? Mehrmals am Tag muss gegessen werden. Ohne Bekleidung verlassen wir nicht das Haus.

Damit wir uns wohlfühlen und auch Gäste empfangen können, benötigen wir ein bestimmtes Maß an Ordnung und Sauberkeit. Das gilt auch für den Garten, soweit er vorhanden ist. Das alles braucht Unterhalt und lässt sich mit einem Rhythmus einfacher bewältigen. Je besser er gepflegt wird, desto harmonischer bleibt alles im Fluss.

Ernährung

In einem Wohnhaus, in dem ich einmal lebte, konnte man den entsprechenden Wochentag am Geruch im Treppenhaus erkennen! Am Montag wurde gewaschen, und es gab Minestrone. Am Dienstag wurde gebügelt, und dazu gab es Obstkuchen, je nach Jahreszeit. Am Mittwoch wurde die ganze Wohnung gründlich gesaugt, und immer gab es Pizza. Am Donnerstag kamen Linsen mit Speck auf den Tisch, am Freitag wurde Brot gebacken, und man aß Fisch. Der Samstag war der Einkaufstag, dann war das Essen nie klar definierbar. Am Sonntag gab es Braten. So unabänderlich braucht es natürlich nicht zu sein, aber für viele Menschen scheint solch ein Rhythmus erleichternd.

In meiner Kindheit in Südafrika kauften wir immer freitags für die ganze nächste Woche ein. Jetzt, da ich in der Schweiz lebe, bekomme ich montags mein Gemüse vom Bauern geliefert. Und je nach Inhalt der Lieferung richte ich dann mein Kochen für diese Woche ein.

Beim Planen eines Rhythmus sollte auch alles, was mit der Ernährung zusammenhängt, berücksichtigt werden. Auf das Einkaufen (mit oder ohne Einkaufsliste) folgt das Auspacken und Versorgen. Zum Kochen selbst gehört das Tischdecken, das Abräumen und Abwaschen des Geschirrs, den Abfall zu trennen und zu entsorgen, den Kompost wegbringen und so weiter. Ist ein Gemüsegarten vorhanden, ist ein weiterer Rhythmus zu berücksichtigen: Aussähen, Pflanzen, Jäten, Gießen, Ernten. Schön ist es, wenn die kleinen Kinder diese Abläufe alle miterleben bzw. auch dabei mithelfen können. Als meine Kinder noch zu Hause wohnten, war es die Regel, dass die Männer mittags und die Frauen abends für den Abwasch verantwortlich waren. An einem Tag fegten die Männer den Boden und am nächsten Tag die Frauen. Dieser Rhythmus war so verankert, dass der Kinderbesuch ganz selbstverständlich dabei mitwirkte, um anschließend schneller spielen zu können. Manchmal, wenn jemand weg musste, wurde getauscht.

Für das Unterbringen der Nahrungsmittel benötigen wir den entsprechenden Platz, und zum Kochen brauchen wir das *Rüstzeug* wie Töpfe und all die anderen Dinge, die uns dienen, damit wir uns ernähren können. Zum Essen braucht es Tische, Stühle, Tischtücher, Teller, Besteck und so weiter. Auch diese Dinge müssen untergebracht und gepflegt werden.

Die Küche mit dem Herd war immer – und ist es oft noch heute – das Herzstück des Hauses. Da dies der Ort ist, an dem die meisten Arbeiten stattfinden, sollte er so gut und gemütlich wie möglich eingerichtet sein. Dinge, die wir nicht wirklich brauchen, sollten nicht kostbaren Platz einnehmen und uns vielleicht auch noch ärgern. Es ist gut, von Zeit zu

Zeit zu prüfen, ob alles, was Platz in der Küche einnimmt, auch tatsächlich dort hingehört.

Auch die ganze Atmosphäre und die Schönheit eines Hauses ist Teil der „Nahrung“ des Menschen: dazu gehören auch die Wärme und die Liebe, die in einem Haus leben.

Bekleidung

Bei dem Stichwort *Bekleidung* kommt uns gleich eine ganze Palette in den Sinn: Einkaufen oder selbst nähen, Flecken behandeln, waschen, flicken, bügeln, zusammenlegen, versorgen ... und – sehr wichtig – auch wieder entsorgen! Es gibt heute nicht mehr viele Menschen, die ihre Kleidungsstücke noch flicken oder stopfen. Aber Knöpfe müssen angenäht und eine Naht muss zugenäht sein. Auch der Saum sollte nicht herunterhängen und vielleicht sollte auch ein kaputter Reißverschluss ersetzt werden. Wann findet man bloß die entsprechende Zeit für das alles?

In der Nähe meines Bügelbretts befindet sich eine kleine Kiste mit Nähzeug, um *Reparaturen* unmittelbar durchführen zu können, wenn sie mir auffallen. Bei einer meiner Schwestern wussten ihre Familienmitglieder immer, wo sie zu suchen hatten, wenn sie ihre Kleidungsstücke nicht mehr fanden: Ihr Flickkorb war immer gut gefüllt. Während wir plaudern, erlebe ich oft Freundinnen beim Stricken – selten aber beim Flicken. Dabei wäre das doch eine gute Gelegenheit dafür. Eine andere Freundin von mir nimmt jedoch immer etwas zum Nähen oder Stopfen mit, wenn sie zum Arzt oder Zahnarzt geht.

Flecken lassen sich am einfachsten entfernen, wenn sie noch frisch sind. Später kann das Einweichen und Vorbehandeln mit einem Fleckentferner (etwa Gallseife) auch noch eine gute Sache sein. Spätestens beim Bügeln sollte nochmals ein Blick auf die frisch gewaschenen Kleidungsstücke geworfen werden. Über einen Fleck darf man nicht einfach drüber bügeln, dann ist er meistens nicht mehr wegzubekommen.

Man kann sitzend oder stehend bügeln. Früher hörte ich gerne Musik beim Bügeln, heute gibt es aber auch Hörbücher, Vorträge, sogar Sprachkurse, die man in dieser Zeit hören kann. Sobald die Kinder alt genug sind, können sie lernen, ihre Dinge selbst zu bügeln. So habe ich recht früh damit aufgehört, die Wäsche meiner Kinder zu bügeln. Unterdessen hat es sogar mein Mann gelernt. Für ihn lässt es sich sehr gut mit einer Sportsendung im Fernsehen verbinden. Ich selbst nutze gern ein Tennismatch mit Roger Federer, um einen ganzen Berg Wäsche hinter mich zu bringen!

Eine gute Freundin schenkt ihrem Mann jedes Jahr zum Geburtstag ganz besondere Bücher. Er ist Arzt und bügelte früher immer vor dem Fernseher, um Abstand vom Arbeitstag zu bekommen. Seit fast fünfzehn Jahren gehört zum Geburtstagsgeschenk hinzu, dass sie ihm beim Bügeln die Bücher auch vorliest.

Dann gibt es noch die Bettwäsche. Kann man auch einen Rhythmus für das Abziehen und Waschen finden? Hat man genügend Bettwäsche, um das Bett unmittelbar frisch zu beziehen oder aber um die frisch gewaschene Bettwäsche zusammenzulegen und im Schrank zu versorgen? In meiner Kindheit gab es nur eine Garnitur pro Bett, und wir freuten uns immer ganz besonders auf die frisch getrocknete Wäsche, die oft – weil es bei uns so selten regnete – so wunderbar nach Gras und Wiese duftete!

Es gibt Menschen, die meinen, dass ihre Wäsche auch ruhig gesehen werden darf, sobald sie gewaschen ist. Der Wäschekorb bleibt manchmal tagelang im Wohnzimmer stehen. Oder Gebügeltes wird nicht gleich versorgt. Und wenn dann jemand in den Stapeln wühlt, geht das oft mit unangenehmen Folgen für die anderen Kleidungsstücke einher.

Ein sehr wichtiger Teil der Bekleidung ist ihre Anschaffung und spätere Entsorgung. Wie viele Kleidungsstücke braucht ein Mensch? Wann hat ein Kleidungsstück ausgedient?

Wie lange bewahre ich die Kinderkleider auf, und lohnt es sich, alles aufzubewahren, was ich einmal gekauft oder geschenkt bekommen habe, auch wenn niemand es je mehr anziehen wird? Oder die vielen schönen Kleider, die mir nie wieder passen werden? Lohnt es, sich mit den vielen Kleidungsstücken, die sich in Schränken, auf dem Speicher und im Keller ansammeln, zu belasten – oft ohne, dass sie beachtet werden? Ist das ein würdiger Umgang mit diesen Sachen, die uns doch einmal gedient und vielleicht Freude bereitet haben?

Eine gute Gelegenheit, die Kleider genauer zu betrachten, besteht in der Zeit, wenn wir die Wintersachen versorgen und die Sommerkleidung wieder hervorholen. Wenn ich dabei etwas erblicke, das ich seit Jahren nicht mehr getragen habe, könnte doch jetzt die Gelegenheit gekommen sein, mich davon zu trennen? Oder, falls das doch noch zu schwierig sein würde, könnte man sich vielleicht in dem Moment wenigstens dazu durchringen, das Kleidungsstück mit dem Vermerk zu versorgen: *Wenn ich dich im kommenden Sommer wieder nicht anziehe, dann darfst du gehen.*

Ordnen und Putzen

In früheren Zeiten war Gastfreundschaft ein heiliges Gebot. Heute mangelt es häufig an dieser Tugend, weil Menschen sich schämen, Gäste zu empfangen, oder weil es zu viel Stress verursacht, vorher alles aufzuräumen, um Gäste überhaupt in die Wohnung lassen zu können. Das kann in extremen Fällen sogar in eine soziale Isolierung führen. Auch hier wäre es durchaus wichtig, einen Rhythmus zu finden, der auf die eigenen Bedürfnisse und die der ganzen Familie abgestimmt ist. Hauptsache, es funktioniert überhaupt.

Einige Menschen putzen gerne täglich eine Etappe in ihrer Wohnung: montags das Bad, dienstags die Wohnräume, mittwochs die Schlafzimmer und so weiter. Für wen das so stimmig und praktisch ist, für den sollte das auch unbedingt so bleiben.

Jedoch gibt es im Haushalt Dinge, die täglich gemacht werden müssen, andere nur wöchentlich und wieder andere zwei oder drei Mal im Jahr. Dafür brauchen wir einen bestimmten Ort, an dem Geräte, Putzmittel, andere Materialien und so weiter untergebracht sind, damit wir sofort das Nötige finden können, wenn es gebraucht wird. (Darauf wird später im praktischen Teil noch eingegangen.)

Für mich persönlich funktioniert es mit einem wöchentlichen Reinigungsrhythmus gut. Für mich wäre es undenkbar, mit dem Gedanken zu leben: *Ich mache die Hausarbeit, wenn ich Zeit dazu habe!* Ständig würde mir etwas wie auf den Schultern lasten!

Als meine Kinder noch zu Hause waren, putzten wir immer am Donnerstagnachmittag, weil sie dann keine Schule hatten. Da sowohl mein Mann als auch ich selbständig tätig waren, wurden für diesen Nachmittag keine Aufträge angenommen. Unser Haus wurde in vier Bereiche eingeteilt: Bad und WC waren meine Aufgabe. Meine Tochter staubte ab und versorgte die Pflanzen. Mein Sohn saugte und wischte Flur und Treppenhaus, mein Mann saugte alle anderen Böden im Erdgeschoss und auch unser Schlafzimmer. Die Kinder waren für ihre eigenen Schlafzimmer zuständig, und die Küche wurde ja sowieso täglich gepflegt. Das ganze Haus hatte 246 m^2, aber wir benötigten nie mehr als eine Stunde pro Person, das heißt also insgesamt vier Stunden pro Woche. Falls jemand aus irgendeinem Grund am Donnerstag nicht dabei sein konnte, musste die Arbeit am Mittwoch *im Voraus* erledigt werden. Das Nachholen funktionierte zu selten – auch eine Erfahrung!

Wenn mich jemand an einem Mittwochabend besuchte, war es durchaus möglich, vor allem im Winter, hin und wieder eine *Staubmaus* zu erblicken. Das störte mich aber nicht, weil ich wusste, dass ja am Donnerstag geputzt würde. Selbstverständlich wurde auch immer etwas sofort weggeputzt, wenn es störte oder zu sehr auffiel, jedoch war ich im Übrigen für den Rest der Woche davon befreit, und das war immer ein Genuss.

Jeder, ob Mann oder Frau, könnte einmal versuchen (wenn es als nachahmenswert empfunden würde!), das Gleiche im eigenen Schlafzimmer durchzuführen. Eine Seminarteilnehmerin erzählte, dass sie ihre kleine Tochter auf eine besondere Art zum Aufräumen anregen konnte: Sie stand in der Türe und sagte: *Ich sehe etwas, und das ist blau!* Dann wurden alle blauen Gegenstände gefunden und versorgt. So konnten sie meistens spielerisch alle herumliegenden Dinge aufräumen, weil die Kleine unbedingt noch eine weitere Farbe aufräumen wollte.

Geschirr sollte am besten immer sofort gespült werden, entweder von Hand – oder es sollte direkt in die Geschirrspülmaschine eingeräumt werden. Frisch benutztes Geschirr lässt sich am effektivsten – wenig Wasser, Spülmittel und Zeit – direkt reinigen. Herumstehendes schmutziges Geschirr übt natürlich sofort eine Wirkung auf die Atmosphäre (nicht nur) in der Küche aus. Auch sollte vermieden werden, schmutziges Geschirr über Nacht stehenzulassen, vor allem im Sommer, wenn Ungeziefer ein Problem sein kann. Ein Student bat mich einmal um Rat. Er arbeitete in einer Familie und musste als ersten Auftrag das Geschirr spülen. Die Familie verwendete immer so lange alles Geschirr, bis es keine sauberen Sachen mehr gab, und der Student musste dann zum Teil den eine Woche alten Schmutz entfernen. Da ist guter Rat teuer. Er hatte nicht den Mut, die Familie darauf anzusprechen ...

Ich selbst stehe morgens gerne früh auf, weil das meine ganz persönliche Zeit ist. Keine Kinder, kein Telefon, nur Ruhe und Stille. Dann kann ich lesen, meditieren, schreiben, sogar flicken oder ganz in Ruhe etwas aufräumen. Diese Zeit ist mir heilig, und dabei ist eine aufgeräumte Küche eine Selbstverständlichkeit. Wenn ich meinen Wasserkocher anstelle, soll es ringsherum ordentlich sein.

Eine Freundin in Amerika meinte dazu, dass sie ihren Morgen immer damit begänne, die Kaffeetassen und andere Kleinigkeiten abzuwaschen, die ihre Familie nach dem Abendessen noch verwendet hatte. Für sie sei es das Ankommen in der Realität des Alltags. Ich konnte ihr versichern, dass ich keinerlei Intention hätte, mein Vorgehen, was so gut funktioniert, zu ändern, vor allem nicht, wenn es einem auch noch Freude bereitet.

Persönlich ist es mir einfach wichtig, einen neuen Tag frisch zu beginnen – ohne Altlasten vom Vortag. Als sie mich ein Jahr später bei meinem nächsten Besuch begrüßte, sagte sie strahlend. *Alles hat sich geändert. Jeder in unserem Haushalt wäscht sein Geschirr am Abend ab, und alles wird versorgt. Seit Monaten genieße auch ich die Stille des Morgens und konnte viele Dinge nachholen, die ich schon längst hatte machen sollen!*

Noch etwas, das mir besonders wichtig ist: mein Waschbecken im Badezimmer. Nach dem Zähneputzen wird es sofort mit einem weichen Tuch gewischt. Es ist ein großes Doppelbecken. Weil ich es täglich putze, benötige ich kein Putzmittel – und kaum dreißig Sekunden für diese „Arbeit“! Am Morgen strahlt mir daher immer ein glänzend weißes Waschbecken entgegen und vermittelt mir damit ein Lebensgefühl, auf das ich nicht verzichten möchte.

Eines Tages brauchte ich dringend eine Vertretung für einen Putzauftrag in einem Labor, in dem es sehr wichtig war, geschultes Personal einzusetzen. Studenten konnte ich diese Arbeit nicht anvertrauen. Daher entschloss ich mich, einer jungen Frau aus Puerto Rico diese Aufgabe zu übergeben, und bat ihren Mann (sie konnte kaum Deutsch sprechen), sie zu mir zu begleiten, damit ich sie vor ihrem ersten Einsatz instruieren könne. Obwohl er mir versicherte, sie hätte bereits in vielen Reinigungsfirmen gearbeitet, bestand ich darauf, sie doch bei mir zu Hause vorher in meine Arbeitsweise einzuführen. – Das wurde dann allerdings eine sehr schwierige Aufgabe für mich, denn sie bestand felsenfest darauf, alles bereits zu wissen. Sie nahm nichts von dem an, was ich ihr versuchte beizubringen. Ich zeigte ihr das Abwaschbecken in der Küche, gab ihr ein Mittel und bat sie, es zu reinigen. *Wo Vif?,* kam ihre Gegenfrage. Ich sagte ihr, sie solle das Mittel verwenden, das ich ihr gab. Sie gab einige Spritzer auf die Oberfläche und husch, husch, husch war sie fertig, ohne auch nur eine Ecke des Wasserhahns berührt zu haben. *Das ist nicht sauber,* sagte ich und zeigte ihr, was sie alles übersehen hatte. Sie wiederholte den Vorgang, änderte aber nichts dabei! Ich zeigte ihr, wie es mit dem Staubsaugen vor sich ginge, und auch hier ignorierte sie meine Angaben und saugte wie einen *Fächer* um sich herum. Aus lauter Verzweiflung meinte ich: *Und jetzt zeige ich dir, wie ich eine Toilette putze!* Ich nahm mein Werkzeug und meine Mittel, kniete mich vor die Toilette hin und fing an, sie ganz gründlich zu putzen. Da wurde sie auf einmal ganz still, und ich spürte, wie ihre volle Aufmerksamkeit auf diese Arbeit gerichtet war. Wir sprachen kein Wort, und als ich fertig war, sagte sie mit glänzenden Augen: *Du wunderbar putze, ich so putze wie du!* Ich bat sie noch einmal, das Waschbecken in der Küche zu putzen. Jetzt musste ich kein Wort mehr verlieren, sie wusste, wie sie zu tun hatte. Ihr Einsatz dauerte sechs Monate, und sie wurde sehr beliebt und für ihre Arbeit geschätzt.

Es ist also nie zu spät, jemandem etwas Neues beibringen zu wollen. Der Mensch bleibt lernfähig, und sogar die Möglichkeit nachzuahmen verliert er nie völlig! Hin und wieder kann ein Arbeitsrhythmus jedoch auch begrenzend wirken. In einem Heim mit behinderten Jugendlichen bat eine Betreuerin mich um Rat. Ein Jugendlicher mit Down-Syndrom war sehr tüchtig und gründlich. Es war seine Aufgabe, wöchentlich den Festsaal zu reinigen. Dies erledigte er mit Hingabe. Zuerst fegte er ganz rhythmisch den Raum, danach wischte er mit Wasser und Mopp. Das Problem war, dass er nie Flecken oder kleine Krusten, die am Boden klebten, entfernte. Obwohl die Betreuerin es ihm mehrmals gezeigt und erklärt hatte, vergaß er die Welt, sobald er seinen Arbeitsrhythmus gefunden hatte. Da nahm ich mir ein kleines Eimerchen mit einem Schwämmchen. Bevor er mit dem Fegen begann, gingen wir auf *Fleckensuche* und beseitigten diese. Das Muster musste verändert werden, weil der Rhythmus für ihn absolut bestimmend war.

Zum Reinigungsvorgang gehört auch die persönliche Hygiene. Haben die Kinder einen Rhythmus, einen bestimmten Tag, an dem sie gebadet, an dem die Haare gewaschen und die Nägel geschnitten werden?

Auch für die Haustiere braucht es Reinigung und Pflege. Gibt es Käfige, Katzenstreu, Fressnäpfe, die gesäubert werden müssen? Sollen die Tiere gebürstet, entlaust, gewaschen werden? Für welchen Tag der Woche nehme ich mir das vor? Wird auch hier ein gesunder Rhythmus gefunden, dann werden die Dinge regelmäßig erledigt und man bleibt mit den verschiedenen Aufgaben à jour. Können wir unsere Rhythmen finden und halten, dann werden wir auch mit unserem Haushalt zurechtkommen.

Frühlingsputz

Früher gab es Putzrhythmen auch auf den Jahreslauf bezogen. Heute ist für viele Menschen der Frühjahrsputz nur noch ein Wort. In Südafrika kannten wir den Osterputz – dort ist Ostern im Herbst – und den Voradventsputz, was bei uns dann eigentlich der Frühjahrsputz war.

Auch in Europa gibt es noch verschiedene Frühjahrsbräuche. Viele haben mit Feuer und Verbrennen zu tun, mit Reinigung und Läuterung – wie zum Beispiel das Verbrennen des *Bööggs* in Zürich[80].

Zur Zeit von Kolumbus war bei den Maya der erste Monat des neuen Jahres der Monat *Pop*, eine Zeit der Erneuerung – im übertragenen wie im buchstäblichen Sinne: Das Geschirr, die Flechtmatten, die Kleider des alten Jahres wurden zerstört, und statt ihrer wurden neue Töpfe getöpfert, neue Matten geflochten, neue Kleider genäht.

In den ersten drei Jahrhunderten des Christentums wurde im Wesentlichen nur das Osterfest, die glorreiche Auferstehung Christi, gefeiert, in geringem Maße auch Pfingsten. Eine der ersten Erweiterungen war die Karwoche, dann folgten die vorösterliche Fastenzeit und der Aschermittwoch.

Seit eh und je feierten die Menschen die Wendezeiten im Jahreslauf mit den unterschiedlichsten Festen. Und vor diesen Festen wurde – geputzt. Ein junger Mann aus Nordafrika arbeitete einmal in meiner Firma mit, und als ich ihn wegen des zu vielen Staubs in seinem Arbeitsbereich ansprach, fragte er ganz erstaunt: *Wischt ihr denn immer Staub? Man macht das doch nur für die hohen Festtage*. Wenn man am Rande der Wüste lebt, hat man ein ganz anderes Verhältnis zum Staub.

Die Hausreinigung als Vorbereitung auf die Oster- und Adventszeit gibt uns die Möglichkeit, Raum für das zu schaffen, was auf uns zukommen will. Durch die bewusste Pflege können wir in dieser chaotischen und meist sehr stressvollen Zeit eine Oase der Ruhe und Ordnung bereiten.

Frühling und Auferstehung! Das gilt nach einem langen, kalten Winter auch für uns selbst. Plötzlich wird alles sichtbar, was in der dunklen Jahreszeit nicht so gut zu sehen war: all die Staubschichten und Spinnweben ... Alle Fenster werden weit geöffnet, Staubwedel und Putzlappen hervorgeholt, Möbel werden weggezogen, Teppiche hinausgetragen und geklopft, Bettzeug wird gewaschen, die Matratzen gelüftet. Ähnlich wie bei den Mayas haben auch wir Gelegenheit, alte Kleider auszusortieren (oder eben nicht!).

Alle, die schon mal so richtig mit einem Frühjahrsputz beschäftigt waren, kennen die große Befreiung, die danach über uns kommt, und die große Freude, wieder durch blitzblanke Fensterscheiben zu schauen! Das ganze Haus wirkt jetzt heller und größer.

Einmal hatten wir den Auftrag, in einem großen Haus den Frühjahrsputz durchzuführen. Die Kundin hatte uns bei ihrer Anfrage vorgewarnt, dass wir viel Zeit dafür einräumen müssten. Sie war Kleinbäuerin. Und so schön ihr Garten gestaltet und ihre Tiere gepflegt waren, so schlecht sah es dann aber im Haus aus. Der Auftrag lautete: Bitte vom Dachboden bis zum Keller alles reinigen. Der Inhalt von Schränken und Schubladen sollte sortiert und alles auch von außen gereinigt werden. Zeitlich gab es keine Begrenzung und die Kosten spielten keine Rolle. Dieses Haus war ein Erlebnis! Alles in der Küche war klebrig, aus dem Backofen holte ich vier Kehrschaufeln von etwas heraus, das wie Holzkohle aussah. In den Schränken fanden wir Nahrungsmittel, die seit zwölf Jahren abgelaufen waren, und in Glasbehältern gab es nur noch winzige Überreste von Getreide, das kaum von den Motten zu unterscheiden war. – Wir legten los, und als der zehnjährige Junge zum Mittagessen nach Hause kam, rief er verwundert aus: *Mami, habt ihr die Wände gestrichen, es ist so hell im Haus?* Jedoch hatten wir die Wände noch gar nicht berührt. Nach 16 Stunden Arbeitseinsatz hatten wir bereits so viel Altes entfernt, dass das Haus schon wie befreit wirkte und das Kind es als hell darin empfand.

Am Nachmittag begann ich mit dem Zimmer des Jungen. Es war einfach entsetzlich. In seinem Schlafzimmer hielt er Vögel, Meerschweinchen und Hamster – dazu noch einige weitere kleinere Tiere. Der Teppich war von Flöhen befallen! Alle Vorhänge wurden abgenommen und gewaschen, Teppich und Matratze mit einer Heißdampfmaschine bearbeitet. Die *(größeren)* Tiere ließ ich derweil draußen auf dem Flur stehen. Nach 96 Stunden intensiver Arbeit war das Haus wie neu. Wochen später begegnete ich der Bäuerin im Dorf, und sie berichtete mir, dass der Junge die Tiere überhaupt nicht mehr in seinem Zimmer haben wollte. Und so fanden sie alle ihren Platz im Wintergarten – eine viel bessere Lösung (auch weil dort Steinboden war). Der Junge sei auch von seinem schönen Zimmer so begeistert gewesen, dass er sich während eines ganzen Monats darum bemüht habe, es in dem Zustand aufrechtzuerhalten. Leider, so sagte sie, beginnt es jetzt wieder nachzulassen. Für einen zehnjährigen Buben ist das allerdings schon eine große Leistung. Einem Kind in diesem Alter jedoch das Aufräumen und Putzen des Zimmers ganz allein zu überlassen, das ist eine absolute Überforderung.

Früher wurden zum Frühlingsputz sogar Wanderarbeiter herbeigezogen, so wie es heute noch in der Erntezeit geschieht. Es gab sogar eine Zunft für Bohnerer, wie eine sehr schöne Schilderung von Margarita Woloschin (1882 – 1973) berichtet[81]:

> *Keine Parkettböden können jetzt so glänzen, wie sie damals geglänzt haben, denn die Zunft der Bohnerer, der „Polatjory", ist aus der Welt verschwunden. Jede Woche erschienen in unserem Haus fünf bis sechs Männer, barfuß in weiten schwarzen Sammethosen und roten Hemden, die bis zu den Knien reichten und an den Hüften mit einem Gürtel lose gehalten waren. Vor ihnen musste alles weichen; die Teppiche rollten sich zusammen, Möbel drückten sich an die Wand. Die Stunden wurden unterbrochen, wenn diese Kumpanei erschien.*
>
> *Jeder band sich an den rechten Fuß eine Sandale, die mit gewachsten Bürsten unterlegt war. Und dann bewegten sie sich in einer Reihe durch den Raum, die Hände hinter dem Rücken gekreuzt, mit dem rechten Fuß einen Halbkreis von rechts nach links, von links nach rechts umschreibend; mit dem linken Fuß sich vorwärts schiebend. Die Haarsträhnen hingen ihnen ins Gesicht und pendelten im Takt mit. Von Zeit zu Zeit blieb einer stehen und rieb eifrig mit dem Fuß vor und zurück. Das alles geschah mit elementarer Kraft in einem ungeheuren Tempo. So durchtanzten sie Saal um Saal, Zimmer für Zimmer. Und wenn sie das Haus verließen und einen Geruch von Schweiß, mit duftendem Wachs und Terpentin vermischt, hinterließen, spiegelten unsere Böden herrlich.*

Unsere kleine Familie bedienten vier Dienstmädchen, ein Hausdiener, ein Küchenknecht, eine „weiße" Köchin, die für uns kochte, eine „schwarze" Köchin, die für die Leute kochte, eine Geschirrspülerin, ein Kutscher und ein Pferdeknecht, zwei Wäscherinnen, zwei Dwornicks, Hausknechte und ein Heizer. Zwei Mädchen, die vor meiner Geburt ins Haus kamen, blieben vierzig Jahre bei uns. Wir haben so viel hingebende Liebe, so viel Geduld von ihnen erfahren, dass ich, wenn ich nicht vom Wiederkommen auf die Erde überzeugt wäre, die Tatsache nicht ertragen könnte, ihnen das nie vergelten zu dürfen ...

Unterhalt

Beim Unterhalt können wir unterscheiden zwischen dem, was wir selbst machen können, und den größeren Reparaturen oder Erneuerungen, die von Handwerkern durchgeführt werden müssen. In unserer Reinigungsfirma wurde die Wachheit des Personals dahin gehend geschult, dass sie wahrnehmen sollten, ob und wann etwas eine Reparatur nötig hat. Denn beim Putzen stellen wir immer wieder fest, ob noch alle Glühbirnen funktionieren, der Staubsauger richtig tönt und keinen „Duft" verbreitet.

Es ist erstaunlich, wie gut Menschen lernen können, sich auf ihre Sinneswahrnehmungen zu verlassen. Vor allem Gerüche können über sehr vieles Aufschluss geben. Mäuse beispielsweise riecht man, auch wenn man sie nicht sieht. Dasselbe gilt für Schimmel. Der Geruch eines Gully verrät, ob er ausgetrocknet ist oder nicht. Auch wenn eine Gasdichtung mal undicht ist, fällt das – hoffentlich – als Erstes durch den Geruch auf. Kalkablagerungen hinter der WC-Schüssel weisen darauf hin, dass eine Dichtung nicht richtig funktioniert. Je nachdem, wo sich Kalkrückstände beim Waschbecken finden, deutet es auf einen tropfenden Wasserhahn oder auf ein Leck bei der

Verbindung zum Rohr hin. Ein unerklärlicher Wasserfleck verrät uns, dass es irgendwo tropft: Der Heizungskörper, ein Leck im Dach, ein Rohr unter dem Abwaschbecken in der Küche? Schimmel weist auf zu hohe Feuchtigkeit oder ungenügende Lüftung hin. Ein Wackelkontakt sollte repariert werden, bevor er einen Kurzschluss verursacht. Diese Art von Unterhaltsarbeiten führt man am besten sofort aus, wenn sie auffallen.

Einen Rhythmus zu finden, den Staubsauger-Sack zu erneuern, kann großen Schaden vermeiden, vor allem wenn verschiedene Menschen den Sauger benützen. Der Filter wird weniger häufig ersetzt, darf aber auch nicht vergessen werden.

Dachrinnen reinigen, Moos von den Gartenplatten entfernen, Farbanstriche erneuern, Boiler entkalken, Fensterrahmen neu streichen und vieles mehr – all das benötigt seinen eigenen Rhythmus – und manchmal bedarf es auch eines Fachmanns.

Lebensgewohnheiten

Nun, das hört sich jetzt alles nach sehr viel Arbeit an. Aber viele Erledigungen werden zu gesundenden Gewohnheiten, wenn sie erst in einem Rhythmus verankert sind, so wie bei einem Schlüsselbund oder einem Mantel, wenn sie am richtigen Ort aufgehängt werden, sobald das Haus betreten wird. Eine große Hilfe kann es zudem sein, wenn wir, soweit möglich, für alles die richtige Zeit und den passenden Ort finden. Zwischenlager und Übergangslösungen nehmen auf die Dauer kostbare Zeit in Anspruch.

Die Gegenstände, die auf die unterste Treppenstufe gelegt werden, um sie später mit nach oben zu nehmen, sollen spätestens am Abend auch wirklich dort angekommen sein. Denken Sie aber bitte nicht, dass bei mir selbst alles immer wie am Schnürchen funktioniert. Das Leben hält seine Überraschungen bereit, aber da ich meinen Haushalt im Griff habe (und nicht umgekehrt), fühle ich weder Zwang, noch muss ich jemandem etwas beweisen. Zum Beispiel gibt es im Sommer eher einige Dinge, die liegenbleiben, weil dann der Garten Priorität hat. Jedoch versuche ich mein Bestes, den Überblick so weit zu behalten, dass ich einschätzen kann, wann es notwendig wird einzugreifen, bevor es zu ernsthaftem Verzug kommen kann. Auch bin ich oft auf Reisen, daher putzt seit einiger Zeit eine Studentin alle zwei Wochen gründlich das ganze

Haus – ebenso das Bad. Alles andere machen aber weiterhin mein Mann und ich.

Es kann auch eine gute Idee sein, einmal in aller Ruhe durch das Haus zu gehen und eine Art Bestandsaufnahme zu machen. Wie sieht es insgesamt aus? Was muss sofort angepackt oder verändert werden, und was kann warten? Aber bitte nicht gleich den Mut verlieren! Dieser erste Schritt ist notwendig! Denn es ist immer hilfreich, festzustellen, wo das Hauptproblem liegt und wo man beginnen muss. Welche Gewohnheiten wollen wir ändern? Wenn wir in einer Familie leben, geht es nicht nur um die persönlichen Gewohnheiten, sondern auch um diejenigen, die sich mit der Zeit in den ganzen Haushalt eingeschlichen haben. Dann ist Teamarbeit angesagt, und dazu braucht es eine ganz klare, transparente Kommunikation, es sind Familienbesprechungen und Verabredungen nötig. Mir ist natürlich völlig klar, dass es nicht jedermanns Ding ist, die Abläufe so zu organisieren. Aber es ist ein Vorschlag und in vielen Familien funktioniert das wunderbar.

Letztlich muss aber auch hier jeder persönlich entscheiden, was wichtig ist und was nicht. Wenn es Dinge gibt, die zum Beispiel nur für Sie selbst wichtig sind, dann belasten Sie nicht die ganze Familie damit. Bei uns waren es die Blumen. Ich sorgte für frische Blumen, und wenn sie welkten, fiel es nur mir auf … und so war ich es auch, die sich letztlich darum gekümmert hat.

Die größte Herausforderung für mich selbst war die Unfähigkeit, *Ordnung zu halten.* Ordnung zu schaffen, das bereitete mir keine Schwierigkeiten, sie aber beizubehalten, schien mir fast unmöglich. Als ich frisch verheiratet in die Schweiz kam, machte ich diesbezüglich den ersten großen Fehler, indem ich einen Lehnstuhl ins Schlafzimmer stellte. Irgendwann entdeckte ich dann den Zusammenhang zwischen meinem leeren Kleiderschrank und dem Stapel Kleider auf Stuhl und Stuhllehne. Eine Änderung kam erst dann zustande, als es mir einfach zu dumm wurde, jedes Mal ein Kleidungsstück zuerst bügeln oder waschen zu müssen, bevor ich es wieder anziehen konnte. Also verschwand der Stuhl aus dem Zimmer, und von da begann ich, mich abends im Badezimmer auszuziehen. Hier konnte ich die Kleider gleich dorthin verteilen, wo sie hingehörten: In den Wäschekorb, an den Haken zum Lüften oder so aufgehängt, dass ich sie wieder tragen konnte.

Ich entdecke aber immer neue Gründe, weshalb bei mir Unordnung herrschte. Wie viele andere Menschen auch, hatte ich Mühe mit meinen vielen Papieren, und zwar so lange, bis ich mir eine kleine Schubladenbox mit sechs Schubladen kaufte. Diese tragen jetzt folgende Namen: Bank, Rechnungen, Haus, Steuer, Korrespondenz, und eine Schublade ist für meinen Mann bestimmt. Die Post für meinen Sohn wird auf die Treppe gelegt. Alle Briefe werden sofort geöffnet und in die Schublade versorgt. Briefumschläge, Kataloge und sonstiges Papier verschwinden in den Altpapierkorb. Die Rechnungen werden einmal im Monat bezahlt, unabhängig vom Datum. Einige Rechnungssteller haben dann Glück, andere müssen eben etwas warten.

Zu einem wichtigen Abendritual kann das Anschauen aller Gemeinschaftsräume: Küche, Wohn- und Esszimmer, Flur und Badezimmer, werden. Welche persönlichen Dinge liegen in diesen Räumen, die dort nicht hingehören oder ihren richtigen Platz noch nicht gefunden haben? Eine Aktentasche oder Handtasche, ein Pullover, eine Zeitschrift, ein Musikinstrument, Schulheft oder irgendwelches Spielzeug? Wenn jede Person das ihr Gehörende oder zuletzt Verwendete selbst versorgt, entsteht schnell Ordnung. Eine wunderbare Gewohnheit, die viel zum Allgemeinwohl beitragen wird.

So vermag jede Aufgabe, der wir einen Rhythmus geben, uns zu helfen, den nächsten Tag sinnvoll vorzubereiten. Durch die Wiederholung wird das immer einfacher, und wir und unsere Kinder können neue Fähigkeiten entwickeln. Wenn die Kinder bereits früh die Erfahrung machen, gemeinsam mit der Familie die anstehenden Aufgaben in bestimmten Rhythmen zu wiederholen, werden ihre Willenskräfte gestärkt und sie lernen Verbindlichkeit und Zuverlässigkeit.

9

ERZIEHUNG UND SELBSTERZIEHUNG

Das Kind ist ganz Sinnesorgan, reagiert auf alles, was durch Menschen als ein Eindruck in ihm hervorgerufen wird. Daher ist das Wesentliche, dass man nicht glaubt, das Kind könne lernen, was gut, was schlecht ist, könne dies oder jenes lernen, sondern dass man weiß: Alles, was man in der Nähe des Kindes tut, setzt sich im kindlichen Organismus in Geist, Seele und Leib um. Die Gesundheit des ganzen Lebens hängt ab davon, wie man sich in der Nähe eines Kindes benimmt.[82]
Rudolf Steiner

Sich nicht unter Druck setzen

Bei jungen Menschen sprechen wir oft von der so genannten *Peer pressure,* damit ist der Druck unter Gleichaltrigen gemeint, *dazugehören zu wollen.* Dieses Phänomen gibt es längst nicht mehr nur unter Jugendlichen. In allen Lebensbereichen ist heute massiver gesellschaftlicher Druck vorhanden. Frauen, die sich für einen Beruf qualifiziert haben, wollen ihm nun auch nachgehen. Andere fühlen sich mit dem Haushaltsalltag überfordert und möchten gar nicht mehr zuhause bleiben. Sie wollen sich selbst entfalten oder freiwillig Aufgaben außerhalb des Hauses übernehmen.

Wieder andere verzweifeln, weil sie meinen, sie könnten sich mit dem geistigen Leben erst auseinandersetzen, wenn alles andere organisiert und erledigt sei. Da das Leben aber nie völlig organisiert und erledigt sein kann, kommen sie in dieser Beziehung zu nichts. Doch das Streben nach Gleichgewicht zwischen diesen beiden Welten – Streben nach Selbstverwirklichung und praktischer Alltag – bietet unbegrenzte Entwicklungsmöglichkeiten, und zwar vielleicht gerade deshalb, weil es so schwierig ist, diese beiden Seiten in einen kreativen Ausgleich zu führen.

Die Erziehung anderer Menschen setzt immer die Selbsterziehung voraus. Natürlich versuchen Eltern, das Beste für ihre Kinder zu tun, aber wir machen alle auch viele Fehler. Dennoch es ist nie zu spät, noch etwas hinzuzulernen oder zu versuchen, bestimmte Gewohnheiten zu ändern. Und dabei ist es ganz wichtig, zu wissen, dass wir nicht alles falsch gemacht haben.

Es gibt derart viele Ratgeber, die sich zudem gegenseitig noch häufig widersprechen. Allein das erschafft Druck und Überforderung. Es ist sicher nicht so entscheidend, dass wir unseren Kindern nicht immer alles geben können, was sie brauchen. Aber sie spüren sehr wohl unser Bemühen; und allein dieses trägt dazu bei, dass sie gedeihen können.

Kinder zu erziehen, ist immer eine Gratwanderung, und wir benötigen dafür sehr viel Geduld. Vor allem aber brauchen Kinder Zeit. Stecken wir also unsere Ideale nicht zu hoch, leben wir nicht mit zu hohen Erwartungen an uns selbst. Das führt nur dazu, dass wir nicht nur uns selbst, sondern auch die Kinder überfordern. Ihr Spielen und sie selbst benötigen einfach so viel Zeit wie eben notwendig. Der Weg vom Kind zum erwachsenen Menschen besteht aus Entwicklung, Verwandlung, Werden. Für mich war von Anfang an das Wissen um die unsichtbaren, die guten Geister, die Schutzengel, die unsere Kinder stets begleiten, ein großer Trost.

Viele von uns kennen die schönen Augenblicke, wenn die Mutter eines Spielgefährten anruft und sagt, wie fleißig doch unser Kind sei und wie es überall anpacke und mithelfe. Auch wenn es zuhause oft völlig anders aussieht, so wissen wir wenigstens durch einen solchen Anruf, dass die eigenen Kinder etwas mitgenommen haben. Die Mutter vom Freund meines Sohnes rief mich eines Tages an und fragte, was ich eigentlich beruflich machen würde. Sie habe meinen Sohn Dion gefragt, und er habe nur geantwortet: *Ein Wurzelmännlein!* Er war damals fünf, und als ich fragte, was er damit wohl meinte, sagte er mir das Sprüchlein von Ida Bohatta auf[83]:

Ich weiß schon, was ich werden will,
ich möchte still, verborgen
so wie das Wurzelmännlein fein
nur für die Anderen sorgen
nur an die Anderen denken,
und ohne Rast und ohne Ruh
für Andere meine Arbeit tun
und selber mich verschenken.

Inzwischen konnte ja auch die Forschung bestätigen, dass die Erfahrungen des kleinen Kindes nicht nur für die Entwicklung seiner Organe und des Gehirns, sondern auch für die Entwicklung der Seele und somit für die Entfaltung der Persönlichkeit von größter Bedeutung sind. Damit ein Kind Vertrauen entwickeln kann, benötigt es Geborgenheit: durch liebevolle und verlässliche Beziehungen, aber auch durch eine Umgebung, in der die Phantasie angeregt und die Schulung der Sinne unterstützt wird. Kinder brauchen echte Begegnungen mit der realen Welt. Sie sollen sich beim Spielen möglichst frei bewegen können. Je mehr ein Kind spielen kann, desto besser entwickelt es sich zu einem sozialen, widerstands- und leistungsfähigen Menschen.

Das vorliegende Buch beschäftigt sich selbstverständlich nicht in erster Linie mit Kindererziehung. Jedoch weiß ich durch über zwanzig Jahre seminaristischer Tätigkeit, wie viel Leid vermieden werden könnten, wenn junge Eltern mehr über die große Bedeutung der Entwicklung des Kindes bis zum Schulalter wüssten. Als ich mit meiner Firma begann, war meine Tochter bereits im Kindergarten, mein Sohn noch nicht einmal ein Jahr alt. Ich war täglich hin und her gerissen zwischen der Notwendigkeit, Geld zu verdienen, und meiner tiefen Sehnsucht, doch eine gute Mutter sein zu wollen. Es gibt natürlich bereits sehr viel gute Literatur zu diesem Themenkomplex. Dennoch möchte ich gern einige (wenige) mir wichtig erscheinende Aspekte anführen, die weitgehend auch von der heutigen Wissenschaft bestätigt sind.

Freispiel

Thomas Marti – Vater von drei Kindern und wissenschaftlicher Projektleiter der *Basalstufe* an der Rudolf-Steiner-Schule in Bern (CH) sowie Dozent an der Freien Hochschule für anthroposophische Pädagogik in Mannheim (DE) – bezeichnet das freie Spiel (Freispiel) als Kernelement der Vorschulpädagogik[84]:

> *Kinder spielen, aber sie haben kein Bewusstsein davon, dass sie während des Freispiels – und die Betonung liegt auf Freispiel und nicht auf Beschäftigungsspiel – Sozialverhalten lernen, das heißt Rollenspiel, Problemlösung, Gesprächsführung, Krisensicherheit, Innovation, Kreativität, dass die Phantasie gesteigert wird einfach dadurch, dass die Kinder in einer Situation stehen, die sie spielend selbst gestalten. Das sind alles Fähigkeiten, die man als so genannte „soft skills" bezeichnet und zur Grundlage einer gesunden Persönlichkeitsbildung werden. All das spielt eine Rolle bis hinauf in die Kaderetage der Wirtschaft und Politik, wo man immer mehr Leute braucht, die krisensicher sind, fähig sind, nicht schematisch, sondern konkret Lösungen zu entwickeln.*

Eltern glauben oft, Kindern beibringen zu müssen, wie sie zu spielen hätten. Das Kind bringt selbst sehr viel mit. Wir sollten versuchen, dem Kind all das aus dem Weg zu räumen, was es daran hindert, sich selbst und seine Umgebung zu entdecken, zu erproben, zu üben. Das sollte am besten in einer Umgebung geschehen, in der es angeregt wird, in der es aber zugleich auch geschützt und behütet ist.

Das Kind ist noch ganz offen für alles, was es in seiner Umgebung erlebt, das nimmt es nahezu ungefiltert auf und das übt seine Wirkung aus. Innerlich ist es ganz auf Nachahmung eingestellt. Es übernimmt einfach alles, was die Welt ihm bietet, was die Menschen ihm vorleben. Das Kind will werden wie der Erwachsene, und was es da sieht, erlebt und nachmacht, hat weitreichende Konsequenzen.

Kurz nach der Gründung meiner Firma war Zeit für mich immer Mangelware. Oft hatte ich absolut keinen Augenblick für lange Spaziergänge oder für das Spielen mit den Kindern. In solchen Zeiten versuchte ich, die Kinder in meine Tätigkeiten mit einzubeziehen. Es war wichtig für mich, sie in meiner Nähe zu wissen, während ich meine tägliche Arbeit erledigte und jeden Moment, soweit es mir möglich war, bewusst zu gestalten versuchte.

Ein junger Mann erzählte mir einmal, wie gerne er seiner Mutter im Haushalt hätte helfen wollen. Sie sagte aber immer, dass alles doch viel schneller ginge, wenn sie es alleine erledigen würde, er solle doch lieber spielen gehen. Mit 28 Jahren kam er dann zu mir und wollte lernen, wie man die ganz grundlegenden Haushaltsarbeiten zu verrichten habe.

In seinen frühen Jahren gestaltet das Kind nicht nur seine Organe aus, sondern entwickelt auch sein Gehirn. Die Neuronen verknüpfen sich im Tun, im Tätigsein. Auch deshalb ist es so wichtig, wie wir die Umgebung eines Kindes gestalten, wie wir uns im Beisein der Kinder verhalten. Was das Kind erlebt, kann anregen oder überwältigen, nähren oder abstumpfen. Nichts, was wir im Umfeld des Kindes tun, ist unwichtig. Nicht nur was wir sagen, sondern auch wie wir es sagen, wie wir ein Kind beim Wickeln berühren, wie wir es beim Füttern anschauen. Eine ganz andere Wirkung hat es, wenn ein Kind draußen spielt oder vor den Fernseher gesetzt wird. Forschungsergebnisse zeigen: Nicht nur die Inhalte des Fernsehprogramms, allein das Sitzen vor dem Bildschirm an sich ist problematisch und wirkt sich nachhaltig negativ auf das spätere Leben des Kindes aus.[85] Es steht ganz eindeutig seinem gesunden Drang, aktiv zu sein, sich bewegen zu wollen und die wirkliche Welt zu entdecken, im Weg.

Nachahmung

Alle Erziehung beginnt zu Hause, und zwar schon in der Wiege. Heute bestätigt die Wissenschaft bereits, wie schon vorgeburtliche Erfahrungen Einfluss auf das spätere Leben des Kindes haben können[86]. Für mich war die Küche ein Ort, an dem ich mit meinen Kindern zusammen die meiste Zeit verbrachte. Kleine Aufgaben beim Helfen auszuführen, das sind doch die Momente, in denen ein Kind sein Selbstbewusstsein entwickelt; wo es erleben darf, dass es etwas kann, dass es fähig ist, etwas für die Gemeinschaft beizutragen, sei es in der Küche, zu Hause, im Kindergarten oder im Hort.

Im ersten Jahrsiebt befinden sich die Kinder ganz in der Nachahmung. Sie beobachten alles und ahmen es nach. Sie sehen genau, ob wir mit Liebe arbeiten – oder eben nicht.

Nach einem Ehestreit in der Garage betrat ich die Küche, um das Geschirr zu spülen. Meine vierjährige Tochter saß am Tisch und malte. Sobald ich mit meiner Arbeit begann, hörte sie mit dem Malen auf und schaute mir zu, sehr intensiv. Ich blickte zu ihr hin und fragte, weshalb sie denn nicht weiter male. Da sagte sie: *Es geht schon viel schneller, wenn du wütend bist, gell Mami?*

In diesem Alter tut das Kind, was seine Umgebung macht, was die Großen tun. Es ist schon eine enorme Aufgabe für die Erwachsenen, nur dasjenige zu tun, nur dasjenige zu denken und zu empfinden, was für das Kind wirklich nachahmenswert ist. Frei wird man nur, wenn man als Kleinkind möglichst intensiver Nachahmer war, denn was im Kindesalter in dieser Weise eingepflanzt wurde, kann allein zur Grundlage für soziale Freiheit werden.

Unterstützen und Geduld haben

Oft wenn ich in der Straßenbahn, im Bus oder im Zug sitze, fällt mir auf, wie ungeduldig und schroff manchmal Eltern mit ihren Kindern umgehen. Ich spüre die Ungeduld und Unzufriedenheit, deren Grund sicher oft in einer Überforderung liegt. Ein zweijähriges Kind bekommt eine Ohrfeige, weil es den Apfel hat fallen lassen, oder es wird ungeduldig weitergezogen, während es noch etwas anschaut, das auf dem Boden herumkriecht.

Ab der Geburt nimmt das Kind alles um sich herum wahr und lernt durch Nachahmung das Sich-Aufrichten, das Laufen und das Sprechen. Es ist wichtig, dabei das Kind nicht durch Übungen *künstlich* fördern zu wollen. Es wird sich aufsetzen, aufrichten und laufen, sobald es dazu reif ist. Jeder Fortschritt, den ein Kind aus eigener Kraft vollzieht, gibt ihm die Möglichkeit, kräftig den eigenen Willen auszubilden. Andernfalls nehmen wir ihm eine Entwicklungschance.

Als Eltern können wir uns darum bemühen, eine Umgebung zu bereiten, in der das Kind die nötigen Impulse für sein eigenes Tun empfängt. Bereits am Wickeltisch können wir üben, mit Geduld, Zuwendung und harmonischen Gesten das kleine Kind zu begleiten. Das ist ein wunderbares Beispiel dafür, wie etwas ganz Alltägliches und Notwendiges zu einem intensiven Moment des Austausches, der Beziehungsbildung werden kann. Die Ruhe bei dieser Tätigkeit und die Sorgfalt der Gesten, dieses Bei-der-Sache-Sein, hinterlassen bleibende Eindrücke von Geborgenheit beim Kind. Erwachsene haben häufig die Neigung, Kinder abzulenken. Stattdessen könnten wir, wenn wir ein Kind wickeln und diesen Moment des Austausches bewusst pflegen wollen, ihm eben kein Spielzeug in die Hand geben, sondern versuchen, uns durch Blick-, Körper- und Sprachkontakt mit ihm zu verbinden. Viele alltäglich wiederkehrende Momente und mit dem Kind geteilte Tätigkeiten können zu wichtigen sozialen Momenten des Zusammenlebens werden.

Bei einem Besuch erlebte ich, wie eine Mutter ihr zweijähriges Kind fütterte: Der Fernseher lief nebenbei und als das Kindlein immer wieder zum Fernseher hinüberschaute, sagte die Mutter: *Hör doch auf, die ganze Zeit zum Fernseher zu schauen, sonst stelle ich ihn ab!*

Im Alter von ungefähr zwei Jahren beginnen die Kinder, unsere Tätigkeiten durch eigenes Tun nachzuahmen. Indem ein Kind sieht, wie wir mit Freude unsere täglichen Aufgaben verrichten, ergreift es auch mit Lust und Begeisterung alle Gegenstände im Haushalt, mit denen es den Erwachsenen hantieren sieht. Nicht nur Töpfe und Holzlöffel, sondern auch Besen, Handfeger, Kehrschaufel, Staubsauger, Eimer, Wischlappen, Wäscheklammern. Obwohl das Kind jetzt noch nicht den Zweck der Arbeit versteht, macht es mit Freude alles mit, was es bei den Erwachsenen wahrnimmt. Ein Vater, der sein Auto wäscht oder im Haus etwas repariert, ist etwas sehr Spannendes – und möchte vom Kind nachgeahmt werden. Es will kochen, putzen, backen, waschen. Man kann aber auch erleben, wie ein Kind beim Spielen im Sandkasten einen Topf an eine Wand des danebenstehenden Hauses schleudert und ganz ruhig erklärt: *Das macht meine Mami auch, wenn sie wütend ist.*

Wenn ein Erwachsener mit Hingabe seine Arbeit tut, entsteht eine besondere Hülle um ihn herum. Ein solcher Mensch ist ein gutes Vorbild für das Kind. Es will dann helfen, mitmachen, zuschauen oder einfach nur in der Nähe sein. Die ganze Gestik, das Auftreten des Erwachsenen hier wirkt erziehend und heilend.

Ab etwa drei Jahren kommt die Zeit, in der die Phantasie an Bedeutung gewinnt. Plötzlich ist ein Eimer nicht zum Putzen da, sondern findet als Feuerwehrhelm seine Verwendung. Nun hört es auch öfter ein *Nein* und versteht nicht, weshalb es den Stuhl nicht umdrehen darf, um damit einen Lastwagen zu bauen. Ein Kind benötigt nicht viele Spielsachen, jeder Gegenstand verwandelt sich in das, was es gerade braucht. So gibt es plötzlich einen Dinosaurier in der Küche, der nur noch grunzt, oder eine Katze, die nur noch aus einem Schälchen trinken will. Gerade in diesem Alter sollte das Kind seine Welt durch direktes Erleben entdecken dürfen – und nicht durch Lernspielzeug. Kinder einfach spielend lernen zu lassen, ist ein Geschenk für das Leben.

Wenn wir Eltern es mehr und mehr verstehen würden, auf die tieferen Bedürfnisse unserer Kinder zu achten, dann könnten wir unsere Kinder und auch uns selbst noch besser kennenlernen. Wir würden dann auch einen tieferen Sinn, eine andere Lebensqualität entdecken und weitergeben können.

Je größer das Kind wird, und je mehr eigene Initiative es entwickelt, desto wichtiger wird es für uns Erwachsene, dass wir uns etwas zurücknehmen und mit Geduld seine Versuche unterstützen und fördern. Vor allem in der Küche kann das Kind seine Fähigkeiten entwickeln und gleichzeitig erleben, dass es Teil der Familie ist und dass es durch sein eigenes Tun einen Beitrag leisten kann. Jetzt zu sagen: *Geh du spielen! Es geht schneller, wenn ich es alleine mache,* das wäre ein großer Fehler.

Die Zeit, die wir in unsere Kinder investieren, ist gewiss die größte und sicherste Anlage: Wir investieren in die Zukunft der Menschheit. Je mehr wir uns der Wichtigkeit dieser mit den Kindern gemeinsam verbrachten Momente bewusst sind, desto einfacher wird es für uns, die innere Ruhe dafür aufzubringen. Dabei verlieren wir keine Zeit, wir gewinnen sie, denn ein Kind, das sich sicher fühlt und angenommen weiß, ist viel zufriedener und benötigt nicht ständig den Erwachsenen zu seiner Unterhaltung. Es entwickelt ein aktives Interesse für seinen Körper und seine Umwelt. Wenn ein Kleinkind die Zufriedenheit der Eltern beim Putzen oder beim Bügeln wahrnimmt und dies als gemeinsames Erleben erfahren durfte, wird es später auch keinen Aufstand machen, wenn es etwa Aufgaben im Haushalt übernehmen soll.

Kinder haben sehr viel Ausdauer, Konzentration, Wille und Freude – vor allem, wenn ihnen erlaubt wird, uns bei den vielen Tätigkeiten im Haushaltsalltag zu helfen. Wir unterstützen sie, indem wir sie vieles ausprobieren lassen, ihre Freude am Experimentieren nicht bremsen und vor allem nicht mit ungeduldigen Eingriffen und schon gar nicht durch irgendwelches *Trainieren* Schaden anrichten. Es ist schade, wenn Kinder durch unsere Ungeduld bestimmte Entwicklungsphasen überspringen müssen. Durch Vorbild und Nachahmung, durch Rhythmus und Wiederholung lernt das Kind. Wenn wir für eine geleistete Aufgabe ein Lob aussprechen, muss dies echt sein und darf nicht anschließend korrigiert oder verbessert werden. Wir dürfen aber gerne auch etwas nachhelfen und sagen: *Jetzt ist es ganz ausgezeichnet geworden!* Würden wir es ständig korrigieren, dann würden wir das Kind entmutigen und ihm das Gefühl vermitteln, dass es seinen Aufgaben nicht gewachsen sei. Auch Kinder wachsen mit der Aufgabe!

Mein Sohn wollte nie selbst seine Schuhe zubinden, er sagte dann immer: *Das kann ich nicht!* Jedes Mal beim Schuhezubinden zeigte ich ihm die Geste und kommentierte sie entsprechend. Er schaute ganz genau hin, wollte es aber nie ausprobieren. Dann bekam ich zum Geburtstag ein Geschenk überreicht, das mit einer schönen, breiten, roten Schleife geschmückt war. Mein Sohn fand diese Schleife wunderschön und spielte oft damit. Eines Tages sagte ich beim Spielen spontan zu ihm: *Komm, Dion, binde mir doch eine schöne Schleife um mein Handgelenk.* Ohne zu zögern, band er die Schleife und sagte dann voller Überraschung: *Das ist ja genau wie Schuhe zubinden!* Ab diesem Tag ging er immer nach dem Kindergartenunterricht ganz schnell in die Garderobe und half allen Kindern, die ihre Schuhe noch nicht selbst binden konnten.

Rhythmus, Kultur und Verabredungen

Immer häufiger wird darauf aufmerksam gemacht, wie wichtig es sei, Erziehungsmaßnahmen zu finden, die ganz auf die eigene, spezifische Lebenssituation eines jeden Kindes abgestimmt seien. Es gibt jedoch allgemeingültige Gesetzmäßigkeiten: Kinder brauchen nachahmungswürdige Erwachsene, und sie brauchen Rhythmus. Denn Rhythmus bedeutet, wie wir das bereits sahen, Leben, Gesundheit.

Einer der größten Fehler von Eltern ist, dem Kind gegenüber ungeduldig zu sein. Es benötigt seine eigene Zeit, seinen eigenen Rhythmus. Wir unterstützen das Kind mit allem, was sich rhythmisch wiederholt. Sei es die Pflege, die Ernährung, Alltagsrituale wie Tischdecken, Geschirrspülen, Gemüse vorbereiten. Auch durch Sprüche, Lieder, Fingerspiele – und natürlich durch die tägliche Geschichte am Abend.

Rhythmus im Familienalltag, in Kindergarten und Schule vermittelt den Kindern Lebenssicherheit. Das immer Wiederkehrende gibt ihnen Halt und Geborgenheit. Ohne sichere Orientierungspunkte im Leben empfindet das Kind Unsicherheit und Angst.

Als meine Kinder noch recht klein waren, bemühte ich mich, an einem Tag so viele Aufträge wie möglich zu erledigen, damit sie einen ganzen Tag lang von derselben Person betreut werden konnten. Das war immer der Donnerstag. Am Mittwochabend kam Emily, eine siebzigjährige Freundin, zu uns. Donnerstags verließ ich bereits morgens um sieben Uhr das Haus, kam für eine Stunde zum Mittagessen heim und kehrte erst abends um acht Uhr heim, um noch eben gute Nacht zu sagen. Die Kinder wussten, dass Emily sie wecken, den ganzen

Tag mit ihnen verbringen und sie auch abends zu Bett bringen würde. Der Donnerstag brachte noch eine Besonderheit mit sich. Jedes Mal wurde zum Mittagessen der Tisch ganz festlich gedeckt, mit Blumen, Kerzen und einem Tischtuch. Es gab Salat, Fischstäbchen, Pommes frites und zum Trinken Rivella – und vor allem: Eis als Nachtisch. Dazu wurde nur an diesen Donnerstagen ein ganz besonderes Lied gesungen, das mit bestimmten Hand- und Armbewegungen begleitet wurde: *Wir grüßen die Freude, die Freude, die Freude, wir grüßen die Freude und verbringen einen Tag voller Freude.*

Dieses pflegten wir rhythmisch für etwas mehr als zwei Jahre. Auch viel später erinnerten sich die Kinder immer noch gerne an diesen wöchentlichen Festtag – und eben nicht daran, dass die Mami am Donnerstag den ganzen Tag außer Haus war. Vielen Eltern graut es bei dem Gedanken, jeden Abend ihre Kinder ins Bett bringen zu müssen. Es ist manchmal erschöpfend und belastet die Nerven. Die schreien und weinen sich oft in den Schlaf. Eine junge Mutter erzählte mir einmal, dass sie diesen Zustand immer wieder provozierte, damit das Kind wütend wurde und laut schrie, weil es sich so am schnellsten erschöpfte und schließlich einschlief. – Könnten wir Eltern uns daran erinnern, wie wir uns am Morgen nach einem Streit fühlen, vor allem wenn wir uns in den Schlaf geweint haben, so würden wir sicher alles versuchen, die Kinder in einer harmonischen Stimmung in den Schlaf zu begleiten.

In unserer Familie war das Ins-Bett-Bringen ein Ritual und ein Moment, an dem Gewohnheiten fürs Leben geprägt wurden. Hier lernten die Kinder, ihre Kleider zu sortieren. Ich führte das natürlich alles für sie aus, aber sie wurden mit einbezogen und durften mit entscheiden: Was geht in den Wäschekorb, was wird aufgehängt und gelüftet, und was kann morgen wieder angezogen werden? Sehr wichtig waren auch die Socken. Ich zeigte ihnen jedes Mal, wenn eine Socke abgestreift wurde und als *Bollen* auf dem Boden lag, sehr genau, wie eine

Socke gestreckt werden muss, bevor sie im Wäschekorb landet. Jedes Mal wiederholte ich: *Mami wäscht keine Bollen!*

Eine absolute Goldregel war, dass ich nie eine Geschichte in einem unaufgeräumten Zimmer erzählte. Das war dann im Tagesablauf die letzte Gelegenheit, noch einmal etwas gemeinsam zu tun, und meine Kinder halfen immer mit, weil das Märchen oder die Geschichte ihnen so wichtig war.

Als eins von sieben Kindern gab es für mich nie eine Gute-Nacht-Geschichte. Als ich aber später selbst die Märchen und die vielen schönen Kinderbücher entdeckte, verspürte ich ein starkes Nachholbedürfnis, und meine Kinder erlebten dann meine Freude am Erzählen.

Natürlich räumten wir nichts weg, womit sie am nächsten Tag noch weiterspielen wollten, aber es lag nichts einfach herum. Ich erzählte oder las immer bis halb acht, später bis acht Uhr. Je interessanter die Geschichte war, desto früher waren sie bereit, ins Bett zu gehen. Im Sommer, in den Ferien gab es manchmal nur eine Geschichte für einige Minuten, weil es dann eben doch schöner war, länger draußen zu spielen.

Beim Schulbazar durften die Kinder, obwohl sie noch sehr klein waren, mithelfen beim Kerzenziehen. Die Kerzen wurden so dick und so lang, wie die Ausdauer der Kinder reichte. Bei der Gute-Nacht-Geschichte wurde dann immer eine dieser Kerzen angezündet. Wir sprachen über den vergangenen Tag, auch über den verstorbenen Großvater, und er wurde eingeladen, die Geschichte mit anzuhören. Als später mein Vater starb, war es selbstverständlich für die Kinder, dass auch er jetzt zuhören durfte. Nach der Geschichte wurde gemeinsam gebetet und dann die Kerze ausgeblasen. Manchmal waren unsere Gäste sehr erstaunt, wenn meine Kinder von sich aus darum baten, ins Bett gebracht zu werden.

Beim morgendlichen Aufstehen *kommentierte* ich dann immer die Abläufe: *Fenster öffnen, Bett aufdecken, sich waschen und anziehen, Bettenmachen, Fenster schließen.* Alles, was wir von klein auf als völlig selbstverständlich in den Tagesablauf integrieren, sorgt später für weniger Auseinandersetzungen. Ganz sicher scheint einiges davon während der Pubertät zunächst verloren zu gehen, aber was einmal gut angelegt wurde, kommt auch zurück – diese Erfahrung habe ich immer wieder gemacht. Bei meinen Kindern erlebte ich es mit den Socken im Wäschekorb und vor allem beim Bettenmachen. Eine Zeitlang lebte meine Tochter in einer Wohngemeinschaft und war immer bemüht, die Mitbewohner, auch durch ihr gutes Vorbild, zum Putzen und Aufräumen anzuregen – es war ihr eben ein Bedürfnis geworden.

Es gibt viele Familien, die keinen geregelten Tagesablauf mehr haben. Wenn wir uns gar nicht darum bemühen, eine gewisse Ordnung in den Tag oder wenigstens in die Woche hineinzubringen, dann entsteht Chaos, was die Kinder verunsichert. Kinder durchschauen uns schnell, aber sie können nicht über ihre Ängste sprechen. Doch sind Schlafstörungen, Nervosität, Verhaltensauffälligkeiten häufig Auswirkungen dieser Unsicherheit.

Es gibt Familien, in denen nie gemeinsam am Tisch gegessen wird. Jeder bekommt oder nimmt sich etwas, wenn er gerade Hunger hat. Dabei geht viel an Kultur verloren, und je schlechter unsere Esskultur, desto schlechter auch die Gesundheit. Aber nicht nur das, auch Familienkultur geht dabei verloren: Momente der Gemeinsamkeit, des Austauschs, des Interesses am anderen. Alles was sich notwendig an einem Tag wiederholt, können wir versuchen, bewusst zu gestalten: Aufstehen, Essen, Schlafengehen. Zeit ist das kostbarste Gut, das die Eltern ihren Kindern geben können. Und je weniger Zeit zur Verfügung steht, desto wichtiger ist die Qualität dieser gemeinsam verbrachten Zeit.

Das Tischdecken war bei uns immer ein ganz besonderes Spiel. Ich kann mich nicht entsinnen, dass meine Mutter jemals während einer gesamten Mahlzeit in Ruhe am Tisch gesessen hätte. Immer wieder gab es einen Grund, aufzustehen. Schon als Kleinkind störte mich das, und sie tat mir auch leid. Bereits damals nahm ich mir fest vor, als Mutter mit einer eigenen Familie in Ruhe am Tisch sitzenzubleiben. Bei uns wurde mit größter Sorgfalt der Tisch gedeckt, und wir fragten uns immer gegenseitig, ob wohl noch etwas fehlte. Sogar ein Schüsselchen mit einem Tüchlein stand bereit, falls etwas umfallen würde und schnell aufgeputzt werden müsste. Daraus hat sich mit der Zeit sogar ein kleines Spielchen ergeben: Immer, wenn ich gerade wegschaute, verschwand etwas vom Tisch, und dann wurde ich ganz gespannt beobachtet, ob ich auch wirklich merken würde, was doch (scheinbar) noch fehlte.

Eine feste Verabredung war auch, dass am Tisch so wenig wie möglich gesprochen werden solle, um sich besser auf das Essen konzentrieren zu können. Vor allem mein Sohn hatte große Mühe, gleichzeitig zu essen, zu plaudern oder sogar zuzuhören. Das hatte zur Folge, dass alle auf ihn warten mussten und er dann oft nicht weiter essen wollte, woraufhin er bald nach dem Essen wieder Hunger hatte. So aßen wir in aller Ruhe und plauderten erst beim Nachtisch.

Wir machten auch ein Spiel daraus, wie genau wir unsere Gesten führen konnten, ohne mit Messer oder Gabel anzuschlagen. Die Kinder waren immer hoch amüsiert, wenn unser Besuch mit lautem *Kling-Kling-Kling* auch noch die allerletzten Reste der Nachtischschale auszukratzen versuchte.

Als sie größer waren, gab es eine weitere wichtige Abmachung, dass am Tisch nur *Goldstückli-Gespräche* geführt und keine Kröten-Geschichten erzählt werden durften. Für Letzteres wurde dann eine spezielle Zeit vereinbart. Setzte sich meine Tochter ganz aufgeregt an den Tisch und wollte gleich mit einer Geschichte darüber loslegen, wie blöd dies oder jenes war, fragte ich gleich: *Kommt jetzt ein Goldstück oder eine Kröte aus deinem Mund?* Die Kröte musste dann eben warten und tauchte manches Mal auch oft gar nicht wieder auf.

Heute ist es gar nicht mehr selbstverständlich, dass ein Elternteil zu Hause bleibt. Immer öfter arbeiten beide. Zudem gibt es auch immer mehr Alleinerziehende, die meist zwangsläufig berufstätig sein müssen. Ich war es ja auch eine Zeitlang. Über 50 Prozent der Mütter mit Kindern im Vorschulalter und etwa 75 Prozent mit Kindern im Schulalter arbeiten zumindest in Teilzeit-Jobs. Das ist eine Realität, auf die sich die Gesellschaft leider noch nicht wirklich eingestellt hat. Wichtig wäre es doch, unseren Kindern die Möglichkeit zu geben, Vertrauen zu einer oder mehreren Bezugspersonen aufbauen zu können, die sich als zuverlässig für das Kind erweisen, damit eine Kontinuität der Betreuung gesichert ist. Ein ständiger Wechsel verunsichert das Kind, weil es Zeit braucht, sich mit einem Menschen vertraut zu machen, und ebenso, bis es bereit ist, sich an einen Menschen zu binden. Auch wenn die Kinder größer werden, ist es weiterhin wichtig, dass für ihre Betreuung gesorgt ist. Kinder nehmen Schaden, wenn sie in der Zeit, in der die Eltern arbeiten müssen, sich selbst überlassen bleiben. Die Frage ist nicht mehr, ob die Mütter (oder Väter) zu Hause bleiben wollen oder nicht, sondern viel mehr, wer die Kinder betreut, während die Eltern arbeiten! Auch hier gibt es kein Rezept, jedoch müssen die realen Gegebenheiten hier unbedingt berücksichtigt werden.

Förderung der Eigenverantwortung

Bei größeren Kindern (so ab zehn bis zwölf Jahren) geht es darum, die Eigenverantwortung anzusprechen. Sobald ein junger Mensch lernt, dasjenige, was er tut, auch zu verantworten, dann wird sein Wille gestärkt. Jugendliche finden oft nicht den Willen, das zu tun, von dem sie eigentlich wissen, dass sie es tun sollten. Für uns als Eltern, Lehrer oder Lehrerin liegt dann die Aufgabe darin, die Jugendlichen zu unterstützen, diesen Willen so zu kultivieren, dass er dem eigenen

Ich dienen kann und nicht das Umgekehrte eintritt, dass der Wille (die Willkür) das Ich ständig überwältigen will.

Im Jugendalter ist die Frage der Freiheit oft ein großes Thema. Hier gilt es aber auch, zwischen Freiheit und Willkür unterscheiden zu lernen. Freiheit hat mit Verantwortung zu tun – auch wenn es in diesem Alter nicht ganz einfach ist, eine solche Aussage zu akzeptieren oder zu verstehen. Lernt

der Jugendliche aber, dass jede seiner Entscheidungen Folgen mit sich zieht und dies auch anhand von Beispielen belegt ist, kann es ungemein helfen, die Übernahme von Eigenverantwortung zu stärken, ohne dass man dabei moralisierend werden muss. Jemand erwähnte mir gegenüber einmal, wie *ätzend Moralinsäure* auf jede Beziehung wirken könne. Dies ist eine Tatsache. Moralität ist heutzutage ein stark negativ besetztes Wort, dennoch ist es lebenswichtig, das Feld des Moralischen unseren Kindern zu vermitteln. Denn man darf wahre Moral nicht mit einem Moralisieren verwechseln.

Um hier zu einem guten Resultat zu kommen, versuchten wir, eine Kultur von verbindlichen Verabredungen zu erreichen. In der Familie besprachen wir bestimmte Aufgaben und einigten uns darauf, wer was zu tun hatte. Diese Aufgaben wurden als Familie gemeinsam erledigt, und zwar an jedem Donnerstagnachmittag, weil die Kinder an diesem Nachmittag schulfrei hatten.[87] Andere Aufgaben wurden verteilt und dafür bekamen die Kinder dann auch etwas Taschengeld. Für das Rasenmähen bekam mein Sohn beispielsweise fünf Franken. Der Wunsch war, dass der Rasen wöchentlich gemäht würde. Hatte er aber zwei Wochen lang den Rasen nicht gemäht, dann brauchte er entsprechend mehr Zeit. Dennoch bekam er nur die fünf Franken, er hatte ja nur einmal (in zwei Wochen) gemäht.

Eine weitere Verabredung war, dass alle zwei Wochen die Betten abgezogen werden sollten. Anschließend wurde die saubere Bettwäsche auf das Bett gelegt, und jeder musste sein Bett selbst frisch beziehen. Nun passierte es manchmal, dass mein Sohn sein Bett nicht bezog, sondern einfach auf der Matratze und unter einem unbezogenen Federbett schlief. Ich machte ihn darauf aufmerksam, dass das Federbett und die Matratze schmutzig würden, wenn das Bett unbezogen blieb, und er dann von seinem Taschengeld gegebenenfalls die Reinigung dafür zu bezahlen hätte. Er hatte also die Wahl! – So brachte jede Entscheidung ihre Konsequenzen mit sich.

Im zweiten Jahrsiebt richtet das Kind sein Handeln nach Autorität aus. Für das Kind ist es nun heilsam, wenn es die Möglichkeit hat, etwas deshalb zu tun, weil ein verehrter Mensch in seiner Umgebung sagt: *So ist es richtig*. In diesem Alter sollte das Kind nicht primär darauf hin erzogen werden, sich ein eigenes Urteil zu bilden. Auch hier bietet das häusliche Leben ein unbegrenztes Lernfeld. Das sind etwa regelmäßig wiederkehrende Aufgaben, die in rhythmischen Abständen durchgeführt werden. Meine Kinder bekamen ungefähr mit ihrem neunten Lebensjahr feste Aufgaben bei Haushaltstätigkeiten, die wir als Familie gemeinsam erledigten. Zum Beispiel der Hausputz am Donnerstagnachmittag, aber auch das tägliche Geschirrspülen: die Männer am Mittag, die Frauen am Abend. Die Kinder hatten auch die Tiere zu füttern. All diese Aufgaben waren selbstverständlich, nie musste darüber diskutiert werden, sie gehörten einfach zum Alltag. Die Kinder lernen dadurch, ein gesundes Autoritätsgefühl zu entwickeln – eine notwendige Grundlage, um später im Erwachsenenleben ein gesundes Rechtsempfinden auszubilden.

In diesem Alter (und noch darüber hinaus) ist die Konsequenz der Eltern oder anderer erwachsener Bezugspersonen gefragt. Viele Dinge, die wir bei den Kindern mit Liebe und Ausdauer angelegt haben, scheinen zu verschwinden. Jetzt wird vieles, was bis dahin ganz selbstverständlich war, infrage gestellt.

Wegen Umbau geschlossen – Pubertät

Die Pubertät ist Umbruch, Neuanfang. Wie passend ist doch der bekannte Aufkleber, der oft die Türen unserer Kinder schmückt: *Eintritt verboten! Wegen Umbau geschlossen!*

Als Eltern sind wir in dieser Zeit oft überfordert und voller Selbstzweifel. Wir fühlen uns hilflos und haben vielleicht sogar Angst, als Autoritätsperson zu versagen. Manchmal hilft es, an die eigene Pubertät zurückzudenken. War es damals wirklich so schlimm? Wie lange hat es gedauert? Können wir uns noch an diese Momente der unbeschreiblichen Einsamkeit und Ohnmacht erinnern? Wie schwer es doch war, mit Erwachsenen zu kommunizieren, die alles persönlich und als Angriff und Kritik verstanden! Und wir erinnern uns sicher auch daran, wie maßlos empfindlich wir selbst damals waren (weil niemand uns verstand und ernst nahm).

Und wie war es mit der ersten Zigarette und dem Alkohol? Ich selbst wurde von meinen Eltern und sogar Geschwistern als besonders *wild bezeichnet*. Ich liebte Rock-Bands wie Led Zeppelin und Cream, schlich mich oft nachts zum Fenster hinaus, um tanzen zu gehen. Ich mochte Buben, die um einiges älter waren als ich, vorzugsweise *Ausländer*. In Südafrika waren alle Nicht-Südafrikaner Ausländer, auch Engländer, Deutsche und Franzosen. Noch schlimmer war es mit „non-european" Menschen wie Inder, Asiaten und Menschen aus arabischen und nordafrikanischen Ländern.

Wann kam der erste Freund, die erste Freundin? In welchem Alter waren wir *keine Kinder* mehr und wussten genau, was die Welt brauchte, damit alles besser würde?

Meine Pubertät ging vorbei – die meiner Kinder zum Glück auch. Wir alle haben es überlebt und sprechen heute gerne über diese Zeit. Mein Sohn meinte damals, ich sei sehr uninformiert und gutgläubig.

Oft stieß ich an meine Grenzen und war hin und wieder verzweifelt und ratlos. Als meine Tochter und ich uns einmal weinend gegenüberstanden, gab ich zu: *So neu und verunsichernd, wie es für dich ist, in der Pubertät zu sein, so neu ist es für mich, eine pubertierende Tochter zu haben! Lernen wir doch gemeinsam, anständig miteinander umzugehen.*

Auch wenn es sehr schwer war, eines habe ich mir aber doch vorgenommen und eisern durchgehalten: Ich habe meine Kinder nie gedemütigt oder verbal ausgepeitscht, wie es bei unerfahrenen Eltern manchmal aus reiner Überforderung und Hilflosigkeit durchaus vorkommen kann.

Konsequenz bezüglich unserer Verabredungen war für mich sehr, sehr wichtig.

Ich erwähnte ja bereits an früherer Stelle, wie wichtig eine Kultur der Verabredung ist. So hatten wir ja verabredet, dass Socken nie als *Bollen* in die Wäsche kommen sollten. Die Socken wurden immer schön auseinandergezogen, bis mein Sohn dreizehn wurde. Auf einmal fand ich *Bollen* im Wäschekorb. Ich sagte kein Wort, wusste aber, je mehr *Bollen* sich dort ansammelten, desto weniger saubere Socken waren in der Schublade. Die Kleiderkommode meines Sohnes stand auf dem Flur, weil er es in seinem Zimmer gern geräumig hatte. Nach einer Woche hörte ich früh am Morgen, wie die Schublade kräftig zugedrückt wurde, mit lautem *Keine saubere Socken in dieser Bude!* Ich fragte, ob sein Problem etwas mit den *Bollen* im Wäschekorb zu tun haben könnte. Er sagte kein Wort, von da an wurden wieder alle Socken *gestreckt*. Eine Woche später hörte ich noch einmal die Schublade, fand aber anschließend – ohne ein Wort gesagt zu haben – die gestreckten Socken im Korb. Eine weitere klare Verabredung war, dass ich die Küche am Morgen (das hieß damals um fünf Uhr) ebenso aufgeräumt vorzufinden wünschte, wie wir sie nach dem Abendessen bereits hergerichtet hatten. Alles wurde abgewaschen, getrocknet und versorgt, und alle Oberflächen sauber gewischt. Selbstverständlich durften die Kinder

Freunde einladen, kochen, backen, aber es musste anschließend alles wieder aufgeräumt und gesäubert werden. In all den Jahren musste ich meine Tochter und meinen Sohn nur ein einziges Mal um fünf Uhr früh wecken, um sie die Küche aufräumen zu lassen. – Schnell hatten sie verstanden, dass ich es mit unseren Verabredungen ernst meinte.

Liebe und Vertrauen schenken

Obwohl die Kinder in diesem Alter sich so selbständig und eigenwillig geben, sind sie doch auf die Sicherheit angewiesen, dass wir sie lieben, so wie sie sind, und dass wir auch weiterhin Vertrauen in sie haben. Vertrauen in dasjenige, was wir für die sich jetzt entwickelnde Persönlichkeit in ihrer frühen Kindheit anzulegen versuchten.

Anlässlich eines *Tages der offenen Tür* im Goetheanum lud ich meinen sechzehnjährigen Sohn zur Veranstaltung eines Musikers ein, dessen Art zu musizieren er sehr schätzte. Er verschwand in sein Zimmer und kam mit einer schmutzigen, verschlissenen Jeanshose und ausgelatschten Turnschuhen zurück. Innerlich musste ich heftig schlucken, denn es handelte sich doch immerhin um meinen Arbeitsplatz und sehr viele Menschen kannten mich dort. Ich sagte kein Wort, obwohl ich sehr angespannt war. Im Goetheanum angekommen, trafen wir gleich auf ein Mitglied des Vorstands der Anthroposophischen Gesellschaft, der einen Sohn im selben Alter hatte. Ohne zu zögern sagte ich: *Komm doch mit, ich möchte dich gerne dem Herrn dort vorstellen.* Das tat ich dann auch und spürte, wie ich innerlich plötzlich ganz frei wurde. Ich konnte meinen Sohn und seine Aufmachung akzeptieren, ohne mich zu schämen.

Diese Zeit der Entwicklung der Kinder ist wirklich nicht leicht zu verkraften. Es kommen viele Vorwürfe, es hagelt Kritik, denn es tritt Ernüchterung ein, weil die Welt und vor allem die Erwachsenen nicht so perfekte Menschen sind, wie die Kinder es bis dahin geglaubt hatten. Auch gibt es häufige

Gemütsschwankungen: Heute verstehen wir uns prächtig, morgen bin ich *engstirnig und gefühllos.*

Im tiefsten Wesen verspürt die Jugend die Sehnsucht nach einer guten, vollkommenen Welt. Die jungen Menschen wollen wissen, wie sie dazu beitragen können. Die Fragen nach Gerechtigkeit, Toleranz und Freiheit stehen im Vordergrund. Wenn wir nicht versuchen, ihre Kritik und was dahintersteht zu verstehen, nehmen wir den jungen Menschen die Hoffnung, es irgendwie besser machen zu können. Sie brauchen unsere Zuversicht, unser Vertrauen, auch wenn sie uns durch ihre Argumente gnadenlos unsere eigene Unzulänglichkeit vorführen.

Es muss zu ihnen eine konkrete menschliche Beziehung vorhanden sein oder aufgebaut werden. Dabei geht es nicht um eine Pauschal- oder Gruppenbeziehung. Jugendliche wollen menschliche Beziehungen, gleichberechtigt, von Ich zu Ich. Sie wollen ernstgenommen, angehört, individuell angesprochen werden – weit mehr als in ihrer Kindheit. Oft spüre ich bei Jugendlichen eine Sehnsucht nach Authentizität, nach Echtheit. Eine große Sensibilität für all das, was sie als echt am anderen Menschen erleben, ist vorhanden. Wir sind sehr schnell durchschaut. Einige Jugendliche reagieren dann mit Protest, viele ziehen sich ganz zurück und reagieren mit Gleichgültigkeit. Mein Sohn sagte mir einmal sehr direkt, wie respektlos er es empfunden habe, als ich während eines Gesprächs mit ihm einfach aufstand, um das klingelnde Telefon anzunehmen.

Es gibt einen wunderbaren Spruch von Rudolf Steiner über das Urbild des Menschen[88]. Echtes Interesse an unserem Gegenüber könnte uns zu einer Begegnung mit diesem Urbild führen:

> *Das aber machen Sie zu Ihrer Treue: An den anderen Menschen werden Sie Augenblicke erleben – schnell dahingehende – da wird er Ihnen erscheinen wie erfüllt, wie durchleuchtet vom Urbild seines Geistes. Und dann können, ja werden lan-*

ge Zeiten kommen, da verdüstern sich die Menschen. Sie aber sollen lernen, in solchen Zeiten zu sagen: Der Geist macht mich stark; ich denke an das Urbild, ich sah es doch einmal, kein Trug, kein Schein raubt es mir. Ringen Sie immer um das Bild, das Sie sahen. Dieses Ringen ist Treue. Und so nach Treue strebend, wird der Mensch dem Menschen wie mit Engel-Hütekräften nahe sein.

Wenn es mir allzu schwer wurde, sah ich mir immer Fotos aus der Zeit an, als meine Kinder noch kleiner waren und mich strahlend und voller Freude anblickten.

Für die Zukunft

Diese Aussage von Nelson Mandela sollte sich jeder Jugendliche zu Herzen nehmen!

NELSON MANDELA *(Auszug aus seiner Antrittsrede von 1994)*[89]
Unsere tiefgreifendste Angst ist nicht, dass wir ungenügend sind. Unsere tiefste Angst ist, über das Messbare hinaus kraftvoll zu sein. Es ist unser Licht, nicht unsere Dunkelheit, was uns erschreckt.
Wir fragen uns, wer bin ich, mich brillant, großartig, talentiert, phantastisch zu nennen?
Aber wer bist Du, Dich nicht so zu nennen? Du bist ein Kind Gottes. Dich selbst klein zu halten, dient nicht der Welt. Es ist nichts Erleuchtendes daran, sich so klein zu machen, dass andere um Dich herum sich nicht sicher fühlen.
Wir sind alle bestimmt, zu leuchten, wie es die Kinder tun. Wir sind geboren worden, um den Glanz Gottes, der in uns ist, zu manifestieren.
Und wenn wir unser eigenes Licht erscheinen lassen, geben wir unbewusst anderen Menschen die Erlaubnis, dasselbe zu tun. Wenn wir von unserer eigenen Angst befreit sind, befreit unsere Gegenwart automatisch andere.

Nach der Geschlechtsreife entwickelt sich beim Menschen ja nicht nur das geschlechtliche Liebesleben. Es sollte in dieser Entwicklungsphase auch die allgemeine Menschenliebe entwickelt werden, ja die ganze Erziehung sollte auf Menschenliebe gebaut sein, überhaupt auf Liebe zur äußeren Welt. Diese Liebe zur Außenwelt kann unter anderem auch dadurch unterstützt werden, dass die Schüler lernen, selbst ihr Schulgebäude zu pflegen *(siehe nachfolgendes Kapitel)*.

Wie bereits am Anfang erwähnt, wird die Zukunft der Gesellschaft zu Hause, in der Familie begründet. Alle Eigenschaften, die wir uns für Menschen in der Zukunft wünschen, gilt es bereits im Kindesalter anzulegen. Je mehr wir bereit sind, in unsere Kinder zu investieren, desto weniger muss später in Sozialpädagogik, Erziehungsanstalten, Psychiatrie, ja auch in Gefängnisse investiert werden. Die großen Ideale der Französischen Revolution – Freiheit, Gleichheit, Brüderlichkeit – benötigen eine solche Basis, um realisiert werden zu können: Wenn sich ein Kind durch gesunde Nachahmung entwickeln durfte, wächst in ihm die Freiheit; eine authentisch gelebte und erlebte Autorität entwickelt ein Verständnis für Recht, für Brüderlichkeit; durch Liebe und Geborgenheit wird Gleichheit erlebt, was sich später im Wirtschaftsleben ausdrücken kann. Unsere heutige Gesellschaft leidet an Bewegungsarmut. Bewegung ist aber die ureigene Erscheinungsform des Willens. Willensbildung entsteht, indem wir die Bewegung lenken und mit Sinn erfüllen, vor allem auch dann, wenn Bewegung und Tätigkeit aus innerer Motivation zustande kommen, aus Freude, ein Ziel zu erreichen. Sich wiederholende Tätigkeit kultiviert den Willen.

In meiner Tätigkeit mit studentischen Mitarbeitern taucht im Zusammenhang mit der Frage der *Freiheit auch* der Umgang mit der Pünktlichkeit auf. Für mich ist mehrfaches Zuspätkommen ein Kündigungsgrund. Diesbezüglich beklagte sich eine Eurythmie-Studentin wegen meiner Strenge bei ihrer Lehrerin, die mich daraufhin bat, doch bitte Rücksicht auf das

Studium zu nehmen. Ich hielt jedoch an meinen Bedingungen fest. Nach und nach wurde die Studentin ihnen gerecht – und damit verbesserten sich auch ihre Leistungen im Studium. Nach fünf Jahren teilte sie mir mit, dass ihr die morgendliche Reinigungsarbeit im Goetheanum die nötige Durchhaltekraft gegeben hatte, um überhaupt ihr Studium zu Ende zu führen. Kurz danach bat mich die besagte Lehrerin darum, eine andere Studentin derselben *Kur* zu unterziehen.

Sinnvoll arbeiten

In einem meiner Seminare sagte mal jemand: *Ich hoffe, dass ich von Ihnen lernen kann, „Spaß" am Putzen zu bekommen.* Leider musste ich die Person da etwas enttäuschen, weil es mir nicht besonders wichtig ist, Spaß zu vermitteln. Man hat vielleicht einmal Spaß, und dann vergeht er wieder. Man will ja auch nicht unbedingt jedes *Späßli,* das man einmal gehabt hat, wiederholen. Viel, viel wichtiger ist mir, dass es gelingt, jemandem die richtige Freude am Haushalten und Putzen zu vermitteln. Freude zu erleben, das möchte man auch gerne wiederholen. Und um wirkliche, echte Freude bei der Hausarbeit zu empfinden, hilft es, wenn wir verstehen lernen, dass diese Arbeit die Grundlage bildet für alles, was wir tun.

Warum tun wir etwas? Was ist unser Ziel, wenn wir unsere Haushaltstätigkeiten durchführen?

Reinigungsarbeit ist sozusagen ein Arbeits-Modell fürs Leben. Ohne diese Arbeit zerfällt eine Familie. Im Haushalt hat – wie bereits oben erwähnt – die Zukunft der Gesellschaft ihren Ursprung, und wenn wir denken, dass es den Kindern gleichgültig sei, wie es bei ihnen zu Hause aussieht, dann irren wir gewaltig. Sie schämen sich manchmal zutiefst, verdecken dies aber mit Gleichgültigkeit, ja nennen es sogar *cool.* Ein junger Mann rechtfertigte den Schmutz in seinem Zimmer mit dem Ausspruch: *Das ist doch alles organisch, reinste Natur!*

Während eines Seminars fiel mir auf, wie genau ein junger Mann zuhörte und alles ausprobierte, was ich vorführte. Er stellte viele Fragen und machte sich Notizen. Vier Wochen später bekam ich folgende E-Mail:

Ich bin ein alleinerziehender, berufstätiger Vater, 35 Jahre alt, mit drei Buben zwischen acht und zwölf Jahren. Schon während des Seminars kamen mir immer wieder Bilder von unserem Haus, aber erst als ich wieder zu Hause war, wurde mir bewusst, in welch schrecklichem Zustand wir lebten. Meine Frau ist vor acht Monaten ausgezogen und seitdem habe ich nur das Allernötigste getan. Alles ist unordentlich, verstaubt und schmutzig. Ich war so überwältigt von diesem Zustand der Verwahrlosung in unserem Haus, dass ich mir vornahm, jeden Tag, und seien es nur zehn Minuten, etwas aufzuräumen und zu putzen, bis es bei uns wieder schön war. Das habe ich auch eingehalten, und nach einigen Tagen fingen die Buben unaufgefordert an mitzuhelfen. Gestern, Samstag, haben wir zu viert dem Haus den letzten Schliff gegeben. Alles ist aufgeräumt und sauber. Heute Morgen habe ich uns etwas Schönes zum Sonntagsfrühstück gebacken. Als wir alle am Tisch saßen, sagte mein Ältester: „Vielen Dank, Papa, jetzt haben wir endlich wieder ein Zuhause."

Wer also bereit ist, sich offen auf den Alltag einzulassen, kann vieles neu entdecken. Schon Picasso sagte: *Die Inspiration gibt es schon, aber sie will uns bei der Arbeit finden.*

Auch wenn wir es nicht immer schaffen, es lohnt sich, wenn die Kinder einmal die Gelegenheit bekommen, den Unterschied zwischen Ordnung und Unordnung zu erleben. Sogar im eigenen Zimmer. Die Jugendlichen wollen oft nicht, dass wir ihr Zimmer betreten, und aus Respekt vor ihnen dürfen wir es nicht aufräumen, wenn sie es nicht wollen. Aber ich habe die Erfahrung gemacht, dass meine Kinder sehr selten *Nein* sagten, wenn ich ihnen anbot, beim Aufräumen zu helfen. Wichtig war eben das *Wie*. Nie habe ich zum Beispiel gesagt: *Ich halte diesen Dreck nicht mehr aus!* oder: *So ein Saustall!* Meistens sagte ich etwas wie: *Morgen hätte ich etwas Zeit, wenn du Lust hast, helfe ich dir in deinem Zimmer,* oder: *Wenn du heute etwas aufräumst, kann ich gerne morgen bei dir putzen.*

Mein Sohn wurde dreizehn. Ich kam von der Arbeit nach Hause. Strahlend erzählte er mir, er hätte sich zum Geburtstag etwas ganz Tolles geschenkt. Groß war mein Erstaunen, als er mir dann ganz stolz sein Zimmer vorführte: Ein frisches Bett, saubere Fenster, alles abgestaubt, der Boden war gesaugt und

gewischt, und es gab einige von den ersten Winterlingen in einer winzigen Vase. Ich war zutiefst dankbar und berührt und wusste: Was auch kommen mag, tief in seinem Innern lebt eine Freude an Ordnung und Schönheit.

Mit vierzehn war sein Zimmer eine solche Katastrophe, dass ich mir vornahm, ihm (natürlich neben anderem) als Geburtstagsgeschenk sein Zimmer aufzuräumen, wie er es selbst vor einem Jahr getan hatte. Er war sehr erfreut und dankbar. Da es so gut ankam, erlaubte ich mir an den darauf folgenden Tagen wenigstens täglich sein Bett zu machen. Nach drei Tagen sagte er fest entschlossen: *Es war ein schönes Geburtstagsgeschenk, Mami, aber es ist mein Zimmer, und ich bitte dich, es so zu lassen, wie es ist.*

Freilassend kooperieren

Ich werde häufig gefragt, was eine Frau tun könne, damit ihr Mann und ihre Kinder im Haushalt mehr mithelfen. Leider bin ich weder Erzieherin noch Eheberaterin. Es gibt kein einziges Rezept, jedoch finden sich auch hier Gesetzmäßigkeiten. Allein diese zu kennen und zu verstehen, ist eine große Hilfe.

Letzthin sagte eine Mutter zu mir, sie hätte immer von ihren Kindern erwartet, dass sie ihre Zimmer ordentlich hielten, und auch, dass sie im Haushalt mithülfen. Irgendwann gab sie es dann auf. Und siehe da: die Kinder fingen an, genau das zu tun, was sie schon immer von ihnen gewollt hatte – jetzt geschah es aber, ohne dass sie es noch von ihnen erwartete. Mittlerweile sind ihre beiden Kinder bereits erwachsen, und als sie hörten, dass ihre Mutter ein Putzseminar besuchen würde, sagten sie ihr zum ersten Mal, dass sie sich immer furchtbar unter Druck gefühlt hätten, weil die Mutter so hohe Ansprüche gehabt hatte.

Ordnung soll dienen und nicht herrschen!

Frauen neigen mehr zu Erwartungen der Familie gegenüber als Männer. Eine Frau hofft, dass der Mann oder das Kind spürt, wenn sie Hilfe braucht, oder dass ein unaufgeräumtes Zimmer die anderen Familienmitglieder geradeso stören würde wie sie selbst und dass sie es dann von sich aus aufräumen würden. Das ist meistens nur Wunschdenken! Die Frustration ist somit vorprogrammiert. Aus diesem Grund empfehle ich eine Kultur der Verabredung.

Wir besprechen die Aufgaben und verabreden uns, wer was wann macht. Wenn alle einverstanden sind und die Verabredungen getroffen sind, dann dürfen wir erwarten, dass es auch getan wird, und wir dürfen es ansprechen, wenn es nicht erledigt wurde.

Unser Zuhause bietet nicht nur Schutz durch seine Atmosphäre, es kann auch heilend (oder eben auch gegenteilig) auf die Bewohner wirken. In den eigenen vier Wänden sind wir so, wie wir sind. Wir müssen niemandem etwas vormachen. Unsere Anstrengungen sind echt, der Mangel daran leider auch. Daher ist unser Zuhause der Ort, wo Erziehung und Selbsterziehung Hand in Hand gehen und wir alle gemeinsam auf eine bessere Zukunft hoffen, worum wir uns nach Kräften bemühen.

Zum Schluss dieses Kapitels möchte ich Ihnen etwas schenken, das ich vor kurzem selbst geschenkt bekam und das mir bis jetzt völlig unbekannt war. In unserem Streben nach Selbsterziehung und Selbsterkenntnis dürfen wir ja auch von anderen Menschen lernen, indem wir versuchen, aus ihren Erkenntnissen zu lernen.

Zu seinem 70. Geburtstag, den er am 16. April 1959 feierte, soll Charlie Chaplin folgende Ansprache gehalten haben[90]:

Als ich mich wirklich selbst zu lieben begann, habe ich verstanden, dass ich immer und bei jeder Gelegenheit zur richtigen Zeit am richtigen Ort bin und dass alles, was geschah, richtig ist. Von da an konnte ich ruhig sein. Heute weiß ich, das nennt sich Vertrauen!

Als ich mich wirklich selbst zu lieben begann, habe ich verstanden, wie sehr es jemanden beschämt, ihm meine Wünsche aufzuzwingen, obwohl ich wusste, dass weder die Zeit reif noch der Mensch dazu bereit war und auch wenn ich selbst dieser Mensch war. Heute weiß ich, das nennt sich Selbstachtung!

Als ich mich wirklich selbst zu lieben begann, konnte ich erkennen, dass emotionaler Schmerz und Leid nur Warnungen für mich sind, gegen meine eigene Wahrheit zu leben. Heute weiß ich, das nennt man Authentisch-Sein!

Als ich mich wirklich selbst zu lieben begann, habe ich aufgehört, mich nach einem anderen Leben zu sehnen, und konnte sehen, dass alles um mich herum eine Aufforderung zum Wachsen war. Heute weiß ich, das nennt man Reife!

Als ich mich wirklich selbst zu lieben begann, habe ich aufgehört, mich meiner freien Zeit zu berauben, und ich habe aufgehört, weiter grandiose Projekte für die Zukunft zu entwickeln. Heute mache ich nur, was mir Spaß und Freude bereitet, was ich liebe und was mein Herz zum Lachen bringt, auf meine eigene Art und Weise und in meinem Tempo. Heute weiß ich, das nennt man Ehrlichkeit!

Als ich mich wirklich selbst zu lieben begann, habe ich mich von allem befreit, was nicht gesund für mich war, von Speisen, Menschen, Dingen, Situationen und von allem, das mich immer wieder hinunterzog, weg von mir selbst. Anfangs nannte ich das gesunden Egoismus, aber heute weiß ich, das ist Selbstliebe!

Als ich mich wirklich selbst zu lieben begann, hörte ich auf, immer Recht haben zu wollen, so habe ich mich weniger geirrt. Heute habe ich erkannt, das nennt man Einfach-Sein!

Als ich mich wirklich selbst zu lieben begann, habe ich mich geweigert, immer weiter in der Vergangenheit zu leben und mich um meine Zukunft zu sorgen. Jetzt lebe ich nur mehr in diesem Augenblick, wo alles stattfindet. So lebe ich jeden Tag und nenne es Vollkommenheit!

Als ich mich wirklich selbst zu lieben begann, da erkannte ich, dass mich mein Denken armselig und krank machen kann. Als ich jedoch meine Herzenskräfte anforderte, bekam mein Verstand einen wichtigen Partner, diese Verbindung nenne ich Herzensweisheit!

Wir brauchen uns nicht weiter vor Auseinandersetzungen, Konflikten und Problemen mit uns selbst und anderen zu fürchten, denn sogar Sterne knallen manchmal aufeinander und es entstehen neue Welten. Heute weiß ich, das ist das Leben!

10

DIE SCHULHAUSREINIGUNG

Der Zustand von Schulhäusern ist seit Jahren ein ganz besonderes Thema und gerade jetzt aktueller denn je. Als vor Jahren die erste Pisa-Studie in der Schweiz und in Europa abgeschlossen wurde, waren die finnischen Schulen deutliche Sieger. Daraufhin wurde eine Delegation aus der Schweiz nach Finnland gesandt, um festzustellen, was an finnischen Schulen denn anders sei. Auffällig war, wie gepflegt und sauber die Schulhäuser im Vergleich zu denjenigen waren, deren Resultate wesentlich schlechter ausgefallen waren. Zum Beispiel fanden sich in Finnland keine Anzeichen von Vandalismus, Graffiti oder dergleichen.

Für mich war das nicht überraschend, denn ich hatte sehr oft festgestellt, dass ein gepflegtes Schulhaus auch ein besseres Benehmen der Schüler bedingt. Es ist doch eine Tatsache, dass eine höhere Hemmschwelle vorhanden ist, mutwillig Unordnung anzurichten, sobald etwas in sauberem und gepflegtem Zustand ist.

Das Vorbild zählt

Im Vergleich von Schulen zeigen sich deutliche Unterschiede in den Klassenzimmern. In diesen Unterschieden liegt der Anlass dafür, wie sich die jungen Menschen dort jeweils benehmen. Es gibt Schulhäuser, die zwar sehr gründlich gereinigt werden, die Klassenzimmer hingegen sind oft sehr unordentlich: Schülerbilder hängen schief, Regale sind vollgestopft, auf den Ablagen und Simsen liegen Gegenstände herum, die Pflanzen sind zum Teil verwahrlost und staubig. Im Auftrag der

Schulverwaltung wird heute sogar das Lernklima in ausgewählten Klassenzimmern beobachtet und ausgewertet – so wie man auch ein Wohn- oder Arbeitsklima untersuchen kann. Ziel ist die Frage, was unternommen werden kann, um die Atmosphäre positiv zu beeinflussen, die Schüler zu beruhigen und ihre Konzentrationsfähigkeit zu fördern.

Auch hier ist das gute Vorbild wichtig. Bei jungen Menschen sollte man anstreben, wie ein Schäfer voranzugehen – und nicht wie ein Eseltreiber hinterher zu sein.

Meines Erachtens sind die Schulen selbst so sauber, wie die Ansprüche der Lehrerschaft als Auftraggeber es bestimmen. Sozialität hat aber auch mit Pflege zu tun. Manchmal sehen Lehrerzimmer und Besprechungsräume furchtbar aus. Überfüllte Abfallkörbe, halbgegessene Äpfel, Kaffeetassen mit alten Kaffeeresten und manchmal sogar Zigarettenstummel darin. Und dann wundern sich die Lehrer darüber, dass sie Konflikte an ihrer Schule nicht lösen und zu keinen guten Vereinbarungen kommen können!

Oft gibt es auch *Sammelorte* in den Schulen, die ein Bild der Unordnung vermitteln. Lehrer haben häufig die Neigung, kleine Lagerräume neben den Klassenzimmern mit allerlei anderen Dingen vollzustopfen als nur Schulmaterial darin aufzubewahren. So wie wir im Privatbereich öfter einmal in bestimmte Schubladen schauen sollten, so müssten auch die Lehrer von Zeit zu Zeit ihre Klassenräume, Lager und Lehrerzimmer durchforsten.

Projekt: Reinigung durch Schüler

Seit Jahren reise ich an ganz verschiedene Schulen und Ausbildungsstätten quer durch Europa und Amerika. Dabei finde ich die unterschiedlichsten Qualitätsstandards und Reinigungs-Modelle vor: Das Spektrum reicht von Reinigungsunternehmen bis zu von der Schule angestellten Reinigungskräften, von sich selbst organisierenden 400-Euro-Kräften über den Hausmeister (der mit 1-Euro-Kräften arbeitet) bis hin zu kleinen Familienunternehmen (beispielsweise eine portugiesische Familie: Eltern, Schwiegereltern, Söhne, Töchter und so fort). An vielen Waldorfschulen reinigen immer noch die Eltern, und an einigen Schulen wird jetzt auch mit der Hilfe von Oberstufenschülern geputzt.

Die Gründe, weshalb ich von Schulen eingeladen werde, sind vielfältig:

- Es können Sparmaßnahmen sein. Oder ich werde gebeten, das bestehende Leistungsverzeichnis der Putzfirma zu überprüfen.
- Die Schule ist mit der Qualität der bisherigen Reinigung nicht zufrieden. Es wird nach einer umweltfreundlicheren Lösung gesucht.
- Die Motivation der Reinigungskräfte und/oder der Elternschaft ist sehr schwach, und die Schule erhofft sich einen neuen Impuls.
- Es besteht der Wunsch, neue Wege zu gehen, zum Beispiel unter Mithilfe der Schüler das Schulhaus zu reinigen.

Im Jahr 1992 wurde es in einer Schule, in der meine Firma mit der Reinigung beauftragt war, dringend nötig, Sparmaßnahmen zu ergreifen. Mein Vorschlag war, dass die Schüler gegen Bezahlung ihr Schulhaus selbst sauber machen sollten. Ich war bereit, sie entsprechend einzuführen und zu betreuen.

Ein Leistungsverzeichnis bestand bereits, so wurden die Pläne neu ausgearbeitet und die vorhandenen Aufgaben auf zehn Schüler verteilt. Sie wurden genau eingearbeitet und die Qualität der Arbeit wöchentlich kontrolliert.

Das ging so lange gut, bis jemand die Meinung vertrat, die Schüler wüssten jetzt, wie es ginge, und die Schule könnte doch noch mehr sparen, wenn sie auf die Betreuung verzichten und die Schüler die Reinigung ganz selbständig ausführen würden. So beschloss man, auf meine Betreuung zu verzichten. Leider ging das nicht lange gut.

Schüler wissen zwar genau, was gemacht werden soll und was nicht. Sie sind meistens verantwortungsbewusst und zuverlässig, aber sie wollen geführt, betreut werden. Das ist ganz verständlich, weil in diesem Alter die Willenskräfte noch nicht so weit entwickelt sind, dass sie alle Aufgaben auf sich nehmen könnten. Die Personal-Koordination, die Planung, die Kontrolle, die Arbeitseinteilung, ja die Überprüfung und das Nachbestellen der Mittel und Materialien – all das den jungen Menschen zu überlassen, war eine Überforderung. Mittlerweile habe ich mehrere Projekte, bei denen Schüler ihr Schulhaus selbst reinigen. In diesen Fällen begründeten die Schüler ein eigenes Putzunternehmen, nur für ihre Schule. Die Erfahrung zeigt deutlich, dass ein solches Projekt mit der Person steht oder fällt, die es betreut. Im Folgenden möchte ich zeigen, was ein solches Projekt für eine Schule bedeuten kann:

Auf pädagogischer Ebene

Jugendliche verbringen viel Zeit vor dem Fernseher und am Computer. Durch die Reinigung der Schulhäuser können die Schüler praktische Fähigkeiten entwickeln, indem sie sich der realen Welt stellen.

Die Schüler erleben die Bedeutung von Werterhaltung durch bewusste Pflege am eigenen Schulgebäude (Verminderung von Vandalismus).

Durch praktisch erlebte Pädagogik lernen die Schüler ökologische und nachhaltige Werte im Bereich der Schulhausreinigung kennen.

Ein gepflegtes Umfeld wirkt positiv auf die Konzentration und die schulischen Leistungen der Schüler. Sie entwickeln neue Fähigkeiten: Durch die bei dieser Arbeit erfolgende Wahrnehmung lernen sie, sich neu mit ihrem Schulhaus zu verbinden; durch die physische Aktivität wird Bewegungsträgheit abgebaut.

Auf sozialer Ebene

Durch die gemeinsame Pflege des Schulhauses entwickeln sich soziale Fähigkeiten. Aufgrund der bewussten Pflege entsteht eine neue Beziehung zum Ort, was zur Verminderung von Gewaltbereitschaft führen kann. Gewaltbereitschaft und Aggressionen werden abgebaut, wenn Lehrer und Schülerschaft sich gleichermaßen für ihre Schule verantwortlich fühlen, weil sie in diesem Zusammenhang als gleichberechtigte Partner mitbestimmen und mitgestalten dürfen.

Die Schüler lernen, mit sozialer Problematik umzugehen: Was ist zum Beispiel zu tun, wenn bestehendes Putzpersonal entlassen werden muss?

Die bei dieser Arbeit gemachte Erfahrung kann zu einer veränderten Einstellung der Schüler gegenüber der Reinigungstätigkeit an sich sowie den Menschen gegenüber führen, die diese Tätigkeit ausüben.

Erste Erfahrungen mit wirtschaftlichen und juristischen Aspekten werden im Zusammenhang mit der Gründung und der Führung eines Kleinunternehmens gefördert.

Von der Idee zur Wirklichkeit

Wie wird ein solches Projekt initiiert und was muss dabei beachtet werden?

Am Anfang steht die Idee, ein Impuls, der meistens aus der Elternschaft kommt: Der Wunsch nach einem gepflegten Schulhaus für die eigenen Kinder. Ein Prozess der Bewusstseinsbildung beginnt. Vielleicht wird der aktuelle Zustand in der Schule vielen Menschen zu diesem Zeitpunkt erst richtig bewusst. Die Idee wird dann häufig von jemandem aus der Lehrerschaft aufgegriffen, der bereit ist, der Initiativgemeinschaft als Kontaktperson und Ansprechpartner zur Verfügung zu stehen.

Es bildet sich eine Gruppe interessierter Eltern, und es wird so lange daran gearbeitet, bis das Projekt als durchdachte Initiative dem Kollegium und der Geschäftsführung vorgestellt werden kann. Hierbei ist der Wille angesprochen und es kommt zu ersten Taten.

Jetzt wird die Sache langsam konkret, das Projekt nimmt Gestalt an: Ich besuche die Schule, rede mit den Lehrern, Schülerinnen, Schülern und Eltern. Die grundsätzliche Bereitschaft wird nach allen Seiten abgeklärt. Wie zuvor bereits erwähnt, steht und fällt das Projekt mit denjenigen Personen, die bereit sind, die Führung und Verantwortung dafür zu übernehmen. Zu dieser Phase gehören die beiden folgenden Schritte:

- Soll zu Beginn nur ein Teil der Reinigung des Schulhauses von den Schülerinnen und Schülern übernommen werden oder sofort der ganze Bereich?
- Ein Leistungsverzeichnis muss erstellt werden. Die nötige Anzahl von Schülern und Schülerinnen wird ermittelt und die Kosten werden berechnet. Ist die endgültige Entscheidung gefallen, dann kann das Ideal formuliert werden. Welches Leitbild wünscht man sich für dieses Projekt?

Mögliche Einwände

Wie bereits erwähnt: Das grundsätzliche Ziel ist ein sauberes, gepflegtes Schulhaus – und darüber hinaus soll die Reinigung, wenn möglich, auch etwas weniger als zuvor kosten. An dieser Stelle ist es notwendig, auch auf etwaige Fragen oder Einwände einzugehen, die aufkommen können, wenn das Projekt anfänglich vorgestellt wird:

Sind die jungen Menschen überhaupt offen für die Hintergründe, die ich zur Motivation darstelle? Da kann ich nur sagen: Ja, sie sind offen. Ein Neuntklässler fragte mich einmal nach einem Vortrag, in dem ich auch den *unsichtbaren* Schmutz erwähnte: *Wenn es unsichtbaren Schmutz gibt, gibt es auch eine unsichtbare Ökologie?* Diese Frage hat mir bislang kein erwachsener Mensch gestellt.

Im Fall, dass bereits bestehendes Personal für dieses Projekt entlassen werden muss, was passiert mit diesen Menschen? Das ist wirklich ein wichtiger Aspekt. Ist es eine Firma, der gekündigt werden soll, besteht in den meisten Fällen die Möglichkeit, dass an anderer Stelle eine neue Aufgabe übernommen werden kann. Oft entsteht aber der Wunsch nach einer Änderung oder Kündigung, weil die geleistete Qualität der Arbeit nicht ausreicht (was für mich immer ein berechtigter Kündigungsgrund ist). Möglich wäre aber auch, die bestehenden Reinigungskräfte in das Projekt zu integrieren.

Am Anfang können Mehrkosten entstehen. Bestehendes Inventar muss vielleicht zum Teil oder völlig ersetzt werden. Es müssen weit mehr Schülerinnen und Schüler angestellt werden als die Zahl der bereits vorhandenen Reinigungskräfte, denn sie können meistens nur einen Einsatz von maximal ein bis zwei Stunden an einem Tag der Woche übernehmen. Aus diesem Grund wird auch zusätzliches Reinigungsgerät und -material benötigt. Das bedeutet größeren administrativen Aufwand. Die Koordination der Einsatzplanung braucht Zeit, verlangt Übersicht und oft viel Geduld.

Hinzu kommen noch die Beratungskosten, der Aufwand für die anleitende Person. Oft werde ich gebeten, den Schülerinnen und Schülern nur eine einmalige Einführung zu geben, manchmal sogar nur derjenigen Person, die dann die Gruppe führen soll. Erfahrungsgemäß ist das Letztere meist eine Fehlkalkulation. Wird am Anfang gespart, so wird es langfristig viel teurer. So kann es zum Beispiel vorkommen, dass die Person, welche das Projekt leitet, nicht richtig einzuschätzen vermag, wie viel Zeit für die einzelnen Aufgaben eingeplant werden muss.

In einer Schule wurde einem solchen Projekt mit Oberstufenschülern und -schülerinnen zugestimmt, obwohl das neue Projekt etwas teurer war als das bisher bestehende Reinigungskonzept. Das Lehrerkollegium schätzte jedoch die pädagogische Seite des Projekts so hoch, dass man bereit war, die Mehrkosten in Kauf zu nehmen. Das ist zwar lobenswert, aber die finanziellen Ressourcen dürfen nicht außer Acht gelassen werden.

Wenn zum Beispiel gleich zu Beginn zu viel Zeit für die Reinigung eines Klassenzimmers veranschlagt wird, summiert sich das im Laufe des Jahres. Die Schülerinnen und Schüler müssen gleich zu Beginn so gut eingeführt werden, dass die Arbeit in der vorgesehenen Zeit erledigt werden kann. Dazu bedarf es einer Fachkraft, oder aber die leitende Person sollte ihrerseits sehr gut eingeführt worden sein. Das braucht zwar etwas mehr Zeit und Geld, jedoch kann ich nur empfehlen, in der Anfangsphase weniger zu sparen, damit die Kosten sich langfristig reduzieren.

Bei einer Schule, in der ein solches Projekt seit bald zehn Jahren erfolgreich durchgeführt wird, wurde ich die ersten drei Jahre jährlich für einige Tage eingeladen, um auf diese Weise sicherzustellen, dass auch der „Nachwuchs" gut eingeführt wurde.

So wurde die ganze Schulgemeinschaft für das Projekt sensibilisiert, der Nachwuchs war gesichert und auch die Betreuerin konnte optimal eingeführt werden.

Schulung

Was ist bei der Einführung der Schüler in ihre Aufgabe zu beachten?

Wahrnehmungsschulung: Wer nicht erkennt, was getan werden muss, putzt nicht gut. Bewusste Wahrnehmungstätigkeit heißt immer, sich mit einer Sache zu verbinden. Das wiederum entwickelt die Hingabefähigkeit an die Aufgabe. Hier steht die Sinnesschulung im Vordergrund.

Methodisches: Wo beginne ich überhaupt? Wie nehme ich einen Besen in die Hand? Wie ist meine Körperhaltung? Wie plane ich die Arbeitsabläufe?

Rhythmus: Wie oft müssen welche Aufgaben ausgeführt werden? An welchen Tagen arbeitet wer? Und: Wie sind meine Bewegungen, meine Gesten? Sind sie rhythmisch und harmonisch fließend – oder eher hektisch, verspannt und gereizt? Die Bewegungsschulung muss unterstützt und gefördert werden.

Mittel und Material: Welche Geräte, Putzmittel, welches Material verwende ich auf welchen Oberflächen? Wie hinter-

lasse ich die Reinigungsutensilien nach Beendigung meiner Arbeit? Ist alles sauber, neu aufgefüllt (Putzmittelflaschen etc.), ist alles ordentlich? Meistens putzt am nächsten Tag ein anderer, und dann ist es sehr wichtig, dass mit der Arbeit sofort begonnen werden kann – auch um die vorgegebene Zeit einhalten zu können.

Das Ideal

Ein solches Projekt hat nicht nur das Putzen zum Inhalt, es geht nicht nur darum, den Schmutz wegzunehmen. Ein wichtiges Motiv ist vor allem die Entwicklung der Kinder, ja der ganzen Schulgemeinschaft. Das ist für mich der allerwichtigste Aspekt: die Anerkennung der pädagogischen Bedeutung des Projekts und damit verbunden die Einstellung zu der Arbeit überhaupt.

Am Anfang bildet häufig natürlich der Lohn den Anreiz bei den Schülerinnen und Schülern. Die Aussicht, Geld zu verdienen, ist meist sogar stärker als die instinktive Abneigung dem Putzen gegenüber.

Daher versuche ich vom ersten Moment an, den Schülerinnen und Schülern die Bedeutung und Würde dieser Aufgabe nahezulegen. Ich spreche mit ihnen über das Putzen aus der Sicht einer Reinigungskraft. Putzen betrifft alle Menschen – diejenigen, die putzen, und diejenigen, für die geputzt wird. Menschen reden manchmal über das Putzen und die Putzleute. Manchmal reden aber auch die Putzleute über uns – und sie haben oft genug Grund dazu.

Während ich in einer Schule reinigte, kam immer wieder eine Gruppe von Jungen vorbei und machte große Sprüche. Einer, der *Leithammel,* warf mir sogar manchmal Dinge vor die Füße und sagte so etwas wie: *So, da hast du was zu tun!* Er hieß Michael, und aus einem mir nicht bekannten Grund erschien er oft, während ich arbeitete, mit seinen frechen Sprüchen. Einmal, als er gerade wieder Orangenschalen auf den Boden geworfen hatte, rief ich ihn bei seinem Namen. Völlig überrascht blieb er stehen und schaute mich an. Da sagte ich: Jetzt *staunen Sie, nicht wahr? Sie wissen nicht, wie ich heiße, noch weshalb ich hier das Schulhaus putze. Aber ich weiß, wie Sie heißen, und ich weiß noch einiges mehr. Die Art, wie Sie sich benehmen und mich behandeln, sagt sehr viel über Sie aus.* Es war das letzte Mal, dass er sich so verhielt. Sechs Monate später fragte er mich, ob er während der Sommerferien im Goetheanum bei mir putzen lernen dürfe.

Reinigen ist eben mehr als nur das Entfernen von Schmutz. Reinigung, Ordnung und Pflege tragen sehr viel zur Lebens- und Lernqualität bei und bilden daher eine wichtige pädagogische und soziale Grundlage. Es geht eben um weit mehr als bloße Sauberkeit. Putzen bildet die Grundlage für alles, was sich in einer Schule entfalten soll, für den Unterricht, für die Kommunikation zwischen den Lehrerinnen und Lehrern, aber auch für den Dialog zwischen den Lehrern und Schülern.

Die Bewegungsarmut in unserer Gesellschaft ist auch ein Zeichen von Willensschwäche. Durch die Schulhausreinigung können wir zur Willensbildung beitragen, denn jede Bewegung beim Putzen ist bewusst geführt und mit Sinn erfüllt. Versuchen wir auch, von Beginn an das rhythmische Element zu integrieren! Putzen wird dann auf indirekte Art eine fast musikalische Erfahrung. Sollten die Schüler und Schülerinnen es schaffen, diese Tätigkeit aus innerer Motivation auszuführen, und wenn sie dazu noch Freude am Resultat erleben, ja sogar ein Ziel erreichen können, wurde ein großer Schritt in Richtung Abbau von Gewaltbereitschaft getan.

Die Reinigungstätigkeit, verbunden mit der bewussten Wahrnehmung der Umgebung, stärkt die Selbstmotivation und fördert die Selbstbeherrschung. Wenn die angestrebte Qualität erreicht werden soll, wird damit auch die Eigenverantwortung gestärkt. Die jungen Menschen lernen dabei, dass es sich nicht auszahlt, eine Sache nur so schnell wie möglich erledigt zu haben.

Wenn wir von einem starken und schwachen Willen sprechen, dann ist damit nicht der Wille direkt gemeint, sondern es ist die Verantwortlichkeit dem Willen gegenüber gemeint. Ein junger Mensch, der gelernt hat, das zu verantworten, was er tut, entwickelt dabei einen starken Willen. Auch die Wahrnehmung der Umgebung und die Selbstwahrnehmung während der Tätigkeit des Reinigens unterstützen die Willensbildung, und sie wird weiter durch die rhythmischen und bewussten Bewegungen gefördert.

Nach einem einführenden Vortrag an einer Schule in Potsdam übernahmen die Schülerinnen und Schüler unter Leitung eines Vaters sofort die Pflege des Schulhauses. Als ich sechs Monate später die Schule wieder besuchte, war die Verwandlung überwältigend. Das Schulhaus strahlte.

Sobald die Schülerinnen und Schüler ihr Schulhaus zu pflegen beginnen, ändert sich vor allem die Situation in den Toiletten schlagartig. Sie werden weniger mit Absicht verschmutzt, auch der Vandalismus reduziert sich drastisch. Die meisten Schülerinnen und Schüler unterstützen gern ihre reinigenden Mitschülerinnen und Mitschüler, und weil es so viele sind, weisen sie sich gegenseitig auf die Ursachen der Verschmutzung hin. Manchmal kann es dann sogar vorkommen, dass Schülerinnen und Schüler sogar die Lehrerschaft erziehen.

Die Schule – ein lebendiger Organismus

Wie das eigene Zuhause als ein Organismus erlebt werden kann (siehe Seite 45 ff.), so kann auch das Schulhaus als ein lebendiger Zusammenhang aufgefasst werden. Jeder lebende Organismus gedeiht besser durch eine gute Pflege, die man ihm zukommen lässt. Durch das bewusste Pflegen erfahren die Jugendlichen auch, was bewusstes Handeln ist, wie man sich mit einem zu pflegenden Objekt neu verbinden kann. Das ist Geistesgegenwart und bedeutet ein Lernen für das gesamte Leben.

Eine der wichtigsten sozialen Fragen für die Zukunft (und natürlich auch schon für die Gegenwart) ist die Erziehungsfrage. Die Schule ist daher eine der wichtigsten sozialen Institutionen. Hier üben sich die jungen Menschen täglich in ihrem Sozialverhalten, indem sie Beziehungen über die Sinne schaffen: zu anderen Menschen oder zu Objekten, also zu ihrem materiellen Umfeld. Daher hilft die Sinnesschulung dabei, Gewalt abzubauen, weil man durch sie eine Beziehung zur Welt aufbaut.

Die bewusste Pflege ist auch immer der Beginn einer Beziehung. Wir können unmöglich bewusst und liebevoll mit etwas oder jemandem umgehen, ohne dass dabei eine Beziehung entstünde. Diese Beziehung vermindert Gewaltbereitschaft, weil der gesunde Mensch meistens nicht dasjenige zerstören will, zu dem er ein positives Verhältnis aufgebaut hat.

Gewalttätigkeit ist eine Gesellschaftsproblematik – keine Jugendproblematik. Vandalismus finden wir überall, zumeist jedoch an Orten, die bereits vernachlässigt sind. In dem Buch *Gewalt an Schulen* von Gisela und Axel Preuschoff[91] heißt es zu diesem Themenkomplex:

> *Gewaltbereitschaft und Aggressionen werden abgebaut, wenn sich Lehrer/-innen und Schüler/-innen gleichermaßen für ihre Schule verantwortlich fühlen, weil sie mitbestimmen und mitgestalten dürfen. Frustration und Misserfolgserlebnisse aller Art müssen vermieden werden. Die Schule darf nicht zu einer Wissensfabrik verkommen, sondern muss ihren Erziehungsauftrag ernst nehmen.*

Nach einer Arbeitswoche mit Studenten und Studentinnen am Institut für Waldorfpädagogik in Witten-Annen (DE) erhielt ich durch die damals die Reinigungsarbeiten betreuende Person folgendes Schreiben einer brasilianischen Studentin:

> *Das war der letzte Tag in der Bauzeit und der dritte Tag der großen Reinigungsarbeit. Ich war ganz kaputt. Die Arbeit war nicht zu schwierig. Ich wusste nicht, warum ich so müde war. Ich konnte mich nicht zurückhalten zu sagen: „Marion, ich hasse putzen!“ Meiner Angriffsbewegung kam ein Liebessatz entgegen: „Putzen ist sehr wichtig in der Welt; du musst das Putzen lieben.“*
>
> *Nach der Bauzeit kam eine neue Überraschung: sechs Wochen putzen! Jeden Morgen versuchte ich zu verstehen: Warum mag ich nicht putzen? Ich erinnere mich an die Aasgeier am Santos-Strand. Es war normalerweise auch morgens früh. Die Aasgeier fraßen alles, was das Meer nicht brauchte und auf dem Strand gelassen hatte. Die Menschen schlafen, während die Aasgeier fressen. Jeden Morgen ist der Strand dann wieder sauber. Nur wer früh aufsteht, der kennt den Schmutz des Meeres. Niemand muss die Aasgeier anweisen zu putzen. Sie machen das instinktiv. Doch die Menschen müssen putzen lernen. Mehr: Die Menschen müssen putzen lieben lernen. Dann kommt die zweite Frage: Können die Menschen lieben lernen?*
>
> *Jeden Morgen habe ich eine lange Treppe und eine Halle nur für mich. Ich kenne jede Stufe und jede Ecke meines Geländes. Ich weiß genau, wo es mehr Staub gibt. Ich weiß auch, dass es unter einer schönen Skulptur viel dunklen Staub gibt. Die schöne Skulptur vergibt dem Schmutz. Die schöne Skulptur vergibt meinem eigenen Schmutz. Jeden Tag fühle ich etwas wie ein Unwohlsein. Alle Leute sehen eine Skulptur. Aber ich, ich sehe nur den Schmutz. Ich kann mir den Schmutz nicht vergeben. Ich weiß, dass er dort ist. Jetzt*

weiß ich, warum ich so müde bin: Ich kann meine Schmutzigkeit nicht mehr ertragen. Es ist nicht einfach, unter der Skulptur zu putzen. Der Schmutz sammelt sich immer an den unglaublichsten Plätzen. Man braucht Beziehung und Mut, diese besonderen Plätze zu putzen.

Seit einer Woche versuche ich, ganz ruhig die Skulptur beiseitezustellen. Dann kommt das Tuch mit Wasser und Seife. Dann stelle ich die Skulptur zurück. Alles fertig. Jetzt kann ich ihre Schönheit anschauen. Das Institut ist wirklich schön, aber meine Halle hat für mich etwas Besonderes.

In sechs Wochen konnte ich noch nicht das Putzen lieben. Aber ich konnte sehen, dass ich Räume lieben lernen kann.

Vernachlässigung vermeiden

Das Gegenteil von Pflege ist Vernachlässigung. Ich empfinde Vernachlässigung als etwas Schleichendes. Sie fängt in all den Eckchen an, die wir nicht durchdringen. Sie breitet sich aus, wenn beschädigte Sachen nicht repariert werden, Schmutz und Abfall nicht sofort entfernt werden. Vernachlässigung ist eine passive Form von Vandalismus und steigert die Gewalt- und Zerstörungsbereitschaft.

Nach einer gemeinsamen Arbeit im Lehrerkollegium einer Schule konnten wir feststellen, wie sich große Konflikte, die schon seit längerer Zeit bestanden, auf einmal wie von selbst lösten, weil das Lehrerzimmer gründlich gereinigt worden war. Durch einen *Großeinsatz* mit fast allen Kollegen und Kolleginnen hatten wir das Lehrerzimmer von vielen Altlasten und Staubschichten befreit. Im Vorfeld wurde Gerümpel, das sich über Jahre angesammelt hatte und in den Ecken herumlag, darunter auch persönliche Gegenstände, die aus Bequemlichkeit hier verstaut worden waren, aussortiert und entsorgt. Der Zustand des Zimmers vergiftete die Arbeitskultur und somit auch die soziale Atmosphäre.

Innerhalb weniger Tage nach diesem Einsatz kündigten zwei Personen, deren Anwesenheit an der Schule derart schwerwiegende Konflikte verursacht hatte, dass es bereits zu einer Spaltung in der Eltern- und Lehrerschaft gekommen war.

Ich würde mir sehr wünschen, dass man lernen könnte, die Tätigkeit des Reinigens zu würdigen und ihr ihren Stellenwert zukommen zu lassen. Putzen, vor allem auch, wenn es gemeinsam durchgeführt wird, ist eine wichtige soziale Übung und schafft eine gemeinsame Basis. Wenn das einmal bewusst wird, ist sehr viel gewonnen.

Es entspricht nicht einer guten Pädagogik, wenn man in einem vernachlässigten Klassenraum unterrichtet oder in einem chaotischen, ungepflegten Lehrerzimmer eine Konferenz abhält. Die Verbindung von Mensch, Raum und Aufgabe kann somit zu einer lebenspraktischen Pädagogik werden – ein unbezahlbares Gut.

Im Weiteren dürfen wir auch nie die Auswirkung der Umgebung auf unsere Kinder unterschätzen. Während einer Amerika-Reise gab eine Lehrerin mir einen Zeitungsausschnitt in die Hand, der eine ganz besondere Begebenheit beschrieb: Ein Mann wohnte in einem Vorort von San Francisco. An der Straßenecke unweit seines Hauses war immer viel Betrieb. Sehr oft wurden dort einfach Sachen abgestellt, es standen Prostituierte herum und gerade dort wurden auch Drogengeschäfte abgewickelt. Oft hatte er sich bemüht, Ordnung herzustellen und aufzuräumen, aber es dauerte nie lange, und alles fing wieder von vorne an. Auch andere Nachbarn bemühten sich, ihre Umgebung zu verschönern, aber auch ohne Erfolg. Eines Tages wollte er in einem Garten-Center etwas einkaufen, als er dort eine ungefähr ein Meter hohe Buddha-Statue aus Ton sah. Obwohl er keine Beziehung dazu hatte, entschloss er sich spontan, die Statue zu kaufen und an der genannten Straßenecke zu platzieren. Gesagt, getan. Am nächsten Morgen sah er mit großem Erstaunen, wie zwei koreanische Frauen in weißer, zeremonieller Bekleidung Blumen vor den Buddha hinstellten. Eine Woche später wurde ein Schrein um ihn herum gebaut und regelmäßig erschienen die Damen mit Gaben und Teelichtern. Nie wieder wurde dort etwas abgestellt, noch waren weiterhin Prostituierte oder Drogendealer zu sehen. Auch ändert sich einiges andere in diesem Quartier. Zwei Jahre später ging der Mann, der den Buddha gekauft hatte, zur Quartierspolizei und fragte, ob man ihm Auskunft geben könne über die Entwicklung der Kriminalitätsrate in der Umgebung der Statue. Die Kriminalität, z.B. Drogendelikte, Prostitution, Einbrüche, Vandalismus und so weiter, war in diesem Quartier in den letzten zwei Jahren um 84 Prozent gesunken!

Eine Fragenbeantwortung

Es passiert oft, dass gerade Jungen ab zwölf Jahren zu mir sagen: „Putzen ist Frauensache, das mache ich nicht!" Wie reagieren Sie, wenn Sie so was hören?

Das höre ich tatsächlich oft. Einmal, als ein Vierzehnjähriger wieder mit diesem Ausspruch kam, antwortete ich spontan: *„Ich möchte, dass du für einen Moment an das tollste Mädchen denkst, das du kennst. Wie ist sie so? Was findest du toll an ihr? Und frage dich: Wird sich dieses Mädchen für einen Typen interessieren, der so etwas sagt? Würde sie einen Mann wählen, der diese Einstellung hat?"* Da war er zuerst einmal ganz still und brummte dann: *„Also dann zeig mal her, wie das geht."*

Was lesen Sie vom Zustand einer Schule ab?

Ich kann hier nur meine Eindrücke schildern und das, was dann als Bild in mir aufsteigt: Zum Beispiel besuchte ich eine Schule und wurde dann nach meinem ersten Eindruck gefragt. Ganz spontan antwortete ich: *Die Grundlage und der Durchblick fehlen euch.* Man fand meine Beschreibung äußerst zutreffend, wollte aber wissen, weshalb ich den Zustand so gut erfasst hatte. Es waren mir beim Durchschreiten der Schule zuerst die sehr, sehr vernachlässigten, ausgelaugten Böden aufgefallen. Also kein Bewusstsein für die Grundlage. Zweitens waren alle Scheiben in den Durchgangstüren bis über Augenhöhe sehr stark verschmutzt. – Ein Durchblick war nicht möglich.

Gab es weitere Eindrücke, die Sie beschreiben können?

Wenn Dinge an Stellen herumstehen, wo sie offensichtlich nicht hingehören, oder unerledigte *Baustellen* vorhanden sind, tippe ich auf Entscheidungsschwäche im Kollegium, was häufig auf Kommunikationsschwierigkeiten hindeutet. Dadurch ergeben sich Schwierigkeiten im Entscheidungsprozess. Das kann dann zu Schwäche im Willensbereich führen, sogar der Gemeinschaftswille könnte dadurch geschwächt werden.

Mangelnde Struktur kann man oft am Zustand des Lehrerzimmers oder der Konferenzräume ablesen. Steht vieles herum, vor allem schmutzige Kaffeetassen, kann man erkennen, dass es in diesem Zusammenhang Menschen gibt, welche die Dinge tun, und andere, die es lassen. Das führt vielfach zu Spannungen, denn wenn ich etwas einfach stehenlasse, erwarte ich, meist unbewusst, dass es ein anderer tun wird!

Sie sind oft an Schulen, gibt es hier große Unterschiede in der Pflege?

Ja, sehr, sehr große Unterschiede. Manchmal spüre ich in einem Kollegium eine starke Überforderung, die dann zu einer Art Flucht, zum *Nichthinsehen*, führt. Die Schule wird architektonisch wunderschön gebaut, man verausgabt sich in jeder Hinsicht auf Jahre. Heute gibt es das sogenannte baubegleitende Facility-Management. Das heißt: Bereits während der Planungsphase werden Menschen mit Erfahrung in Bezug auf Unterhalt und Reinigung von Gebäuden mit einbezogen. Wurde unvernünftig gebaut, so werden über viele Jahre hohe Kosten für die Reinigung anfallen. Daher sollten bei Kalkulation der Baukosten eigentlich immer die Ausgaben für den Unterhalt des Gebäudes mit eingeplant werden. Während der Pionierphase sind die beteiligten Menschen oft über ihre Verhältnisse großzügig und einsatzbereit. Wenn aber diese Phase vorüber ist, die alten Mitbegründer nicht mehr da sind und die neuen Mitarbeiter nichts davon wissen, wie es einmal war, entsteht eine Art Leere, dann werden Räume (auch das Lehrerzimmer) vollgestopft, und chaotische Zustände breiten sich aus. In solchen Augenblicken werde ich dann eingeladen, weil Änderungen vonnöten sind und auch gewünscht werden.

Manchmal haben diejenigen Menschen, welche die Reinigungsaufgaben verteilen oder vergeben, schlicht und einfach keine Ahnung davon, was Putzen bedeutet oder alles beinhaltet.

So stellte eine Schule einmal zwei Frauen für diese Arbeit ein. Gemeinsam standen ihnen täglich sechs Stunden für die Reinigung des gesamten Schulhauses zur Verfügung. Ich wurde eingeladen, weil es dennoch nicht sauber war. Ich war empört: Die vereinbarten sechs Stunden waren nicht einmal ausreichend, um alle sanitären Anlagen zu reinigen, und doch hatte man die Frechheit, sich über die Reinigungsqualität zu beschweren!

In einer anderen Schule wurde eine Firma bezahlt, die fünfzehn Stunden pro Tag reinigte. Für diese Schule wären fünfundzwanzig Stunden pro Woche absolut ausreichend gewesen, bezahlt wurden aber neunzig Stunden pro Woche! Das Lehrerkollegium kann sich in einem solchen Fall nicht einfach herausreden: Man habe es ja nicht gewusst. Denn jederzeit kann bei einer Fachperson nachgefragt werden. Oder man kann verschiedene Kostenvoranschläge einholen.

Ist Putzen eigentlich eine Gemeinschaftsaufgabe, und hat es auch eine Wirkung auf die Gemeinschaft, in der Art, wie es durchgeführt wird? Sie beraten in dieser Frage ja auch ganze Institutionen.

Ich gehe in jedem Fall vollkommen auf die Bedürfnisse meiner Auftraggeber ein. Wenn ich beispielsweise ein Konzept ausarbeite, dann gebe ich dazu auch selbst die Einführung, und immer befürworte ich sehr, dass zum Beispiel Oberstufenschüler ihr Schulhaus selbst putzen. Ich empfehle immer, selbst die Schülerinnen und Schüler in die Arbeit einzuführen – was mir meistens gelingt –, und ich denke, Schüler, die selbst ihre Schule putzen, verbinden sich ganz anders mit ihr. Ein Projekt aber dauerhaft erfolgreich zu begleiten, hängt sehr von der es betreuenden Person ab.

Alles, was man gemeinschaftlich zu leisten vermag, unterstütze ich unbedingt. Manchmal aber zeigt sich auch eine gewisse Unverbindlichkeit. Einige Eltern, die zum Beispiel einen Kindergarten putzen sollen, haben keine besonders große Lust dazu. Sie führen die Arbeit dann entsprechend oberflächlich aus. Kindergärtnerinnen empfehlen daher oft, dass besser diejenigen Eltern, die dies gerne tun, ein kleines Entgelt erhalten, und diejenigen, die nicht so gerne putzen, auch nicht dazu verpflichtet werden, sondern sich vielmehr am Entgelt beteiligen. Wenn gezwungenermaßen oder widerwillig geputzt wird, hinterlässt das seine eigenen Spuren im Raum.

11

PRAKTISCHER TEIL

Ordnung schaffen und reinigen

Als meine Kinder noch klein waren, bestand meine Rettung darin, morgens fünfzehn Minuten früher als sie aufzustehen – diese Zeit reichte aus, um täglich mit einem kleinen Aufwand die Wohnung sauber zu bekommen. Abends vor dem Schlafengehen nahm ich mir eine bestimmte Aufgabe für diese fünfzehn Minuten des nächsten Morgen vor. So konnte ich diese Viertelstunde ganz gezielt nutzen. Diese morgendlich frühe Tatkraft brachte ein Gefühl der Sicherheit in meinen Tagesablauf hinein – und das hat sich sehr bewährt.

Es ist ausgesprochen fruchtbar, sich am Abend zuvor ein Bild dessen zu machen, wie man den nächsten Tag gestalten möchte. Natürlich kann es dann oft ganz anders kommen, als man es sich vorgenommen hat – dennoch hilft dieses abendliche Vorgreifen sehr.

Bevor Sie dann tatsächlich mit dem Putzen oder Aufräumen beginnen, stellen Sie sich zuerst einfach auf die Türschwelle und schauen sich den Raum genau an, in dem Sie tätig werden wollen. Nehmen Sie ihn einmal als Ganzes wahr. Und dann fragen Sie sich: Was stört mich hier eigentlich am meisten? Oft ist es dasjenige, was Sie immer wieder von einem Ort an den anderen verschieben, was Sie meiden, aus welchem Grund auch immer. Mit dem, was einen am meisten stört, sollte man beginnen. Denn an dieser Stelle hat sich irgendetwas von Ihnen verselbständigt, und gerade deshalb schauen Sie nicht mehr gerne dort hin. Sobald Sie an dieser Stelle dann begonnen haben, wird viel Kraft freigesetzt. Es ist wie eine Hürde, die man zunächst meidet; hat man sie aber einmal überwunden, indem man gerade diese schwierigste Ecke angepackt hat, so wird einem viel Kraft geschenkt, die den Ansporn verleiht, auch weiterzumachen.

Fangen Sie mit dem Raum an, der ihre größte Zuwendung benötigt, der Sie am meisten irritiert.

Also: Sie stehen einen Moment in der Tür und schauen in den Raum hinein; dabei geht Ihr Blick nach links (oder rechts, egal) der Peripherie entlang und von oben nach unten. Dann betrachten Sie alles, was sich in der Mitte des Raumes befindet, und zum Schluss sehen Sie sich noch den Boden genau an.

Dabei ist sehr wichtig: Sollte das, was Sie am meisten stört, eine große oder langwierige Aktion erforderlich machen (zum Beispiel Fotos aussortieren und einkleben), dann planen Sie das genau; überlegen Sie gut, ob nicht besser andere Dinge, die unmittelbarer stören, vielleicht doch zuerst gemacht werden sollten. Wenn Sie sich jedoch dazu entschließen, die Fotos zu sortieren, dann bereiten Sie alles genau vor. Ein großer Tisch, verschiedene Alben, alles, was Sie so brauchen zum Kleben und Beschriften, und – nicht zu vergessen – einen großen Abfallkorb!

Besser wäre jedoch: Großaktionen separat von aktuellen Aufräumaktionen zu planen, sonst kommt man nicht vorwärts!

Wesentliches im Reinigungsprozess

1. Wahrnehmung: Was man nicht sieht, putzt man nicht.
2. Struktur: *Was* und *wie viel* will oder kann ich machen?

   System: Wo beginne und wie will ich vorgehen (von oben nach unten, von hinten nach vorne, usw.)?

   Rhythmus: Wie oft, an welchem Tag, mit welchen Gesten gehe ich an die Arbeit? Putze ich mit hektischen Bewegungen, oder schaffe ich harmonische Gebärden? Achte ich dabei auf meinen Körper und darauf, wie ich etwas in die Hand nehme, wie ich damit umgehe?

3. Methode: Hier spielt die Selbstwahrnehmung eine Rolle: Wie wende ich meine Gestik an? Wann arbeite ich mit fließenden Gebärden und wann nur mit den Fingerspitzen? Wer eine Ecke auch als Ecke wahrnimmt, putzt dort nicht *rund* (ein Beispiel für eine aus der Sache heraus geführte Geste). Eine Ecke wird mit den Fingerspitzen gereinigt und durchdrungen. Auffallend ist, wie oft zum Beispiel Kochtöpfe von innen sehr gut geputzt sind, nicht so gut jedoch von außen. Für die Topfdeckel gilt oft gerade das Umgekehrte: Sie sind gut von außen gereinigt, der Innenteil wird eher vernachlässigt.

Reinigungsmittel und Geräte

Welche Mittel werden für welche Reinigungsaufgaben benötigt? Wann brauche ich beispielsweise eine Klinge, einen Abzieher oder Fasertücher?

Wie bei allem, so ist auch im Haushalt das Vorbeugen eine große Hilfe, sowohl beim Umgang mit der Zeit als auch mit den Nerven. Da die meisten Unfälle im Haushalt passieren, sollte man unbedingt versuchen, Stolperfallen zu vermeiden – und zwar mit einer einfachen Regel: Beim Aufräumen immer mit dem Fußboden beginnen. So lebt man nicht nur ungefährlicher, der freie Boden schafft auch sofort Ordnung. Häufig entsteht Unordnung, weil sich zu viel angesammelt hat, die Wohnräume schlecht organisiert sind oder einfach zu wenig Platz vorhanden ist. Für viele Menschen scheint es einfacher, an ihrem Arbeitsplatz alles im Griff zu haben, während die Ordnung zuhause kaum zu erreichen ist. Die beste Hilfe ist in diesem Fall, eine beständige Grundordnung zu halten, vor allem wenn Kinder im Haus sind. Das ist nicht so einfach, aber man kann es üben, je früher desto besser – und am liebsten mit der ganzen Familie. Wer eine gewisse Ordnung hält, kann das große Aufräumen umgehen.

Aufräumen bedeutet in erster Linie, dass man in kurzen Abständen prüft, ob dasjenige, was einen gewissen Platz einnimmt, auch wirklich gebraucht wird. Alle Gebrauchsgegenstände, die länger als sechs Monate nicht benutzt wurden, gehören in den Keller oder auf den Speicher. Wenn etwas mehr als ein Jahr nicht gebraucht wurde, kann man sich fragen, ob es den Platz wirklich verdient, den es einnimmt.

Zur Ordnung gehört auch, sich ein gutes Ordnungssystem zu schaffen. Wenn alles, was in der Wohnung gebraucht wird, seinen festen Platz hat, dann lernen die Kinder schon recht früh, wo alles hingehört und dass dort nichts anderes liegen sollte.

Die Küche

Das tägliche Aufräumen der Küche vereinfacht das Leben: Schon beim Frühstück können wir den Verlauf des Tages bestimmen: Verlassen Sie nie mit leeren Händen den Tisch. Alles hat seinen Platz und kehrt sofort nach Benutzung wieder dorthin zurück. Gebrauchtes Geschirr gehört direkt in die Spülmaschine oder wird gleich abgewaschen. Marmelade, Butter, Milch und alles andere gehören gleich nach Gebrauch wieder an ihren Platz.

Der Fußboden sollte täglich gefegt und bei Bedarf feucht gewischt werden.

Die Küchenordnung soll vor allem der Praxis dienen: Der Grundordnung zuliebe sollte man in der Küche nur wenige Gegenstände außerhalb der Schränke aufbewahren. Die Kochlöffel beim Herd, Salz und die gängigsten Gewürze sollten in unmittelbarer Nähe sein. Bei mir stehen Getreide- und Zuckerbehälter oben auf dem Schrank. Dort sind sie für mich immer griffbereit.

Wie kurz sind die Wege, wenn ich kochen oder backen möchte? Stehen die Zutaten griffbereit? Durch zu viel Hin- und Herlaufen in der Küche entsteht Unordnung.

Die Küchenschränke: Was blockiert und füllt den kostbaren Raum? Utensilien, die nie gebraucht werden? Alte Kochbücher? Exotische Gewürze, die ich seit den Ferien vor fünf Jahren doch nie ausprobiert habe? Was Sie nicht brauchen, entsorgen Sie.

Im Geschirrschrank nichts übereinander stellen. Das verhindert, dass man schnell wieder zurück räumen kann. Man richtet alles so ein, dass man es schnell wegräumen kann, ohne dass andere Sachen angehoben oder weggestellt werden müssen. Denn wenn für das Wegräumen erst einmal im Schrank herumgeräumt werden muss, ist zu befürchten, dass man erst gar nicht wegräumt, weil es zu umständlich ist.

Vor dem Kochen oder Backen sollte man zuerst Platz schaffen. Die Spülmaschine sollte ausgeräumt und der Abwasch gemacht sein, damit man bereits während des Arbeitens problemlos aufräumen kann. Das heißt: Benutzte Utensilien werden sofort abgewaschen oder in die Spülmaschine geräumt. Sobald zum Beispiel Mehl, Butter oder Eier nicht mehr gebraucht werden, sollen sie dorthin zurück, wo sie hingehören. So kann eigentlich kein Chaos entstehen.

Vor dem Einkauf Ordnung im Kühlschrank schaffen. Bestand und Zustand von Frischobst und Gemüse prüfen. Ab und zu die Ordnung in der Tiefkühltruhe und die Haltbarkeit von Lebensmitteln kontrollieren.

Kühl- und Gefrierschränke verbrauchen erheblich mehr Energie, wenn sie vereist sind. Deshalb mehr als einmal im Jahr abtauen. Dazu das Gefriergut kurzfristig bei maximaler Temperatur gefrieren, herausnehmen und an einem kühlen Ort zwischenlagern. Den Abtauvorgang im Kühlschrank mit Schälchen von heißem Wasser beschleunigen und nach Reinigung die Schränke wieder zügig füllen.

Den Kühlschrank putzt man innen gut mit Backsoda (Natron), da es ohne zu kratzen scheuert und darüber hinaus auch noch desinfiziert. Zudem hilft etwas Backsoda auf einem Tellerchen, Gerüche (wie Zwiebel oder Käse) zu absorbieren. Finden Sie die Ursache eines Geruchs nicht, Flaschenhalter in der Türe kontrollieren. Milch oder Sahne verursachen schnell Geruch, wenn sie aus Versehen verschüttet werden.

Herd und Backofen: Angebranntes mit Soda einsprühen und mit einer Klinge entfernen. Was an den Seitenwänden (nicht bei selbstreinigenden Öfen) und am Backrost zurückbleibt, mit Soda einsprühen und mit Edelstahl-Knäuel entfernen. Mit feuchtem Fasertuch nachwischen.

Bei regelmäßiger Reinigung lässt sich der Luftabzug gut mit Fasertuch und Reinigungswasser, bei stärkerer Verschmutzung mit Soda reinigen. Die Filter regelmäßig in der Geschirrspülmaschine spülen. Bei sehr starker Verschmutzung vorher in einer Lauge aus Feinkristallsoda (Waschsoda) und heißem Wasser einlegen.

Geschirrspülmaschine: Geschliffene Chromstahltüren lassen sich sehr gut mit Reinigungswasser und einem Fasertuch pflegen. Die Innenränder der Türe soll man von Zeit zu Zeit mit Soda einsprühen und abwischen, damit sie nicht zu fest verkrusten. Wird öfters geputzt, dann reichen ein Fasertuch und Reinigungswasser. Spülmaschinen wenigstens zweimal im Jahr mit einem Spezialwaschmittel behandeln. Regelmäßig Salz nachfüllen und das Sieb kontrollieren.

Regelmäßiger Turnus: Da Küchenstaub ein fettiger Staub ist, der sich nicht so leicht entfernen lässt, hilft es, in einem regelmäßigen Turnus, etwa alle sechs Monate, oben auf den Schränken abzustauben und abzuwischen, die Küchenfronten und etwaige Behälter abzuwischen; sie bleiben dann auch sauber.

Jedes Mal, wenn der Abfallkübel oder Kompostkübel geleert wird, sollte auch der dazugehörige Schrank ausgewischt werden. Es fällt ja manchmal etwas herunter oder spritzt über den Behälter hinaus. Wird hier nicht regelmäßig sauber gemacht, kann dadurch Ungeziefer angezogen werden.

Das Einnisten von Mehlmotten kann gut vermieden werden, indem man Lebensmittel (wie z.B. Mehl und gemahlene

Nüsse, aber auch Kräutertees und Dörrobst) in Behältern und gut verschlossen aufbewahrt.

Das Badezimmer

Wenn im Bad sofort aufgeräumt wird, kann man ein mittelschweres Chaos vermeiden: Zahnpasta, Deo, Rasierschaum usw. gleich nach Gebrauch wegräumen. Frottee-Tücher gleich aufhängen und schmutzige Wäsche direkt in den Waschkorb tun.

Bevor Nassbereiche geputzt werden, sollte zuerst der Boden gefegt oder gesaugt werden, damit keine Haare oder Staubreste am Boden kleben bleiben. Am Schluss wird gewischt.

Wenn die Kacheln der Duschwände oder die Badewanne mit einem Fensterabzieher direkt nach dem Duschen oder Baden abgezogen werden, können Kalkablagerungen erst gar nicht entstehen.

Bei starker Verkalkung die Kacheln vorher gut mit der Duschbrause besprühen, damit die Fugen möglichst mit Wasser vollgesogen sind. Wenn Sie jetzt mit einem etwas stärkeren Mittel (Sanica von der Firma Bonadea, Kalklöser von Sonett, Zitronensäure oder Putzessig) reinigen, werden die Fugen nicht durch die Säure gelöst.

Silikonfugen nach jedem Gebrauch nachtrocknen. Sind sie erst mit Schimmel besetzt, gibt es leider kein anderes Mittel, als sie zu erneuern, da die Schimmelbildung unter der Oberfläche entsteht.

Schimmelbildung in den Fugen zwischen Fliesen im Bad oder an den Wänden beugt man am besten mit der richtigen Geste beim Putzen vor. Reinigen Sie mit dem Fasertuch und etwas Zitronensäure mit den Fingerspitzen die Fugen. Bei bestehenden Schimmel- und Kalkresten kann man sie mit einer Wurzelbürste oder einem Polierstein wieder sauber machen. Falls der Schimmelbefall aber schon zu weit fortgeschritten ist, nehmen Sie ganz wenig Chlorbleiche (1 Teelöffel auf 3 dl Wasser), danach abwaschen und gut trocknen lassen. Anschließend mit Teebaumöl oder Grapefruitkernöl behandeln, um weiterer Schimmelbildung vorzubeugen.

Nach dem Waschen Duschvorhänge jeweils in Salzwasser legen, einige Zeit einwirken lassen. Dies verhindert die Schimmelbildung. Bei regelmäßiger Wiederholung bleibt der Vorhang lange schön.

Den Überlauf im Waschbecken regelmäßig mit einer speziellen Bürste reinigen, so entwickelt sich kein Schimmel. Verwenden Sie kein Scheuermittel, sondern ein leicht säurehaltiges Mittel, zum Beispiel Zitronensäure.

Nach jedem Gebrauch sollten die Haare entfernt – und nicht weggespült – werden, sonst verstopfen die Abflussrohre. Man nimmt ein Stückchen Klopapier und wirft es in die Abfalltonne. Wenn das Wasser wegen zu vieler Haare im Abfluss nicht mehr gut ablaufen kann, nehmen Sie eine alte Zahnbürste, stecken Sie sie in den Abfluss, drehen Sie ein paar Mal und ziehen Sie sie dann heraus. Gleich alles entsorgen – es kann sehr unangenehm sein!

Spiegelschrank beim Waschbecken regelmäßig prüfen. Abgelaufene Medikamente sofort entsorgen und Rückstände von Kosmetikfläschchen oder Ölen entfernen, sonst werden die Abstellflächen sehr klebrig. Zweimal im Monat die oberen Flächen abstauben, da durch die Wärme der Lampen sehr schnell Staub gebildet wird.

Auf Desinfektionsmittel kann im eigenen Haushalt in der Regel ganz verzichtet werden, zum einen, weil sie unnötig sind, zum anderen, weil sie sogar das natürliche Immunsystem des Körpers unterfordern und damit langfristig eher die Entstehung von Allergien unterstützen.

Wohnräume: Wohnzimmer, Esszimmer, Schlafzimmer

In den Wohnräumen sollen Spinnweben regelmäßig entfernt werden.

Indem wir die Peripherie entlang arbeiten, finden wir Staubecken und können sie gründlich entstauben, auch hinter den Möbeln und Bildern.

Ledermöbel mit einem leicht feuchten Tuch abwischen. Von Zeit zu Zeit mit einem geeigneten Mittel pflegen. Frische Fettflecken lassen sich oft mit wenig steif geschlagenem Eiweiß entfernen. Dieses mit einem Lappen sorgfältig einreiben (zuerst an versteckter Stelle ausprobieren).

Wenn die Polster der Möbel für die Waschmaschine zu groß sind, gibt es folgenden Trick: Man legt ein feuchtes Tuch auf das Polstermöbel, klopft auf das Tuch mit einem flachen Gegenstand, zum Beispiel mit der Rückseite des Handfegers. Darin fängt sich der Staub und gleichzeitig frischt es die Farbe des Polsters auf. Es gibt aber auch Faser-Putzhandschuhe, womit man die Polster sehr schön auffrischen kann. Flecken lassen sich gut entfernen, indem man sie mit etwas Reinigungswasser einsprüht und nachher mit dem Fasertuch tupft. Dies gilt auch für Teppiche.

Helles Holz lässt sich gut mit einer Mischung aus Essig, Öl und einem Teelöffel Salz auffrischen. Dunkles Holz hingegen bringt man mit einer schaumig geschlagenen Mixtur aus Rotwein und Öl wieder zum Glänzen. Danach muss man nur noch kräftig mit einem Wolllappen nachpolieren.

Kratzer auf Holz lassen sich mit einem Flaschenkorken, der in eine Essig-Öl-Mischung getaucht wird, teilweise entfernen. Kratzer mit kreisenden Bewegungen einreiben, Vorgang mehrmals wiederholen.

Um Wasserränder auf Holz zu beseitigen, nimmt man je einen Teelöffel Butter und Mayonnaise sowie ein bisschen Zigarettenasche. Vermischen und auf den Wasserfleck auftragen. Nach fünf Minuten mit einem weichen Tuch nachpolieren.

Mit einem Fön lässt sich Kerzenwachs auf Holzparkett verflüssigen.

Auch alte Röhren-Heizkörper können mit diesem Gerät gereinigt werden. Dazu legt man unter den Heizkörper ein feuchtes Tuch auf den Boden und fönt von oben durch das Metall. Dadurch fängt sich aller Schmutz auf dem Tuch.

Bei nicht versiegelten Holzböden sollten die Böden in regelmäßigen Abständen mit einem Pflegemittel behandelt werden, das auf das Produkt, mit dem der Boden behandelt wurde, abgestimmt ist.

Alte Zeitschriften, Zeitungen und Kataloge gehören nicht ins Wohnzimmer. Tischwäsche versorgt man am besten in der Nähe des Esstischs.

Das Schlafzimmer

Im Schlafzimmer geht man gleich vor wie im Wohnzimmer. Wenn möglich, vermeiden Sie es, den Arbeitsplatz im Schlafzimmer zu haben. Bei Kindern ist das meistens nicht anders möglich, deshalb hilft es sehr, wenn dort nach Ordnung geschaut wird. (Ich weiß, wie schwer es ist, wenn die Kinder anfangen zu pubertieren!)

Vermeiden Sie das An- und Ausziehen im Schlafzimmer. Im Badezimmer kann die Wäsche direkt im Wäschekorb landen oder aufgehängt werden, falls sie nochmals angezogen werden soll.

Bettwäsche verstaut man am besten im Schlafzimmer.

Zur Vorbeugung von Motten kann man Zedernholz, Kernseife oder Lavendel verwenden sowie Nelkenöl oder Gewürznelken im Säckchen oder auch Neemöl. Motten haben nichts mit Hygiene oder Unordnung zu tun. Motten gibt es wieder vermehrt, weil häufiger Kleidung aus Naturfaser getragen wird. Auch Echtholz-Schränke sind wieder beliebter. Wer nur Synthetik im Schrank hat, braucht die unliebsamen Tierchen nicht zu fürchten. Sie bevorzugen reine Wolle, insbesondere Kaschmir. Auch aus diesem Grund sollte der Schrank regelmäßig im Abstand von etwa sechs Monaten ausgeräumt und kontrolliert werden. Der Schrank kann mit Essig oder Rosmarinöl ausgewaschen werden. Wichtig sind vor allem die Ecken.

Danach gut auslüften und trocknen lassen. Erst dann sollte wieder sortiert eingeräumt werden. Wenn man schon einmal Motten hatte, reicht das nicht aus. Es nutzt nichts, Kleidungsstücke, in denen sich Motten eingenistet haben, bei niedrigen Temperaturen zu waschen. Erst bei 60 Grad wird man sie los. Also im Notfall nur die Stücke waschen, die schon befallen sind.

Bei Kleidermotten können auch die Larven der Teppich- und Pelzkäfer an Textilien großen Schaden anrichten. Zur Bekämpfung von Kleidermotten-, Teppich- und Pelzkäferlarven kann man Produkte aus Neemöl verwenden. Mit Produkten auf Neemölbasis als Fraßgift können auch befallene Textilien behandelt werden. Die Wirkung dieses Fraßgiftes hält mehrere Monate an. Neemöl ist ein Extrakt des tropischen Neembaumes, der in den letzten Jahren im biologischen Pflanzenschutz eine große Bedeutung erlangt hat.

Damit Kleidung, die wir noch brauchen, am Ende der Saison auch noch frisch und mottenfrei sein kann, ist es ratsam, Wintersachen zu reinigen oder zu waschen. Schließlich ernähren sich Motten zunächst einmal von verbliebenen Hautschüppchen und die gilt es erst gar nicht anzubieten.

Dann die Kleidung in Reißverschlusssäcke verpacken – Kartons lassen zu viele Einschlupflöcher für Schädlinge offen – und mit Lavendelsäckchen, stark duftender, natürlicher Seife oder Zedernhölzern versehen.

Noch eine Bemerkung zur Winterseite von Matratzen. Hier ist Wenden angesagt. Matratzenbezüge und Auflagen waschen. Auch Daunenkissen und -betten lassen sich in der Regel waschen. Aufgrund der Masse muss hier allerdings auf große Maschinen und Trockner in Waschsalons zurückgegriffen werden. Für Allergiker-Betten und -Kissen gibt es im Bettenfachhandel Hohlfasern zum Auffüllen.

Das Kinderzimmer

Ordnung ist auch im Kinderzimmer wichtig. Schon im Vorfeld kann man darauf achten, dass die Spielsachen in Körbe oder Behälter versorgt werden. Auch hier ist es einfacher, wenn die Dinge ihren Platz haben. Es ist schön, vor dem Schlafengehen mit den Kindern erst Ordnung zu schaffen. Ich sagte immer: „Mama erzählt in einem unaufgeräumten Zimmer keine Gute-Nacht-Geschichte.“ Da wir aber alle die Geschichten sehr liebten, machten wir es auch gerne.

Alle Kleidungsstücke, die am nächsten Tag nicht wieder angezogen werden, kommen direkt in den Wäschekorb oder werden wieder in den Schrank gehängt, anstatt sie achtlos auf den Boden zu werfen und dort liegen zu lassen.

Ein gründliches Aufräumen des Kinderzimmers fand ich immer vor Geburtstagen oder in der Adventszeit besonders sinnvoll. So konnten wir Spielsachen aussortieren, um Platz für neue Sachen zu schaffen. Immer gab es solche, die bleiben durften, einige gingen nach Afrika und noch andere wurden verpackt und auf den Speicher geräumt. Wurden diese dann nach einiger Zeit wieder hervorgeholt, war die Freude groß. Es wurde eifrig damit gespielt, und fast immer durften diese Sachen beim nächsten Aufräumtag dann nach Afrika gehen. Was wirklich kaputt oder nicht mehr schön war, wurde am Aufräumtag direkt entsorgt.

Pflege der Putzräume oder -schränke

Alle Reinigungsmittel und -geräte sollten immer wieder dorthin gebracht werden, wo sie vorgefunden wurden.

Alle Schwämme und Fasertücher, auch Bodentücher müssen nach Gebrauch sauber gespült und zum Trocknen aufgehängt werden.

Aufgebrauchte Reinigungsmittel sollten direkt nach dem Gebrauch aufgefüllt werden, damit man beim nächsten Putzen gleich mit der Arbeit anfangen kann, ohne sich um Nachschub kümmern zu müssen.

Der Staubsauger sollte regelmäßig überprüft werden, damit der Staubbeutel nicht zu voll wird, und der Filter sollte auch ausgewechselt werden. Wird der Staubsauger zurückgestellt, bitte immer kontrollieren, ob nicht auch der Putzschrank gesaugt werden sollte.

Die Waschküche

Hier bildet sich sehr schnell Staub und auch Feuchtigkeit. Der Raum sollte oft gesaugt und gelüftet werden. Einmal im Jahr könnten die Rohre und andere Gegenstände gründlich abgestaubt werden.

Pflegen Sie Ihre Waschmaschine, indem Sie sie nach Gebrauch abwischen. Wenigstens einmal monatlich könnten Sie den Füllbehälter von Waschpulver herausnehmen und auswaschen. Hier bildet sich schnell Schimmel.

Die Filter und die Fusselsiebe sollen regelmäßig gereinigt werden.

Die Türen sollten auch ab und zu von innen gewischt werden, der Abwasserschlauch gereinigt und auf mögliche Bruchstellen untersucht werden. Dichtungen halten länger, wenn sie ab und zu eingepudert werden.

Ein grundsätzlicher Tipp: Bewahren Sie Gebrauchsanweisungen in jedem Fall auf, da sie für Reinigung und Wartung benötigt werden.

Keller und Dachboden/Estrich

Es ist gut, von Zeit zu Zeit durchzugehen, Spinnweben zu entfernen, zu saugen, um den Raum zu durchdringen. Ein Büschel getrockneten Salbei irgendwo aufzuhängen und ab und zu auszuwechseln hilft auch diese Räume bewusst zu begleiten. Wenn Sie eine große Aufräumaktion im Hause planen, fangen Sie mit diesen beiden Orten an. Im Keller und auf dem Speicher sind die Gegenstände, die schon seit längerem nicht mehr gebraucht wurden und die Sie womöglich gar nicht mehr vermissen. Wenn hier ein Freiraum entsteht, wird es einfacher, die Sachen, die den Wohnraum blockieren, wegzuräumen.

Papierkram

Ordnung in den persönlichen Unterlagen sollte möglichst regelmäßig geschaffen werden. Bereits beim Öffnen meiner Post versuche ich alles zu sortieren:

Post für meinen Sohn kommt auf die Treppe zu seinem Zimmer.

Kataloge und Werbesendungen, die ich nicht brauche, landen direkt im Altpapierbehälter, so auch die Briefumschläge der geöffneten Post. Bitte bewahren Sie nicht alle Briefumschläge als Schreibzettel für Notizen beim Telefon auf! Um Ordnung zu vermeiden, sortiere ich alle Post direkt aus. Dafür habe ich ein kleines Schreibtischschubladenfach aus Kunststoff mit sechs Schubladen:

- Eine für alles, was mit der Steuererklärung zu tun hat (Belege, Quittungen, Zahlungen). Sobald das Steuerjahr abgeschlossen ist, werden diese Unterlagen in meinem Steuerordner abgelegt.
- Eine für das Haus: die Versicherungen (KFZ, Hausrat, Garantiescheine für alle Haushaltsgeräte).
- Eine für Rechnungen: Die Rechnungen bezahle ich einmal monatlich, und dann werden sie in einen Ordner abgelegt.
- Eine für meinen Mann: Alles, was ihn betrifft, kommt in eine gesonderte Schublade, und er schaut dann weiter.
- Eine für die Bank-Unterlagen.
- Eine für solche Korrespondenz, die möglichst bald erledigt werden muss. Was ich davon gleich erledigen kann, mache ich unmittelbar (zum Beispiel etwas unterschreiben und zurücksenden).

In meinem Büro habe ich dann verschiedene Ordner, in die monatlich abgelegt wird, was sich in den kleinen Schubladen befindet (mit Ausnahme der Steuerunterlagen). Aufhängesysteme und Ordner mit Zwischenblättern sind eine gute Möglichkeit, um Ordnung im privaten Büro zu halten. Eine Schachtel (pro Jahr) kann als Aufbewahrungsort für alle persönlichen Briefe und Unterlagen dienen. Ebenso kann es eine *Souvenirkiste* geben.

Tricks für schnelles Aufräumen

Um einen guten Überblick im Kleiderschrank zu erhalten, kann ein Ordnungssystem helfen. Ein guter Anfang ist: Einmal richtig gründlich ausmisten! Die Jahreszeitenwechsel bieten dazu immer wieder gute Gelegenheit. Kleidungsstücke, die Sie fast nie mehr anziehen, von denen Sie sich aber noch nicht wirklich trennen können, weil sie mit diesen Stücken schöne Erinnerungen verbinden oder weil sie besonders teuer waren, können verpackt und mit einem Zettel *Sechs Monate (oder ein Jahr) Schonzeit* versehen werden. Ist diese Zeit abgelaufen und wurde das beste Stück wieder nicht getragen, so wäre es gut, sich endgültig davon zu trennen. Dazu gibt es viele Möglichkeiten (die Altkleidersammlung oder ein Second-Hand-Laden zum Weiterverkauf).

Meine Kleider organisiere ich ungefähr so: Ich habe eine Kommode für meine Stricksachen mit Schubladen für Pullover, Handschuhe, Mützen und Schals. Im Kleiderschrank von links nach rechts hängen meine schicken Sachen, die ich nicht sehr oft anziehe. Es folgen alle Mäntel und Jacken. Ganz rechts im Schrank hängt die Alltagskleidung mit Blusen, Röcken und Hosen auf Bügeln. T-Shirts und Trainingsanzüge liegen auf Augenhöhe, damit ich sie unmittelbar im Blick habe. Unterwäsche, Strümpfe, Socken und Pyjama hebe ich in getrennten Schubladen auf.

Weitere kleine Tipps und Tricks

Ameisen: Das Ameisenstreumittel[92] ist am wirkungsvollsten, wenn es direkt auf Ameisenstraßen und Nester gestreut wird.

Besser öfter behandeln als einmal eine dicke Schicht streuen. Nach Regenwetter sollte die Behandlung wiederholt werden.

Dieses Ameisenstreumittel ist ein reines Naturprodukt und vertreibt lästige Ameisen in Rasen, Garten sowie von Wegen und Sitzplätzen. Es ist aus natürlichen Pflanzenduftstoffen und Gesteinsmehlen hergestellt.

Gummihandschuhe: Mit etwas Maizena oder Talkum die Innenseite bestäuben. Sie lassen sich dann einfacher an- und ausziehen.

Kaugummi: Lässt sich mit Eis oder Frostspray entfernen. Harte, bröcklige Teilchen sofort wegnehmen. An Kleidungsstücken: Zusammen mit einem alten Mikrofasertuch in der Waschmaschine waschen.

Lackschuhe mit Flecken: Betroffene Stellen sorgfältig mit einer halbierten Zwiebel einreiben, mit einem Lappen nachreiben.

Weiche Lederhandschuhe: In Seifenwasser waschen, dem letzten Spülwasser einige Tropfen Olivenöl beigeben.

Hausungeziefer wie Silberfische, Ameisen, Flöhe:

Bei Flöhen als Vorbeugung einige Tropfen Nelkenöl mit Wasser oder Alkohol verdünnen und Teppiche oder Betten damit besprühen.

Befall durch Schädlinge und Lästlinge wie Silberfische, Staubläuse, Asseln, Schaben und auch Flöhe kann man mit Insecto-Sec[93] behandeln. Dieses Mittel enthält Kieselgur-Partikel, welche die Insektenhaut aufritzen. Dadurch verlieren sie zu viel Wasser und gehen innerhalb weniger Tage ein. Insecto-Sec wirkt rein physikalisch und kann deshalb ohne weiteres auch im Küchenschrank verwendet werden. Der Staub muss im Fall dieser Behandlung dort liegen bleiben, wo sich die Insekten aufhalten (Ecken und Ritzen), denn für eine gute Wirkung muss die behandelte Fläche trocken sein. Bei Bedarf wiederholen. Sollten Katzen den auf diese Weise behandelten Schlafplatz meiden, ihn einfach mit einem feinen Tuch abdecken.

Gedanken zur Umwelt

Sicher, wir sind immer umweltbewusster geworden. Aber was von unserer Umwelt haben wir dabei tatsächlich ins Bewusstsein gehoben?

Es gibt immer noch sehr viel Unverbindlichkeit in Sachen des *ökologischen Putzens* und erst recht in Sachen des *ökologischen Duschens*. Oft liegt es einfach daran, dass Menschen nicht ausreichend informiert sind. Was jedoch gewiss sehr viel zur Umweltverschmutzung beiträgt, sind die menschliche Ungeduld und das Portemonnaie. Viele glauben heute noch, dass ökologische Mittel teurer und weniger effektiv seien, was längst nicht mehr stimmt.

Mittlerweile gibt es derart viele Informationen über Reinigungsmittel und deren Inhaltsstoffe, dass es eigentlich keine Rechtfertigung mehr gibt, als erwachsener, verantwortungsbewusster Mensch zu Mitteln zu greifen, die schädlich für unsere Umwelt sind. Das trifft durchaus auch zu auf alle Mittel, die wir für unsere Körperpflege und -hygiene einsetzen.

Es ist heute bekannt, dass in Europa Privathaushalte und Institutionen wie Schulen, Spitäler, große Bürogebäude und so weiter mehr als 80 Prozent der Abwasserverschmutzung verursachen. In der Industrie gibt es mittlerweile wichtige und strenge Vorschriften, die eingehalten werden müssen, und oft unterhält man dort schon interne Kläranlagen.

Das Sortiment an Reinigungsmitteln für Haushalt, Auto und Körperhygiene ist unüberschaubar groß. Es gibt in diesen drei Bereichen unendlich viele Hersteller für solche Mittel. Greifen wir nur einen Hersteller heraus, zum Beispiel die Firma Henkel. Schauen wir deren Zahlen an, so scheint es fast unglaublich, dass diese Firma in einunddreißig Ländern der Welt vertreten ist und mit einem Produktverkauf im Wert von 3890 Millionen Euro im zweiten Quartal 2010 ein Wachstum von 11,6 Prozent erreichen konnte.[94]

Aber auch die Firma Sonett[95] (Hersteller von Reinigungs- und Waschmitteln, deren Produkte mit ECO-Garantie und ECO-Control zertifiziert wurden) wächst ständig und verkauft ihre Produkte mittlerweile in fünfunddreißig Ländern.

Duftstoffe

Ein Phänomen, das in den letzten Jahren extrem zugenommen hat, ist die Verwendung von Duftstoffen. In jedem Taxi, fast jedem Hotelzimmer und natürlich in öffentlichen Verkehrsmitteln, in Restaurants und so weiter werden wir Duftstoffen ausgesetzt. Manchmal kann die Duftwolke einer vorbeigehenden Person schier betäubend wirken.

Fast ein Jahr lang wurden im Ökotest-Magazin solche Kosmetik-Produkte, die bestimmte natürliche Duftbestandteile enthielten, in der Gesamtbewertung herabgestuft und als potenziell Allergie auslösend angeprangert. Die Folge: Ärger bei den Naturkosmetikherstellern und Verwirrung bei den Endverbrauchern. Im Ökotest-Magazin vom Juli 2004 erschien dann ein Artikel, in dem aufgrund umfassender Daten zu Duftstoffallergien des Informationsverbundes Dermatologischer Kliniken (IVDK) die ursprünglich 26 allergisierenden Duftbestandteile auf 7 reduziert wurden. Um welche Art von Duftstoffen handelt es sich dabei? Im März 2003 wurde nach mehrjähriger Beratung die siebente Änderung der Europäischen Kosmetik-Richtlinie veröffentlicht. In dieser Richtlinie werden Bestandteile von Düften benannt, die möglicherweise allergische Reaktionen auslösen können. *Die Festlegung dieser Duftbestandteile basierte auf der Bewertung von Datenmaterial synthetisch erzeugter Stoffe.* Übersteigen diese Stoffe in der Gesamtrezeptur von Crèmes oder Lotionen, also Produkten, die auf der Haut bleiben, einen Prozentsatz von 0,01 Prozent, müssen diese als Inhaltsstoffe deklariert werden. Bei Produkten, die abgewaschen werden, wie etwa Duschgels oder Haarshampoos, liegt der Grenzwert bei 0,1 Prozent. Die Deklarationspflicht gilt seit dem 11. März 2005.

Für Wasch- und Reinigungsmittel sind nach der neuen EU-Detergentienverordnung dieselben Vorschriften in Kraft getreten, wie sie bei abzuwaschenden Kosmetikprodukten gelten. Die Deklarationspflicht ab 0,1 Prozent gilt seit dem 8. Oktober 2005. Achtzehn dieser Duftinhaltsstoffe sind natürlich vorkommende Bestandteile vieler ätherischer Öle. Sie werden für konventionelle Duftmixe aber auch synthetisch hergestellt.

Es sind: Linalool, Limonen, Farnesol, Citronellol, Benzyl Cinnamate, Benzyl Benzoat Anise Alkohol, Isoeugenol*, Geraniol, Eugenol Coumarin, Citral, Cinnamal*, Cinamyl Alkohol*, Benzyl Salicylate, Benzyl-Alkohol, Eichenmoosextrakt*, Baummoosextrakt*.

Acht dieser Stoffe können nur synthetisch, also petrochemisch, erzeugt werden:

- Amylcinnamal
- Hydroxycitronellal*
- Amylcinnamylalkohol
- 4-(4-Hydroxy-4-methylpentyl)-3-cyclohexencarboxaldehyd*
- 2-(4-tert-Butylbenzyl)propionaldehyd
- Hexylzimtaldehyd
- Methylheptin-carbonat(2-Octinsäure-methylester)
- 3-Methyl-4-(2,6,6-trimethyl-2-cyclohexen-1-yl)-3-buten-2-on.

*(Die in dieser Auflistung mit einem * versehenen Stoffe werden vom IVDK und von Ökotest weiterhin als mögliche Allergieauslöser eingestuft.)*

Sogenannte chemisch *identische* Duftstoffe sind keineswegs wirklich identisch. Im Hinblick auf die zunehmende Zahl sensibler Menschen ist die Transparenz bei der künftigen Inhaltsstoffdeklaration in jedem Fall zu befürworten. Die neuen EU-Gesetze setzen jedoch natürliche Duftkomponenten eines ätherischen Öles und synthetisch erzeugte Duftstoffe gleich und verzerren damit völlig die Realität.

Reine ätherische Öle entstehen im Jahreslauf der Natur, im Rhythmus von Tag und Nacht. Das Licht der Sonne, die Wärme des Bodens, alles ist darin gespeichert. Das ätherische Öl ist Essenz der Pflanze und enthält oft mehr als 100 verschiedene Komponenten, die sich gegenseitig ergänzen und steigern.

Synthetische Duftstoffe werden aus Erdöl gewonnen oder, wie bei Vanillin, aus industriellen Abfallstoffen hergestellt. Synthetisch erzeugte Duftstoffe zielen nur isoliert auf einen Duft-Effekt, weit entfernt von der lebendigen Ganzheit duftender Pflanzen. Hinzu kommt, dass bei der petrochemischen Synthese dem Endprodukt herstellungsbedingt immer Chemikalienreste beigemischt sind.

Studien, die von Firmen wie Weleda, Wala und dem BDIH (Verband kontrollierter Naturkosmetik) in Auftrag gegeben wurden, haben die unterschiedliche Wirkung isolierter, synthetisch erzeugter Duftstoffe im Vergleich mit *denselben* Bestandteilen natürlicher ätherischer Öle untersucht: Freiwillige Testpersonen, die auf bestimmte synthetische Duftinhaltsstoffe nachweislich allergisch reagierten, zeigten auf den scheinbar chemisch identischen Stoff eines ätherischen Öles keine oder nur ganz eingeschränkte Reaktionen.[96]

Auch in der Aromatherapie ist die Wirkungslosigkeit synthetisierter Düfte im therapeutischen Bereich, verglichen mit reinen ätherischen Ölen, längst bekannt und beleuchtet so von einer ganz anderen Seite her die Ungleichheit chemisch identischer Stoffe.

Mit jedem Atemzug nehmen wir neben Sauerstoff eine Vielzahl gasförmiger Stoffe in uns auf. Diese entfalten ihre feine aufbauende oder zerstörende Wirkung im gesamten Körper. Dass Inhalation von Zigarettenrauch krank macht, wird von niemand mehr angezweifelt. Und ob wir die Luft eines Bergwaldes einatmen oder die Abgase einer stark befahrenen Straße, das kann uns nicht gleichgültig sein. Ebenso wenig ist es gleichgültig, ob wir die natürliche Duftessenz einer Pflanze einatmen oder nur deren chemisch-identischen Schein. Rein natürliche ätherische Düfte wirken harmonisierend und therapeutisch aufbauend,[97] während synthetisch erzeugte Duftstoffe lediglich Duft-Attrappen darstellen, die zusätzlich noch die Luft verschmutzen.

Reinigungsmittel und ihre Anwendungsbereiche

Weniger Ist mehr

Persönlich benutze ich im Laufe der Jahre immer weniger Putzmittel. Heute habe ich sie so weit reduziert, dass ich für die normale Unterhaltsreinigung eigentlich nur noch drei Mittel verwende. Hinzu kommen das Geschirrspülmittel und das Waschmittel. Für spezielle Fälle, zum Beispiel geölte oder geseifte Oberflächen bei Holzböden und Möbeln, braucht man selbstverständlich die dafür geeigneten Pflegemittel.

Welche Mittel werden für welche Reinigungsaufgaben benötigt? Wann brauche ich beispielsweise die Klinge, den Abzieher, die Fasertücher?

Am bekanntesten sind folgende Mittel: Säuren, Alkalien, neutrale Mittel, Abrasivstoffe, Lösungsmittel, Fensterabzieher, Glasschaber und Mikrofaser und andere Hilfsmittel

Säuren:

Zitronensäure, Essig- und Milchsäuren, Ameisensäure (Phosphor- und Salzsäuren am besten vermeiden).

Anwendung: Alle Nassbereiche im Haushalt: WC, Dusche, Bad, Waschbecken, Porzellan, Blumenvasen, Verkalkungen, Zementschleier, Rost und auch Fett-Verschmutzungen, Urinstein, Kesselstein, Kalkflecken auf Glasscheiben.

Bei Armaturen und Edelstahl dürfen nur leicht säurehaltige Produkte eingesetzt werden, da starke Mittel Verfärbungen verursachen können. Als Neutralisierung nach Alkali-Behandlungen (z.B. nach Entflecken mit Gallseife auf Wolle) mit Essig nachspülen, damit die Wolle nicht verfilzt.

Flecken, die eher durch Saureres (Erbrochenes) oder Obst verursacht wurden, lassen sich einfach entfernen, wenn sie auch „sauer“ behandelt werden, zum Beispiel mit Zitronensaft oder dem leicht sauren Panamarinden-Extrakt Valpa (von der Firma Bonadea, Arlesheim, CH; www.bonadea.ch). Niemals auf Marmor, Granit oder anderen nicht säurefesten Oberflächen verwenden!

Alkalien:

Waschsoda (feines Kristallsoda), Schmierseife, Gallseife, Backsoda (Natron); Salmiak und Ammoniak eher vermeiden.

Anwendung: Bei Fett und Flecken.

Vorsicht bei angestrichenen oder unecht gefärbten Gegenständen: sie können laugen. Aber sehr geeignet als Grundreinigungsmittel, etwa für den Filter vom Dampfabzug.

Tipp: Eine Handvoll Soda in heißes Wasser, Filter darin einlegen. Ungeeignet für ölhaltige Oberflächen, da es entfettend wirkt für Substanzen wie Linoleum und geöltes Holz. Linoleum wird trocken und brüchig.

Neutrale Mittel:

Allzweckreiniger, neutrale Seife.

Anwendung: Können überall eingesetzt werden, wo keine besondere Pflege benötigt wird (z. B. synthetische oder angestrichene Oberflächen wie Türen, Rahmen usw.). Allzweckreiniger eignen sich nicht für Nassbereiche, da sie den Kalk nicht lösen.

Abrasivstoffe:

Putzstein, Wienerkalk, Quarz, Asche, Kreide, Bimsstein, Schlemmkreide (Scheuermilch oder -puder eher vermeiden).

Anwendung: Sehr gezielt einzusetzen, da es Oberflächen beschädigen kann: aber ausgezeichnet für die Entfernung von Metall- oder Bleistiftkratzern (zum Beispiel in der Besteckschublade oder im Topfschrank), von schwarzen Strichen auf Böden, Türen und Wänden (Scheuermilch braucht viel mehr Wasser zum Nachspülen und kann Abläufe durch Ablagerungen verstopfen).

Lösungsmittel:

Gärungsalkohol, Terpentin, Benzin, Petroleum.

Anwendung: Sehr gezielt einsetzen. Kleberückstände (Klebstreifen, Teppichkleber, Etiketten) zuerst mit Rasierklingen, Reste mit Petroleum oder Mikrofaser entfernen. Versuchen sie es bei Verkrustungen und Farbrückständen immer zuerst manuell!

Fensterabzieher:

Obwohl sie fast überall zu finden sind, empfehle ich Ihnen, etwas in einen guten Fensterabzieher zu investieren. Schauen Sie darauf, dass die Gummilippe aus Moosgummi besteht und auswechselbar ist.

Der Glasschaber ist eine professionelle Klinge, die eine große Hilfe bei der Entfernung von Klebeband, Farbresten und Insektenklecksen auf Fensterscheiben ist, bei Krusten im Backofen, Angebranntem am Glas des Backofens, Kalkrückständen, Fettschichten, Kaugummi, Schmutzschichten und vielem mehr. Durch diese manuelle Anwendung vermeiden wir weitgehend den Einsatz von Lösungsmitteln.

Mikrofaser:

Kann für alle Bereiche und fast alle Oberflächen weitestgehend ohne Putzmittel eingesetzt werden.

Wichtig: Verwenden Sie nur eine gute Qualität von Fasern! Empfindliche Oberflächen testen. Nicht auf lackierten Oberflächen verwenden (vor allem nicht bei Klavier oder Flügel)!

Fasern sollten mit möglichst wenig Wasser angewendet werden, also nebelfeucht. Mikrofasern erweisen sich als ausgezeichnet für Fleckenentfernung in Kombination mit Reinigungswasser. Sehr effizient bei Flecken auf Teppichen und Polstermöbeln.

Das Enjo-Reinigungssystem garantiert eine schnellere und einfachere Reinigung als mit herkömmlichen Reinigungsmitteln. Der Verbrauch von Reinigungsmitteln kann bis zu 90 Prozent und der Wasserverbrauch bis zu 50 Prozent gesenkt werden. Mit den Enjo-Fasern, die aus mikroskopisch kleinen Fasersträngen bestehen, gelangen Sie in die feinsten Poren und Ritzen der zu reinigenden Oberflächen. Die Fasern sind so konstruiert, dass sie nur mit Wasser die verschiedenen Schmutzpartikel von den Oberflächen und aus den Poren lösen, festhalten und erst beim Auswaschen wieder loslassen. Die Enjo-Produkte sind qualitativ hochwertig und haben eine Garantiezeit von zwei Jahren. Die Fasern werden am Ende ihrer Lebensdauer vom Hersteller zurückgenommen und einem Recyclingprozess zugeführt. (www.enjo.net)

Desinfektion

Es wird immer schwieriger, frei zu entscheiden, welche Mittel wir verwenden sollen, wenn es um die Reinigung und Desinfektion von Wohngemeinschaften, Alters- und Pflegeheimen sowie sozialpädagogischen Heimen geht. Vorschriften und Kontrollen zum Thema Hygiene und Desinfektion werden immer strenger und das Personal wird dadurch verunsichert.

Die Firma Sonett bietet für die Flächendesinfektion eine gute Alternative zu den konventionellen Produkten an. Es ist ein rein pflanzliches Desinfektionsmittel mit einem breiten Einsatzbereich in Heimen, Schulen, Kindergärten, Praxen, Großküchen und in Lebensmittel verarbeitenden Betrieben. Die Sonett-Flächendesinfektion ist eine gebrauchsfertige Lösung, die im Sprüh- oder Wischverfahren eingesetzt werden kann. Wirkstoffe sind pflanzlicher Alkohol (Ethanol), ätherische Öle aus Salbei und Lavendel (enthält Linalool) aus kontrolliert biologischem Anbau und gewirbeltes Wasser. Wirkungsspektrum: Gemäß den europäischen Normen EN 1276, EN 1650, EN 13697 wirksam gegen Bakterien, Hefen und Pilze. Gemäß Vakzinia-virus-Gutachten und BVDV-Gutachten vom 4. November 2009 wirksam gegen alle behüllten Viren (Auslobung *begrenzt viruzid*). Dies beinhaltet die Wirksamkeit gegen HBV, HCV, HIV, Herpes Simplex sowie alle humanen und animalischen Influenzaviren einschließlich H_5N_1, H_1N_1. Gemäß der europäischen Norm EN 14476:2007-02 wirksam gegen Noroviren.[98]

Tipp: Für die Handwäsche und zum Putzen von Badewannen und Duschen kann man auch ein Desinfektionsmittel ausprobieren, das man selbst herstellt:

Lösung in 5 Liter gutem Geschirrspülmittel

	ml	Prozent (%)
Thymian	25	0.50
Zitronen Eukalyptus	25	0.50
Lavendel	50	1.00
Rosmarin	50	1.00
Teebaum	50	1.00
Eukalyptus	25	0.50
Gesamt	**225**	**4.50**

Als weitere antiseptische Öle, die Bakterien vernichten, sind bekannt: Gewürznelken, Pfefferminz und Rose.

Interessant ist auch die Verwendung des sogenannten **E-Wassers**, das die Technologie der elektrochemischen Aktivierung (ECA) nutzt und unbegrenzt eine umweltfreundliche und hoch effektive kombinierte Desinfektions- und Reinigungslösung – aus Leitungswasser und etwas Salz – produziert.

Drei Mittel

Die folgenden drei Mittel verwende ich hauptsächlich bei der Unterhaltsreinigung:

Zitronensäure: *für die Nassbereiche = 1 Esslöffel auf 500 ml Wasser in Sprühflasche.*

Laut Überlieferung war Zitronensäure schon den ersten Alchemisten bekannt. Bereits im 9. Jahrhundert soll der arabische Alchemist Dschäbir ibn Hayyän die Zitronensäure entdeckt haben. Im Jahr 1784 wurde Zitronensäure erstmals von Carl Wilhelm Scheele aus dem Saft der Zitrone isoliert.

Zitronensäure ist eine der am weitesten verbreiteten Säuren im Pflanzenreich und tritt als Stoffwechselprodukt in allen Organismen auf. Zitronensaft enthält beispielsweise 5 bis 7 Prozent Zitronensäure. Sie kommt aber auch in Äpfeln, Birnen, Sauerkirschen, Himbeeren, Brombeeren, Johannisbeeren, in Nadelhölzern, Pilzen, Tabakblättern, im Wein und sogar in Milch vor. Ursprünglich wurde Zitronensäure aus Zitrusfrüchten gewonnen: Zitronensaft wird mit konzentrierter Ammoniaklösung versetzt, eingedickt und filtriert. Das leicht lösliche Ammoniumcitrat wird durch Fällung mit Calciumchlorid in schwerer lösliches Calciumcitrat umgewandelt. Die Lösung wird erneut filtriert und der Filterkuchen in 25-prozentiger Schwefelsäure gelöst, wobei noch schlechter lösliches Kaliumsulfat (Gips) ausfällt. Nach erneuter Filtration wird eine Zitronensäurelösung gewonnen. Die reine Zitronensäure erhält man durch Kristallisation, sie bildet im wasserfreien Zustand rhombische Kristalle, die leicht sauer schmecken.

Da Zitronensäure immer öfter mit Hilfe einer transgenen Variante des Schimmelpilzes (Aspergillus niger) industriell gewonnen wird, ist es wichtig, beim Einkaufen nach dem Ursprung zu fragen.

Verwendung: Zitronensäure wirkt nicht nur durch die saure Wirkung kalklösend, sondern auch durch Bildung eines Calcium-Komplexes und wird häufig in Reinigungsmitteln eingesetzt. Damit wird der unangenehme Geruch von Essig-Reinigern vermieden. Zitronensäure kann beispielsweise für die Entkalkung von Wasserkochern, Tauchsiedern, Wasserhähnen,

Duschköpfen oder von Geschirrspülern oder Waschmaschinen verwendet werden. Sie wird auch als Wasserenthärter und alternativer Weichspüler eingesetzt. Zitronensäure kann auch gut bei der Reinigung von Kupfergegenständen eingesetzt werden.

Soda (Natron): *(feines Kristallsoda) bei starken Fettrückständen = 1 Esslöffel auf 500 ml Wasser in Sprühflasche.*

Soda ist ein Salz-Mineral aus der Mineralklasse der wasserhaltigen Carbonate ohne fremde Anionen und das Dekahydrat des Natriumcarbonats. Es kristallisiert im monoklinen Kristallsystem mit der chemischen Zusammensetzung $Na_2CO_3 10H_2O$ und entwickelt meist farblose, weiße, graue oder gelbe Ausblühungen bzw. krustige Überzüge auf Salzgesteinen. Soda bildet sich vorwiegend durch Verdunstung an den Rändern von Salzseen oder durch Ausfällung am Seegrund bei kaltem Wetter. Fundorte sind verschiedene Natronseen unter anderem in Ägypten, Äthiopien (Shala), Großbritannien, Italien, Kanada, Ungarn, Russland und den USA.

Soda ist ein wichtiger Rohstoff beziehungsweise ein wichtiges Hilfsmittel zur Herstellung von Glas, Bleichmitteln, Waschmitteln, Farbmitteln, Gerbereiprodukten. Die natürlichen Vorkommen reichen dafür nicht aus, sodass es weltweit in großen Mengen als Natriumcarbonat hergestellt wird.

Bereits im Altertum wurde es allgemein als Reinigungsmittel unter anderem für Glas verwendet. Im alten Ägypten diente es zur Trocknung von Leichen und damit der Mumifizierung. Schon die Römer versuchten, mit alkalischer Birkenasche oder Soda Haare zu bleichen.

Verwendung: Waschsoda hilft bei vielen hartnäckigen Verschmutzungen. In warmem Wasser aufgelöst, wirkt es als Lauge, weswegen man beim Umgang damit Gummihandschuhe tragen sollte. Man benutzt Waschsoda bei eingebrannten Verschmutzungen, Teerändern, Fettverkrustungen, zum Einweichen von Textilien und Enthärten von Wasser. Verkrustete Backbleche,

Pfannen und Töpfe legt man einfach für mehrere Stunden in ein Soda-Bad. Danach lassen sie sich ganz einfach säubern. Gegen den fettigen Film auf Dunstabzugshauben hilft ein feuchter Schwamm mit Waschsoda. Gegenstände aus Aluminium sollte man allerdings nicht damit behandeln, ebenso wenig Wolle oder Seide. Bei empfindlichen Gegenständen und Stoffen ist es immer besser, Vorsicht walten zu lassen und im Zweifelsfall auf die Anwendung von Waschsoda zu verzichten. Außerdem eignet es sich zum Abwaschen von Holz, weil dadurch Keime abgetötet werden.

Waschsoda reizt die Schleimhäute, deswegen sollte man es nicht einatmen oder verschlucken, von Kindern fernhalten und nicht in der Nähe von Lebensmitteln aufbewahren. Es behält seine Wirksamkeit am längsten, wenn man es in einer verschlossenen Dose aufbewahrt und vor Feuchtigkeit schützt.

Hinweis: Waschsoda ist Natriumkarbonat und sollte nicht mit Natriumhydrogenkarbonat verwechselt werden. Bei Letzterem handelt es sich nämlich um Natron beziehungsweise Backpulver.

Wasser: Es gibt heute verschiedenste Produkte, die aus reinem Wasser bestehen und doch sehr gute Resultate erzeugen. Zwei dieser Mittel habe ich persönlich erprobt und kann bestätigen, dass sie wirksam sind:

Aqua-veda wird CO_2-neutral in Deutschland hergestellt, es ist zu 100 Prozent ökologisch, schont Gewässer und das Gewissen, ist parfümfrei und anti-allergen und kommt selbstverständlich ohne Tierversuche aus. Ein versehentliches Verschlucken des Wassers ist unbedenklich. (www.aqua-veda.de)

Umweltgerechte Reinigung

Zu einer umweltgerechten Reinigung gehören nicht nur biologische Reinigungsmittel, sondern auch die Pflege und Werterhaltung der zu reinigenden Gebäude, Räume und Möbel sowie die entsprechenden ökonomischen Aspekte.

1. Bei jeder Reinigung muss eine korrekte Dosierung und ein fachgerechter Einsatz der Produkte gewährleistet sein. Dosierflaschen oder Messbecher sollten dazu verwendet werden.
2. Auf unnötige Produkte ist zu verzichten, doch soll jede Oberfläche richtig gepflegt werden.
3. Wenn möglich, werden chemische Produkte durch mechanische oder manuelle Verfahren ersetzt.
4. Reinigung und Pflegemaßnahmen der Benutzung anpassen. Einsatzpläne flexibel gestalten oder Flexibilität durch Förderung der Eigenverantwortung des Reinigungspersonals erzielen.
5. Grundreinigungen nur nach Bedarf und nicht nach einem starren Plan ausführen.
6. Die Werterhaltung von Objekten ist eine wichtige Zielvorgabe im Rahmen der umweltgerechten Reinigung. Neben ökologischen hat dies auch bedeutende ökonomische Vorteile.
7. Alle Defekte und Mängel müssen umgehend gemeldet werden, auch Schäden, Ungeziefer, usw. Nicht funktionierende Lampen/Birnen sollten direkt ersetzt oder aber gemeldet werden.
8. Wahrnehmung von selbst verursachten Schäden durch Staubsauger, zu viel Wasser und so weiter.
9. Verwendung von Produkten, welche in wieder verwendbaren oder zumindest recyclingfähigen Gebinden angeboten werden. Je größer der Behälter, desto günstiger der Einkauf, desto weniger Abfall.

Umweltfreundliche Tipps für zuhause

Niemand kann alles tun, aber jeder etwas. Auch ohne Geld kann man seinen eigenen Beitrag zu Umwelt-, Natur- und Artenschutz leisten. Bereits ganz kleine Änderungen im Alltag können sich positiv auf unsere direkte Umwelt oder sogar auf das Klima am Nordpol auswirken. Jeder kann versuchen, das tägliche Leben einfach etwas bewusster zu gestalten.

In der Natur

- Entdecke beim Sonntagsspaziergang die Vielfalt der Pflanzen und Tiere, ohne sie zu stören.
- Nimm keine Wildtiere mit nach Hause, außer sie sind nachweislich verletzt oder verwaist. Belasse seltene Pflanzen in der Natur.
- Wirf Müll nicht achtlos in die Gegend, sondern entsorge ihn richtig. Eine gesunde Umwelt ist Grundlage für das Überleben aller Arten.

Zu Hause

- Achten Sie auf Verpackungen. Pfandflaschen vermeiden Müllberge. PVC-Verpackungen enthalten krebserregende Stoffe, die in die Umwelt entweichen können. Aludosen entstehen unter Verwendung von besonders viel Material und Energie.
- Heimtiere: Informieren Sie sich über eine artgemäße Haltung und befolgen Sie die tier- und artenschutzrechtlichen Bestimmungen.
- Achten Sie beim Kauf von Möbeln auf das verwendete Holz. Wenn es unbedingt Tropenhölzer sein müssen, sollten diese aus einer nachhaltigen Forstwirtschaft stammen (FSC-Zertifizierung).
- Sparen Sie Strom. Selbst die umweltfreundlichste Energiegewinnung erfordert einen Eingriff in die Natur.

- Beim Einkauf von Lebensmitteln: Bevorzugen Sie lokale Produkte. Kurze Transportwege sorgen nicht nur für qualitativ hochwertigere Lebensmittel, sondern schonen auch die Umwelt.
- Verzichten Sie auf *exotische* Delikatessen (wie Haifischflossen, Schildkrötenfleisch oder Froschschenkel).
- Ziehen Sie für den Mittagstisch heimische Fische den Meeresfischen vor. Wenn es Meeresfrüchte sein müssen, achten Sie darauf, dass diese aus nachhaltiger Produktion stammen (MSC-Zertifizierung).

Im Garten

- Schenken Sie der Natur ein Stück Garten. Naturbelassene Tümpel locken Frösche und Molche an, *wilde* Wiesen sind ein Paradies für Schmetterlinge und andere Insekten.
- Bieten Sie Wildtieren Nisthilfen und Überwinterungsmöglichkeiten an (Nistkästen für Vögel, Bienenhotels für Wildbienen und Laubhaufen für Igel).
- Verzichten Sie auf künstliche Düngemittel und Pestizide.
- Pflanzen Sie heimische Gehölze (anstelle von exotischen). Deren Früchte sind Nahrung für Singvögel.

Sobald wir unsere Einstellung zum Putzen, zur Umwelt und zur Natur ändern, können wir sehr vieles entdecken. Es gibt immer wieder neue Situationen, und so sind wir gefordert, auch ständig neue Lösungen zu finden.

Indem wir die Dinge oder Ereignisse der Welt annehmen, verbinden wir uns mit unserem ganzen Wesen mit ihnen. Damit erhebt der Mensch die Welt auf eine höhere Stufe. Er teilt ihr von seinem Geist und seiner Seele mit. Wer sich mit seinem Willen den Bedürfnissen der Erde hingibt und ihr zukommen lässt, was sie braucht, folgt einem eigenen Schulungsweg. Durch die Andacht zum Kleinen wird das Tun fromm. Und das ist wahre Ökologie.

Wäsche und Fleckentfernung

Wäsche

Da Wäsche täglich von Milliarden von Menschen gewaschen wird, könnten wir ja einmal versuchen, uns ein Bild davon zu machen, wie viele Liter Wasser dafür verwendet werden und wie viel Tonnen Waschmittel täglich auf der ganzen Welt ins Wasser gelangen! Es braucht nicht viel, um zu bemerken, dass das Ausmaß schier unfassbar ist.

In Anbetracht dessen fühlt man sich recht hilflos: Kann man da als Einzelner überhaupt etwas zum Umweltschutz beitragen? Und doch beginnt jede nachhaltige Veränderung mit kleinen Schritten, und jeder kann eben nur bei sich selbst anfangen. Beim Wäschewaschen sind Bequemlichkeit und der Geldbeutel die größten Hemmschuhe für Verbesserungen, denn an der Qualität der auf dem Markt erhältlichen ökologischen Produkte liegt es nicht.

Auch beim Wäschewaschen empfehle ich, so weit wie irgend möglich Produkte zu verwenden, die in der Umgebung oder zumindest im eigenen Land hergestellt werden. Nicht alle sogenannten Bio-Mittel sind tatsächlich auch ökologisch. Wir müssen uns schon etwas bemühen, herauszufinden, welche Produkte auch wirklich konsequent ökologisch sind. Ich arbeite seit der Gründung meiner Firma mit den Produkten, die meine Freundin produziert, weil sie in meiner unmittelbaren Nähe hergestellt werden. Auch erhielt sie dafür bereits eine Auszeichnung vom Schweizerischen Bundesamt für Gesundheit. Außerdem bin ich mit der Gesinnung, mit der sie arbeitet, ganz vertraut. Ihre Produktlinie, *Bonadea,* wird nur in der Schweiz verkauft. Viele Menschen kennen jedoch die Produkte der Firmen *Held, Ecover und Sonett.* Sicher ist es nicht immer möglich, gleich mit den allerbesten Mitteln zu beginnen, aber jedes echte Bemühen, sich genauer zu informieren und vielleicht umzustellen, ist bereits ein Anfang.

Zugegeben, schaut man auf die Argumentationsweise der großen Waschmittel-Konzerne, dann scheinen die Waschmittel von Naturkostläden und Reformhäusern längst überflüssig. Denn: phosphatfrei ist mittlerweile schon Standard auf dem Markt; die verwendeten Tenside scheinen alle leicht biologisch abbaubar zu sein und werden zum Teil schon aus nachwachsenden Rohstoffen hergestellt; die überflüssigen 30 bis 40 Prozent Stellmittelsalze sind auf Kompaktformat reduziert; selbst der Begriff *Baukasten* ist seit Jahren supermarktfähig.

Und doch:

- Längst nicht alle gebräuchlichen Tenside sind tatsächlich problemlos abbaubar. Das am weitesten verbreitete – da preisgünstige – anionische Tensid LAS (Lineares Alkylbenzol-Sulfonat) ist nicht wirklich vollständig abbaubar und reichert sich im Klärschlamm an.
- Was haben Farb- und Duftstoffe aus Erdöl, die das Nerven-Sinnessystem des Menschen angreifen und überreizen, in sogenannten Bio-Waschmitteln zu suchen?
- Und was steckt hinter der harmlosen Bezeichnung *Enzyme,* die fast auf jeder Waschmittelpackung zu lesen ist?

Enzyme sind natürlich vorkommende Eiweißstoffe, die im Stoffwechsel lebendiger Organismen und der Natur spezifische Verdauungsaufgaben erfüllen (wie den Fett- oder Eiweißabbau). Als Wirkstoffe im Waschmittel gibt es sie schon lange. Aber wussten Sie, dass heute fast 100 Prozent der in Waschmitteln eingesetzten Enzyme von Mikroorganismen stammen, die gentechnisch verändert wurden? Was sind die Folgen der Verwendung gentechnisch erzeugter Enzyme? Möglich wurde die Gentechnik erst, nachdem Forscher herausgefunden hatten, dass der Ausgangspunkt aller Lebensprozesse in Mensch, Tier, Pflanze und Mikroorganismus seinen stofflichen Ausdruck in nur vier verschiedenen Bausteinen findet – nämlich in den vier Basen Adenin, Cytosin, Guanin, Thymin. Diese sind in Millionen unterschiedlicher

Kombinationsmöglichkeiten miteinander verknüpft und bilden als Gesamtheit das, was heute Erbinformation genannt wird: zirka 1000 Basen bilden ein bestimmtes Gen. 50 000 bis 100 000 solcher Gene besitzt der Mensch als Erbinformation, zirka 1000 Gene ein Bakterium. In diesen Lebenskern greift nun die hoch entwickelte Technik ein und *operiert* beispielsweise in das *Erbgut* eines schnell wachsenden Pilzes einen bestimmten Teil einer fremden *Erbinformation* eines anderen Lebewesens hinein – zum Beispiel die Anlage für ein technisch brauchbares Fett oder Eiweiß spaltendes Enzym.

In Riesentanks von fünf bis zehn Metern Durchmesser wird nun der gentechnisch veränderte Pilz auf billigen Nährsubstraten aus Abfällen der Papier- und Zellstoffindustrie gezüchtet. Aus der schnell wachsenden Pilz-Biomasse wird dann das gewünschte Enzym isoliert und aufbereitet. Ein 100 Prozent reines Enzym-Substrat ist für Waschmittelzwecke wirtschaftlich nicht herstellbar. Die für die Waschmittel verwendeten Enzyme bleiben durch viele andere Stoffe verunreinigt, die unüberschaubar reagieren können, Nebenwirkungen erzeugen und Allergien auslösen.

Diese ausgediente Biomasse – viele Tausende von Tonnen pro Jahr – wird erhitzt, um die Mikroorganismen abzutöten. Dann wird sie als Düngemittel auf die Felder ausgebracht. Eine hundertprozentige Abtötung aller Mikroorganismen kann nicht gewährleistet werden. Die überlebenden Mikroorganismen können ihre veränderten Erbanlagen auf natürlicherweise in Böden, Pflanzen, Tieren und im Menschen vorkommende Mikroorganismen übertragen, oder sie selbst kehren über die Nahrungskette mit unüberschaubaren Folgen wieder zum Menschen zurück.

Dies ist nur die Spitze des Eisbergs. Die Gentechnik wird Zug um Zug die Naturreiche erobern und macht auch vor dem Eingriff in die Lebensprozesse des Menschen nicht halt. Das erste Experimentierfeld der Gentechnik begann vor etwa 30

Jahren, fast unbemerkt von der Öffentlichkeit, mit der Herstellung von Waschmittelenzymen aus gentechnisch veränderten Mikroorganismen. Der nächste Bereich, dem sich die Gentechnik-Forschung zuwandte, war die Erbgutveränderung von Pflanzen und Tieren. Aktuell verlagert sich die Forschung stark zum Menschen hin. Das menschliche Erbgut ist in seiner Strukturfolge inzwischen entschlüsselt. Patente auf gezüchtete menschliche Embryonen werden bereits angemeldet. Durch die Gewinnung von verpflanzbarem Gewebe hat die Genforschung die Grenze zur Ausbeutung menschlichen Lebens als Industrieprodukt überschritten.[99]

Im Bereich des Mineralischen hat der Mensch in den *Kern* der Stoffe und dessen *Kraft* durch die Nutzung der Atomkraft eingegriffen. Die Folgen daraus haben wir nach Tschernobyl und Japan direkt erfahren. Die Gentechnik greift in den Kern des *Lebens* ein. Und dies mit Hilfe einer rein mechanistischen Wissenschaft und Technik. Sie zieht damit die Lebensprozesse auf die Ebene des Toten hinunter. Es ist zu befürchten, dass die Folgen noch unüberschaubarer und verheerender sein werden als der Eingriff in den Kern der Materie.

Eine Firma, die mich besonders beeindruckt, ist die Firma Sonett[100] in Deutschland. Ich konnte die Fabrik mehrmals besuchen und dabei erleben, wie und womit dort gearbeitet wird. Auch Sonett wurde bereits mehrfach ausgezeichnet und zertifiziert für die ökologisch konsequenten Produkte.

Für Sonett sind *ökologisch konsequente* Waschmittel:

- frei von Enzymen, von synthetisierten Duftstoffen und Farbstoffen,
- sie enthalten keine Rohstoffe aus Erdöl,
- sind zu 100 Prozent biologisch abbaubar,
- enthalten Rohstoffe aus kontrolliert biologischem Anbau,
- enthalten nur reine Düfte aus ätherischen Ölen,
- werden umweltverträglich mit regenerativer Energie erzeugt.

Vor allem war ich von dem so genannten Baukastensystem angetan: Die drei Hauptbestandteile des Waschmittels (waschaktive Substanzen; Enthärter; Bleichmittel) werden separat dosiert. Erst dadurch ist eine optimale Nutzung der einzelnen Stoffe, die dem Verschmutzungsgrad der Kleidung, der Härte des Wassers und dem ganz individuellen Bedürfnis nach dem Weißegrad der Wäsche entspricht, wirklich möglich.

Für ein Seifenwaschmittel ist weiches Wasser unbedingte Voraussetzung. Durch das Baukastensystem ist die Grundlage geschaffen, die unübertroffenen Vorteile der Seife auch bei härterem Wasser nutzen zu können. Sonett verzichtet auf Rieselmittel, auf Füllstoffe, optische Aufheller, Phosphate und Enzyme.

- Baustein 1: Waschmittelpulver oder Flüssigwaschmittel,
- Baustein 2: Enthärter,
- Baustein 3: Bleichkomplex und Fleckentferner.

Die Vorteile des Baukasten-Waschens: Die Dosierung des Waschmittels bleibt immer gleich, unabhängig von Wasserhärte und Temperatur. Mit einem einzigen Waschmittel kann sowohl Buntwäsche (30° bis 40°) als auch Kochwäsche (40° bis 95° Grad) gewaschen werden. Für Wolle und Seide bietet Sonett ein Olivenwaschmittel speziell für diese Stoffe an.

Das Sonett-Waschmittel enthält als Hauptwirkstoff Seife, die aus verschiedenen Pflanzenölen (Palmöl, Rapsöl, Kokosöl) durch Sieden mit Lauge hergestellt wird. Die Öle stammen zu 100 Prozent aus biologischem bzw. biologisch-dynamischem Anbau. Seife als waschaktive Substanz vereinigt in sich in einzigartiger Weise alle für den Waschprozess notwendigen Eigenschaften des Schmutzbenetzens, des Schmutzlösens und Schmutztragens. Soda wird aus der Umsetzung von Kalk mit Kochsalz hergestellt. Metasilikat entsteht durch Verschmelzung von Quarzsand und Soda. Soda und Metasilikat verstärken beide durch ihre Alkalität die Waschlauge und fördern das Ablösen vor allem von fettigen Substanzen. Zeolitha und Schichtsilikat haben beide als Ausgangsrohstoff Silikatgesteine. Neben ihrer Eigenschaft, den Kalk im Wasser zu binden, binden diese Substanzen zugleich auch die im Waschwasser gelösten organischen Stoffe und Farbpigmente und verhindern deren Absetzen auf der Wäsche. Fettalkoholsulfat, aus Kokosfett gewonnen, unterstützt die Seife in ihrer Fettlösekraft. Seife aus Pflanzenölen hat die hervorstechende Besonderheit gegenüber allen anderen waschaktiven Stoffen, dass sie sich unmittelbar nach Gebrauch mit dem – stets im Abwasser vorhandenen Kalk – zu Kalkseife verbindet und sich dadurch selbst in ihrer Wirkung auf lebende Organismen neutralisiert (Primärabbau). Die Kalkseife wird dann von Mikroorganismen zu 100 Prozent zu Kohlendioxid und Wasser abgebaut (Sekundärabbau).

Kokosfettalkoholsulfat aus natürlichen nachwachsenden Rohstoffen bleibt bei der Herstellung in seiner inneren Molekülstruktur unverändert. Deshalb ist es im Abwasser für die Mikroorganismen leicht erkennbar und abbaubar und gliedert sich so wieder rasch und vollständig in den Naturkreislauf ein.

Die restlichen Bestandteile des Waschmittels: Soda, Tonmineralien und Silikate, sind mineralische Stoffe, die in der Natur nicht weiter abgebaut werden müssen. Seife und Kokosfettalkoholsubstrat gelten nach OECD als leicht biologisch abbaubar. Die separate Dosierung des Sonett-Enthärters, abgestimmt auf die örtliche Wasserhärte, garantiert optimale Nutzung des Waschmittels und dadurch den geringst möglichen Verbrauch an Waschmittel. Auch beim Enthärter beschränkt sich Sonett, wie beim Waschmittel, nur auf notwendige und vertretbare Inhaltsstoffe und verzichtet auf Füllmittel, auf Phosphate und andere enthärtende Stoffe aus Erdölprodukten wie Phosphonate, NTA (Nitrilotriacetat) und EDTA (Ethylendiamin-tetraessigsäure). Zeolith A (ein Natriumaluminiumsilikat), der Hauptbestandteil des Enthärters, wird aus den leicht zugänglichen Rohstoffen Wasserglas und Natriumaluminat hergestellt. Dieses Silikat fängt nach dem Prinzip des

Ionenaustauschers die Wasserhärte bildenden Kalzium und Magnesiumionen ab und bereitet so weiches Wasser für das Waschen mit Seifen-Waschmittel. Soda, hergestellt aus Kalk und Kochsalz, geht eine chemische Verbindung mit dem Kalk im Wasser ein und entfernt dadurch einen Teil der Wasserhärtebildner aus dem Waschwasser. Citrat, das Salz der Zitronensäure, das durch Fermentation zuckerhaltiger Nebenprodukte wie Melasse gewonnen wird, bindet vor allem bei niederen Temperaturen den Kalk an sich.

Zeolith A ist ein im Wasser unlösliches Mineral, ähnlich dem Sand, der ohne weiteren Abbau als Feststoff im Klärschlamm abgelagert wird. Soda, gleichfalls mineralischer Natur, muss nicht weiter abgebaut werden. Die Zitronensäure, als organische Substanz, ist innerhalb von zwei bis drei Tagen vollständig zu Kohlenhydrat und Wasser abgebaut.

Der Bleichkomplex und Fleckentferner von Sonett wird gezielt zur Fleckentfernung eingesetzt – bei bunter farbechter Wäsche ab 50 Grad Celsius und als Zugabe bei weißer Wäsche zur Vorbeugung gegen Vergrauung. Weiße Wäsche bleibt dadurch länger schön.

Da keine petrochemischen Bleichaktivatoren benutzt werden, sind der Bleichkomplex und Fleckentferner in der Waschmaschine erst ab 50 Grad Celsius wirksam. Natriumpercarbonat ist eine Anlagerungsverbindung von Wasserstoffperoxid an Natriumcarbonat (Soda). Unter Wärmeeinwirkung wird ab 50 Grad Celsius das Wasserstoffperoxid wieder abgespalten, welches zu Wasser und aktivem Sauerstoff zerfällt. Mit zunehmender Temperatur steigert sich die Reaktion, sodass bei 95 Grad Celsius die Bleichwirkung in der Waschmaschine optimal ist. Der frei werdende Sauerstoff wirkt vor allem bei organischen Flecken wie Grasflecken, Obstflecken und so weiter, indem er die Farbstoffe oxidiert und dadurch farblos macht oder indem er durch Oxidation anhaftende fleckenbildende Substanzen wieder in wasserlösliche überführt.

Jedes Bleichen strapaziert das Gewebe. Durch die separate Dosierung des Bleichmittels wird die Bleichwirkung nur dort gezielt eingesetzt, wo diese zur Fleckentfernung und für weiße Wäsche gebraucht wird. Die Sauerstoffbleiche mit Natriumpercarbonat ist die umweltfreundlichste Alternative zum Bleichen der Wäsche in der Sonne. Natriumpercarbonat zersetzt sich schon während des Wasch- und Bleichvorgangs selbst in mineralisches

Soda, Wasser und Sauerstoff und verlässt somit die Waschmaschine in einem Zustand, der keines weiteren Abbaus bedarf. Der Bleichvorgang ist also gleichzeitig auch der Abbauvorgang.

Fleckenentfernung

Nicht jeder Fleck ist auch wieder entfernbar. Gegen einige Flecken auf bestimmten Textilien gibt es kein Mittel. Zum Beispiel:

Der Fleck ist nur durch Bleichen – und damit unter Inkaufnahme der Zerstörung von Farbpigmenten – zu entfernen. Ist nun das Kleidungsstück aus Seide oder Wolle, also sehr empfindlich, und sogar eventuell mit Pflanzenfarbe gefärbt, dann gibt es kaum eine Möglichkeit, den Fleck zu entfernen, ohne dass die Farbe oder der Stoff geschädigt werden.

Der Fleck ist auf einen Bleichvorgang oder eine sonstige Veränderung der originalen Farbe zurückzuführen. Es gibt zahlreiche Kosmetika, die Peroxide enthalten. Bei der Berührung mit Feuchtigkeit wirkt dieses bleichend und zerstört die Originalfarbe. Außer durch Entfärben oder Neufärben ist ein solcher Fleck nicht zu entfernen.

Verfärbungen durch andere starkfarbige Textilien im selben Waschgang waschen sich manchmal langsam wieder heraus, meist lassen sie sich aber nur durch Entfärben vollständig beseitigen.

Großmutters Tipp hierzu: Die verfärbte Wäsche in Glaubersalz (Magnesiumsulfat) und Wasser einlegen. Ich konnte dadurch einmal den fünf rosaroten Hemden meines Mannes wieder zu strahlendem Weiß verhelfen.

Bewährte Mittel bei Fleckenentfernung

Am besten ist es natürlich, wenn man Flecken sofort nach ihrem Entstehen auswäscht, leider ist das aber nicht immer möglich. Frische Flecken auf Kleidern, Teppichen oder Polstermöbeln immer zuerst mit Mineralwasser oder, wenn nicht vorhanden, normalem Wasser und Fasertuch behandeln. Damit entfernen Sie sehr viele verschiedene Flecken wie Fett und Öl, Tomatensauce, Kaffee.

Gallseife ist ein hochwirksames Mittel gegen Flecken von Obst, Blut, Tinte, Kugelschreiber, Gras, Fett usw. Geeignet für alle weißen und farbechten bunten Textilien aus Naturfasern und Mischgewebe. Bei farbigen Textilien bitte an einer verdeckten Stelle vorher die Farbechtheit prüfen. Wäsche mit hartnäckigen Flecken über Nacht in ein Gallseifebad einlegen.

Auch Brennspiritus ist gut gegen vieles, zum Beispiel Gras- und Kugelschreiberflecken, und ebenso gegen Flecken auf Teppichen.

Üblicherweise unterscheiden wir fünf Fleckenarten:

Eiweißflecken: Dazu gehören Eiweiß- und Eigelbflecken, Blut, Milch und Milchprodukte (enthalten auch Fett u. a.), Spermaflecken.

Wichtig: Stets mit kalter oder lauwarmer Lösung behandeln. In heißem Wasser gerinnt Eiweiß und ist dann noch schwerer zu entfernen. Eine Zeit einweichen und kalt ausspülen mit Vollwaschmittel- oder Feinwaschmittellösung, auch Gallseife.

Großmutters Tipp: Blutflecken mit kaltem Wasser oder kalter Seifenlauge ausspülen. Man kann auch alte Flecken längere Zeit in Salzwasser einweichen und dann mit Seifenlauge auswaschen.

Blutflecken auf Wolle und Polstermöbeln: Mit einer Lösung aus Kartoffelstärke oder Weizenstärke bestreichen, antrocknen lassen und dann ausbürsten oder auswaschen. Blutflecken auf Seide: Mit Alkohol (Spiritus) betupfen.

Fettflecken: Dazu gehören Fett, Öl, Butter: Entfernen mit Alkohol, Benzinseife, Orangenöl, Gallseife.

Großmutters Tipp: Mit Kernseife oder Soda Fettfleck einreiben, Salz drüber streuen, einwirken lassen und dann waschen.

Stärkeflecken: Dazu gehören unter anderem Kakao, Kartoffeln, Teig: Entfernen mit Soda, Benzinseife, Orangenöl, Gallseife.

Natürliche Farbstoffe: Dazu gehören Gemüse- und Obstflecken, Rotwein-, aber auch Schimmelflecken, Honig, Bier und anderes: Entfernen mit Valpa (Panamarindenextrakt der Firma Bonadea), Gallseife.

Großmutters Tipp: Rasenbleiche (in der prallen Sonne).

Die meisten Fruchtflecken, Kaffee und auch Cola: In Panamarinde einlegen und anschließend waschen.

Großmutters Alphabet rund um die Wäsche

Am Anfang steht die Ordnung.

Für die Kleidung gilt: T-Shirts, Pullis und so weiter nach dem Waschen sofort auf Kleiderbügel hängen und trocknen lassen. So kann man sie direkt wieder in den Schrank räumen. Das spart viel Zeit. Als Kleiderständer eignen sich auch aufklappbare Bügelständer oder Trockenständer. Zweimal im Jahr wird es Zeit, die Kleidung zu sortieren (vom Winter in den Frühling und vom Herbst in den Winter). Was wird noch gebraucht? Wann wurde dies oder jenes Teil zuletzt getragen? Beim Lagern kann man nach Farben oder Themen wie Sport, Beruf und Ausgehen oder nach Kleidungsart sortieren.

Schmutzige Wäsche sortiert man in einem Sortierer, beispielsweise in einem Korb. Sortiert wird nach Waschtemperatur: 60 bis 90 Grad, Buntwäsche, Handwäsche. Auch ein Korb für Flickwäsche ist hilfreich. Denn natürlich sollte ab und zu auch ausgebessert werden.

Bier: Mit kaltem Wasser oder kalter Seifenlauge ausspülen.

Brandflecken: Auf Porzellan: Mit einem feuchten in Salz

getauchten Korken abreiben. Auf Textilien: Mit Essigwasser im Mischungsverhältnis 1 : 1 abreiben.

Dreck/Erde: Trocknen lassen und abbürsten.

Fettflecken: *Auf Wänden*: Man legt Löschblätter auf und bügelt sie ab. Mit Schlemmkreide nachbehandeln.

Auf Kragen: Lösung bereiten aus 4 Esslöffeln Salmiakgeist und 1 Esslöffel Salz. Benetzen und dann mit Seifenwasser auswaschen.

Auf Bekleidung: Mit Kartoffelmehl bestäuben, mit einem feuchten Tuch verreiben, nach dem Trocknen ausbürsten.

Glanzstellen an Wollstoffen: Diese Stellen mit der Schnittfläche einer halbierten, rohen Kartoffel sorgfältig einreiben. Kleidungsstück an der Luft trocknen lassen, mit einer sauberen Kleiderbürste abreiben – der Stoff sieht wie neu aus (mehlige Kartoffelsorte wählen).

Heidelbeerflecken: Betroffene Stellen in Sauermilch einlegen, einige Zeit einwirken lassen, mit warmem Wasser auswaschen. Anstelle von Sauermilch kann auch Joghurt nature verwendet werden. Flecken damit bestreichen.

Kaffeeflecken: Mit Buttermilch betupfen und auswaschen oder in Panamarinde einlegen und ausspülen.

Kalkflecken auf Kleidung: Mit Essigwasser betupfen, einwirken lassen, mit Seifenlauge auswaschen.

Leim-/Klebstoffflecken: In Sodalösung einweichen und mit warmem Wasser auswaschen.

Milch und Milchprodukte: Mit kaltem Wasser oder kalter Seifenlauge ausspülen.

Moderflecken: Kommen selten vor, einfach in saure Milch einlegen und dann wie immer waschen.

Nikotinflecken auf weißer Wäsche: Mit Zitrone ausreiben.

Obstflecken: Frische Flecken kann man schnell mit Zitronensaft oder Valpa (Panamarindenextrakt) entfernen.

Rostflecken: Mit heißem Zitronensaft bestreichen und dann waschen.

Rußflecken: Mit Schmierseife oder Soda und viel Wasser.

Rotweinflecken: *Sofort mit reichlich Salz bestreuen, einwirken lassen.*

Schimmelflecken auf Stoff: *Über Nacht in Sauermilch einlegen und trocknen lassen. Anschließend waschen, ohne vorher zu spülen. Stoff nachher normal waschen. Bei Teppichen Flecken anschließend mit Wasser und einem Lappen sorgfältig auftupfen. Allenfalls mit Mineralwasser nachbehandeln, mit einem Fasertuch trocken tupfen.*

Schwarztee: *In Milch einlegen und anschließend waschen.*

Schweißflecken: Ein Paar Aspirintabletten in Wasser auflösen und kurz einlegen.

Senfflecken: In Sodalösung einlegen und dann waschen.

Socken: In Salzwasser einlegen, um braune Flecken zu beseitigen.

Synthetische Farben: *Dazu gehören Flecken von Farbstiften, Tinte, Malerfarben. Allgemein gilt: Farbstifte lassen sich manchmal einfach, oft aber leider kaum auswaschen. Malerfarben müssen möglichst schnell entfernt werden. Versuchen mit Lösungsmittel, Orangenöl, Bleichmittel. Anschließend auswaschen mit Waschmittel.*

Großmutters Tipp: Bei blauer Schultinte: Mit Buttermilch betupfen, anschließend mit warmem Wasser und etwas Ammoniak nachspülen

Teerflecken und Karrenschmiere: Mit Eukalyptusöl einreiben, mit Milch betupfen und anschließend waschen oder Flecken mit wenig Butter abtupfen, mit Waschbenzin nachbehandeln und anschließend normal waschen.

Tintenflecken: Mit Zitrone einreiben, einwirken lassen, auswaschen.

Tomatenflecken: Am besten sofort mit Seifenlauge auswaschen.

Urinflecken: Wenn man ältere Menschen pflegen muss, kommen Urinflecken häufig vor. Diese erst mal mit kaltem Wasser durchspülen, dann mit Seifenlauge waschen.

Wachsflecken: Textilien zwischen zwei Löschblätter legen und bügeln. Bei feinen Stoffen lieber mit Haarfön wärmen.

Last, but not least: Die Waschmaschine dient uns und verdient unsere Aufmerksamkeit und Pflege.

Waschanleitung für Daunen-Jacken und -Kissen

Daunen vertragen Waschmittel für Wolle und Seide recht gut. Wichtig bei Daunen ist, dass sie beim Trocknen bewegt werden, damit sie nicht verkleben.

1. Schonwaschgang für 30-Grad-Wäsche wählen.
2. Sonett-Olivenwaschmittel für Wolle und Seide verwenden – ohne Enthärter.
3. Zusätzlichen Spülgang einstellen.
4. Nur ganz schonend schleudern.
5. Trocknen im Wäschetrockner: Bitte bei niederer Temperatur und mit geringer Füllung trocknen. Trocknen auf der Leine: Immer wieder die Daunen aufschütteln.

Waschanleitung für Schaffelle

Schaffell nur waschen, wenn Lüften, Ausklopfen und Ausbürsten nicht mehr hilft; je seltener desto besser. Schaffelle, auch waschbare, neigen in der Regel dazu, nach dem Waschen hart zu werden, deshalb ist diejenige Reinigungsmethode am besten, bei der das Leder weitestgehend trocken bleibt.

- In der Breite des Fells Handtücher über den Badewannenrand legen und die Hälfte des Felles drüber legen.
- Mit dem Duschkopf und lauwarmem Wasser das Fell rasch befeuchten und dabei so wenig wie möglich das Leder einnässen.
- Sonett-Olivenwaschmittel für Wolle und Seide in einem kleinen Becher mit Wasser mischen (ca. 5 ml = 1 voller Teelöffel auf 100 ml Wasser = 1 kleiner Joghurtbecher) und damit die Fellhälfte einshampoonieren und gegebenenfalls die Flecken damit bearbeiten.

- Dann mit dem Duschkopf und lauwarmem Wasser das Waschmittel rasch ausspülen und mit einem Handtuch das Fell *trocken drücken.*
- Diesen Vorgang mit der anderen Fellhälfte wiederholen.
- Das Fell zum Trocknen auf einen Wäscheständer legen und während des Trocknens immer wieder schütteln. Bitte nicht in die Sonne legen oder neben die Heizung stellen.
- Das getrocknete Fell kann mit einer groben Bürste gebürstet werden – anschließend sieht es wieder wie neu aus.

Waschanleitung für Mikrofasern

Gore-Tex, Sympatex etc. Eingenähtes Pflegeetikett beachten. Wenn nicht anders angegeben, wie folgt vorgehen:

1. Schonwaschgang für 40-Grad-Wäsche wählen.
2. Sonett-Waschmittel Color verwenden, Dosierung genau einhalten.
3. Zusätzlichen Spülgang einstellen.
4. Nur ganz schonend schleudern.
5. Falls im Trockner getrocknet wird: Bitte bei niedriger Temperatur und mit geringer Füllung trocknen.

Schlusswort

Das Schreiben dieses Buches war für mich ein sehr, sehr schwieriger Prozess. Wie oft hatte ich das Gefühl: *Warum tust du dir das an?* Dieser Kampf mit den Wörtern, mit dem Sitzen, mit dem Schreiben – ich bin eine Rednerin, keine Schriftstellerin.

Was mir gegen Ende immer wieder half und Mut machte, war die Arbeit mit meinem Lektor Hans-Christian Zehnter, der mir oftmals bestätigte, dass es sich lohne, das Buch fertig zu schreiben. Hatten wir wieder ein Kapitel gemeinsam überarbeitet, dann konnte ich am nächsten Tag wieder weiterschreiben.

Ich habe viel dabei gelernt: Wie oft fand ich meine eigenen Einsichten in meinem eigenen Tun bestätigt. Noch nie habe ich mein Büro so oft aufgeräumt wie in diesen letzten Monaten des Schreibens. Jedes Mal, wenn ich wirklich nicht weiter wusste, fing ich entweder an, im Garten zu arbeiten, die Küche zu putzen oder eben mein Arbeitszimmer aufzuräumen. Mit Wonne konnte ich Notizen, die ich seit bald zehn Jahren aufbewahrt hatte, wegwerfen! Und meine Bücherregale waren noch nie so gut geordnet wie jetzt.

Die Schreibzeit war wie eine Schwangerschaft, mit all den Schwankungen – sogar in Bezug auf mein Gewicht. Nach einem Monat *Übertragenszeit* gab ich das Manuskript ab. Das Wochenbett muss noch überstanden werden, dann kann das Kind, hoffentlich gesund, der Welt vorgestellt werden. Möge es dann auch wirklich gut gedeihen!

Dass das Buch überhaupt entstehen konnte, habe ich sehr vielen Menschen zu verdanken:

An erster Stelle gilt mein Dank meinen beiden Kindern, Aurelie und Dion. Wenn sie nicht wären, hätte ich mich vielleicht nie wirklich mit dem Thema Putzen und Pflegen auseinandergesetzt. Dazu waren sie immer – und sind es heute noch – meine Lehrmeister, meine ehrlichsten Kritiker, die immer wieder bereit sind, mir einen Spiegel vorzuhalten. Aber durch ihre guten Wünsche in Geburtstagskarten weiß ich, dass sie nicht nur Kritiker, sondern auch Bewunderer sind. Als ich im November 2009 fast verzweifelte, weil ich es einfach nicht schaffte, wirklich mit dem Schreiben zu beginnen, sagte meine Tochter ganz vorsichtig: *Mami, ich möchte dir etwas vorschlagen. Du bist so empfindlich für Atmosphäre. Nimm doch deinen Laptop, geh in die Universitätsbibliothek und versuche, dort zu schreiben. Dort herrscht eine Arbeitsatmosphäre, alle Menschen arbeiten intensiv, es ist ruhig, ohne Telefon und ohne Kühlschrank.* Diesen Rat befolgte ich – und es war der Durchbruch!

Ohne meinen Mann Steven hätte ich es nie geschafft. Wie oft musste er alles im Haushalt übernehmen. In der letzten Phase hat er während der Ferien gekocht, mich zu Spaziergängen *gezwungen* und abends meine verspannten Schultern massiert. Nie gab er auf, mit mir Karten zu spielen, wenn ich eine dringende Denkpause brauchte. Wie viele Male er den Satz *Jetzt bin ich gleich fertig* gehört hat, weiß ich nicht.

Ninetta Sombart, meine liebe Freundin und weise *Lebensberaterin,* stand mir immer mit Rat und ehrlicher, konstruktiver Kritik und Ermutigung bei. So auch Monika Kiel-Hinrichsen, die durch ihre Erfahrung als Schriftstellerin jede Phase, die ich durchmachte, verstand und mich auch immer wieder anspornte, weiterzumachen.

Erika Dietrich, die mir die Idee mit der Putzfirma gab.

Auch Dora-Liouba Krattiger, die ich direkt nach meiner Ankunft in Basel kennenlernte und die für mich oft wie eine Mutter war, vor allem bei der Geburt meiner Kinder. Sie erzählte von der Rudolf-Steiner-Schule, und die Art ihrer Kinder überzeugte mich, dass es mit dieser Schule etwas ganz Besonderes auf sich habe.

In meinem Umfeld gibt es viele Menschen, die sich aufrichtig für meine Arbeit interessieren und mich auch inspirieren. Bei Vorträgen, durch ihre Bücher, durch Teilnahme an den Putzfachtagungen am Goetheanum konnten wir uns über verschiedene Inhalte immer wieder austauschen. Einige Menschen möchte ich gerne erwähnen und ihnen danken. Viele ihrer Gedanken flossen in meine Arbeit ein aufgrund von Notizen, die ich bei Vorträgen machte, und durch viele Gespräche. Beim Schreiben wusste ich nicht immer ganz genau, wer nun was gesagt hat, aber ich bin euch sehr dankbar für all die vielen Inspirationen: Elaine Beadle, Daniel Berti, Almut Bockemühl, Benno Burghardt, Hans Dackweiler, Michaela Glöckler, Paul Mackay, Ingrid Knowles-Schmidt, Vreni Läng, Päivi Lappalainen, Irina Pericin, Marcus Schneider, Peter Selg.

Einen besonderen Dank möchte ich Wolfgang Held aussprechen. Bei der Vorbereitungsarbeit der Putzfachtagung 2006[101] verfasste er die Texte für unsere Tagungsbroschüre. Einiges davon konnte in dieses Buch einfließen.

Als junge Frau lernte ich Omraam Mikhaël Aïvanhov kennen. Ihm war es wichtig, dass ein Mensch alles, was er hört, nicht einfach akzeptiert, sondern durch praktisches Üben prüft. Alles, was wir auf diese Weise geprüft und verstanden haben, dürfen wir dann zur *eigenen* Wahrheit machen. In diesem Sinne ist mein Buch durchzogen von dieser so praxisnahen Lehre. Es ist mir unmöglich, ihren reichen Schätzen mit den wenigen Zitaten gerecht zu werden, und so verhält es sich auch mit dem Werk Rudolf Steiners. Durch meine Arbeit ist mir ein Bild gekommen, das für mich wegweisend ist und bleibt. Sobald wir Ordnung schaffen, üben wir eine Ich-Tätigkeit aus, die uns aufrichtet. Sie bildet für mich die vertikale Säule eines Kreuzes. Durch die beseelte Tätigkeit des Pflegens berühren wir die ganze Peripherie und bilden so den horizontalen Balken des Kreuzes.

Die Sinnfrage (Gedanken = Vergangenheit) und die Wahrnehmung führen die Geste (Wille = Zukunft), beide begegnen sich durch die Liebekräfte (Gegenwart) in der Kreuzmitte. Daraus erbilden sich die Rosen am Kreuz. Unsere häusliche Tätigkeit wird zum Kultus.

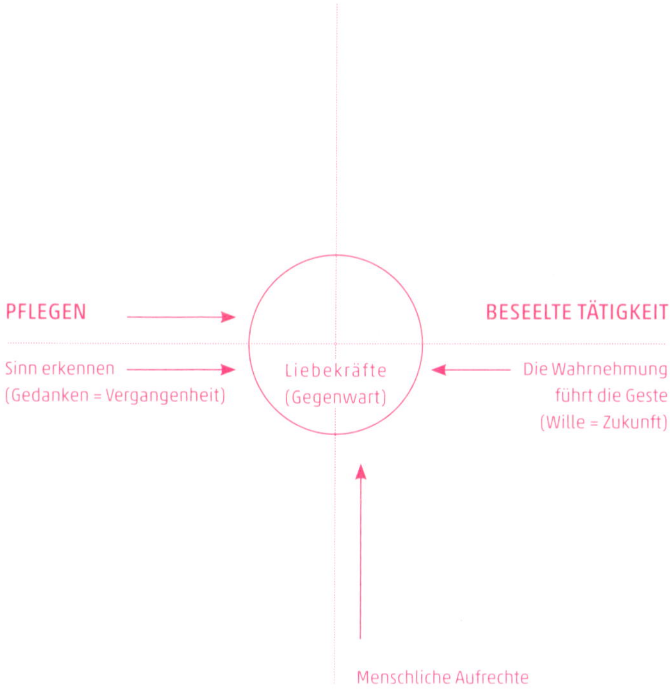

Anmerkungen

1 Camphill ist eine heilpädagogische Bewegung, die auf Grundlage der Anthroposophie begründet wurde. Die erste Camphill Community entstand 1939 durch den aus Wien emigrierten Kinderarzt Karl König in Kirkton House bei Aberdeen; 1940 zog sie ins nahe gelegene Camphill Estate um. Heute existieren weltweit mehr als 100 Gemeinschaften in über 20 Ländern. In den dorfähnlichen Camphill-Gemeinschaften leben Menschen mit – häufig mehrfachen – schweren geistigen, seelischen und körperlichen Beeinträchtigungen, zumeist gemeinsam mit den Familien ihrer Betreuer. Sie finden Beschäftigung in Betrieben mit biologisch-dynamischer Landwirtschaft, in Küche und Bäckerei oder in kunstgewerblichen Werkstätten. Den Betreuten wird so ein ihren Fähigkeiten gemäßes, weitgehend selbständiges Leben ermöglicht. Im Gegensatz zu einer im Schichtbetrieb in Heimen vollzogenen Pflege entwickeln sich hier in etwa familiäre Verhältnisse. Der Tages-, Wochen- und Jahreslauf ist gegliedert, sodass auch in weitem Umfang hilfsbedürftige Menschen Orientierung finden. Dazu gehören gemeinsame Mahlzeiten, Andachten und jahreszeitliche Feste mit Musik und anderen künstlerischen Beiträgen. Auch schwerstbehinderten Kindern wird eine an der Waldorfpädagogik orientierte Schulbildung zuteil.

2 www.joergensmit.org

3 Schmidt-Brabant, Manfred: Spirituelle Grundlagen einer menschengemäßen Hausmütter-Arbeit, Dornach 1993.

4 Aïvanhov, Omraam Mikhaël: Oguen, Le Feu, Fréjus Cedex 2005 (freie Übersetzung).

5 Steiner, Rudolf: Geduld, Weisheit, Frömmigkeit, Lebenssicherheit, Vortrag vom 22. Februar 1911, Nachrichten für Mitglieder Nr. 23 – 27, 1947.

6 Salutogenese bezeichnet zum einen eine Fragestellung und Sichtweise für die Medizin und zum anderen ein Rahmenkonzept, das sich auf Faktoren und dynamische Wechselwirkungen bezieht, die zur Entstehung und Erhaltung von Gesundheit führen. Der isra-

elisch-amerikanische Medizinsoziologe Aaron Antonovsky (1923–1994) prägte den Ausdruck in den 1980er Jahren als komplementären Begriff zu Pathogenese. Nach dem Salutogenese-Modell ist Gesundheit nicht als Zustand, sondern als Prozess zu verstehen (Quelle: Wikipedia).

7 Gibran, Kahlil: Der Prophet, Düsseldorf 2000.

8 Goethe, Johann Wolfgang: Tasso I, 1: Leonore, Vers 80 – 82.

9 Siehe Anmerkung 3.

10 Siehe Anmerkung 3.

11 Gibran, Kahlil: Der Prophet, Düsseldorf 2000.

12 Paracelsus: Das Buch von den Nymphen, Sylphen, Pygmaeen und Salamandern und den übrigen Geistern, Marburg 1996.

13 Steiner, Rudolf: Theosophie. Eine Einführung in übersinnliche Welterkenntnis und Menschenbestimmung, GA 9, Dornach [32]2003.

14 Bockemühl, Almut: Die Welt der Elementarwesen, Dornach 2005.

15 Steiner, Rudolf: Das Karma des Berufes des Menschen in Anknüpfung an Goethes Leben. Kosmische und menschliche Geschichte. Dritter Band (GA 172), Dornach, Vortrag vom 12. November 1916.

15a Burkhard, Ursula: Elementarwesen, Bild und Wirklichkeit, Dornach [2]2004.

16 Grimm, Jakob und Wilhelm: Deutsche Sagen, München 1965.

17 Siehe vor allem in Steiner, Rudolf: Der Mensch als Zusammenklang des schaffenden, bildenden und gestaltenden Weltenwortes (GA 230), Dornach 1970, sowie derselbe: Lebendiges Naturerkennen (GA 220), Dornach 1982.

18 Ursula Burkhard fasste in ihrem Buch viele Aussagen Rudolf Steiners zusammen. Burkhard, Ursula: Elementarwesen: Bild und Wirklichkeit, Weißenseifen 1998.

19 Steiner, Rudolf: Geistige Hierarchien und ihre Widerspiegelung in der physischen Welt (GA 110), Dornach, Vortrag vom 12. April 1909.

20 Erläuterung zu Goethes aphoristischem Aufsatz *Die Natur* in der Hamburger Ausgabe, Band 13.

21 Steiner, Rudolf: Geistige Hierarchien und ihre Widerspiegelung in der physischen Welt (GA 110), Dornach, Vortrag vom 12. April 1909.

22 Siehe vorhergehende Anmerkung.

23 Steiner, Rudolf: Anthroposophischer Seelenkalender, Dornach.

24 Steiner, Rudolf: Die Philosophie der Freiheit (GA 4), Dornach [32]2003, Kapitel: Der Grundtrieb zur Wissenschaft.

25 Persönliches Gespräch mit Omraam Mikhaël Aïvanhov, September 1982.

26 Steiner, Rudolf: Natur- und Geistwesen – ihr Wirken in unserer sichtbaren Welt (GA 98), Dornach [2]1996, Vortrag vom 9. Juni 1908.

27 Burkhard, Ursula: Gute Träume für die Erde, Weißenseifen 1994, Kapitel III.

27a Theresa von Avila http://www.evangeliums.net/zitate/teresa_von_avila.htm; zuletzt abgerufen am 8.10.2015.

28 Grimm: Deutsches Wörterbuch, Leipzig 1889.

29 Aïvanhov, Omraam Mikhaël: Gedanken für den Tag, Rottweil 2009.

30 Schiller, Friedrich: Über die ästhetische Erziehung des Menschen – in einer Reihe von Briefen (11.–16. Brief), Stuttgart 2000.

31 Steiner, Rudolf: Geisteswissenschaft als Erkenntnis der Grundimpulse sozialer Gestaltung (GA 199), Dornach ^{2}1985, Vortrag vom 5. September 1920.

32 Der Menscheitsrepräsentant ist eine unvollendete Holzplastik aus Ulmenholz, ca. sechs Tonnen schwer und 9,5 Meter hoch. Sie wurde ab 1915 von Rudolf Steiner und der englischen Künstlerin Edith Maryon (1872 – 1924) unter Mithilfe weiterer Freunde gestaltet und steht jetzt in einem eigenen Ausstellungsraum im Goetheanum in Dornach.

33 Aïvanhov, Omraam Mikhaël: Tagesgedanke 19. August 2010, www.aivanhov.de

34 Steiner, Rudolf: Der Mensch als Zusammenklang des schaffenden, bildenden und gestaltenden Weltenwortes (GA 230), Dornach ^{7}1993, Vortrag vom 11. November 1923.

35 Harlan, Volker: Ninetta Sombart, Stuttgart 2004.

36 Rosenkreuzer nennt man die Mitglieder einer geheimen, mystischen Gesellschaft (mitunter auch als Orden bezeichnet), deren Anfänge im 17. Jahrhundert liegen. Die Lehrinhalte der Rosenkreuzer bestehen aus alchemistischen, hermetischen und kabbalistischen Elementen. Entsprechend der Gründungslegende ist Frater C. R. Begründer des Ordens der Rosenkreuzer. Besondere Aufmerksamkeit erregte diese Gesellschaft durch die Veröffentlichung dreier gesellschaftskritischer und reformatorischer Manifeste. Das erste Manifest mit dem Titel Allgemeine und General Reformation der gantzen weiten Welt. Beneben der Fama Fraternitatis, deß löblichen Ordens des Rosenkreutzes, an alle Gelehrte und Häupter Europä, kurz Fama Fraternitatis, wurde 1614 veröffentlicht. Danach folgten 1615 die Confessio Fraternitatis und 1616 die Chymische Hochzeit. Als Autor gilt der Theologe Johann Valentin Andreae. Unter den heutigen Rosenkreuzern fasst man mehrere Gesellschaften zusammen, die sich auf jene alte Tradition der Rosenkreuzer des 17. Jahrhunderts berufen. Die Rose symbolisiert vorrangig die Bedeutung der Seele, die erblüht, wenn alle vier Elemente (Feuer, Erde,

Wasser und Luft) in Einklang miteinander stehen. Dieser Einklang versinnbildlicht die Quintessenz. Gleichbedeutend für die Quintessenz ist im Rosenkreuzertum der Stein der Weisen. Der Weg dazu führt über die Liebe, symbolisiert durch eine aufblühende rote Rose und das veredelte Kreuz, dem vollkommenen Menschen.

37 Darvas, Janos: Mythische Diskretion, in: Das Goetheanum Nr. 33–34/2008.

38 Dieter Zimmermann, geb. 1948, Künstler. Seit Jahren sammelt er das ausgemusterte Inventar unserer Überflussgesellschaft: Bruchstücke von verbrauchten Alltagsgegenständen, und schafft daraus Kunstgegenstände und Möbel.

39 Woodburn, Kim & Mackenzie, Aggie: How clean is your house? London 2003.

40 Porz, Elfie: Putzen als Ausdruck seelischer Prozesse, Diplomarbeit, Universität Augsburg.

41 Horsfield, Margaret: Der letzte Dreck, Berlin 1999.

42 Huth, Elke: Bewusst bewegen – ein Lernkonzept für Reinigungskräfte, Tagungshandbuch zur Putzfachtagung, Goetheanum, Dornach 2004.

43 Brigitte WOMAN, Ausgabe 08/2014, Seite 123.

44 www.wala.com, Kapitel IV.

45 Aus: Roder, Florian: Novalis. Die Verwandlung des Menschen, Leben und Werk Friedrich von Hardenbergs, Stuttgart 1992.

45a Frei übersetzt nach Herbert, George: The Temple, Erfurt 2009.

46 Kahlil Gibran, libanesisch-amerikanischer Maler, Philosoph und Dichter, geb. 6. Januar 1883 im damaligen Osmanischen Reich, heute Libanon; verstorben am 10. April 1931 in New York City.

47 Siehe Anmerkung 7.

47a Märchen aus Bulgarien, Frankfurt 1977. Gefunden in Bockemühl, Almut: Märchen und Rosenkreuzer, Dornach 2015.

48 Alexander, Sibylle: Der Mönch aus Iona, Kapitel: Das Mädchen ohne Furcht, Stuttgart 1997.

49 Steiner, Rudolf: Die drei Wege der Seele zu Christus (GA 143), Dornach ^{4}1994, Vortrag vom 17. Dezember 1912: Die Liebe und ihre Bedeutung in der Welt.

50 Saint-Exupéry, Antoine de: Die Stadt in der Wüste, Düsseldorf 1989.

51 Steiner, Rudolf: Vier Mysteriendramen (GA 14), Dornach ^{5}1998, S. 34.

52 Mira – Companions for Development: Christoph Lehmann: Innere Ruhe und Ausgeglichenheit – Text zum Selbstmanagement (www.miracompanions.com).

53 Steiner, Rudolf: Erfahrungen des Übersinnlichen. Drei Wege der Seele zu Christus (GA 143), Dornach ^{4}1994, Vortrag vom 11. Januar 1912: Nervosität und Ichheit; siehe auch Einzelausgabe in Thementexte: Nervosität und Ichheit.

54 Steiner, Rudolf: Wie erlangt man Erkenntnisse der höheren Welten? (GA 10), Kapitel: Innere Ruhe, Dornach ^{24}1993.

55 Kiel-Hinrichsen, Monika: Warum Kinder trotzen, Stuttgart ^{6}2013, Kapitel V.

56 Goethe, Johann Wolfgang: Zitate-Online.de (20-7-2015).

57 Berti, Daniel: Handbuch zur Putzfachtagung 2004, Sektion für Sozialwissenschaften.

58 Die Bibel, Altes Testament, Genesis 2: 2–3.

59 Koch, Charlotte: Zur Störung der willentlichen Handlungssteuerung als Ursache des Messie-Syndroms, Gedicht einer anonymen Verfasserin, Diplomarbeit Universität Köln 2001.

60 Felton, Sandra: Viele Bücher zum Messie-Phänomen; Kingston, Karen: Fengshui gegen das Gerümpel des Alltags; Küstenmacher, Werner Tiki & Seiwert, Lothar J.: Simplify your Life.

61 Erich Fromm (1900 – 1980), amerikanischer Psychologe deutscher Herkunft. Zitat aus einem Interview mit Heinrich Jaenecke in: Der Stern, Nr. 14/1980, S. 306 – 309.

62 Rosenberg, Marshall: Gewaltfreie Kommunikation, Paderborn 2010.

63 Siehe Anmerkung 7.

64 Fulghum, Robert: All I really need to know I learned in Kindergarten, New York 1986, Kapitel VI.

64a Japanische Märchen und Volkserzählungen. Erzählt von M. Novak und Z. Cerna, Hanau 1971.

64b Hesse, Hermann: Alte und neue Gedichte, Frankfurt a.M. 1972.

65 Steiner, Rudolf: Christus und die menschliche Seele (GA 155), Dornach ^{3}1994, Vortrag vom 30. Mai 1912.

66 Steiner, Rudolf: Wahrspruchworte (GA 40), Zitat aus dem Wahrspruchwort Suchet das wirklich praktische materielle Leben (aus einem Vortrag vom 24. September 1919), Dornach ^{9}2005.

67 Aurobindo, Goshe: The Integral Yoga: Teaching and Method of Practice, Twin Lakes, Wisconsin 1978 (freie Übersetzung).

68 Bosco, Henri: Le jardin d'Hyacinthe, Paris 1991 (freie Übersetzung).

69 Aïvanhov, Omraam Mikhaël: Gedanken für den Tag, Rottweil 2009.

70 Dieter Zimmermann, www.dizi.de Kapitel VII.

71 Felton, Sandra: Lass uns das Chaos überleben, Moers 1997.

72 Sellmer, Claudia: Messies – ein neues Klientel der Sozialen Arbeit? Diplomarbeit Fachhochschule für Sozialwesen, Essen 2002, als Broschüre herausgegeben durch Zukunftsinitiative Messies, Tübingen 2004.
73 Felton, Sandra: Im Chaos werden Rosen blühen, Moers 2000.
74 www.veronika-schroeter.de
75 Goethe, Johann Wolfgang: Ansprachen: Über die verschiedenen Zweige der hiesigen Tätigkeit (veröffentlicht im 14. Goethe-Jahrbuch 1853, Hg. Ludwig Geiger).
76 Zehnter, Hans-Christian: Raum schaffen, in: Das Goetheanum, Nr. 21/2008.
77 Glöckler, Michaela: Die geistigen Ursachen des Messsie-Syndroms, in: gesundheit aktiv, anthroposophische heilkunst ev.: Gesunde Lebensführung, Nr. 516.
78 Prokofieff, Sergej O.: Das Rätsel des menschlichen Ich. Dornach [2]2013.
79 Eine Reihe von Schriften zur Anthroposophischen Medizin, darunter viele von Michaela Glöckler, wurden herausgegeben von: www.antrosana.ch, www.gesundsheitspflege.de, www.vamg.ch, www.gesundheit-aktiv-heilkunst.de, www.goetheanum.org
80 Sechseläuten (zürichdeutsch: Sächsilüüte) ist ein Frühlingsfest in Zürich. Es findet Mitte April statt. Im Mittelpunkt des Festes steht der Böögg, ein mit Holzwolle und Knallkörpern gefüllter künstlicher Schneemann, der den Winter symbolisiert. Quelle: wikipedia.
81 Woloschin, Margarita: Die grüne Schlange – Lebenserinnerungen einer Malerin, Frankfurt [8]2009.
82 Steiner, Rudolf: Was wollte das Goetheanum und was soll die Anthroposophie? (GA 84), Dornach [2]1986.
83 Bohatta, Ida: Die fröhlichen Blumenkinder, München 2001.
84 Aus Anthrosana (Hg.) Schatzkammer des Lebens, Heft Nummer 210.
85 Spitzer, Manfred: Lernen. Gehirnforschung und die Schule des Lebens, Heidelberg, Berlin 2002.
86 Rieger, Margarete: Einfluss psychosozialer Stressbelastung während der Schwangerschaft auf die physische und behavioral-emotionale Entwicklung des Kindes, Berlin 2005.
87 Siehe dazu auch auf Seite 278.
88 Steiner, Rudolf: Sprüche, Dichtungen, Mantren (GA 40 a), Dornach 2002.
89 www.nelsonmandela.com
90 Chaplin, Charles zur Selbstliebe: www.changenow.de am 19.7.2014.

91 Preuschoff, Gisela und Axel: Gewalt an Schulen – und was dagegen zu tun ist. Köln 1997.
92 Andermatt Biogarten AG, info@biogarten.ch, www.biogarten.ch
93 Siehe vorhergehende Anmerkung.
94 www.henkel.com
95 www.sonett.eu, April 2010.
96 Meyer, Ulrich: Verträglichkeit natürlicher ätherischer Öle bei ausgewiesenen Duftstoff-Mix-Allergikern, in: Der Merkurstab Nr. 1/2004: S. 61–63; BDIH: Allergieauslösende Duftstoffe in Kosmetik; Weleda: Natürliche Öle sind gut verträglich, in: Weleda-Nachrichten Nr. 229/2003.
97 Siehe Anmerkung 95.
98 Siehe Anmerkung 95.
99 http://www.welt.de/gesundheit/article117266354/Japaner-wollen-Organe-in-Schweinen-zuechten.html
100 www.sonett.eu
101 www.putzfachtagung.org

Bildnachweis

Fotos: S. 13, 105, 161, 213, 267, 291, 345 © Anna S. Fischer, Dornach

Literatur

Aïvanhov, Omraam Mikhaël: Oguen, Le Feu, Fréjus Cedex 2005 (freie Übersetzung)

Aïvanhov, Omraam Mikhaël: Rottweil 2009, Tagesgedanken vom 18. August 2010 und www.aivanhov.org

Alexander, Sibylle: Der Mönch aus Iona, Kapitel: Das Mädchen ohne Furcht, Stuttgart 1997

Anthrosana: Heft Nummer 210, Schatzkammer des Lebens

Berti, Daniel: Handbuch zur Putzfachtagung 2004, Sektion für Sozialwissenschaften

Die Bibel: Altes Testament, Genesis 2: 2–3

Bohatta, Ida: Die fröhlichen Blumenkinder, München 2001

Bosco, Henri: Le jardin d'Hyacinthe, Paris 1991 (freie Übersetzung)

Burkhard, Ursula: Elementarwesen, Bild und Wirklichkeit, Dornach [2]2004

Burkhard, Ursula: Gute Träume für die Erde, Weißenseifen-Michaelshag 1994

de Saint-Exupéry, Antoine: Die Stadt in der Wüste, Düsseldorf 1989

Felton, Sandra: diverse Bücher zum Thema Messie-Phänomen

Felton, Sandra: Im Chaos werden Rosen blühen, 5. Auflage, Moers 2000

Felton, Sandra: Lass uns das Chaos überleben, Moers 1997

Fulghum, Robert: All I really need to know I learned in Kindergarten, New York 1986

Gibran, Kahlil: Der Prophet, Düsseldorf 2000

Glöckler, Michaela: Die geistigen Ursachen des Messie-Syndroms, Hörbuch in gesundheit aktiv, anthroposophische heilkunst ev.: Gesunde Lebensführung, Nr. 516, Bad Liebenzell-Unterlengenhardt 2009

Grimm, Jakob und Wilhelm: Deutsche Sagen, München 1965

Grimm: Deutsches Wörterbuch, Leipzig 1889

Hancox, R. et al (2004): Association between child and adolescent television viewing and adult health: a longitudinal birth cohort study. The Lancet, July 17, 2004, Vol. 364: 257–261

Hesse, Hermann: Gedichte, Gesammelte Werke Bd. 1, Frankfurt am Main 1987, S. 119

Harlan, Volker: Ninetta Sombart, Stuttgart 2004

Horsfield, Margaret: Der letzte Dreck, Berlin 1999

Hutchinson Murray, William (1913–1996): The Scottish Himalayan Expedition, 1951

Huth, Elke: Bewusst bewegen – ein Lernkonzept für Reinigungskräfte, Tagungshandbuch zur Putzfachtagung 2004

Kiel-Hinrichsen, Monika: Warum Kinder trotzen, Stuttgart [6]2013
Kingston, Karen: Fengshui gegen das Gerümpel des Alltags, Rowohlt Verlag
Koch, Charlotte: Diplomarbeit 2001, Universität Köln, Titel: Zur Störung der willentlichen Handlungssteuerung als Ursache des Messie-Syndroms. Gedicht einer anonymen Verfasserin
König, Karl: Bilder des inneren Jahres – Imaginative Skizzen zum Anthroposophischen Seelenkalender, Stuttgart 2009
Küstenmacher, Werner Tiki mit Seiwert, Lothar J.: Simplify your Life, Weltbild Verlag
Paracelsus: Das Buch von den Nymphen, Sylphen, Pygmaeen und Salamandern und den übrigen Geistern, Marburg 1996
Porz, Elfie: Putzen als Ausdruck seelischer Prozesse, Diplomarbeit, Universität Augsburg
Preuschoff, Gisela und Axel: Gewalt an Schulen – und was dagegen zu tun ist, Köln 1997
Prokofieff, Sergej O.: Das Rätsel des menschlichen Ich. Dornach [2]2013.
Rieger, Margarete: Einfluss psychosozialer Stressbelastung während der Schwangerschaft auf die physische und behavioral-emotionale Entwicklung des Kindes, Berlin 2005
Roder, Florian: Novalis, Stuttgart 1992
Rosenberg, Marshall: Gewaltfreie Kommunikation, Paderborn 2010
Schiller, Friedrich: Über die ästhetische Erziehung des Menschen – in einer Reihe von Briefen (11. – 16. Brief), Stuttgart 2000
Schmidt-Brabant, Manfred: Spirituelle Grundlagen einer menschengemäßen Hausmütter-Arbeit, Dornach 1993
Sellmer, Claudia: Messies – ein neues Klientel der Sozialen Arbeit? Diplomarbeit Fachhochschule für Sozialwesen, Essen 2002, als Broschüre herausgegeben durch Zukunftsinitiative Messies, Tübingen 2004
Spitzer, Manfred: Lernen. Gehirnforschung und die Schule des Lebens, Heidelberg, Berlin 2002
Steiner, Rudolf: Geduld, Weisheit, Frömmigkeit, Lebenssicherheit, Vortrag vom 22. Februar 1911, Nachrichten für die Mitglieder, 24. Jahrgang, Nr. 23–27 (8. Juni bis 6. Juli 1947)
Steiner, Rudolf: Theosophie (GA 9), Dornach [32]2003
Steiner, Rudolf: Wie erlangt man Erkenntnisse der höheren Welten? (GA 10), Dornach [24]1993
Steiner, Rudolf: Wahrspruchworte (GA 40), Dornach [9]2005, Zitat aus dem Wahrspruchwort Suchet das wirkliche praktische materielle Leben (aus einem Vortrag vom 24. September 1919)

Steiner, Rudolf: Sprüche, Dichtungen, Mantren (GA 40 a), Dornach 2002
Steiner, Rudolf: Was wollte das Goetheanum und was soll die Anthroposophie? (GA 84), Dornach ²1986
Steiner, Rudolf: Natur- und Geistwesen – ihr Wirken in unserer sichtbaren Welt (GA 98), Dornach ²1996, Vortrag vom 9. Juni 1908
Steiner, Rudolf: Geistige Hierarchien und ihre Widerspiegelung in der physischen Welt (GA 110), Dornach ⁷1991, Vortrag vom 12. April 1909
Steiner, Rudolf: Erfahrungen des Übersinnlichen. Die drei Wege der Seele zu Christus (GA 143), Dornach ⁴1994, Vortrag vom 17. Dezember 1912, Die Liebe und ihre Bedeutung in der Welt
Steiner, Rudolf: Erfahrungen des Übersinnlichen. Die drei Wege der Seele zu Christus (GA 143), Dornach ⁴1994, Vortrag vom 11. Januar 1912: Nervosität und Ichheit
Steiner, Rudolf: Christus und die menschliche Seele (GA 155), Dornach ³1994, Vortrag vom 30. Mai 1912
Steiner, Rudolf: Karma des Berufes (GA 172), Dornach ⁶2002, vierter Vortrag vom 12. November 1916
Steiner, Rudolf: Geisteswissenschaft als Erkenntnis der Grundimpulse sozialer Gestaltung (GA 199), Dornach ²1985, Vortrag vom 5. September 1920
Steiner, Rudolf: Der Mensch als Zusammenklang des schaffenden, bildenden und gestaltenden Weltenwortes (GA 230), Dornach ⁷1993
von Goethe, Johann Wolfgang: Tasso I, 1 (Leonore, Vers 80–82)
von Goethe, Johann Wolfgang: Erläuterung zu dem aphoristischen Aufsatz *Die Natur*, Hamburger Ausgabe, Bd. 13
Woloschin, Margarita: Die grüne Schlange – Lebenserinnerungen einer Malerin, Stuttgart ⁸2009
Woodburn, Kim, Mackenzie, Aggie: How clean is your house? London 2003

Linda Thomas

Frühjahrsputz

Putzen als kulturelle Tradition
und andere schöne Dinge

Frühling und Großreinemachen! Das gilt nach einem langen, kalten Winter auch für uns selbst. Alle, die schon einmal einen richtigen Frühjahrsputz gemacht haben, kennen dieses Gefühl einer großen Befreiung, das über uns kommt, und die große Freude, durch blitzblanke Fensterscheiben zu schauen! In diesem Buch finden Sie Anregendes zu Reinigungstraditionen aus aller Welt, viele praktische Tipps und Tricks sowie kleine Weisheiten rund ums Putzen.

160 Seiten mit Abbildungen, kartoniert, 14 € | 19 Fr. |
ISBN 978-3-7235-1520-4

Heinz Zimmermann | Robin Schmidt

Meditation

Eine Einführung in anthroposophische Meditationspraxis

Der meditative Weg der Anthroposophie unterscheidet sich von anderen Meditationsformen und -wegen wesentlich. Somit stellt die Frage, wie sich der Meditierende seinen Weg aufbaut, bereits einen zentralen Baustein des Weges dar. Die Autoren haben in zahlreichen Wochenendseminaren an dieser Fragestellung gearbeitet, berichten somit aus der konkreten Praxis und geben Anregungen für die eigene meditative Arbeit. Das Buch wird abgerundet mit einer zusammenfassenden Darstellung des anthroposophischen Schulungsweges, in der die spezifischen Kennzeichen dieses Weges als eines christlichen sichtbar werden.

200 Seiten, gebunden | 25 € | 33 Fr. | ISBN 978-3-7235-1535-8 (Sonderausgabe)

Karin Mecozzi

Ars Herbaria

Heilpflanzen im Jahreslauf

Der Umgang mit Heilpflanzen, vom Erkennen und Erforschen über das Sammeln und Verarbeiten bis zur fachgerechten Anwendung – hier wird ein »Können« vorgestellt – »Ars Herbaria« – eine Kunst, in der Tradition, Erfahrung und moderne Wissenschaft miteinander verwoben sind. Ausgehend von den Urbeziehungen zwischen Pflanze, Mensch und Landschaft werden Bäume, Sträucher, Heilpflanzen und Gewürzkräuter auf eine dynamische, lebensgemäße Art und Weise dargestellt: im Rhythmus des Jahreslaufs, der mit seinen Stimmungen, Wendepunkten und Festen Wachsen, Werden und Vergehen auf unserem Planeten prägt.

352 Seiten mit Abbildungen und Illustrationen,
gebunden | 46 € | 62 Fr. | ISBN 978-3-7235-1521-1

VERLAG AM GOETHEANUM